Mike Seckinger | Liane Pluto | Christian Peucker | Eric van Santen
Einrichtungen der offenen Kinder- und Jugendarbeit

Beiträge zur Kinder- und Jugendhilfeforschung

Herausgegeben von
Thomas Rauschenbach

Mike Seckinger | Liane Pluto |
Christian Peucker | Eric van Santen

Einrichtungen der offenen Kinder- und Jugendarbeit

Eine empirische Bestandsaufnahme

Unter Mitarbeit von Tina Gadow

BELTZ JUVENTA

Das Deutsche Jugendinstitut e. V.

Das Deutsche Jugendinstitut e. V. ist ein zentrales sozialwissenschaftliches Forschungsinstitut auf Bundesebene mit den Abteilungen „Kinder und Kinderbetreuung“, „Jugend und Jugendhilfe“, „Familie und Familienpolitik“, „Zentrum für Dauerbeobachtung und Methoden“ sowie dem Forschungsschwerpunkt „Übergänge im Jugendalter“.

Es führt sowohl eigene Forschungsvorhaben als auch Auftragsforschungsprojekte durch. Die Finanzierung erfolgt überwiegend aus Mitteln des Bundesministeriums für Familie, Senioren, Frauen und Jugend und den Bundesländern. Weitere Zuwendungen erhält das DJI im Rahmen von Projektförderungen vom Bundesministerium für Bildung und Forschung, Stiftungen und anderen Institutionen der Wissenschaftsförderung.

Angaben zu den Autorinnen und Autoren siehe S. 286

Bibliografische Information der Deutschen Nationalbibliothek

Die Deutsche Nationalbibliothek verzeichnet diese Publikation in der Deutschen Nationalbibliografie; detaillierte bibliografische Daten sind im Internet über http://dnb.d-nb.de abrufbar.

FSC
www.fsc.org
MIX
Papier aus verantwortungsvollen Quellen
FSC® C089473

Werderstr. 10, 69469 Weinheim
www.beltz.de · www.juventa.de
Satz: text plus form, Dresden
Druck und Bindung: Beltz Bad Langensalza GmbH, Bad Langensalza
Printed in Germany

ISBN 978-3-7799-3381-6

Vorwort und Dank

Der vorliegende Bericht analysiert die Ergebnisse der bundesweiten Erhebung bei Einrichtungen der offenen Kinder- und Jugendarbeit. Die repräsentative Befragung der Jugendzentren ist ein Teil des Projekts „Jugendhilfe und sozialer Wandel – Leistungen und Strukturen“, das am DJI durchgeführt und vom Bundesministerium für Familie, Senioren, Frauen und Jugend (BMFSFJ) finanziell gefördert wird. Das Projekt hat die Aufgabe, bundesweit träger- und arbeitsfeldübergreifend Entwicklungen in der Kinder- und Jugendhilfe zu beschreiben und zu analysieren sowie damit verbundene Herausforderungen für die Weiterentwicklung der Kinder- und Jugendhilfe zu benennen. Die Befragung ist eine von mehreren Erhebungen bei öffentlichen und nicht-öffentlichen Trägern der Kinder- und Jugendhilfe.

Die Realisierung der Erhebung sowie die Erstellung dieses Buches ist von vielen Seiten unterstützt und gefördert worden. Herzlich bedanken wir uns bei den ehrenamtlichen und hauptamtlichen MitarbeiterInnen der befragten Jugendzentren dafür, dass sie sich Zeit genommen haben, den Fragebogen zu beantworten und uns in Vorbereitungs- und Auswertungsworkshops unterstützt haben. Wir bedanken uns beim Bundesministerium für Familie, Senioren, Frauen und Jugend (BMFSFJ), das durch seine finanzielle Förderung die Befragung ermöglichte. Herzlich bedanken wir uns bei Gerald Prein für die Beratung im Umgang mit den Daten des AID:A-Surveys. Ganz besonders möchten wir Monika Gandlgruber an dieser Stelle danken. Sie hat die organisatorische Abwicklung der Erhebung zum großen Teil übernommen und immer den Überblick über die Textmengen und Tabellen behalten.

Inhalt

Kapitel 1
Herausforderungen und Spannungsfelder der offenen Kinder- und Jugendarbeit – eine Hinführung

1.1 Einleitung

Die offene Kinder- und Jugendarbeit ist eines der zentralen Handlungsfelder in der Kinder- und Jugendhilfe, und ihre Angebote gehören in vielen Kommunen zur selbstverständlichen Infrastruktur für junge Menschen. Die offene Kinder- und Jugendarbeit präsentiert sich sowohl in kleinen und großen Einrichtungen wie Jugendzentren, Häusern der offenen Tür, Jugendfreizeitstätten, Jugendclubs und Jugendräumen als auch in Form von Spielmobilen, Abenteuerspielplätzen, Streetwork und mobilen Angeboten der Jugendarbeit. Das Arbeitsfeld hat über viele Jahrzehnte hinweg eine beträchtliche Größenordnung erreicht und eine breite Ausdifferenzierung erfahren (Pothmann/Schmidt 2013: 537). Im Jahr 2010 weist die amtliche Kinder- und Jugendhilfestatistik über 16 000 Einrichtungen – sowohl mit als auch ohne hauptamtliches Personal – aus, die dem Arbeitsfeld der offenen Kinder- und Jugendarbeit zuzurechnen sind.

Für die Beschreibung, was genau die offene Kinder- und Jugendarbeit auszeichnet, bieten sich mehrere Perspektiven an. Ein verbreiteter Blickwinkel ist es, das Handlungsfeld der offenen Kinder- und Jugendarbeit unter einem spezifischen konzeptionellen Aspekt zu beleuchten, wie dies in der Vergangenheit für die unterschiedlichsten Themen getan wurde, z. B. Mädchenarbeit, sozialräumliche Orientierung, Bildungspotenziale der offenen Kinder- und Jugendarbeit oder Arbeit mit Cliquen (vgl. z. B. Deinet/Sturzenhecker 2013). Weitere Perspektiven auf die offene Kinder- und Jugendarbeit richten sich jeweils auf die Beteiligten: auf die Kinder und Jugendlichen (z. B. Kinder- und Jugendkulturen, Ehrenamtliche, Jugendliche mit Migrationshintergrund) sowie auf die Fachkräfte und deren professionelles Handeln. Eine weitere Perspektive auf die offene Kinder- und Jugendarbeit, und das ist die, die im Folgenden vorrangig eingenommen wird, ist die institutionelle Ebene. Sie fragt danach, welche strukturellen Bedingungen die offene Kinder- und Jugendarbeit auszeichnen und wie die offene Kinder- und Jugendarbeit auf fachliche und gesellschaftliche Herausforderungen reagiert.

Das Markante der offenen Kinder- und Jugendarbeit ist dem Namen nach das Offene, das sich auf mehrere Dimensionen bezieht. Eine wichtige Dimension für die Offenheit ist der Raum, in den jeder hinein und hinaus kann und für den keine Zugangsberechtigung beispielsweise durch eine verbindliche Anmeldung erforderlich ist. Das Zurverfügungstellen von Räumen (Müller 2013) hat in der Theoriediskussion Bedeutung erlangt, weil es die notwendige Klammer darstellt, um die unterschiedlichen Aktivitäten, die es Kindern und Jugendlichen ermöglichen, eigene, selbstbestimmte Erfahrungen zu machen, unter einer gemeinsamen Perspektive beschreiben und reflektieren zu können (Deinet 1987, Böhnisch/Münchmeier 1990). In der Anfangszeit der offenen Kinder- und Jugendarbeit hatte das Schaffen eines Ortes für Kinder und Jugendliche eine hohe Bedeutung, weil es kaum Orte gab, an denen Jugendliche die Ablösung vom Elternhaus außerhalb des familialen Rahmens erproben konnten. Gelegenheiten, sich im öffentlichen Raum zu treffen und auszutauschen, waren notwendig.

Heute geht es in der Theoriediskussion vor allem um die mit dem Ort verbundene Performativität, also die gemeinsame Herstellung einer „sozialpädagogischen Arena", die die pädagogische Konstellation in der offenen Jugendarbeit prägt (Cloos et al. 2007: 15 ff.). Kinder und Jugendliche nutzen die Räume und ihre Ausstattung auf ihre eigene Weise. Mit dem Raum und der vorhandenen Ausstattung wird eine Gelegenheitsstruktur geboten, die von den BesucherInnen ganz unterschiedlich angeeignet werden kann. So wird beispielsweise der Kicker nicht ausschließlich zum Kickern genutzt, sondern je nach Besucherschaft als Platz, um Neuigkeiten auszutauschen, um Rivalitäten auszutragen oder als Planungstisch für die nächste Party. Mit Cloos et al. geht es in der offenen Kinder- und Jugendarbeit um das Etablieren sozialpädagogischer Arenen, „die auf die Eigenaktivitäten der Jugendlichen baut und die PädagogInnen auffordert, sich selbst in Beziehung dazu zu setzen" (Cloos et al. 2007: 16).

Das Besondere liegt darin, dass die offene Kinder- und Jugendarbeit gleichermaßen von Jugendlichen und PädagogInnen hergestellt wird. Nicht das pädagogisch Geplante macht die Besonderheit aus, sondern das Aufgreifen dessen, was sich beiden, PädagogInnen und Jugendlichen, bietet. Mit den Räumlichkeiten ist somit nicht nur ein materialer Aspekt verbunden, sondern auch die Veränderbarkeit dieses Ortes und die damit verbundene Gelegenheitsstruktur für Aktivitäten, Beziehungsgestaltung und auch Unterstützung bei jugendtypischen Problemen und Alltagsfragen. Bezogen auf das professionelle Handeln bietet die Bezugnahme auf den Ort die Möglichkeit, das Spektrum an Tätigkeiten, das das Bereitstellen dieser Gelegenheitsstrukturen ausmacht (von pädagogischen Tätigkeiten über Verwaltungstätigkeiten, Haushaltsaufstellung, Öffentlichkeitsarbeit, bis zum Einhalten gesetzlicher Vorgaben), in seiner Komplexität und Vielfältigkeit zu beschreiben und deren Notwendigkeit zu verdeutlichen.

Das „Offene“ der Kinder- und Jugendarbeit bezieht sich nicht nur auf den räumlichen Aspekt, sondern auch auf die Inhalte und Ziele der Arbeit. Zwar sind die übergeordneten Zielsetzungen der Jugendarbeit gesetzlich in § 11, Absatz 1 SGB VIII (Jugendarbeit) kodifiziert. Dort heißt es, „Jungen Menschen sind die zur Förderung ihrer Entwicklung erforderlichen Angebote der Jugendarbeit zur Verfügung zu stellen. Sie sollen an den Interessen junger Menschen anknüpfen und von ihnen mitbestimmt und mitgestaltet werden, sie zur Selbstbestimmung befähigen und zu gesellschaftlicher Mitverantwortung und zu sozialem Engagement anregen und hinführen“. In Mittelpunkt der Jugendarbeit stehen also die Interessen der Jugendlichen, die nach dem Prinzip der Selbstorganisation gefördert werden sollen („von und für Jugendliche“). Die einzelnen Einrichtungen entwickeln in Aushandlung zwischen BesucherInnen, MitarbeiterInnen und Träger je spezifische Ziele für die Einrichtung.

Die historische Entwicklung der Jugendarbeit zeigt, dass die Orientierung an den Interessen und Bedürfnissen der Jugendlichen (Subjektorientierung) lange Zeit nicht bzw. nicht immer im Zentrum der Jugendarbeit stand. Ein Teil der Jugendlichen wurde als ein Problem für die Gesellschaft betrachtet, weil sie als sozial auffällig und verwahrlost galten. Einrichtungen der offenen Jugendarbeit sollten dabei behilflich sein, sie „mit erzieherischen Integrationsangeboten in die gesellschaftliche Ordnung hereinzuholen“ (Hafeneger 2013: 37). Auch heute wird im § 11 SGB VIII („Hinführen zur gesellschaftlichen Mitverantwortung“, „Fördern des sozialen Engagements“) noch auf die gesellschaftliche Integrationsfunktion der Jugendarbeit Bezug genommen. Die Jugendarbeit findet sich somit bis heute in der immer wiederkehrenden Diskussion zur ihrer Rolle im Spannungsfeld zwischen gesellschaftlicher Indienstnahme und selbst gestaltbaren Freiräumen für Kinder und Jugendliche wieder (Böhnisch 2013).

Die offene Kinder- und Jugendarbeit ist durch eine freiwillige Teilnahme ihrer BesucherInnen, durch offene Ziele, Inhalte und Arbeitsweisen und durch Diskursivität gekennzeichnet, also die gemeinsame Verständigung darüber, was in der Einrichtung passieren soll (Sturzenhecker 2004). Sturzenhecker hebt als weiteres Strukturcharakteristikum eine geringe institutionelle Macht hervor, z. B. verteilt die offene Kinder- und Jugendarbeit keine biografisch relevanten Zertifikate (Sturzenhecker 2004). Daran zeigt sich das Charakteristikum der Offenheit auch auf institutioneller Ebene. Regeln, Vorgaben und institutionelle Handlungslogiken sind in der Regel weniger ausgeprägt als sie das beispielsweise in der Institution Schule sind. Eines der wenigen Machtmittel, von dem die offene Kinder- und Jugendarbeit im Alltag dennoch ab und an Gebrauch macht, sind Hausverbote, die zur Bewältigung von Krisen genutzt werden, Grenzen im Normen- und Wertgefüge markieren und eine besondere Ausprägung der Auseinandersetzung um Zugehörigkeit und Anerkennung anzeigen (Cloos et al. 2007: 217 ff.).

Trotz der grundsätzlichen Offenheit sind die Einrichtungen durch einen institutionellen Rahmen mit all seinen Zwängen geprägt. Die Einrichtungen haben eine bestimmte Ressourcenausstattung, die den Möglichkeitsraum für das pädagogische Handeln bestimmt, müssen sich legitimieren, werden mit Anforderungen hinsichtlich ihrer zu erreichenden Ziele, der einzubeziehenden Besuchergruppen, ihrer Handlungsweisen konfrontiert und erhalten darüber öffentliche Anerkennung. Pädagogisches Handeln wird so zu einem Balanceakt, der Anforderungen von außen, eigenen Vorstellungen von fachlichem Handeln und Selbstorganisations- und Abgrenzungsbestrebungen der Jugendlichen Rechnung tragen muss.

1.2 Veränderungen der Bedingungen des Heranwachsens

Jugendarbeit und insbesondere offene Kinder- und Jugendarbeit steht beständig vor der Aufgabe, sich veränderten Bedingungen anzupassen. Hierzu gehören sowohl sich verändernde gesellschaftliche und institutionelle Erwartungen, die an Jugendarbeit gerichtet werden (vgl. Kap. 1.4), als auch die Veränderungen in den Lebenslagen und Bedürfnissen von Kindern, Jugendlichen und jungen Erwachsenen, an denen sie sich orientieren soll (vgl. Kap. 1.3).

Veränderungen in den Lebenslagen und Bedürfnissen von Kindern und Jugendlichen lassen sich nicht als einheitliche Entwicklung beschreiben. Es gibt nicht die eine Entwicklung, die für alle Kinder und Jugendlichen unabhängig vom Alter, Herkunft und der Region, in der sie leben, gleichermaßen gilt. Individualisierung der Lebenslagen und eine Pluralisierung der Formen der Lebensführung sind die Schlagwörter, mit denen die Ergebnisse der Diversität dieser Entwicklungen beschrieben werden. Auch von Jugend als einer klar eingrenzbaren Lebensphase zu sprechen, ist schwierig (Scherr 2003). Die Jugendforschung beschreibt seit längerem eine Entgrenzung der Jugendphase und Formen der partiellen Verselbstständigung von Jugendlichen (Hornstein 1985). Es scheint immer weniger klar, wann Jugend anfängt und insbesondere wann Jugendliche aufhören, Jugendliche zu sein, und stattdessen als Erwachsene zu betrachten sind.

Arnett (2000) spricht von „emerging adulthood“ und nimmt damit vor allem die Lebensphase von jungen Erwachsenen in den Blick, die einerseits auf das juristische Erwachsenenalter verweist, aber andererseits weiterhin noch durch Abhängigkeiten von den Eltern (z.B. in Bezug auf die Wohnsituation oder finanziellen Ressourcen) geprägt ist oder durch noch nicht endgültig vollzogene Entwicklungsschritte z. B. in Bezug auf ökonomische Verselbstständigung. Die verschiedenen Statuspassagen in der Jugendphase (Ablösung von der Herkunftsfamilie, zunehmende Selbstständigkeit und Peerorientierung) erfolgen inzwischen weder für alle innerhalb eines bestimmten Alterszeitfensters noch in einer immer gleichen Reihenfolge und Geschwindigkeit. Die Entgrenzung der Jugendphase führt also dazu, dass der Übergang ins Erwachsenenalter nicht mehr gradlinig und in allen Lebensbereichen gleichermaßen erfolgt, sondern vielmehr Ungleichzeitigkeiten in der Entwicklung junger Menschen für die Jugendphase kennzeichnend sind. Dies führt auch dazu, dass das junge Erwachsenenalter inzwischen als eigenständige Lebensphase beschrieben wird und gesonderte Aufmerksamkeit verdient (vgl. Deutscher Bundestag 2013b).

Da etwa die Übergänge ins Erwachsenenalter für viele mit großen und voneinander abweichenden Unsicherheiten verbunden sind, etwa welche Kompetenzen etc. erforderlich sind, um eine Arbeitsstelle zu finden, fällt es Institutionen mit einem festen pädagogischen Programm schwer, Jugendlichen in einer solchen Situation andere Bildungsmöglichkeiten zu eröffnen. Die offene Kinder- und Jugendarbeit hat hier dagegen einige ihrer Stärken. Sie nimmt die Bewältigungsformen der Jugendlichen wahr und lässt ihnen Raum für ihre eigenen Aneignungsprozesse (Schröer 2006: 196 ff.).

Die Bedeutung des Internets, der neuen Medien hat in den letzten Jahren stark zugenommen. Sie sind inzwischen aus dem Alltag der Kinder und Jugendlichen nicht mehr wegzudenken. Sie eröffnen durch das Streben nach Autonomie, nach Abgrenzung von den Eltern neue Möglichkeiten, die wie andere Formen der Verselbstständigung auch, mit (neuen) Gefahren einher gehen können. Die neuen Medien verändern das Kommunikationsverhalten quantitativ und qualitativ, insbesondere mit den Gleichaltrigen, bieten neuen Formen der Selbststilisierung und justieren das Verhältnis zwischen Privatheit und (Teil-)Öffentlichkeit neu.

Der demografische Wandel in Bezug auf die Altersstruktur der Bevölkerung sowie die ungleiche wirtschaftliche Entwicklung von Regionen (vgl. Deutscher Bundestag 2013a: 81) führen zu regional sehr unterschiedlichen Bedingungen des Aufwachsens von Jugendlichen. Es gibt Regionen mit einer starken Zunahme des Anteils von Hochbetagten und gleichzeitig einer starken Abnahme des Anteils der Schulpflichtigen. Das heißt, in manchen Regionen wachsen Jugendliche in einem Umfeld mit immer weniger Gleichaltrigen auf und müssen mit einer eingeschränkten Infrastruktur zurechtkommen. Wahlmöglichkeiten werden geringer, Schulwege etwa werden wieter. Ebenso die Wegstrecken um Gleichaltrige zu treffen. Die Vielfalt an Freizeitmöglichkeiten, sei es kommerziell oder öffentlich gefördert, die sich in erreichbarer Nähe befinden, reduziert sich.

Die offene Kinder- und Jugendarbeit steht in der Verantwortung, den Kindern und Jugendlichen, die in diesen Schrumpfungsregionen wohnen, erreichbare Räume für das Treffen mit Gleichaltrigen zu bieten. Für die Kinder und Jugendlichen, die durch Wegzug an einem neuen Wohnort aufwachsen, kann die offene Jugendarbeit die Bildung von neuen sozialen Netzen unterstützen (vgl. van Santen 2010). Ein weiterer Aspekt des demographischen Wandels bezieht sich auf die sich verändernde Bevölkerungszusammensetzung durch die sogenannte Außenwanderung. Durch diese nimmt die Anzahl der Kinder und Jugendlichen mit einer Migrationsgeschichte weiter zu. Dies stellt die offene Kinder- und Jugendarbeit vor die Aufgabe, sich interkulturell zu öffnen und eine Sensibilität für die Bedürfnisse und Wünsche der jungen Menschen mit einer Migrationsgeschichte zu entwickeln.

Kindheit und Jugend sind zunehmend institutionalisiert. Im Laufe des Aufwachsens verbringen Kinder und Jugendliche mehr Zeit in Institutionen als früher. Der frühere und vermehrte Besuch von Einrichtungen der Kindertagesbetreuung, insbesondere durch die sukzessive Ausweitung der Rechtsansprüche auf Betreuung im Vorschulalter in den vergangenen zwei Jahrzenten, sowie der Ausbau der Kapazitäten der Ganztagsschulen haben hierzu beigetragen. Kinder und Jugendliche brauchen jedoch auch Freiräume, Orte, die in geringerem Ausmaß institutionelle Eigenlogiken folgen und die es erlauben, selbstbestimmte Entwicklungen zu vollziehen. Es ist eine Aufgabe der offenen Kinder- und Jugendarbeit, solche Orte zur Verfügung zu stellen.

In der Jugendforschung wird die These von der Verdichtung der Jugendphase diskutiert (Lüders 2007), die eine zeitliche und auch eine inhaltliche Verdichtung beschreibt. Scheinbar zweckfreie Zeiten und Aktivitäten werden gesellschaftlich weniger anerkannt, auch wenn sie gerade in der Jugendphase für die Persönlichkeitsentwicklung und individuellen Perspektiventwicklung wichtig sind. Nicht-verplante Zeit, bei der nicht die Erwartung besteht, dass sie sinnvoll für die eigene Bildungsbiografie genutzt wird, wird rar. Eine Reihe von Entwicklungen lassen sich vor diesem Hintergrund auch als Hinweise auf eine Zunahme von Belastungen, Erwartungen und Anforderungen, die in der Jugendphase auftreten und an sie gerichtet werden, interpretieren.

So sind beispielsweise nach den Ergebnissen des Kinder- und Jugendgesundheitssurveys (KiGGS) im Alter von 3–17 Jahren 11,5 % der Mädchen und 17,8 % der Jungen verhaltensauffällig bzw. grenzwertig auffällig (Hölling et al. 2007). Es zeigt sich, dass die Belastungen nicht nur nach Geschlecht stark differenzieren, sondern insbesondere auch vom Sozialstatus der Eltern abhängig sind. In der Öffentlichkeit diskutieren Ärzte und Therapeuten über einen von ihnen wahrgenommenen Anstieg der Verhaltensauffälligkeiten.

Insbesondere benachteiligte Kinder und Jugendliche geraten bei diesem Prozess an den Rand, da sie besonders gefährdet sind, bei den Anforderungen nicht mithalten zu können. Diese Entwicklungen sind auch Ausdruck des geringeren Vertrauens der Gesellschaft, dass die Jugendphase auch eine Zeit des Ausprobierens ist. Die offene Kinder- und Jugendarbeit bietet die Chance, solche Gelegenheiten und Räume zu eröffnen.

Diese hier nur angedeuteten Trends der veränderten Bedingungen des Aufwachsens von Kindern und Jugendlichen zeigen: Jungsein hat sich verändert und wird sich auch weiterhin ändern. Diese Veränderung geht mit einem veränderten Verhältnis von privater und öffentlicher Verantwortung für das Aufwachsen von Kindern und Jugendlichen einher. Zum Teil ist die Verschiebung der privaten und öffentlichen Verantwortung gar auch selbst eine treibende Kraft im Hinblick auf die sich verändernden Bedingungen des Aufwachsens. Die Verschiebung der Verantwortung kennt keineswegs nur eine Richtung. Zwar dominiert die Wahrnehmung der zunehmenden öffentlichen Verantwortung, aber gesellschaftliche Risiken (Armut, Arbeitslosigkeit, Aufbau einer ausreichenden Altersvorsorge) werden zum Beispiel verstärkt ins Private verlagert. Jungen Menschen wird vermehrt Verantwortung für die Gestaltung ihres Lebens zugewiesen. Aus einer kritischen gegenwartsanalytischen Perspektive mutiert dieses zu der Aufforderung, dass es unter den aktuellen gesellschaftlichen Bedingungen primär um die Ausbildung eines „unternehmerischen Selbst" ginge (Bröckling 2007). „Permanente Weiterbildung, lebenslanges Lernen, persönliches Wachstum – die Selbstoptimierungsimperative implizieren die Nötigung zur kontinuierlichen Verbesserung. Angetrieben wird dieser Zwang zur Selbstüberbietung vom Mechanismus der Konkurrenz" (ebd.: 72f.).

Gleichzeitig gibt es eine Verzweckung von privat zu Leistendem zugunsten primär gesellschaftlichen Zielsetzungen. Die Kommission des 14. Kinder- und Jugendberichts schreibt in diesem Zusammenhang „Es stellt sich die Frage, ob eine Ausweitung öffentlicher Verantwortungsübernahme mit dem Ziel besserer Förderung auch zu einer Verzweckung von (früher) Kindheit und Jugend beiträgt. Insbesondere neuere Ansätze einer sozialinvestiven Sozialpolitik neigen teilweise dazu, Kinder und Jugendliche zu einseitig als Humankapital und die frühe Kindheit primär als Investitionsobjekt zu betrachten. Dies kann dazu führen, dass gegenwartsbezogene Bedürfnisse und Interessen von Kindern und Jugendlichen zugunsten zukunftsbezogener Interessen der Gesellschaft an Kindheit und Jugend marginalisiert werden" (Deutscher Bundestag 2013a: 374).

Wie nun müssen und können sich diese Veränderungen der Bedingungen und der Heterogenität des Aufwachsens in den Angeboten widerspiegeln? Mit dieser Frage hat sich die Jugendarbeit auseinanderzusetzen, denn möglicherweise werden neue Bedarfe sichtbar und andere Formen von Unterstützung erforderlich.

Generell gilt, dass wer in einer hochindividualisierten, auf eine hohe Eigenverantwortung bauenden Gesellschaft wie der deutschen bestehen können soll, die Möglichkeit haben muss, die Verantwortungsübernahme für sich und andere in fehlerfreundlichen Umwelten, wie die Jugendarbeit eine sein sollte, durch eigenes Tun zu erlernen und zu erfahren. Offene Angebote bekommen vor diesem Hintergrund eine besondere Bedeutung, denn sie bieten Jugendlichen die Chance, selbst etwas zu strukturieren, sich auszuprobieren, sich zu bewähren und sich als gestaltungskompetent erleben zu können.

1.3 Trends in der offenen Kinder- und Jugendarbeit

Die Situation der offenen Kinder- und Jugendarbeit ist vor dem Hintergrund aktueller Trends inner- und außerhalb der offenen Kinder- und Jugendarbeit, die sich zum Teil überlagern, zu sehen. Gemeinsam ist den nachfolgenden Entwicklungslinien, dass sie Veränderungen auf der Ebene der Rahmenbedingungen beschreiben. Die wichtigsten Trends sind:

(1) Die öffentliche Aufmerksamkeit und auch die fachöffentlichen Debatten innerhalb der Kinder- und Jugendhilfe haben sich in den letzten Jahren vor allem mit den *Kindern als Hauptzielgruppe* beschäftigt. Befördert wurde dies durch den Ausbau der Kindertagesbetreuung und die Beschäftigung mit einer Verbesserung des Kinderschutzes, bei der zu Beginn vor allem die ganz kleinen Kinder in den Blick genommen wurden. So hat insgesamt in der Kinder- und Jugendhilfe eine systematische Hinwendung zu Kindern stattgefunden. Während Giesecke noch im Jahr 1980 Kinder als Zielgruppe der Jugendarbeit ausgeschlossen (Giesecke 1980: 15) und Fromme (2005) ihren Einbezug auf spezialisierte Angebote für Kinder (z. B. Spielmobil, Abenteuerspielplatz, Kinderhäuser) beschränkt hat, gehören heute Kinder in den meisten Häusern selbstverständlich zur Zielgruppe der offenen Kinder- und Jugendarbeit dazu. Spielen Kinder in der Einrichtung eine größere Rolle, dann erlangen andere Fragen eine größere Bedeutung, beispielsweise Fragen der Aufsichtspflicht und Möglichkeiten der Selbstverwaltung. Auch die Programmstruktur und das Gefüge der verschiedenen Altersgruppen in den Einrichtungen ändern sich, insbesondere dann, wenn die gesellschaftliche Erwartungshaltung an die Einrichtungen steigt, (mehr) Angebote für Kinder vorzuhalten. Ein Angebotsbereich, in dem diese Erwartungshaltung gestiegen ist, betrifft die Beteiligung der Einrichtungen der offenen Kinder- und Jugendarbeit an der verlässlichen Nachmittagsbetreuung von SchülerInnen (vgl. (2)). So gibt es heute nur wenige Jugendzentren,

die ausschließlich Jugendlichen vorbehalten sind (11%, vgl. Kap. 11). Die Ausrichtung der Einrichtungen an der Altersgruppe der Kinder ist allerdings nicht neu (vgl. Grauer 1973: 109, 209). Sie bringt insbesondere für jene Einrichtungen größere Veränderungen mit sich, die bisher ausschließlich von Jugendlichen genutzt wurden. Dies hat zur Folge, dass Jugendliche noch stärker auf kommerzielle Orte ausweichen müssen, wenn sie unter sich sein wollen. Aber insbesondere benachteiligte Jugendliche haben diese Möglichkeit nicht.

(2) Die Rolle der Jugendarbeit bei der *Nachmittagsbetreuung von Schulkindern* wird immer bedeutsamer. Der Besuch von Kindern und Jugendlichen fand selbstverständlich schon immer nach der Schule statt. Im Unterschied zu früher wird die offene Kinder- und Jugendarbeit verstärkt als Partner der Schule oder als Bestandteil der Infrastruktur der verlässlichen Nachmittagsbetreuung betrachtet. Dies ist eine Entwicklung, von der alle Beteiligten (also Kinder, Jugendliche, Eltern, Schule, Kinder und Jugendarbeit) profitieren können, die aber gewisse Risiken in sich birgt. Es treffen zwei Systeme aufeinander, die in ihren Grundprinzipien sehr unterschiedlich sind. Das wirft Fragen auf wie: Wie „frei" ist die Freizeit in einem Angebot, das in Kooperation von Schule und offener Kinder- und Jugendarbeit bereitgestellt wird? Welche Handlungsprinzipien der institutionellen Akteure gewinnen die Oberhand oder bleibt alles beim Alten? Wie nehmen die BesucherInnen solche Angebote wahr? Gibt es Auswirkungen der Angebote der Nachmittagsbetreuung auf andere Angebote der Jugendarbeit?

(3) Der *demografische Wandel* beeinflusst die offene Kinder- und Jugendarbeit auf verschiedener Weise. Sie selbst kann den Wandel an sich nicht verändern, aber sie kann und muss auf die Folgen des Wandels reagieren. In manchen Regionen ist der demografische Wandel gleichbedeutend mit einem starken Rückgang der absoluten Anzahl potenzieller NutzerInnen der Angebote offener Jugendarbeit sowie einem veränderten sozialen Gefüge und in etlichen anderen mit einem Zuwachs an jungen Menschen. Der Anteil der Kinder und Jugendliche an der Gesamtbevölkerung geht weiter zurück und ihre sozialen Netze werden durch Wanderungsbewegungen zusätzlich verändert. In all diesen Fällen erwächst daraus für die offene Kinder- und Jugendarbeit in Zuzugs- als auch Abwanderungsregionen die Aufgabe, wohnortnahe bzw. erreichbare, nicht von Erwachsenen dominierte Möglichkeitsräume für die Festigung oder Etablierung neuer sozialer Beziehungen der Kinder und Jugendlichen untereinander bereitzustellen (vgl. van Santen 2010). Der demografische Wandel hat auch einen Bezug zur Bevölkerungszusammensetzung in Folge der Außenwanderung, d.h. der Zu- und Wegzug über nationalen Grenzen hinweg. Deutschland ist schon lange ein Einwanderungsland, und junge Menschen mit einem Migrationshintergrund sind Teil der Gesellschaft. Die Lebenslagen und Orientierungen von

jungen Menschen mit einem Migrationshintergrund haben sich seit den 1960er-Jahren ausdifferenziert, gleichzeitig bestehen für sie zum Teil spezifische Hürden, etwa beim Übergang von der Schule in den Beruf (zum Beispiel Diskriminierung). Die Jugendarbeit steht vor der Aufgabe, auf solche spezifischen Benachteiligungen zu reagieren und Gelegenheiten zu bieten, um über Erfahrungen von Diskriminierung und Fragen der Herkunft zu sprechen – sofern dies für die jungen Menschen selbst Relevanz besitzt.

(4) Die *finanziellen Restriktionen* vieler Kommunen haben sich in den letzten Jahren in vielen Regionen verschärft und erschweren es, die bisherigen Strukturen aufrecht zu erhalten. Auf der örtlichen Ebene reicht es offensichtlich nicht aus, dass nach gängiger Rechtsauslegung die Sicherstellung eines ausreichenden Angebots der Jugendarbeit zu den Pflichtaufgaben der Jugendämter gehört (vgl. z.B. Wabnitz 2005). Wie auch bei den anderen Trends zeigen sich bei den für die Kinder- und Jugendarbeit zur Verfügung gestellten Mitteln auf regionaler Ebene stark voneinander abweichende Entwicklungen. Hinzu kommt, dass es selbst bei auf kommunaler Ebene steigenden Ausgaben für die Jugendarbeit durch Zweckbindung der Zuwendungen etwa für den Bereich der nachschulischen Betreuung zu einer Reduzierung der Aufwendungen für die bisherigen Aufgaben der offenen Kinder- und Jugendarbeit kommen kann. Insgesamt verdichtet sich der Eindruck, dass die Jugendarbeit, wie allgemein die sogenannten „freiwilligen“ und „präventiven“ Dienste und Leistungen, unter einen erhöhten Legitimationsdruck geraten sind. Es wird vielfach erwartet, dass die finanziellen Aufwendungen zeitnah, einem möglichst sichtbaren Nutzen gegenüberstehen.

(5) Der *Alltag* von Kindern und Jugendlichen ist zu einem immer größeren Anteil *durch Erwachsene vorstrukturiert.* Selbst Bereiche, die bisher relativ frei von Verwertbarkeitsüberlegungen waren und um ihrer selbst willen gepflegt wurden, werden aufgrund von gesellschaftlichen Entwicklungen (z.B. Anerkennung non-formal erworbener Kompetenzen, Förderperspektive) der „Sphäre der Jugendlichen“ entrissen. War früher der Übergang von der Kindheit ins Erwachsenenalter stark durch eine Auseinandersetzung mit den Werten der Erwachsenen geprägt, gegen die man rebellieren konnte und musste, um sie individuell den jeweils generationsspezifischen Bedingungen anpassen zu können, so ist heute – pointiert formuliert – der Übergang von der Angst geprägt, sich nicht optimal mit Kompetenzen, Beziehungen und Erfahrungen für ein Leben als Erwachsener auszustatten. Diese Angst wird von Seiten der Eltern und im öffentlichen Diskurs, der die eigene Verantwortung der jungen Menschen für das Ergreifen von Übergangschancen durch stark individualisierende Sichtweisen hervorhebt, geschürt.

Dagegen als Jugendlicher aufzubegehren ist sehr viel schwieriger als gegen Werthaltungen anzugehen. Jugendliche werden mit einer pragmatischen

Logik konfrontiert, die wenig Spielraum für eigene Vorstellungen lässt: Wenn Du Dich jetzt nicht anstrengst, wenn Du jetzt nicht deine Chance ergreifst, wenn Du jetzt nicht Verantwortung übernimmst, dann hast Du den Rest deines Lebens eben keine Chance mehr. Sich gegen externe Anforderungen abzusetzen, sich selbst in dem Feld der Anforderungen und Erwartungen aus der Welt der Erwachsenen zu verorten, wird vor solch einem Hintergrund nicht als jugendtypisches Verhalten und als Entwicklungsschritt auf einem Weg der Verantwortungsübernahme für sich selbst und andere gesehen, sondern als verpasste Chance, als selbstverschuldete Weigerung, sich den realen Bedingungen des Aufwachsens zu stellen.

(6) Eng damit verbunden ist eine weitere Entwicklungslinie, die für die Jugendarbeit nicht gänzlich neu ist. An Jugendarbeit wurde schon immer der Auftrag gerichtet, *präventiv tätig zu sein.* Dieser Anspruch ist in den letzten Jahren nicht weniger geworden, was vor allem daran liegt, dass Prävention in der öffentlichen Diskussion über soziale Probleme eine hohe Bedeutung erlangt hat. Der Zeitpunkt, wann Prävention ansetzen soll, hat sich immer weiter nach vorn in die frühe Kindheit verlagert. Die im Kern richtige Idee, Problemlagen früh zu erkennen und darauf bezogene Vorsorge zu treffen, wurde dabei in den vergangenen Jahren oft weit überzogen (Lüders 2011). Die offene Kinder- und Jugendarbeit muss sich in dieser Diskussion neu verorten und ihre Möglichkeiten und Grenzen vor Augen führen. Weder sollte sie ihre Leistungen unterschätzen noch sollte sie in die Falle geraten, uneinlösbare Präventionsversprechen zu machen.

(7) Der letzte Trend bezieht sich auf die Bedeutung von *Bildung* in der offenen Kinder- und Jugendarbeit. Die offene Kinder- und Jugendarbeit hat sich schon immer auch als Bildungsort verstanden. In § 11 (3) SGB VIII wird die „außerschulische Jugendbildung mit allgemeiner, politischer, sozialer, gesundheitlicher, kultureller, naturkundlicher und technischer Bildung“ als ein Schwerpunkt der Jugendarbeit definiert. Die Veränderung der Bedeutung der Bildung in der Jugendarbeit ist zum einen auf die Ergebnisse der PISA-Studien aus dem Jahr 2001 zurückzuführen, die die Aufmerksamkeit darauf lenkten, dass das deutsche Bildungssystem im internationalen Vergleich schlecht abschneidet und nur eingeschränkt in der Lage ist, herkunftsbedingte Bildungsungleichheiten zu verringern. Seitdem werden Bildungsprozessen in, aber auch außerhalb der Schule vermehrt Bedeutung zugemessen. Zum anderen haben außerschulische Bildungsorte und Formen informeller Bildung auch durch die europäische Diskussion im Kontext des Europäischen Qualifikationsrahmens (EQR) an Bedeutung gewonnen. Der EQR hat das Ziel, Qualifikationen innerhalb von Europa vergleichbar zu machen. Dabei spielt es der Grundidee des EQR nach keine Rolle, *wo* und *wie* diese Qualifikationen erworben wurden. Damit wird de facto informelle Bildung der formalen Bildung gleichgestellt. Die Jugendarbeit verweist ver-

stärkt auf ihre Bedeutung als Bildungsort: Ein Bildungsort, der sowohl formale Bildungskomponenten (z.B. Kurse, Trainings) als auch Gelegenheitsstrukturen für informelle, selbstgesteuerte Bildungsprozesse bietet. Dabei gerät die offene Kinder- und Jugendarbeit in der Fachdiskussion in ein Spannungsfeld, das durch die Pole des Zwecks der Bildung entsteht. Während die einen das zweckfreie Bildungsideal hochhalten setzen andere auf die Erhöhung der Beschäftigungsfähigkeit (Employability).

1.4 Spannungsfelder

Die oben beschriebenen Trends und veränderten Bedingungen des Aufwachsens führen dazu, dass sich Jugendarbeit in einem Feld voller Erwartungen, Ansprüche, Bedürfnisse und eigener fachlicher Überzeugungen neu justieren muss. Dieser Prozess der Neujustierung findet vor dem Hintergrund verschiedener Spannungsfelder, die die Jugendarbeit charakterisieren, statt.

Die verlässliche Nachmittagsbetreuung an Schulen unter Beteiligung der Jugendarbeit ist ein gutes Beispiel, an dem verdeutlicht werden kann, wie einzelne Angebote unter verschiedenen Blickwinkeln betrachtet werden können und sich daraus Spannungsfelder für die Einrichtungen ergeben. Ausgehend von der Frage, wer überhaupt ein Interesse an der Nachmittagsbetreuung hat bzw. inwiefern verlässliche Nachmittagsbetreuung ein Angebot im Interesse der jungen Menschen ist, kann der Ausbau der Nachmittagsbetreuung als eine Antwort auf zwei gesellschaftliche Probleme beschrieben werden: ein mittelmäßiges Abschneiden in internationalen Vergleichsstudien und die Gefahr des Fachkräftemangels, wenn man nicht alle prinzipiell erwerbsfähigen Personen für den Arbeitsmarkt zur Verfügung hält. Beides gefährde – so der Tenor – die Wettbewerbsfähigkeit Deutschlands. Die verlässliche Nachmittagsbetreuung verschafft weiterhin Eltern Spielräume, die Vereinbarkeit von Familie und Beruf besser hinzubekommen. Die Schule profitiert ebenso, weil sie darauf hoffen kann, dass Probleme, die im Unterrichtsalltag zu Tage treten, in der Nachmittagsbetreuung bearbeitet werden. Zudem werden insbesondere Kinder aus anregungsarmen Familien für eine längere Zeit in einem schulaffinen Kontext betreut. Wird die Perspektive der jungen Menschen eingenommen, stehen vor allem folgende Fragen im Mittelpunkt: Wollen sie frei über ihre unterrichtsfreie Zeit bestimmen können? Wie nehmen sie die Fachkräfte war? Wie verändert sich ihr Verhältnis zur Schule und wie zur Jugendarbeit, wenn sie die von Jugendzentren organisierte Nachmittagsbetreuung besuchen? Auf solche Fragen gibt es nicht ein und dieselbe Antwort für alle jungen Menschen. Die Diversität der Antworten (vgl. Arnoldt et al. 2013) zeigt vielmehr, dass es unterschiedliche Bedürfnisse gibt, die mal weniger, mal mehr in Übereinstimmung mit den Grundprinzipien der Jugendarbeit zu bringen sind.

Das *erste Spannungsfeld* ist zwischen den Polen *„Jugendarbeit ist für alle da"* und „Jugendarbeit muss sich bevorzugt um *spezifische Zielgruppen* kümmern" lokalisiert. Das SGB VIII benennt in § 11 SGB VIII zur Jugendarbeit keine Beschränkung hinsichtlich der Zielgruppe. Sie steht also jedem jungen Menschen unabhängig von seiner Milieuzugehörigkeit oder seinen weltanschaulichen Vorstellungen offen. In ihrer Geschichte hat sich jedoch gezeigt, dass konzeptionelle Schwerpunktsetzungen Einfluss darauf haben, welche jungen Menschen tatsächlich angesprochen werden und welche das Angebot nutzen (vgl. Hafeneger 2013). Empirisch zeigt sich (vgl. Kap. 10 und 11; Schmidt 2011: 53), dass die Besucherstruktur kein Abbild der Gesamtheit der jungen Menschen darstellt. Insbesondere junge Menschen mit vergleichsweise niedrigerem Bildungsniveau sind überproportional in der offenen Kinder- und Jugendarbeit vertreten. Dies kann eine Folge der Angebote der Einrichtungen der offenen Jugendarbeit sein, die im Vergleich zu kommerziellen Freizeitangeboten eine kostengünstige Alternative im Sozialraum darstellen. Es kann auch sein, dass die Einrichtungen durch die Ausgestaltung ihrer Angebote überwiegend spezielle Zielgruppen ansprechen und damit nicht mehr für alle Kinder und Jugendlichen gleich attraktiv sind.

Das *zweite Spannungsfeld* bezieht sich auf die Angebotsgestaltung bzw. den Stellenwert der einzelnen Angebotsformen untereinander. Es lässt sich beschreiben als Spannungsfeld zwischen *Angebotsorientierung* vs. *offenem Betrieb*. Mit diesem Gegensatz kann eine Analogie zu dem ersten Spannungsfeld Zielgruppenorientierung und Offenheit für alle hergestellt werden. Allerdings ist keineswegs zu erwarten, dass der offene Betrieb per se zu einer Nutzung durch alle Zielgruppen führt. Vielmehr scheint der offene Betrieb häufig durch eine Cliquen- oder Szenendominanz geprägt zu sein (vgl. Schmidt 2011: 67f.). Die Nutzerstruktur vorstrukturierter Angebote dagegen scheint durch die Art dieser Angebote mitbestimmt zu werden. Das Spannungsfeld zwischen offenem Betrieb und Angebotsorientierung ist eines, in dem sich nicht nur die Jugendarbeit, sondern z.B. auch die Kindertagesbetreuung befindet. Sie sind verstärkt mit der Anforderung konfrontiert, nachzuweisen, dass sie die Kompetenzentwicklung von Kindern und Jugendlichen fördern. Dabei werden Fragen aufgeworfen, wie: Wie sehr vertraut die Erwachsenengesellschaft noch auf Selbstbildungsprozesse von Kindern und Jugendlichen? Für wie wertvoll werden unstrukturierte Phasen des Nichtstuns, des Ungeplanten, des Unvorhersehbaren, des Ungelenktseins, des Ausprobierens für eine positive Entwicklung junger Menschen eingeschätzt?

Ein *drittes Spannungsfeld* ergibt sich an den Schnittstellen, wie zum Beispiel zur Schule, Justiz oder Polizei. Aus der Perspektive der Jugendarbeit stellt sich die Frage, wie viel *Eigenständigkeit* hinsichtlich der fachlichen Prinzipien sinnvoll und wie viel *Anpassung* an das andere System erforderlich ist, damit die kooperierenden gesellschaftlichen Teilsysteme tatsächlich gemeinsam etwas für junge Menschen erreichen. Aus der Forschung zur interinstitutionellen Kooperation ist bekannt, dass Kooperation unter anderem dann gut funktioniert, wenn sich die Kooperationspartner ähnlich sind (vgl. Santen/Seckinger 2003: 331). Auch zeigt sich, dass Kooperationspartner sich im Zuge der Zusammenarbeit ähnlicher werden. Kooperation an den Schnittstellen zu anderen gesellschaftlichen Teilsystemen kann also zu einer aus Sicht der Kinder- und Jugendarbeit positiven Beeinflussung anderer Systeme führen, die mit einem höheren Stellenwert der sozialpädagogischen Handlungsperspektive einhergeht, aber auch zu einer Verwässerung eigener Prinzipien.

Ein *viertes Spannungsfeld* verbirgt sich hinter der Frage, ob Jugendzentren ausschließlich ein *Ort für Kinder und/oder Jugendliche* oder gleichzeitig auch ein *Infrastrukturangebot für Familien und Senioren* sein sollen. Der Bedarf nach multifunktional nutzbaren Räumen ist gestiegen. Hintergrund dafür sind finanzielle Überlegungen (effiziente Ausnutzung von Räumen bzw. Häusern), neuartige Bedarfe (z.B. wohnortnahe Infrastruktur für die Gruppe der Senioren) und konzeptionelle Überlegungen (z.B. Förderung des Miteinanders der Generationen). Dies hat für manche Einrichtungen der offenen Kinder- und Jugendarbeit die Folge, dass diese von einem für Kinder und Jugendliche reservierten Ort zu einem Infrastrukturangebot auch für Familien und SeniorInnen werden. Bereits vor Jahren wurde diskutiert, ob Jugendzentren zu altersübergreifenden „Dorfhäusern" werden sollten, in dem sie sich zu Kristallisationskernen bürgerschaftlichen Engagements und zu Infrastruktureinrichtungen für alle Lebensalter entwickeln.

Natürlich hat eine solche Transformation etwa Folgen für das Erscheinungsbild solcher Einrichtungen. Wenn sie nicht länger ausschließlich Anlaufstelle für Jugendliche, sondern auch für Familien oder Senioren sind, muss sich die Gestaltung der Räumlichkeiten nach allen BesucherInnengruppen richten. Schließlich erwarten andere Nutzergruppen auch, dass deren Wünschen und Bedürfnissen Rechnung getragen wird. Aber auch unter solchen Bedingungen bleiben Einrichtungen der Jugendperspektive verpflichtet, wenn sie sich (auch) als Einrichtung der Jugendarbeit verstehen. Die Ergebnisse zeigen, dass ein nicht unerheblicher Teil der Einrichtungen der offenen Jugendarbeit die ihr zur Verfügung stehenden Räume auch anderen überlässt. Die Vermietung von Räumen, z.B. für private Feste, kann – vor allem dann, wenn Jugendliche darüber selbst entscheiden – eine wichtige zusätzliche Einnahmequelle sein. Eine gleichzeitige Nutzung von (verschiedenen) Räumen der Einrichtung durch andere Nutzergruppen als die jungen Menschen führt allerdings zu einem anderen pädagogischen Setting. Das Agieren der Jugendlichen findet unter Umständen unter Beobachtung anderer Altersgruppen statt, was die Qualität des Freiraumes zum Ausprobieren der Wirkungen des eigenen Handelns auf Gleichaltrige beeinträchtigt.

Das *fünfte Spannungsfeld* bezieht sich auf das Verhältnis zwischen *gesellschaftlichen Aufträgen*, die an die Jugendarbeit herangetragen werden und der *Ausrichtung an den Interessen ihrer BesucherInnen*. Die verstärkte Wahrnehmung der öffentlichen Verantwortung für das Aufwachsen der Jugendlichen (Deutscher Bundestag 2013a) schlägt sich nicht nur in einem deutlich höheren und von nahezu allen gesellschaftlichen Kräften begrüßten Engagement im Bereich der frühkindlichen Betreuung, Bildung und Erziehung nieder, sondern auch in manchen Erwartungen an öffentlich geförderte Einrichtungen, wie die Jugendzentren. Gesellschaftliche Herausforderungen, wie die Inklusion von jungen Menschen mit Behinderungen, die Integration von jungen Menschen mit Migrationsgeschichte, die Unterstützung von jungen Menschen in benachteiligten Lebenslagen, die Sicherung und Anhebung des Bildungsniveaus, Gesundheitsförderung, Drogen- und Sucht-, Extremismus- oder Gewaltprävention werden zum Teil auch als Aufgabe der Einrichtungen der offenen Jugendarbeit betrachtet. Wie die Ergebnisse zur Angebotsstruktur zeigen, gibt es eine nicht unerhebliche Anzahl von Einrichtungen der offenen Jugendarbeit, die (auch) Angebote machen, von denen eher nicht anzunehmen ist, dass sie von den jungen Menschen selbst initiiert worden sind und unmittelbar deren Interessen und Bedürfnisse widerspiegeln. Freiräume für junge Menschen bereitzustellen, wird zwar auf bundespolitischer Ebene als ein gesellschaftlicher Wert an sich betrachtet, auf den nicht verzichtet werden kann und den es sicherzustellen gilt (vgl. Zentrum Eigenständige Jugendpolitik), aber auf kommunaler Ebene wird diese Aufgabe nicht immer als prioritär eingestuft.

1.5 Aufbau des Buches

In den letzten Jahren ist die empirische Beschreibung der offenen Kinder- und Jugendarbeit intensiviert worden (vgl. zur Übersicht Schmidt 2011). Die letzte bundesweite Bestandsaufnahme zur offenen Jugendarbeit stammt allerdings aus dem Jahr 1973 (Grauer 1973). Schon 1973 gab eine Reihe von Stimmen, die postulierten, dass die offene Jugendarbeit, sich in der Krise befindet. Auch gut 40 Jahre später, in denen sich die offene Jugendarbeit auch verändert hat, ist diese Zustandsbeschreibung oft zu hören. Es erscheint deshalb erforderlich, die Diskussion erneut mit belastbaren empirischen Werten zur Situation der offenen Kinder- und Jugendarbeit zu unterfüttern. Wie lässt sich die Situation von Jugendzentren umschreiben? Wo ist die offene Jugendarbeit jetzt angekommen? Dieses Buch stellt die Ergebnisse einer bundesweiten Erhebung bei ausgewählten Einrichtungen der offenen Kinder- und Jugendarbeit bundesweit dar. Die hier eingenommene Perspektive ist die der Einrichtung. Es geht dabei nicht um die spezifische Sicht der Kinder und Jugendlichen und auch nicht um das professionelle Handeln aus der Sicht der einzelnen Fachkräfte. Im Zentrum stehen die Einrichtungen und die strukturellen und institutionellen Voraussetzungen, die sie für die Gestaltung offener Kinder- und Jugendarbeit bieten.

In dem ersten Teil dieser Publikation werden unter der Überschrift A Strukturelle Bedingungen und Angebotsstruktur die Rahmenbedingungen und Strukturen der Einrichtungen dargestellt (Personal, Träger, Finanzen) sowie die Angebote und Aktivitäten beschrieben (Räumlichkeiten, Öffnungszeiten, Ausstattung und Angebote). Im zweiten Teil B gehen wir der Frage nach, wer eigentlich ins Jugendzentrum geht. Dabei greifen wir sowohl auf AID:A, eine umfangreiche Personenbefragung des Deutschen Jugendinstituts, zurück, als auch auf die Ergebnisse der Befragung der Einrichtungen der offenen Kinder- und Jugendarbeit. In dritten Teil C erfolgt eine Auseinandersetzung mit ausgewählten fachlichen Anforderungen, vor die sich die offene Kinder- und Jugendarbeit gestellt sieht (Beratungsbedarf, Kinder und Jugendliche mit Migrationshintergrund in der Einrichtung, Kinder und Jugendliche mit Behinderung in der Einrichtung, Partizipationsmöglichkeiten, Zusammenarbeit mit Schulen). Auf der Basis der Daten/Ergebnisse der bundesweiten Erhebung wird dargestellt, wie die offene Jugendarbeit auf diese Anforderungen reagiert und welche Herausforderungen noch vor ihr liegen. Im letzten Teil D wird das methodische Vorgehen der Studie beschrieben.

1.6 Zentrale Befunde

Neugründungen: Arbeitsfeld ist in Bewegung. Eine Vielzahl der Einrichtungen der offenen Jugendarbeit wurde nach dem Jahr 2000 gegründet. Dieser Befund überrascht vor dem Hintergrund der seit Jahren anhaltenden Spardiskussionen, zeigt aber auch, dass die kommunale Jugendhilfe nach wie vor auf lokale Bedarfe reagiert. Gleichzeitig ist dies ein Hinweis auf die Ungleichzeitigkeit von Entwicklungen und regional unterschiedliche Erfordernisse.

Selbstverwaltung: Ist für jeden was anderes. Das Selbstverständnis von „selbstverwalteten Jugendzentren" wandelt sich. Aus der Perspektive der Einrichtungen bezeichnet sich ein Fünftel als selbstverwaltet, während dies aus Sicht der Jugendämter nur 4 % sind. Die Selbstdefinition der Einrichtungen bzw. das Verständnis von Jugendämtern bezüglich des Begriffs Selbstverwaltung bezieht sich offensichtlich auf verschiedene Aspekte (z. B. Gründungsgeschichte, Trägerschaft, Rechtsform).

Unterstützung durch den Träger: Variiert nach Qualität und Umfang. Es zeigt sich eine Spreizung von Unterstützungsressourcen in den Jugendzentren. Es gibt Jugendzentren mit vielen und solche mit wenigen (Unterstützungs-)Ressourcen für alle Anforderungen des Betriebs eines Jugendzentrums. Insbesondere Einrichtungen größerer Träger haben in Bezug auf die Gestaltung der Außenbeziehungen der Einrichtungen und bei der Unterstützung organisatorischer Abläufe einen gewissen Vorteil.

Finanzen: Wenig Geld und Abhängigkeit von nicht-kommunalen Mitteln. Der Anteil der Ausgaben für die Jugendarbeit an allen Ausgaben für die Kinder- und Jugendhilfe ist in den letzten zwei Jahrzehnten nahezu kontinuierlich geringer geworden. Viele Einrichtungen haben keine großen Spielräume, was ihre Finanzausstattung angeht. Dies gilt insbesondere für Einrichtungen in Ostdeutschland. Zudem sind viele Einrichtungen von zusätzlichen Fördermitteln von der EU, dem Land oder dem Bund abhängig, was die Planungsmöglichkeiten einschränkt und immer wieder Ressourcen für die Sicherung der Arbeitsfähigkeit erfordert. Auch erwarten viele Einrichtungen zukünftig eine Verschlechterung ihrer finanziellen Situation.

Personal: Unsichere Perspektiven und schwer zu finden. Die Ausstattung mit hauptamtlichem Personal und den Bedingungen, unter denen dieses Personal angestellt ist, ist sehr unterschiedlich. Vor allem Einrichtungen in ostdeutschen Landkreisen sind schlecht mit Personal ausgestattet. Da die Vielfalt der Angebote eng an die Personalausstattung geknüpft ist, haben sie weniger Chancen, ein bedarfsgerechtes Angebot für Kinder und Jugendliche bereit zu stellen. In den Einrichtungen der offenen Kinder- und Jugendarbeit gibt es den höchsten Anteil an befristeten Arbeitsverhältnissen in der Kinder- und Jugendhilfe. Bei zehn Prozent der Einrichtungen ist das gesamte Personal befristet beschäftigt. In Ostdeutschland trifft dies auf jede fünfte Einrichtung zu. Mehr als drei Viertel der Einrichtungen beschreiben Schwierigkeiten, geeignetes Personal zu finden. Die deutliche Personalexpansion im Bereich der Kindertagesbetreuung und auch die vorhandene Konkurrenz des Arbeitsfeldes der Hilfen zur Erziehung um Fachkräfte gehen offenbar nicht spurlos an der offenen Kinder- und Jugendarbeit vorbei. Die offene Kinder- und Jugendarbeit ist gefordert, attraktive, konkurrenzfähige Bedingungen für BewerberInnen zu schaffen, wenn sie auch in Zukunft geeignetes Personal finden will.

Freiwilliges Engagement: Nicht sichtbar. Offene Kinder- und Jugendarbeit ohne freiwilliges Engagement ist nicht vorstellbar, aber jede fünfte Einrichtung hat nach eigenen Angaben keine Jugendlichen, die sich freiwillig in der Einrichtung engagieren. Offensichtlich gibt es unterschiedliche Verständnisse davon, wer als freiwillig engagiert gilt. Die Einrichtungen verschenken an dieser Stelle Potential, die Leistungen Jugendlicher zu würdigen und auch nach außen das Besondere der offenen Kinder- und Jugendarbeit darzustellen.

Das Durchschnittsalter der in Jugendzentren ehrenamtlich Aktiven ist höher als das der BesucherInnen. Am stärksten ausgeprägt ist diese Differenz in Ostdeutschland. Weibliche Ehrenamtliche sind gemessen an dem Anteil der BesucherInnen überproportional häufig ehrenamtlich aktiv. Personen mit Migrationshintergrund sind dagegen unterproportional bei den Ehrenamtlichen vertreten. Empirisch zeigt sich, dass Einrichtungen, die ihre pädagogische Praxis als beteiligungsorientiert, ermöglichend und autonomiefördernd kennzeichnen, einer größeren Anzahl von jungen Menschen eine freiwillige Tätigkeit in der Einrichtung ermöglichen bzw. sich des Engagements der Kinder und Jugendlichen eher bewusst sind.

Öffnungszeiten: Lücken am Abend und am Wochenende. Die Öffnungszeiten der Einrichtungen der offenen Kinder- und Jugendarbeit sind ein zentrales, manchmal auch konfliktreiches Thema. Die Öffnungszeiten bestimmen indirekt darüber, welche Altersgruppen der Kinder und Jugendlichen das Jugendzentrum aufsuchen, denn je nach Alter sind andere Besuchszeiten attraktiv. Insbesondere Jugendliche, die sich in der Ablösephase vom Elternhaus befinden, wollen ihre Freizeit nicht immer zuhause verbringen. Aber BesucherInnen, Personal sowie die Finanziers haben unterschiedliche Interessen. 54 % der Einrichtungen hat mindestens einen Schließtag. Häufigste Schließtage sind Samstag (40 % der Einrichtungen) und Sonntag (48 %). Im Durchschnitt sind die Einrichtungen 29 Stunden in der Woche geöffnet. Die Schließzeit ist in der Regel um 20.00 Uhr. Samstags schließen die meisten Einrichtungen um 21.00 Uhr.

Räume und Außenbereich: Baustein der kommunalen Infrastruktur. Die Räume der offenen Jugendarbeit werden bei fast vier von fünf Einrichtungen von anderen kommunalen Angeboten (z. B. Schule, Jugendverbände und Seniorentreff) mitbenutzt. Exklusive Freiräume für Kinder und Jugendliche, die keine Rücksichtnahme auf andere NutzerInnen verlangen, sind damit keine Selbstverständlichkeit.

Angebote: Freiraum versus Zweck. Die Einrichtungen der offenen Kinder- und Jugendarbeit verfügen über eine breite und vielfältige Angebotspalette.

Wie breit und vielfältig das vorhandene Angebot ist, hängt stark von den vorhandenen Ressourcen ab. Der offene Betrieb ist nicht in allen Einrichtungen ein selbstverständlicher Bestandteil der Angebotspalette: Jede siebte Einrichtung hat keinen offenen Treff. Mit einem konkreten Zweck verbundene Angebote (z.B. musisch-künstlerische Angebote oder Vorbereitung auf das Berufsleben) sind weit verbreitet. Es wird zu beobachten sein, inwiefern sich vor dem Hintergrund der an die offene Kinder- und Jugendarbeit gestellten Anforderungen das Verhältnis zu Ungunsten offener Angebote verschiebt.

Besucherstruktur: Bekanntes und neue Einsichten. Es gibt eine Reihe von Annahmen darüber, wer die BesucherInnen von Jugendzentren sind. Die gängige Annahme ist, dass es in der Regel junge Männer mit Migrationshintergrund aus Familien mit niedrigem Bildungshintergrund im Teenageralter sind. Die Daten der Befragung von Jugendlichen aus dem DJI-Survey AID:A zeigen zwar, dass der Anteil männlicher BesucherInnen höher als der der weiblichen ist, aber auch, dass die Realität vielfältiger ist als die Wahrnehmung der Fachöffentlichkeit nahelegt. So zeigt sich, dass die offene Jugendarbeit, insbesondere in Ostdeutschland, auch ein Angebot für junge Erwachsene ist. Zudem lässt sich bei der Inanspruchnahme von Jugendzentren kein signifikanter Unterschied nach dem Migrationshintergrund nachweisen. Die Befragung der Einrichtungen zeigt, dass die Einrichtungen sich diesbezüglich je nach Region stark unterscheiden, was zum Teil auch Ausdruck der regional sehr unterschiedlichen Bevölkerungsstruktur ist.

Auch die Trägerschaft der Einrichtung erweist sich als bedeutender Faktor für den Anteil der Jugendlichen mit Migrationshintergrund in den Einrichtungen. Insbesondere bei Einrichtungen in öffentlicher Trägerschaft ist der Anteil der BesucherInnen mit Migrationshintergrund höher. Die Wahrscheinlichkeit einer konzeptionellen Auseinandersetzung mit der interkulturellen Öffnung steigt mit dem Anteil der BesucherInnen mit Migrationshintergrund, allerdings in der Regel erst, wenn eine gewisse Schwelle überschritten ist. Erst dann setzen sich die Einrichtungen mit diesem Thema systematischer auseinander. Die Analysen zeigen weiterhin, dass je kleiner der Wohnort ist, desto mehr Kinder und Jugendliche besuchen die Einrichtungen der offenen Jugendarbeit. Regionale Unterschiede gibt es auch zwischen Ost und West: Kinder und Jugendliche in Ostdeutschland gehen häufiger ins Jugendzentrum als Kinder und Jugendliche in Westdeutschland.

Kinder: Fast immer dabei. Die Einrichtungen der offenen Kinder- und Jugendarbeit sind heute ein selbstverständliches Angebot für die Altersgruppe der Kinder. In 20% der Einrichtungen kommen auch BesucherInnen, die jünger als sechs Jahre sind, und in fast zwei Drittel der Einrichtungen kommen Kinder im Alter zwischen 6 und 9 Jahren. Die meisten Einrichtungen haben eine große Altersspanne zwischen den jüngsten und ältesten BesucherInnen, auch wenn die größte Besuchergruppe die 13- bis 17-Jährigen sind. Nur eine von zehn Einrichtungen ist ausschließlich Jugendlichen vorbehalten.

Zielgruppe: Für alle offen. Der Anspruch, ein Angebot für alle zu sein und sich zugleich auf die Bedürfnisse der BesucherInnen, die in die Einrichtung kommen, einzustellen, ist eines der täglich zu bewältigenden Spannungsfelder der offenen Kinder- und Jugendarbeit. Empirisch zeigt sich, dass nahezu alle Einrichtungen darin übereinstimmen den Anspruch zu haben, mit allen Kindern und Jugendlichen zu arbeiten, die zu ihnen kommen. Zugleich bestehen aber Zugangsbeschränkungen für bestimmte potenzielle Zielgruppen (z. B. nach dem Alter). Diese Spannung ist auch Ausdruck der gemeinsamen Herstellungsleistung von Jugendlichen und PädagogInnen (Cloos et al. 2007), wozu auch Fragen des Zugangs und der Zugehörigkeit gehören. Wichtig ist es, unreflektierte Zugangsbarrieren zu erkennen und darauf zu reagieren.

Gerade kleine Einrichtungen ohne hauptamtliches Personal laufen Gefahr, an Bedeutung zu verlieren. Sie werden seltener aktiv, Besucher zu gewinnen, und erreichen häufiger nicht die, die sie erreichen wollen, obwohl es vor allem in ländlichen, bevölkerungsarmen Regionen kleine Einrichtungen braucht.

Beratung: Unterschätzte Funktion. Neun von zehn Einrichtungen der offenen Kinder- und Jugendarbeit bieten für junge Menschen alltagsnahe Beratung an. Gerade das Setting Jugendzentrum, das die Hemmschwellen, Beratung zu suchen, sehr gering hält, bietet dadurch sehr gute Voraussetzungen für Beratung und ermöglicht so Unterstützung von Kindern und Jugendlichen, die für spezialisierte Beratungssettings in der Regel schwierig zu erreichen sind. Andererseits sind in vielen Jugendzentren keine spezifischen Kenntnisse zu Beratungsthemen vorhanden. Einrichtungen laden externe BeraterInnen ein oder vermitteln weiter an spezialisierte Beratungsinstitutionen. Die Einrichtungen stehen dabei immer vor der Frage, wie man Beratungen so informell, freiwillig und selbstverständlich organisiert, dass der Betrieb des Jugendzentrums und der Charakter der Einrichtung als Ort ohne offensive pädagogische Einflussnahme nicht eingeschränkt wird.

Kinder und Jugendliche mit Behinderungen: Jugendzentren auf gutem Weg. Nahezu sechs von zehn Einrichtungen werden auch von Kindern und Jugendlichen mit einer Behinderung besucht. Die Rahmenbedingungen sind dabei von entscheidender Bedeutung. Der Großteil der Einrichtungen ist (noch) nicht barrierefrei. Dabei erhöht die bauliche Barrierefreiheit über verschiedene Formen der Behinderung hinweg, also nicht nur für BesucherInnen mit einer Körperbehinderung, die Wahrscheinlichkeit für eine verstärkte Nutzung der Einrichtung durch BesucherInnen mit einer Beeinträchtigung. Auch besonders qualifiziertes Personal für die Arbeit mit Menschen mit Behinderungen, konzeptionelle Überlegungen zum Thema Inklusion sowie Kooperationsbeziehungen mit Behinderteneinrichtungen wirken sich positiv auf die Nutzung aus.

Das fachliche Selbstverständnis der einzelnen Einrichtungen zu dem Thema unterscheidet sich erheblich. Es variiert zwischen Selbstverständlichkeit, Integration und Inklusion und zeigt die Herausforderung der selbstverständlichen, unauffälligen, unterstützenden Umgang mit spezifischen Beeinträchtigungen. Ein Teil der Einrichtungen setzt auf spezifische, sonderpädagogisch unterstützte Freizeitangebote. Diese liefern zwar einen Beitrag zu einer verbesserten Integration, erfüllen aber nicht unbedingt die Erwartungen an eine inklusive Praxis. Ein anderer Teil der Einrichtungen der offenen Jugendarbeit setzt eher auf „zufällige", nicht bewusst herbeigeführte Nutzung durch Kinder und Jugendliche mit einer Behinderung. Ein solcher Ansatz konstruiert aus einer Behinderung keinen Ausschlussgrund, andererseits wird ein Abbau von Zugangsbarrieren nicht allein dadurch erreicht, dass Zugangsbarrieren nicht thematisiert werden.

Partizipation: Weiter ausbaufähig. Die offene Kinder- und Jugendarbeit lebt von der Partizipation und Selbsttätigkeit ihrer BesucherInnen. Diese benötigt insbesondere am Anfang jedoch die aktive Unterstützung und Motivation der Fachkräfte. Nicht überall ist dies Standard in den Einrichtungen, denn nicht alle Themen sind der Mitbestimmung und Mitgestaltung durch die Jugendlichen offen.

Zusammenarbeit mit der Schule: Ambivalentes Unterfangen. Für ein Drittel der Einrichtungen gehört ein Angebot in Kooperation mit Schule zur Organisation einer verlässlichen Nachmittagsbetreuung von SchülerInnen zum Angebotsspektrum dazu. Die Erfahrungen der Einrichtungen sind bislang in der Summe positiv. Kritikpunkte beziehen sich auf die Einschränkung der Freiwilligkeit, einen niedrigeren Altersdurchschnitt in den Einrichtungen und finanzielle und personelle Engpässe.

Teil A

Strukturelle Bedingungen und Angebotsstruktur

Kapitel 2
Gründungsjahr – Beständigkeit und Wandel

Die offene Kinder- und Jugendarbeit ist gefordert, immer wieder neu auf die Bedürfnisse und Bedarfe von Kindern und Jugendlichen zu reagieren und angemessene Orte und Räumlichkeiten dort zu schaffen, wo Kinder und Jugendliche diese brauchen. Dies ist insofern eine Herausforderung für kommunale Entscheidungsträger, da sich die Bedürfnis- und Bedarfslagen, wo genau diese Orte benötigt werden, im Verlauf der Zeit mit jeder Generation Jugendlicher ändern können und mit den räumlichen Gegebenheiten, institutionellen Handlungslogiken und den Handlungsspielräumen der Kommunen in Einklang zu bringen sind. Zudem sind Angebote der offenen Kinder- und Jugendarbeit für junge Menschen dann attraktiv, wenn sie von den Jugendlichen selbst angeeignet werden können.

Einrichtungen müssen also als Einrichtung einerseits ein erkennbares Angebot sein und zugleich Gestaltbarkeit und Offenheit repräsentieren. Das heißt, jede Einrichtung selbst muss immer wieder Veränderungen bewältigen, um sich dem Zeitgeist, den aktuellen Anliegen und Interessen Jugendlicher anzupassen. Gibt es eine Einrichtung seit 30 Jahren, dann heißt das nicht, dass diese immer noch genauso aussieht und dieselben Angebote unterbreitet, wie vor 30 Jahren. Gelingt ein solcher einrichtungsbezogener Wandlungsprozess nicht, bedeutet dies möglicherweise auch das Aus für eine Einrichtung, weil sie für Jugendliche nicht mehr attraktiv ist und seltener besucht wird. Aber auch eine fehlende Finanzierung durch die Kommune kann natürlich die Schließung einer Einrichtung zur Folge haben. Das Gründungsdatum lässt somit einerseits Rückschlüsse auf die Beständigkeit von Einrichtungen der offenen Kinder- und Jugendarbeit zu und zeigt andererseits den Wandel, der zu diesem Arbeitsfeld gehört, sei es durch die konzeptionelle Neuausrichtung einzelner Einrichtungen oder durch die Expansion des Arbeitsfeldes durch Neugründungen von Einrichtungen.

Im Durchschnitt wurden die heute bestehenden Jugendzentren 1990 gegründet. Das heißt, die Hälfte der Einrichtungen schaut auf eine eigene Geschichte von mehr als 20 Jahren zurück und steht somit für die Beständigkeit und Nachhaltigkeit des Arbeitsfeldes. Das Jahr 1990 markiert zudem den Beginn des Aufbaus neuer Strukturen der Kinder- und Jugendarbeit in Ostdeutschland. Zwischen 1990 und 1999 wurden knapp zwei Drittel der Einrichtungen in den ostdeutschen Bundesländern gegründet, wie an Tabelle 2.1 deutlich wird. Lediglich eine von zehn Einrichtungen bestand auch schon davor. Möglicherweise ist der Anteil dieser älteren Einrichtungen im

Prinzip noch etwas höher, denn Jugendklubs und Jugendzentren waren in der DDR sehr verbreitet und manche bestehende Einrichtung wurde möglicherweise in den ersten Nachwendejahren „neu gegründet". Für diese Einrichtungen mag sich deshalb das Problem stellen, auf welche Tradition sie sich beziehen sollen: das Gründungsjahr der jetzt existierenden Einrichtung oder der davor bestehenden Einrichtung. Die Daten zum Gründungsjahr für die westdeutschen Bundesländer bilden ab, dass in der Zeit zwischen 1970 und 1989 zahlreiche Einrichtungen geschaffen wurden (43%). Dies ist die Zeit der Jugendzentrumsbewegung mit einem Boom an Einrichtungsgründungen und damit einhergehend einem Ausbau des Personals sowie einer breiten Professionalisierung des Arbeitsfeldes (Gaiser/Rathgeber 1978). Bei über der Hälfte der westdeutschen Einrichtungen liegt das Gründungsjahr dementsprechend vor 1990.

Tab. 2.1: Gründungsjahr der Einrichtung

	Ost	West	Kreisfreie Stadt	Landkreis	Insgesamt
Vor 1970 gegründet	2%	9%	10%	4%	7%
Zwischen 1970 und 1989 gegründet	9%	43%	39%	26%	31%
Zwischen 1990 und 1999 gegründet	64%	23%	30%	41%	36%
Zwischen 2000 und 2011 gegründet	24%	24%	19%	28%	24%
Jahr unbekannt	2%	2%	2%	1%	2%

Quelle: DJI-Jugendzentrumserhebung 2011, n = 967

In Tabelle 2.1 ist ein Anteil von 2% der Einrichtungen ausgewiesen, denen das Gründungsjahr unbekannt ist. Hinzu kommen 13% der Einrichtungen, die keine Angaben zu dieser Frage gemacht haben und wo zu vermuten ist, dass sich dahinter auch ein großer Teil verbirgt, der das (genaue) Gründungjahr nicht kennt und somit vielleicht auch keinen Bezug zu den Traditionen der Einrichtung hat.

Ab dem Jahr 2000 gibt es zwischen ostdeutschen und westdeutschen Bundesländern keinen Unterschied hinsichtlich des Anteils der neu geschaffenen Einrichtungen. Knapp ein Viertel aller Einrichtungen wurde in diesem Zeitraum gegründet. Vor dem Hintergrund der seit längerem geführten Diskussion um Einsparungen in der Jugendarbeit und den Schwierigkeiten der Kommunen, die Kinder- und Jugendarbeit zu finanzieren, erstaunt dieser vergleichsweise hohe Anteil. Mit Blick auf die Unterschiede zwischen kreisfreien Städten und Landkreisen ergeben sich mögliche Begründungen dafür. Der Anteil neu gegründeter Einrichtungen ist ab 1990 in den Landkreisen deutlich höher als in den kreisfreien Städten. In den kreisangehörigen Gemeinden und Landkreisen findet offensichtlich seit längerem eine nachholende Entwicklung statt. Ein Hintergrund dafür kann sein, dass die Verantwortlichen in den letzten Jahren – auch um den Auswirkungen des demografischen Wandels gegenzusteuern – die Bedeutung der Angebote offener Kinder- und Jugendarbeit für die Attraktivität der Region und die Stärkung der Infrastruktur für Familien erkannt haben. Ein anderer Hintergrund kann sein, dass auch in den Landkreisen die Sensibilität dafür gewachsen ist, dass verbandliche Angebote alleine nicht ausreichen, auf die Bedürfnisse von Kindern und Jugendlichen zu reagieren.

Der Überblick über das Gründungsjahr der einzelnen Häuser oder Räume für Jugendliche verdeutlicht das Wechselspiel zwischen Beständigkeit und Wandel in der offenen Kinder- und Jugendarbeit. Die Tatsache, dass im ersten Jahrzehnt nach dem Jahrtausendwechsel ein Viertel der Einrichtungen – vor allem im ländlichen Raum – gegründet wurde, zeigt die regionale Unterschiedlichkeit und Gleichzeitigkeit von Entwicklungen, denn der gleiche Zeitraum war in den Fachdebatten vor allem auch durch die Einsparungen und Kürzungen in der Jugendarbeit geprägt.

Kapitel 3
Trägerschaft und Unterstützungsleistungen durch die Träger

Nach § 11 Absatz 1 SGB VIII sollen die Angebote der Jugendarbeit an den Interessen junger Menschen anknüpfen und von ihnen mitbestimmt und mitgestaltet werden. Die Trägerschaft kann mitentscheidend dafür sein, inwiefern es gelingt, Mitbestimmung und Mitgestaltung tatsächlich Raum zu geben. Nach dem Zweiten Weltkrieg wurde der Jugendarbeit eine wichtige Rolle in der demokratischen Erziehung junger Menschen zugeschrieben. Die Alliierten sahen in der Jugendarbeit ein Mittel zur demokratischen (Um-)Erziehung der deutschen Jugend. Offene Jugendarbeit sollte die nicht in Verbänden organisierten Jugendlichen von der Straße holen und damit eine Kriminalisierung und politische Radikalisierung vermeiden (vgl. Hafeneger 2013). Nach dem Zweiten Weltkrieg wurden in den britischen und amerikanischen Besatzungszonen German-Youth-Activities-Heime zur Vorbeugung einer politischen Radikalisierung der Jugend eingerichtet. Insbesondere in den Anfängen der offenen Jugendarbeit bestand ein gespanntes Verhältnis zur verbandlichen Jugendarbeit. Die Jugendverbände sahen in den Einrichtungen der offenen Jugendarbeit vor allem eine unlautere Konkurrenz, die Jugendlichen unentgeltlich ein attraktives Freizeitangebot macht (Damm 1985).

Die offene Jugendarbeit wird heute durch eine Dominanz der öffentlichen Träger geprägt. In den 1960er-Jahren gab es allerdings noch deutlich mehr freie (insbesondere Jugendverbände) als öffentliche Träger (Gaiser/Rathgeber 1978: 45ff.), danach setzte eine Kommunalisierung der offenen Jugendarbeit ein. Insbesondere in Gebieten, in denen es an Angeboten der offenen Jugendarbeit fehlte, hat der öffentliche Träger Verantwortung übernommen. Zur geschichtlichen Tradition der offenen Jugendarbeit, die die Trägerschaft tangiert, gehört weiterhin, dass insbesondere in den 1970er-Jahren eine Bewegung der autonomen und selbstverwalteten Jugendhäuser entstanden ist. Dieser Trägerform wird im Folgenden besondere Aufmerksamkeit gewidmet.

Zuerst wird die Trägerschaft der Einrichtungen der offenen Jugendarbeit näher beleuchtet. Daran anschließend wird der Frage nachgegangen, ob und in welchen Bereichen Einrichtungen Unterstützung von ihrem Träger erhalten. Abschließend werden die Gründe für Trägerwechsel dargestellt.

3.1 Trägerschaft

Nimmt man die oben angeführten normativen Vorgaben des SGB VIII als Ausgangspunkt der Frage, welche Trägerform am ehesten den dort formulierten Aufgabenstellungen der Jugendarbeit gerecht wird, so scheint ein selbstverwaltetes Jugendzentrum die ideale Form der Trägerschaft zu sein. Die Selbstverwaltung ist Ausdruck davon, dass Jugendliche die Initiative ergriffen haben, selbstbestimmt ein Angebot ins Leben zu rufen, das eine hohe Passung zu ihren Bedürfnissen aufweist. Sie selbst gestalten das Angebot nach ihren eigenen Vorstellungen und Erwartungen. Entscheidungen über die Politik, also das Programm des Angebots, werden von den Jugendlichen selbst getroffen. In der Praxis der offenen Jugendarbeit ist inzwischen allerdings gar nicht mehr so klar, was ein selbstverwaltetes Jugendzentrum ausmacht.

Die Frage, ob die Einrichtung ein selbstverwaltetes Jugendzentrum ist, wird von einem Fünftel (20%) der Einrichtungen bejaht. Die sich selbst als selbstverwaltet bezeichnenden Einrichtungen existieren im Durchschnitt seit etwa 21 Jahren. Dies ist etwa zwei Jahre kürzer als bei den anderen Einrichtungen. Die Unsicherheit darüber, was überhaupt ein selbstverwaltetes Jugendzentrum ist, wird z.B. dadurch zum Ausdruck gebracht, dass etwa 5% der Einrichtungen zu dieser Frage keine Angaben machen (können). Die regionalen Differenzierungen zeigen deutliche Unterschiede auf: In den Landkreisen liegt der Anteil der selbstverwalteten Jugendzentren mit 27% deutlich über dem Anteil in den Städten (12%). Hier bildet sich die Situation der Gründungszeit der selbstverwalteten Jugendzentren ab. Insbesondere im ländlichen Raum wurden in den 70er Jahren aufgrund der quantitativ und qualitativ schlechten Freizeitsituation selbstverwaltete Jugendzentren gegründet (Hafeneger 2013: 42). In Ostdeutschland ist der Anteil der selbstverwalteten Jugendzentren (29%) statistisch signifikant höher als in Westdeutschland (17%). In Ostdeutschland nutzten nach der Wiedervereinigung einige Jugendliche die neuen Spielräume und gestalteten Jugendbegegnungsorte nach ihren eigenen Vorstellungen.

Die Verteilung über die Bundesländer weist auf weitere regionale Traditionen hin. Allerdings ist hierbei auffällig, dass es Bundesländer gibt, z.B. Schleswig-Holstein (29%) oder Brandenburg (34%), in denen der Anteil selbstverwalteter Jugendzentren noch oberhalb des entsprechenden Anteils im Saarland (27%) und in Baden-Württemberg (16%) liegt, also von Bundesländern, die zumindest in der Vergangenheit mit dieser Trägerform in Verbindung gebracht wurden. Es kann in diesem Zusammenhang nicht ausgeschlossen werden, dass sich die Jugendzentren in Bundesländern mit einer Selbstverwaltungstradition dennoch stärker an jugendlichen Bedürfnissen orientieren (von und für Jugendliche), während in anderen Bundesländern durch eine weniger stark ausgeprägte solche Tradition größere Definitionsspielräume bestehen. Der nächste Abschnitt befasst sich mit dieser Problematik.

Vergleicht man die Ergebnisse zu den selbstverwalteten Jugendzentren mit anderen Erhebungen, dann zeigt sich eine relativ große Diskrepanz. Gadow et al. (2013) ermittelten auf der Basis einer Befragung von Jugendämtern einen Anteil von 4 % selbstverwalteter Jugendzentren, auch hier mit einem deutlich höheren Anteil in Ostdeutschland. Offensichtlich existiert ein gewisser Definitionsspielraum. Die Betrachtung der Rechtsform der Trägerschaft veranschaulicht dies: Von den selbstverwalteten Jugendzentren befinden sich 31 % in öffentlicher Trägerschaft und 11 % in der Trägerschaft von Kirchengemeinden. Am ehesten werden selbstverwaltete Jugendzentren mit einer Trägerschaft in den Händen von Jugendlichen, etwa organisiert in einem Verein assoziiert.

Die Praxis nimmt in der Selbstdefinition des Begriffs Selbstverwaltung wohl auf mindestens fünf verschiedene Aspekte Bezug: 1. Die Trägerschaft liegt bei den Jugendlichen selbst (z. B. organisiert in einem Verein), 2. der Vorstand besteht aus (ehemaligen) Jugendlichen, die das Jugendzentrum mal ins Leben gerufen haben, 3. Organisation und Ablauf des Betriebs werden von den Jugendlichen vollständig selbst bestimmt, 4. Träger und Einrichtung sind identisch sowie 5. die Einrichtung agiert gegenüber dem Träger autonom. Diese fünf Bezugspunkte der Definition eines selbstverwalteten Jugendzentrums verdeutlichen, warum sich manche Einrichtungen der offenen Jugendarbeit selbst als selbstverwaltetes Jugendzentrum definieren, obwohl dort Hauptamtliche beschäftigt sind (71 %), der Träger auch Einrichtungen außerhalb der offenen Jugendarbeit (z. B. im Bereich der Hilfen zur Erziehung) hat (23 %), 21 % der selbstverwalteten Jugendzentren angeben, dass Ehrenamtliche in keiner der erhobenen Aufgabenbereiche in dem Jugendzentrum aktiv sind, oder die Trägerschaft der Einrichtungen eine Selbstverwaltung der Jugendlichen unwahrscheinlich erscheinen lässt (z. B. öffentliche Trägerschaft). Auch wenn signifikante Zusammenhänge mit möglichen Indikatoren für ein selbstbestimmtes, selbstverwaltetes Jugendzentrum (z. B. Anzahl der Ehrenamtlichen, Aufgabenwahrnehmung durch Ehrenamtliche) nachweisbar sind, zeigt sich damit, dass die Selbstdefinition der Jugendzentren ein unscharfes Kriterium hinsichtlich der Existenz von Selbstverwaltung im Sinne der historischen Tradition der Selbstverwaltungsbewegung und der Fachliteratur ist.

Träger können eine/n oder mehrere Einrichtungen oder Dienste zur Verfügung stellen. Von allen Jugendzentren befinden sich 22 % in der Trägerschaft eines Trägers, der genau ein Jugendzentrum als Angebot zur Verfügung stellt. Fast ein Drittel der Träger der Jugendzentren (31 %) hat neben der Einrichtung der offenen Jugendarbeit, die an der Befragung teilgenommen hat, weitere Einrichtungen oder Angebote im Bereich der offenen Kinder- und Jugendarbeit. Der größte Anteil der Einrichtungen gehört zu einem Träger, der auch außerhalb der offenen Kinder- und Jugendarbeit Angebote oder Dienste bereitstellt. In Landkreisen ist der Anteil der Jugendzentren bei Trägern, die außer dem befragten Jugendzentrum keine weiteren Angebote oder Einrichtungen haben, mit 28 % am höchsten. In den Städten beträgt der Anteil dieser Konstellation nur die Hälfte (14 %). Dagegen ist es in den Städten (57 %) im Vergleich zu den Landkreisen (39 %) deutlich häufiger der Fall, dass der Träger nicht nur das offene Angebot der Jugendarbeit zu seinem Aktivitätenspektrum zählt, sondern auch Angebote oder Einrichtungen außerhalb der offenen Jugendarbeit.

Tab. 3.1: Anteil der Rechtsformen des Trägers der Jugendzentren nach Ost- und Westdeutschland

	Ost	West	Insgesamt
Öffentlicher Träger	32 %	44 %	40 %
Eingetragener Verein (e. V.)	48 %	23 %	31 %
Körperschaft öffentlichen Rechts – Kirchengemeinden	5 %	14 %	11 %
Körperschaft öffentlichen Rechts – (insb. Jugendringe in Bayern)	2 %	12 %	9 %
gGmbH	10 %	5 %	7 %
Sonstige Form	2 %	1 %	1 %
Nicht eingetragener Verein	1 %	1 %	1 %

Quelle: DJI-Jugendzentrumserhebung 2011, n = 1 097

Die Tabelle 3.1 zeigt die Verteilung der Rechtsformen des Trägers nach Ost- und Westdeutschland aufgesplittet. In der Vergangenheit hat sich bereits gezeigt, dass sich die Trägerschaft von Jugendzentren in Ost- und Westdeutschland sehr unterschiedlich darstellt (Gadow et al. 2013; Pluto et al. 2007; van Santen et al. 2003). Dies gilt nach wie vor. In Westdeutschland dominiert eindeutig die Trägerschaft der öffentlichen Träger. Addiert man Körperschaften öffentlichen Rechts, etwa in Bayern die Jugendringe als Untergliederungen des Bayerischen Jugendrings mit Teilaufgaben eines Landesjugendamtes, dazu, dann werden in Westdeutschland mehr als die Hälfte der Einrichtungen (56 %) von öffentlichen Trägern verwaltet. In Ostdeutschland trifft dies nur auf ein Drittel (34 %) der Einrichtungen zu. Sowohl in Ost- als auch in Westdeutschland liegen diese Anteile der öffentlichen Trägerschaft von Einrichtungen der offenen Jugendarbeit über denen der Einrichtungen aus anderen Arbeitsfeldern der Kinder- und Jugendhilfe (vgl. Statistisches Bundesamt 2012).

Neben der anfangs erwähnten historisch begründeten Bedeutung dieses Arbeitsfeldes im Kontext der staatlichen Jugendpolitik resultiert die nach wie vor starke Präsenz der öffentlichen Träger aus der Idee der offenen Jugendarbeit, ein Angebot für alle Jugendlichen darzustellen. Anders als bei der verbandlichen Jugendarbeit begründet sich die Teilnahme an offenen Angeboten in der Regel nicht durch eine Mitgliedschaft oder eine Nähe zu bestimmten Wertemilieus. Das Arbeitsfeld der offenen Jugendarbeit scheint für die freien Träger eine vergleichsweise geringe Attraktivität aufzuweisen. Dennoch finden sich auf Kreisebene in der Stichprobe keine Kreise, in denen ausschließlich der öffentliche Träger ein Angebot bereitstellt. Das heißt, trotz des relativ hohen Anteils an öffentlicher Trägerschaft existiert eine gewisse Pluralität in den Jugendamtsbezirken (vgl. auch Gadow et al. 2013: 119). In Ostdeutschland machen die eingetragenen Vereine fast die Hälfte (48 %) der Trägerschaften aus – und damit mehr als doppelt so viel wie in Westdeutschland (23 %). Weitere Ost-West-Unterschiede zeigen sich insbesondere bezüglich der Trägerschaft von Kirchengemeinden, die in Ostdeutschland (5 %) weit seltener vorkommt als in Westdeutschland (14 %), sowie die gGmbHs, bei denen das Verhältnis zwischen den Regionen umgekehrt ist.

Die Trägerschaft der in den letzten zehn Jahren gegründeten Jugendzentren unterscheidet sich nur geringfügig von den in der Tabelle 3.1 abgebildeten Verhältnissen. Das heißt, es deutet sich kein veränderter Trend bezüglich der zukünftigen Verteilung der Trägerschaft an. Auch in absehbarer Zukunft wird damit für Deutschland insgesamt wahrscheinlich die öffentliche Trägerschaft im Bereich der Einrichtungen der offenen Jugendarbeit die dominante Trägerkonstellation darstellen.

3.2 Unterstützung durch Träger

Die Etablierung eines neuen Angebots oder auch die Aufrechterhaltung eines Angebots erfordert eine Reihe von Kenntnissen, die nicht als gegeben vorausgesetzt werden können. Träger sind dazu da, ihre Einrichtungen fachlich und mit Erfahrungswissen in der kommunalen Jugendhilfepolitik zu unterstützen. Sie können durch Lobbyarbeit den Weg zu neuen Aktivitäten ebnen, in Zeiten von Sparmaßnahmen die Bedeutung des Angebots hervorheben und Kürzungen vermeiden helfen, Anträge vorbereiten, Unterstützung bei der Konzeptentwicklung etc. leisten. Einrichtungen, die auf eine aktive Trägerunterstützung zurückgreifen können, haben es leichter, den diversen Auflagen und fachlichen Anforderungen des Betriebs einer Einrichtung nachzukommen. Auch in den Fällen, in denen Einrichtung und Träger de facto eine Einheit darstellen, können etwa Personen aus dem

Vorstand die Jugendlichen oder auch die Hauptamtlichen bei der Organisation und beim Ablauf des Angebots unterstützen.

Jedoch scheint bei der De-facto-Einheit von Träger und Einrichtung eine schlechtere Ausgangssituation für Unterstützungsleistungen des Trägers gegeben. Dies gilt auch für Jugendzentren in kleinen Gemeinden, die nur ein Jugendzentrum in öffentlicher Trägerschaft betreiben. Hier spielen die örtlichen Jugendpfleger bei der Unterstützung der kommunalen Jugendzentren eine wichtige Rolle. Die Bedeutung dieser potenziellen Unterstützungsquelle kann in der vorliegenden Untersuchung allerdings nicht berücksichtigt werden. Im Folgenden soll untersucht werden, von welchen Faktoren der Umfang der Unterstützungsleistungen der Träger abhängt.

Die Tabelle 3.2 zeigt für verschiedene – im Fragebogen vorgegebene – Arten von Unterstützungsleistungen, die durch Träger erbracht werden können, zu welchem Anteil die Jugendzentren diese Art von Unterstützung erhalten. Es zeigt sich hier bereits, dass der Anteil der Einrichtungen, die gar keine Form der Unterstützung vom Träger bekommen, tatsächlich sehr gering ist (2 %). Die Tabelle differenziert zwischen Städten und Landkreisen, weil sich zwischen diesen beiden Körperschaftstypen relativ große Unterschiede zeigen. In den Städten erfahren die Jugendzentren deutlich vielfältigere Unterstützungsleistungen als in den Landkreisen. Dieser Zusammenhang bleibt auch dann erhalten und erweist sich als stärkster Einflussfaktor, wenn die weiteren Bedingungsfaktoren, die nachstehend erörtert werden, statistisch kontrolliert werden. In Ost- und Westdeutschland werden Jugendzentren zwar auch bei manchen Unterstützungsleistungen zu signifikant unterschiedlichen Anteilen von ihren Trägern unterstützt, aber insgesamt sind die Unterschiede sehr viel weniger stark ausgeprägt.

Erwähnenswert ist in diesem Kontext lediglich der Unterschied zu der Unterstützungsform „Lobbyarbeit". Obwohl sich im Feld der Jugendarbeit in Ostdeutschland vor allem bedingt durch den demografischen Wandel große Umbrüche abzeichnen, dort vielerorts nach Einschätzung der Jugendringe eine unzureichende kommerzielle Freizeitinfrastruktur vorhanden ist (vgl. Gragert et al. 2006: 62) und auch die Entwicklung der verfügbaren Finanzmittel in Ostdeutschland einen negativen Trend aufweist (vgl. Kap. 4), betreiben die Träger der Einrichtungen der offenen Jugendarbeit in Ostdeutschland (42 %) wesentlich seltener politische Lobbyarbeit als in Westdeutschland (56 %).

Die Fach- und Dienstaufsicht ist die am häufigsten genannte Unterstützungsleistung (66 %), gefolgt von der Übernahme von Verwaltungsaufgaben (63 %). Jeweils etwa ein Drittel der Einrichtungen erhält jedoch hinsichtlich dieser beiden Aufgabenfelder keine Unterstützung durch den Träger. Im Vergleich zu den Unterstützungsleistungen der Träger für Einrichtungen der Hilfen zur Erziehung, bei denen in sehr ähnlicher Form die Unterstützungsleistungen der Träger abgefragt wurden, zeigt sich eine geringere Unterstützung der Träger für Einrichtungen der offenen Jugendarbeit. Dies bedeutet, dass die Fachkräfte in der Jugendarbeit im Vergleich zu anderen Handlungsfeldern der Kinder- und Jugendhilfe zusätzliche Anforderungen zu erfüllen haben. Sie müssen öfter Aufgaben erledigen, die an anderer Stelle von Trägern übernommen werden bzw. mit Unterstützung des Trägers erledigt werden.

Tab. 3.2: Anteil der Jugendzentren, die durch den Träger unterstützt werden

	Stadt	Landkreis	Insgesamt
Fach- und Dienstaufsicht*	74 %	61 %	66 %
Übernahme von Verwaltungsaufgaben (z. B. Buchhaltung, Materialbestellung etc.)*	68 %	59 %	63 %
Unterstützung von Einrichtungen durch Sachmittel	56 %	59 %	58 %
Personalmanagement*	66 %	50 %	57 %
Zuschüsse beantragen	58 %	56 %	56 %
Organisation und Durchführung von Fortbildungen*	67 %	46 %	55 %
Vernetzung von trägereigenen Einrichtungen*	66 %	46 %	55 %
Fachliche Beratung*	66 %	45 %	54 %
Öffentlichkeitsarbeit*	62 %	45 %	52 %
Politische Lobbyarbeit*	64 %	43 %	51 %
Qualitätssicherung*	59 %	41 %	49 %
Konzeptentwicklung*	56 %	43 %	48 %
Finanzielle Unterstützung von Einrichtungen (ohne Sachmittel)	49 %	47 %	48 %
Vernetzung von Einrichtungen außerhalb des Trägers*	50 %	29 %	38 %
Supervision*	43 %	26 %	33 %
Antrag auf Betriebserlaubnis*	32 %	23 %	27 %
Sonstige Formen der Unterstützung	2 %	1 %	2 %
Keine Unterstützung	1 %	3 %	2 %

* Unterschied zwischen Städten und Landkreisen ist signifikant ($p < 0.05$)
Quelle: DJI-Jugendzentrumserhebung 2011, n = 1 072

Eine entsprechende Analyse zeigt, dass das Ausmaß der Unterstützung durch die Träger nicht negativ mit den Aufgabenbereichen der freiwillig aktiven Jugendlichen in den Einrichtungen der offenen Jugendarbeit zusammenhängt. Es ist also nicht so, dass ein vielfältiger Einsatz von Ehrenamtlichen eine Unterstützung durch die Träger erübrigt. Vielmehr existiert ein positiver Zusammenhang mit der Anzahl der Aktivitätenfelder der Ehrenamtlichen und der Anzahl der Unterstützungsbereiche der Träger. Das heißt, in je mehr Einsatzbereichen (vgl. Kap. 6) Ehrenamtliche in der Einrichtung aktiv sind, desto vielfältiger sind gleichzeitig die Unterstützungsleistungen der Träger. Betrachtet man nur die Wahrnehmung von Verwaltungsaufgaben durch Ehrenamtliche, zeigt sich kein Zusammenhang mit der Anzahl der Unterstützungsleistungen durch die Träger. Auch eine höhere Stellenanzahl der Hauptamtlichen reduziert nicht, sondern erhöht die Anzahl der Unterstützungsfelder der Träger. Es lässt sich also eine Spreizung von Unterstützungsressourcen in den Jugendzentren nach dem Matthäus-Prinzip feststellen: Wer hat, dem wird gegeben. Im Ergebnis gibt es Jugendzentren mit viel und solche mit wenig (Unterstützungs-)Ressourcen für alle Anforderungen des Betriebs eines Jugendzentrums.

Die Trägerschaft differenziert nach öffentlichen und freien Trägern hat keinen Einfluss auf die Anzahl der Unterstützungsleistungen. Von Bedeutung ist vielmehr, ob der Träger nur eine oder mehrere Einrichtungen der offenen Jugendarbeit betreibt bzw. auch noch andere Einrichtungen als diejenigen der offenen Jugendarbeit in seiner Trägerschaft hat. Wie für den Bereich der Hilfen zur Erziehung bereits gezeigt werden konnte (Pluto/van Santen 2012), scheinen Einrichtungen größerer Träger insbesondere in Bezug auf die Gestaltung der Außenbeziehungen der Einrichtungen und bei der Unterstützung organisatorischer Abläufe einen gewissen Vorteil zu haben. Vermutlich ist dies auf die Existenz eines professionellen organisatorischen Überbaus zurückzuführen. Dieser Größenvorteil macht sich im Übrigen auch bemerkbar in Bezug auf die Ausstattung und die Anzahl der Aktivitäten der Einrichtungen: Einrichtungen größerer Träger verfügen im Durchschnitt über ein breiteres Angebot.

3.3 Trägerwechsel

Trägerwechsel können ein Indiz dafür sein, dass sich die Rahmenbedingungen der offenen Jugendarbeit in einer Kommune verändern. Bei immerhin 12 % der Jugendzentren hat in den letzten zehn Jahren ein Trägerwechsel stattgefunden. Die Abfrage des Jahres, in dem der Trägerwechsel stattgefunden hat, lässt erkennen, dass seit etwa 2004 (seitdem 75 % der Wechsel) vermehrt Trägerwechsel bei den Jugendzentren stattfinden (vgl. Abb. 3.1). Die Einrichtungen, die in den vergangenen Jahren einen Trägerwechsel durchmachten, bestehen im Durchschnitt etwa drei Jahre kürzer als die Einrichtungen ohne Trägerwechsel, sind also etwas jünger. Die Gründe für den Trägerwechsel wurden in einer offenen Abfrage ermittelt. Dies hat zur Folge, dass auf verschiedenen Ebenen geantwortet wird. Etwa jede fünfte

Einrichtung kann die Gründe für den Trägerwechsel nicht benennen. Ein weiteres Drittel der Einrichtungen mit einem Trägerwechsel beschreibt lediglich die Tatsache, dass die Einrichtung von einer freien in öffentliche Trägerschaft oder von öffentlicher in freie Trägerschaft übergewechselt ist. Die Gründe dafür bleiben dabei allerdings in der Regel im Dunkeln.

Abb. 3.1: Anteil der Jugendzentren mit einem Trägerwechsel in den vergangenen zehn Jahren (in %)

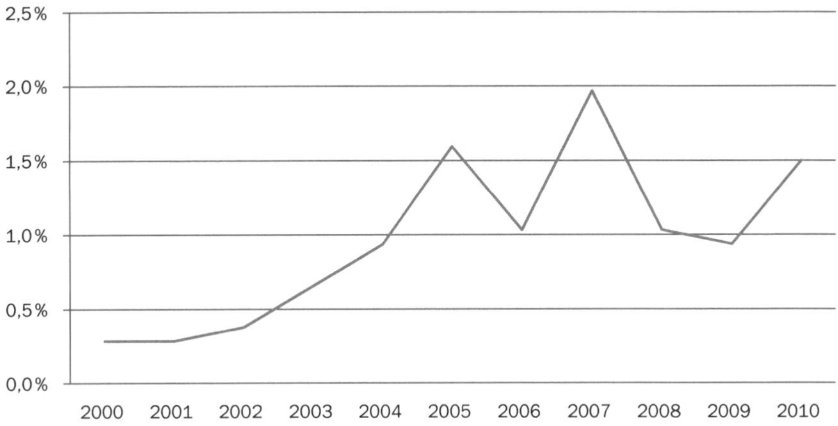

Quelle: DJI-Jugendzentrumserhebung 2011, n = 1 067

Den Antworten sind dennoch einige interessante Trends zu entnehmen. Ein Wechsel von öffentlicher zu freier Trägerschaft wird häufiger angeben (25%) als ein Wechsel in die andere Richtung (6%). Auffällig ist, dass der Wechsel von öffentlicher in freie Trägerschaft insbesondere in kreisfreien Städten (40%) stattfindet. In Landkreisen ist der Anteil der Trägerwechsel dieses Typs mit 12% deutlich geringer. Es kann nicht ausgeschlossen werden, dass hinter der Politik mancher Kommunen, prinzipiell Einrichtungen der offenen Jugendarbeit in freie Trägerschaft zu transferieren, auch wirtschaftliche Überlegungen stehen. So ist etwa die Personalstärke der Kommunen ein Kriterium für den Finanzausgleich zwischen Ländern und ihren Kommunen. Kommunen mit verhältnismäßig viel Personal erhalten weniger Landesmittel als Kommunen mit vergleichbar weniger Personal. Ein Wechsel der Trägerschaft von öffentlicher in freie Trägerschaft reduziert das Personalvolumen der Kommunen und erhöht die Zuwendungen des Landes. Etwa 12% der Antworten verweisen auf Gründe, die sich auf die finanzielle Situation des öffentlichen oder freien Trägers oder auf Wettbewerbssituationen („Neuausschreibung der Trägerschaft") beziehen. Nur selten werden Trägerwechsel explizit fachlich begründet, wenn auch nicht ausgeschlossen werden kann, dass eine Neuausschreibung der Trägerschaft aus rein fachlichen Gründen erfolgt. In diesem Kontext erhalten Träger mit neuen, innovativen Ideen und Konzepten eine Chance, sich im fachlich orientierten Qualitätswettbewerb erfolgreich zu positionieren. Ein eher geringerer Teil der Trägerwechsel wird mit der Zusammenlegung von Gebietskörperschaften (Gemeinden oder Kreise) begründet oder bezieht sich auf Umstrukturierungen und/oder organisatorische Ausgliederungen des bisherigen Trägers.

3.4 Fazit

Die öffentliche Trägerschaft ist nach wie vor, wie auch die Kinder- und Jugendhilfestatistik zeigt (Statistisches Bundesamt 2012), die dominante Trägerform in der offenen Kinder- und Jugendarbeit. Daran wird sich auch in naher Zukunft aller Voraussicht nach wenig ändern. Die unterschiedlichen historischen Wendepunkte, nämlich das Ende des Nationalsozialismus, dem in unterschiedlichen Teilen Deutschlands je andere Entwicklungen folgten (z.B. Bayern) und die Wiedervereinigung, vor allem für Ostdeutschland, spiegeln sich bis heute in der Trägerstruktur wieder.

Das Selbstverständnis von „selbstverwalteten Jugendzentren“ hat sich gewandelt. Praxis und eigene Zuschreibung gehen offensichtlich auseinander: Aus der Perspektive der Einrichtung bezeichnen sich ein Fünftel der Einrichtungen als selbstverwaltet, während dies aus Sicht der Jugendämter nur 4% sind. Eine Bestandsaufnahme der selbstorganisierten Jugendzentren erfordert zukünftig ein Vorgehen, das die konkrete Handlungspraxis noch mehr in den Vordergrund stellt und weitere Differenzierungen erlaubt.

Der Anstieg der Trägerwechsel deutet auf eine zunehmende Neuorientierung der kommunalen Jugendarbeitspolitik hin. Die Zielsetzungen dieser Veränderungen waren nicht Gegenstand der Studie und müssten mittels einer Studie zur lokalen Jugendarbeitspolitik erforscht werden.

Angesichts des öffentlichen (Legitimations-)Drucks, dem sich die Jugendarbeit in der heutigen Zeit ausgesetzt sieht, überrascht die bei fast der Hälfte der Einrichtungen fehlende Lobbyarbeit vonseiten der Träger. Insbesondere Einrichtungen mit wenig Personalressourcen sehen sich mit Anforderungen konfrontiert, die andernorts von den Trägern übernommen werden. Im heißen Kampf um Fachkräfte innerhalb der sozialen Arbeit sind dies Bedingungen, die die Attraktivität der Stellen in der offenen Jugendarbeit schmälern und nicht dazu beitragen, dass die Alterung des Personals (vgl. hierzu Thole/Pothmann 2013: 565) in den Jugendzentren gestoppt werden kann.

Kapitel 4
Finanzielle Ausstattung

Die Jugendarbeit hat es im gesamten Feld der Kinder- und Jugendhilfe schwer, sich gegenüber anderen Ausgabenfeldern zu behaupten. Die Ausgaben für Kindertagesbetreuung und Hilfen zur Erziehung belasten die kommunalen Haushalte enorm. Der Anteil der Ausgaben für Jugendarbeit an allen Jugendhilfeausgaben war in Westdeutschland noch nie so niedrig wie heute (vgl. Abb. 4.1), was vor allem ein Effekt der deutlich gestiegenen Ausgaben für die Kindertagesbetreuung ist. Auch in Ostdeutschland ist der Anteil auf den niedrigsten Stand seit 18 Jahren gesunken. Die reinen Ausgaben bewegen sich dabei in Ostdeutschland zwar seit Jahren auf einem ähnlichen Niveau, und in Westdeutschland ist sogar ein leichter Anstieg zu verzeichnen. Beides kann jedoch nicht darüber hinwegtäuschen, dass es preisbereinigt, d.h. nach Berücksichtigung von Inflation und Tarifentwicklungen für Personal, in den letzten Jahren keinen realen Zuwachs der Finanzen für die Jugendarbeit gegeben hat. In der Praxis nutzt es offensichtlich kaum etwas, dass nach gängiger Rechtsauslegung die Sicherstellung eines ausreichenden Angebots der Jugendarbeit zu den Pflichtaufgaben der Jugendämter gehört (vgl. z.B. Wabnitz 2005).

Die Frage, ob durch den demografischen Wandel, der Bedarf an Finanzmitteln für die Kinder- und Jugendarbeit nicht sinkt, weil die Anzahl der Kinder und Jugendlichen geringer wird, lässt sich dahingehend beantworten, dass dieser Bedarf letztendlich nicht nur durch die reine Anzahl an Kindern und Jugendlichen bestimmt wird, sondern durch ihre – gerade auch durch den demografischen Wandel sich verändernde – Lebenslage (vgl. dazu ausführlich van Santen 2010).[1]

Generell ist für die Interpretation der Finanzentwicklung auf der Basis der Kinder- und Jugendhilfestatistik in der Abbildung 4.2 zu bedenken, dass unklar ist, inwiefern ein Teil des Anstiegs der absoluten Ausgaben auch nur darauf zurückzuführen ist, dass in etlichen Regionen eine Umstellung von

1 Sowohl in Ost- wie in Westdeutschland sind die nicht preisbereinigten Pro-Kopf-Ausgaben für die 9- bis 25-Jährigen seit 2005 nahezu kontinuierlich gestiegen. Ob dieser Anstieg ausreicht, den veränderten Lebenslagen der Jugendlichen angemessen Rechnung zu tragen, kann an dieser Stelle nicht beantwortet werden.

Abb. 4.1: Ausgaben für Jugendarbeit (Tausend Euro)

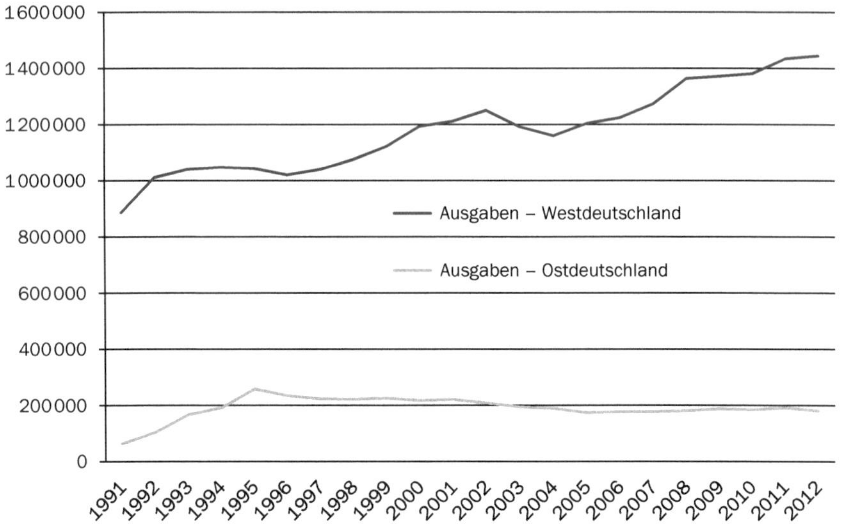

Quelle: Amtliche Kinder- und Jugendhilfestatistik; eigene Berechnungen; Ausgaben ohne Preisbereinigung

Abb. 4.2: Anteil der Ausgaben für Jugendarbeit an allen Ausgaben für die Jugendhilfe

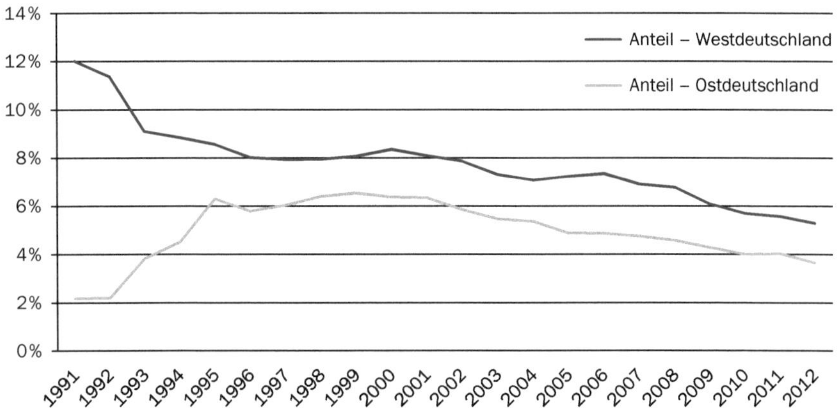

Quelle: Amtliche Kinder- und Jugendhilfestatistik; eigene Berechnungen

einer kameralistischen auf eine doppische Haushaltsführung[2] stattgefunden hat. Diese Umstellung führt beispielsweise dazu, dass die kostenlose Nutzung von Räumen als Zuschuss definiert wird und damit die Höhe der Fördermittel steigt, ohne dass das einzelne Jugendzentrum tatsächlich mehr Geld zur Verfügung hat. Hinzu kommt weiterhin, dass durch die zunehmende Zusammenarbeit von Jugendarbeit und Schule aus dem Etat der Jugendarbeit nicht nur Jugendarbeit finanziert wird. So kann ein Zuwachs an Ausgaben für die Jugendarbeit etwa mit der Auflage verbunden sein, die Hausaufgabenbetreuung von SchülerInnen sicherzustellen. Generell erlauben die Daten der amtlichen Kinder- und Jugendhilfestatistik bislang keine validen Differenzierungsmöglichkeiten für Ausgaben getrennt nach verbandlicher und offener Jugendarbeit. Die Daten der Jugendzentrumserhebung können jedoch dazu beitragen, ein differenzierteres Bild der finanziellen Situation der Einrichtungen der offenen Jugendarbeit zu geben.

4.1 Finanzsituation

Die Höhe der verfügbaren Finanzmittel bestimmt zu weiten Teilen den Spielraum für die konkrete pädagogische Arbeit. Je mehr Finanzmittel zur Verfügung stehen, desto vielfältiger können die Ausstattung und die Angebote der Einrichtung sein. Dieser Zusammenhang lässt sich empirisch unabhängig von der Region (Ost/West oder Stadt/Land) sowie der Gesamtöffnungszeit eindeutig nachweisen. Die Tabelle 4.1 vermittelt einen Eindruck, wie groß die finanziellen Spielräume sind, über die die Einrichtungen verfügen. Die Angaben sind differenziert nach Ost- und Westdeutschland sowie nach Städten und Landkreisen, weil sich diese Dimensionen unabhängig voneinander als statistisch signifikante Einflüsse für die Höhe der verfügbaren Finanzmittel erweisen: Die schlechtere finanzielle Ausstattung der Einrichtungen in Landkreisen, insbesondere derjenigen, die nicht in verstädterten Räumen liegen, zeigt sich in Ost- wie in Westdeutschland. Wobei die Jugendzentren in Ostdeutschland durchschnittlich mit weniger Finanzmitteln zurechtkommen müssen als die in Westdeutschland. In Westdeutschland stellt sich die Situation in Bayern im Vergleich zu den anderen westlichen Bundesländern noch etwas positiver dar.

Fast die Hälfte der Jugendzentren (46%) hat weniger als 5000 Euro Sachmittel für die Gestaltung der pädagogischen Arbeit zur Verfügung. In

---

2 Mit Kameralistik wird das bisherige System der Darstellung von Einnahmen und Ausgaben der öffentlichen Hand bezeichnet. Doppik steht für *dopp*elte Buchführung *in* *K*onten. Diese umfasst Bilanz, Ergebnisrechnung und Finanzrechnung.

Ostdeutschland trifft dies auf zwei von drei Jugendzentren zu (65 %). Am besten ausgestattet sind die Jugendzentren in den westdeutschen Städten. Dieser Befund relativiert die deutlich höhere Anzahl von Einrichtungen der Jugendarbeit gemessen an der Anzahl der für die Jugendarbeit relevanten Altersgruppen, die in Ostdeutschland vorhanden ist (vgl. Gadow et al. 2013: 113 u. 117): Zwar gibt es deutlich mehr Einrichtungen, aber ihre Möglichkeiten der Angebotsgestaltung sind deutlich eingeschränkter.

Tab. 4.1: Höhe der Finanzmittel (gruppiert) der Jugendzentren in 2011 (ohne Kosten für angestelltes Personal) nach Ost- und Westdeutschland sowie Städten und Landkreisen

	Ost	West	Stadt	Land	Insgesamt
Unter 1 000 Euro	32 %	12 %	6 %	27 %	18 %
1 000 bis 5 000 Euro	33 %	25 %	24 %	31 %	28 %
5 000 bis 10 000 Euro	16 %	29 %	30 %	21 %	25 %
10 000 bis 25 000 Euro	11 %	23 %	25 %	15 %	19 %
25 000 bis 50 000 Euro	5 %	7 %	8 %	5 %	6 %
Mehr als 50 000 Euro	2 %	5 %	7 %	2 %	4 %

Quelle: DJI-Jugendzentrumserhebung 2011, n = 1 035

4.2 Finanzentwicklung

Wie gezeigt, verfügt ein Großteil der Jugendzentren nur über geringe finanzielle Mittel (vgl. Tab. 4.1). Ob sich daran etwas ändert, wurde zum einen bezogen auf die Vergangenheit, zum anderen bezogen auf eine erwartete Finanzentwicklung untersucht. Bei zwei von drei Jugendzentren hat sich der Sachkostenetat von 2010 auf 2011 nicht geändert (vgl. Tab. 4.2). Allerdings zeigt sich hier ein deutlicher Unterschied zwischen Ost- und Westdeutschland: In Ostdeutschland ist bei einem deutlich geringeren Anteil der Etat unverändert geblieben und der Anteil der Jugendzentren, die eine Kürzung ihrer finanziellen Mittel haben hinnehmen müssen, ist deutlich höher (37 % Ost vs. 20 % West). Eine Erhöhung des Etats ist insgesamt eher zu einem seltenen Ereignis geworden (7 % der Einrichtungen).

Der Bundesländervergleich zeigt, dass in Westdeutschland insbesondere Schleswig-Holstein (33 %) und in Ostdeutschland Sachsen (61 %) bei den Anteilen der Jugendzentren mit einer Verringerung des Etats sehr deutlich über den jeweiligen Anteilen der ost- und westdeutschen Länder liegen. Insgesamt betrachtet haben in Städten sowie in Ostdeutschland höhere Anteile von Einrichtungen im Jahr 2011 im Vergleich zu 2010 Kürzungen hinnehmen müssen. Dieser Zusammenhang bleibt auch dann bestehen, wenn man in einer genauen Analyse unter statistischer Kontrolle die Trägerschaft, die Region, die Höhe der verfügbaren Finanzmittel, die Unterstützungsleistungen der Träger sowie die Angebotsmerkmale, etwa die Anzahl der Angebote oder eine Nachmittagsbetreuung in Zusammenarbeit mit Schulen berücksichtigt. Die Kürzungen erweisen sich dabei als unabhängig von der Trägerschaft oder von Merkmalen des Angebots der Jugendzentren.

Tab. 4.2: Veränderung der Höhe der den Jugendzentren zur Verfügung stehenden Finanzmittel von 2010 auf 2011

	Ost	West	Insgesamt
Gleich	58 %	73 %	68 %
Höher	5 %	7 %	7 %
Niedriger	37 %	20 %	25 %

Quelle: DJI-Jugendzentrumserhebung 2011, n = 1 062

Tab. 4.3: Erwartete Veränderung der Höhe der den Jugendzentren zur Verfügung stehenden Finanzmittel von 2011 auf 2012

	Ost	West	Insgesamt
Gleich	48 %	70 %	63 %
Höher	3 %	4 %	4 %
Niedriger	49 %	26 %	33 %

Quelle: DJI-Jugendzentrumserhebung 2011, n = 1 062

Betrachtet man die von den Jugendzentren erwartete Entwicklung ihrer Finanzmittel bezogen auf das Jahr 2012, so zeigt sich auch hier ein eher düsteres Bild. Ein Drittel der Jugendzentren erwartete zum Zeitpunkt der Befragung (weitere) Kürzungen (vgl. Tab. 4.3), wobei etwa die Hälfte dieser Gruppe (48 %) hierfür bereits konkrete Hinweise erhalten hat und andere diese Entwicklung vermuten, ohne bereits über eindeutige Hinweise zu verfügen. Zwei Drittel der Einrichtungen, deren Etat von 2010 auf 2011 reduziert wurde, erwarten auch in Zukunft eine weitere Reduzierung ihres Etats. Also viele von denen, deren Finanzmittel gekürzt wurden, erwarten erneut Kürzungen Auch bezogen auf die zukünftige Entwicklung stellt eine erwartete bzw. konkret in Aussicht gestellte Erhöhung eher eine Ausnahme dar. Die bei den realisierten Veränderungen des Etats beobachtbaren Zusammenhänge zeigen sich in gleicher Weise auch bei der (erwarteten) zukünftigen Entwicklung der verfügbaren Mittel. Lediglich in Bezug auf die Anzahl der Unterstützungsleistungen durch die Träger zeigt sich nun ein signifikanter Zusammenhang. Einrichtungen, die in vielfältiger Weise von ihrem Träger unterstützt werden, befürchten weniger Kürzungen. Hier zeigt sich das strategische Potenzial eines gut aufgestellten Trägers.

4.3 Zusätzliche Finanzmittel

Angesichts der geringeren verfügbaren Finanzmittel ist es nicht verwunderlich, dass zwei von drei Jugendzentren (67 %) versuchen, ihren Sachmitteletat durch andere Finanzquellen zu ergänzen, um so das verfügbare Budget zu erhöhen. Dies geschieht in Ostdeutschland häufiger als in Westdeutschland (vgl. Tab. 4.4). Die Differenzierung nach Städten und Landkreisen spielt anders als bisher bei den Analysen zur Finanzsituation keinerlei Rolle. Offensichtlich besteht der Druck, sich möglichst zusätzliche Finanzmittel zu beschaffen sowohl in der Stadt als auch auf dem Land. Jugendzentren in öffentlicher Trägerschaft ziehen signifikant seltener (56 %) als die in freier Trägerschaft (78 %) ergänzende Finanzmittel heran. Weiterhin zeigt sich ein Zusammenhang zwischen der Anzahl der Angebote im Jugendzentrum und den Möglichkeiten, zusätzliche Geldquellen zu erschließen. Anhand der Daten kann jedoch nicht geprüft werden, ob die zusätzlichen Geldmittel erst eine Ausweitung der Angebote erlauben oder ob die vorhandenen Angebote die Attraktivität für Geldzuwendungen möglicher Finanziers erhöhen.

Spenden von Privatpersonen erhöhen mit deutlichem Abstand zu den anderen potenziellen Geldquellen am häufigsten das verfügbare Budget der Jugendzentren. Stiftungen, örtliche Betriebe, das Land sowie andere Quellen fungieren etwa gleich häufig als zusätzliche Finanzquellen für die Jugendzentren. Sowohl eine zusätzliche Bundesförderung als auch eine Förderung durch die EU wird von den Jugendzentren in Ostdeutschland signifikant häufiger als zusätzliche Finanzierungsquelle angegeben. Dies zeigt die große Bedeutung der Projektfinanzierung für den Betrieb von Jugendzentren in den ostdeutschen Bundesländern.

Die Abbildung 4.3 veranschaulicht, dass die zusätzlichen Finanzmittel nur einen relativ geringen Anteil des Gesamtetats ausmachen. Bei 43 % der Jugendzentren tragen diese zusätzlichen Mittel weniger als 5 % zum Gesamtetat bei. Der Anteil nimmt mit der Anzahl der Angebote des Jugendzentrums zu und verringert sich, je vielfältiger die Angebotspalette der Einrichtung ist. Dies deutet daraufhin, dass die Angebote der Jugendzentren durch die gewährten Zuschüsse der nicht-kommunalen Finanziers vielfältiger werden können. Die 9 % der Einrichtungen, bei denen die zusätzlichen Finanz-

Tab. 4.4: Anteil der Jugendzentren mit zusätzlichen Finanzmitteln neben der kommunalen Förderung nach Ost- und Westdeutschland

	Ost	West	Insgesamt
Zusätzliche Finanzmittel*	73%	64%	67%
und zwar ...			
Spenden von Privatpersonen*	50%	41%	44%
Stiftungen	24%	26%	26%
Örtliche Betriebe	29%	24%	25%
Land	19%	21%	21%
Andere	22%	19%	20%
Europäische Union*	13%	5%	8%
Bundesförderung*	11%	5%	7%

* Ost-West-Unterschied signifikant ($p < 0.05$)
Lesebeispiel: 67 % der Jugendzentren bekommen Geld aus zusätzlichen Finanzquellen. 44 % dieser Einrichtungen erhalten (auch) Spenden von Privatpersonen
Quelle: DJI-Jugendzentrumserhebung 2011, n = 1 080

Abb. 4.3: Anteil der Jugendzentren mit zusätzlichen Finanzmitteln nach deren Anteil am Gesamtetat

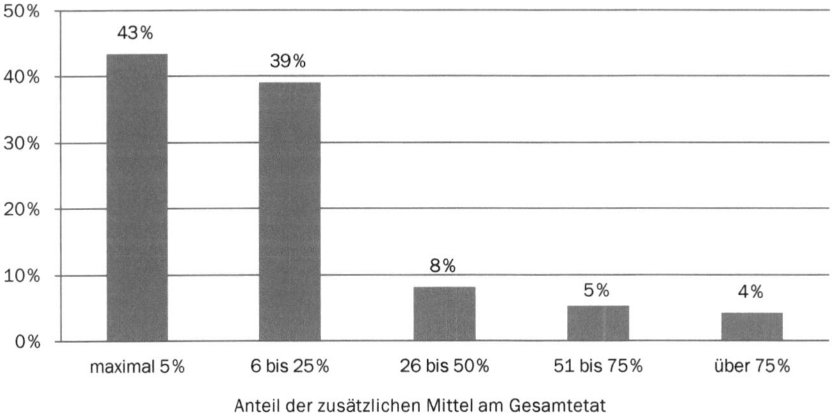

Quelle: DJI-Jugendzentrumserhebung 2011, n = 689

mittel über 50% des Gesamtetats ausmachen (vgl. Abb. 4.3), weisen eine vergleichsweise höhere Anzahl von Ehrenamtlichen und eine schlechtere Ausstattung auf. Andere Faktoren, wie Trägerschaft oder Angebots- und Besucherstruktur haben keine Bedeutung.

Ein weiteres Mittel, die finanziellen Handlungsspielräume der Jugendzentren zu erweitern, stellt das Sponsoring dar. 19% der Jugendzentren geben an, bestimmte Angebote deshalb zu machen, weil es dafür Sponsoren gibt. Nicht überraschend ist daher der Befund, dass die Anzahl der Angebote in Jugendzentren zunimmt, wenn die Jugendzentren Sponsorengelder eingeworben haben. Allerdings ist zu vermuten, dass Sponsoren insbesondere solche Angebote sponsern, bei denen die Aufmerksamkeit möglichst vieler Kinder und Jugendlichen auf den Sponsor gelenkt werden können. Die zusätzlichen Finanzmittel dürften daher für einen bestimmten Zweck zur Verfügung gestellt werden und sind nicht dazu da, das Angebotsspektrum der Jugendzentren ausschließlich im Interesse der Jugendzentren zu vergrößern. Andere Zusammenhänge als die bezüglich der Anzahl der Angebote mit Strukturmerkmalen der Jugendzentren oder deren regionaler Verortung sind nicht vorhanden. Somit scheinen Bemühungen um Sponsoren eher von den örtlichen Gegebenheiten (Branchenstruktur, Sponsoringtraditionen, Wille zum Sponsoring) und der persönlichen Initiative des Personals der Einrichtungen abzuhängen.

4.4 Fazit

Gemessen am Anteil der Ausgaben für die Kinder- und Jugendarbeit hat sich ihr Stellenwert innerhalb der Kinder- und Jugendhilfe in den letzten Jahren nicht verbessert. Hintergrund dafür ist sicherlich auch, dass in den letzten Jahren die gesellschaftliche Aufmerksamkeit mit den Themen Kindertagesbetreuung und Kinderschutz nicht bei den Jugendlichen und der Kinder- und Jugendarbeit lag. Es ist abzuwarten, ob Versuche, wie die von der Bundesregierung und vielen Parteien (vgl. Deutscher Bundestag 2012a, 2012b und 2013b) geforderte eigenständige Jugendpolitik, die der Jugendarbeit einen hohen Stellenwert beimisst, zu einer Kehrtwende dieser Entwicklung beitragen kann oder ob die Kommunen andere Prioritäten setzen.

Insgesamt kann die Finanzausstattung der Einrichtungen der offenen Kinder- und Jugendarbeit nicht als komfortabel beschrieben werden. Die relativ hohen Anteile von Jugendzentren, die (zusätzliche) Fördermittel von der EU oder vom Bund erhalten, deuten auf eine Projektorientierung bzw. -abhängigkeit mancher Jugendzentren. Und dies, obwohl die offene Kinder- und Jugendarbeit in kommunaler Verantwortung liegt. Ein Großteil der Einrichtungen hat nur geringe Mittel zur Verfügung, das Angebot zu gestalten. Die (zukünftige) Finanzentwicklung weist zudem für viele Einrichtungen auf eine Verschlechterung hin. Die Daten der Jugendzentrumsbefragung zeigen aber auch, dass diese Entwicklung nicht als allgemeiner, flächendeckender Trend beschrieben werden kann. Nach wie vor gibt es Einrichtungen, die gut ausgestattet sind und weitere finanzielle Zuwächse verzeichnen können.

Kapitel 5
Personalsituation

Das breite Angebotsspektrum der offenen Kinder- und Jugendarbeit (z.B. Ehrenamtliche fördern, sozialräumliche Aktivitäten) und die vielfältigen Ansprüche, die an die Kinder- und Jugendarbeit gerichtet werden, können nur mit einer ausreichenden Personalausstattung bewältigt werden. Insofern hängt ein angemessenes Angebot der Jugendarbeit, das den Bedürfnissen und Interessen von Kindern und Jugendlichen entspricht und Gelegenheitsstrukturen für jugendliche Aktivitäten bietet, immer auch von der entsprechenden Personalausstattung ab. Bis zum Ende der 1990er-Jahre verzeichnete das Arbeitsfeld der Kinder- und Jugendarbeit, also der offenen und der verbandlichen Jugendarbeit, einen kontinuierlichen Anstieg des Personals (vgl. Thole/Pothmann 2013: 564f.). Seit den 1970er-Jahren wurden neue Einrichtungen der offenen Kinder- und Jugendarbeit gegründet und das in diesem Arbeitsfeld tätige Personal in seiner Gesamtzahl beträchtlich ausgeweitet. Mit dieser Entwicklung ging auch eine breite Professionalisierung einher. Dieser Prozess vollzog sich allerdings nicht in allen Regionen gleichzeitig und in etlichen Regionen hat die Kinder- und Jugendarbeit in den vergangenen Jahren unter den finanziellen Beschränkungen der Kommunen gelitten. So kam es in einigen Regionen zu Einsparungen (vgl. Kap. 4). Vor allem in jenen Bundesländern, in denen die offene Kinder- und Jugendarbeit stark von der Förderung durch Landesmittel abhängig ist, ist zu befürchten, dass die sinkende Anzahl von Kindern und Jugendlichen parallel zu einem landesweiten Abbau der personellen Infrastruktur für die Jugendarbeit führt (vgl. van Santen 2010).

Für die Jugendzentren bedeuten Kürzungen in der finanziellen Förderung, dass manche Angebote nicht mehr oder nur noch über aufwendige Projektfinanzierungen möglich sind, Verträge von MitarbeiterInnen nicht verlängert oder nur mit reduziertem Stundenumfang geschlossen werden und MitarbeiterInnen nur befristet beschäftigt werden. In der Kinder- und Jugendhilfestatistik lassen sich Einschnitte an der Personalausstattung der Jugendzentren daran dokumentieren, dass für das gesamte Arbeitsfeld der Kinder- und Jugendarbeit von 1998 bis 2006 ein Rückgang des Personals zu verzeichnen war, der sich vor allem in der Abnahme des Anteils vollzeitbeschäftigter MitarbeiterInnen und auch in Relation zur altersentsprechenden Bevölkerung zeigt (vgl. auch Pothmann 2012).

Eine Abnahme des Personals wird für die Zeit danach in der Kinder- und Jugendhilfestatistik nicht mehr erkennbar, sondern es ist von 2006 bis

2010 wieder ein leichter Anstieg zu konstatieren. Dies liegt möglicherweise daran, dass sich sowohl die verbandliche als auch die offene Kinder- und Jugendarbeit zunehmend in der ganztagsschulischen Betreuung engagieren und dafür zusätzliche Ressourcen bekommen oder zumindest die bisherige Personalausstattung erhalten bleiben kann. Für diese These sprechen einige der in den folgenden Abschnitten dargestellten Ergebnisse. Eine weitere Entwicklung, die zu einem Anstieg beim Personal der Kinder- und Jugendarbeit führt, könnte sein, dass Gemeinden und Städte stärker den Wert offener Kinder- und Jugendarbeit als weichen Standortfaktor für die Kommune erkennen (z. B. als Strategie auf demografische Entwicklung) und in den Erhalt oder den Ausbau einer Infrastruktur unterschiedlicher Angebote investieren.

Die Qualität der offenen Jugendarbeit wird maßgeblich durch die Qualifikation und Kompetenz des Personals in den Freizeitstätten bestimmt. In der öffentlichen Wahrnehmung wird das Aufgabenprofil der MitarbeiterInnen in der offenen Jugendarbeit jedoch noch immer eher unterschätzt, denn die Komplexität der Anforderungen wird auch von den Fachkräften selbst eher selten systematisch dargestellt und reflektiert. Das Aufgabenspektrum reicht von pädagogischen Aufgaben in Einzel- und Gruppensettings über Beratungskompetenzen, die Fähigkeit, Kooperationen mit unterschiedlichen Partnern (aus der Kinder- und Jugendhilfe selbst, mit Schulen, Polizei oder Politik) zu gestalten, Managementaufgaben, Öffentlichkeitsarbeit bis hin zu technischen und hausmeisterlichen Tätigkeiten. Zudem sind zu den bisherigen Anforderungen an das Personal in den letzten Jahren neue Schwerpunkte hinzugekommen: Viele Einrichtungen haben begonnen, Angebote zur Sicherung der Nachmittagsbetreuung von Schulkindern in Zusammenarbeit mit Schulen zu organisieren, sie sind mit der Umsetzung neuer gesetzlicher Anforderungen, wie zuletzt durch das Bundeskinderschutzgesetz (BKiSchG) konfrontiert und müssen sich aktuell z. B. mit den Anforderungen der UN-Behindertenrechtskonvention auseinandersetzen.

Hauptamtliches Personal ist eine wesentliche Unterstützungsstruktur für ehrenamtlich Tätige. Dies ist aus anderen empirischen Untersuchungen, z. B. zu Jugendverbänden und Jugendringen, bekannt. Hauptamtliche bieten Gelegenheitsstrukturen für ehrenamtliches Engagement, weil sie bei Ehrenamtlichen unbeliebte Aufgaben übernehmen und durch ihre Angebote und Aktivitäten mehr Ehrenamtliche aktivieren (vgl. Seckinger et al. 2009; Seckinger et al. 2012). Für die Jugendzentren konnte dieser Zusammenhang mit der Erhebung nicht aufgezeigt werden (vgl. Kap. 6), was – das deuten die Hinweise aus der Praxis an – mit der Definition ehrenamtlicher Tätigkeit zusammenhängt. Die offene Kinder- und Jugendarbeit tut sich schwer, die bei ihnen in den Einrichtungen geleistete freiwillige und ehrenamtliche Unterstützung als solche zu erkennen und deren Leistung nach außen, z. B.

gegenüber kommunalpolitischen Entscheidungsträgern, darzustellen (vgl. Kap. 6).

So gehört zu den Tätigkeiten der Ehrenamtlichen nicht nur die Unterstützung der Hauptamtlichen, sondern auch die Durchführung eigenständiger Angebote bis hin zur Selbstverwaltung von Räumen und Einrichtungen. Die offene Kinder- und Jugendarbeit ist ein Arbeitsfeld, zu dem traditionell selbstorganisierte Räume von und für Jugendliche gehören. Im Zuge der Jugendzentrumsbewegung in den 1970er-Jahren wurden in größerem Umfang Einrichtungen von Jugendlichen selbst ins Leben gerufen und ein Teil davon ist bis heute selbstverwaltet (vgl. Kap. 3). Allerdings heißt das nicht, dass diese Einrichtungen kein hauptamtliches/-berufliches Personal hätten, denn mitunter haben sie sich zu etablierten Jugendzentren mit einem hauptamtlichen Personalstamm entwickelt und die Selbstverwaltung besteht darin, dass jetzige Jugendliche im Vorstand des Vereins mitarbeiten. Andere Jugendräume und Einrichtungen wiederum sind gezwungenermaßen selbstverwaltet bzw. selbstorganisiert, da kein Personal für das Jugendzentrum finanziert wird.

Eine zentrale Frage für Einrichtungen und Räume der offenen Kinder- und Jugendarbeit ist demnach, inwiefern sie überhaupt und wenn ja, wie viel hauptamtliche/-berufliche Unterstützung sie bekommen. Eine andere Fragestellung für die Einrichtungen hinsichtlich der Personalsituation hat sich in den letzten Jahren bezüglich der Personalrekrutierung ergeben. In der Fachdiskussion wird immer häufiger diskutiert, wie es den Einrichtungen gelingen kann, den Anforderungen entsprechend qualifiziertes Personal zu finden. Hintergrund dafür ist u. a., dass sich das Verhältnis von offenen Stellen zu BewerberInnen zumindest in manchen Regionen verändert hat (z. B. durch den Ausbau der Kindertagesbetreuung und die Bestrebungen den Kinderschutz zu verbessern) und dies zu einem Fachkräftemangel führen kann.

Ein Teil der diskutierten Schwierigkeiten hinsichtlich adäquaten Personals sind jedoch in dem Arbeitsfeld der offenen Kinder- und Jugendarbeit selbst zu erkennen: Möglicherweise besitzt das Arbeitsfeld für manche Fachkräfte keine ausreichende Attraktivität. So sind z. B. die Arbeitszeiten in einem Jugendzentrum für manche Fachkräfte weniger beliebt, weil sie nicht gut mit dem Privatleben zu vereinbaren sind (z. B. Öffnungszeiten der Einrichtung in die Abendstunden hinein und am Wochenende). Ausschlaggebend für die Attraktivität sind auch die Vertragssituation (z. B. Befristung) und die Bezahlung bzw. die Eingruppierung der Stelle. Und schließlich gibt es nicht überall persönliche Entwicklungsmöglichkeiten, da viele Träger nicht sehr groß sind. So stellt sich für die Beschäftigten die Frage, wie lange ein Arbeitsverhältnis in diesem Bereich im Hinblick auf die eigene Lebensplanung sinnvoll ist. Und ein letztes Argument dahingehend, wie attraktiv das Arbeitsfeld für Beschäftigte bzw. BewerberInnen ist, bezieht sich schließlich auf die inhaltlichen Aufgaben und Anforderungen. Die offene Kinder- und Jugendarbeit ist ein sehr umfassendes Arbeitsfeld, das verschiedene Kompetenzen gleichzeitig erfordert. Für die einen besteht genau darin der besondere Wert ihrer Arbeit, für die anderen, insbesondere für Berufseinsteiger, kann dies aber auch als eine Überforderung erscheinen.

An den verschiedenen Themen wird deutlich, dass es von den Rahmenbedingungen abhängt, inwiefern es der offenen Kinder- und Jugendarbeit gelingt, auf entsprechendes Personal zurückgreifen zu können.

Im Folgenden werden die Ergebnisse zur Personalausstattung, den Rahmenbedingungen der Personalausstattung (Befristung), zu Stellenveränderungen, zu weiteren Beschäftigtengruppen (wie 1-Euro-Jobber, Honorarkräfte und geringfügig Beschäftigte) und deren Einsatzgebieten sowie zu den Abschlüssen und Eingruppierungen dargestellt.

5.1 Personalausstattung

89% der Einrichtungen haben befristet oder unbefristet angestelltes Personal (vgl. Tab. 5.3). In den anderen Einrichtungen gibt es kein fest angestelltes Personal (vgl. zur Frage einer möglichen Unterrepräsentanz von Einrichtungen ohne Personal Abschnitt 18.3). In den ostdeutschen Bundesländern ist der Anteil der Jugendzentren, der nicht über angestelltes Personal verfügt, signifikant höher als in den westdeutschen Bundesländern. In den ostdeutschen Bundesländern ist – vor allem in den Landkreisen – rein rechnerisch das Verhältnis von Jugendzentren zu Jugendlichen besser als in westdeutschen Städten und Kreisen und auch gegenüber ostdeutschen Städten (vgl. Gadow et al. 2013, 117). Allerdings stehen – wie die weiteren Abschnitte noch zeigen werden – dieser rechnerisch besseren Angebotsdichte eine schlechtere Personalausstattung und prekärere Beschäftigungssituationen gegenüber (z. B. befristet angestelltes Personal, Haustarife unterhalb des TVöD, höherer Anteil Teilzeitbeschäftigter; vgl. auch Simon 2013).

Für die Einrichtungen in westdeutschen Bundesländern gilt: In kreisfreien Städten sind die Einrichtungen signifikant häufiger mit Personal ausgestattet als in Landkreisen oder kreisangehörigen Gemeinden mit eigenem Jugendamt. Ein statistisch signifikanter Unterschied zeigt sich in den westdeutschen Bundesländern auch hinsichtlich der Bevölkerungsdichte und ob es sich um kreisfreie Städte oder Landkreise handelt. In Agglomerationsräumen, also in sehr verdichteten Regionen, sind die Jugendzentren häufiger mit Personal ausgestattet als in Regionen mit einer sehr geringen Bevölkerungsdichte und ländlicher Struktur. Hintergrund dafür ist u. a., dass in verdichteten Räumen potenziell mehr Jugendliche im Umfeld wohnen, die das

Jugendzentrum nutzen können. Für kommunale Entscheidungsträger ist damit eine Begründung gegeben, eine Einrichtung mit Personalressourcen auszustatten.

Je älter das Jugendzentrum ist, desto häufiger verfügt die Einrichtung über hauptamtliches/-berufliches Personal. Dieser Zusammenhang ist damit zu erklären, dass es für Einrichtungen ohne Personalressourcen nicht so leicht ist, langfristig als Einrichtung zu bestehen. Denn die für den laufenden Betrieb notwendigen organisatorischen und verwaltungsbezogenen Tätigkeiten gehören meistens nicht zu den bevorzugten Tätigkeiten von Ehrenamtlichen. Hauptamtliche übernehmen diese Tätigkeiten weitestgehend und schaffen damit einen kontinuierlichen Rahmen. Darüber hinaus steht jedes Jugendzentrum immer wieder neu vor der Frage, wie der Wechsel von einer Generation Jugendlicher in die nächste Generation zu bewältigen ist. Eine wichtige Aufgabe hauptamlicher/-beruflicher MitarbeiterInnen ist es, hierbei Unterstützung zu leisten, d.h. Gelegenheitsstrukturen zu bieten, damit Jugendliche ihren Platz in einer Einrichtung finden und sich die Räume den eigenen Bedürfnissen entsprechend aneignen können.

Bezieht man für die Frage, ob eine Einrichtung eine personelle Ausstattung hat, Honorarkräfte, geringfügig Beschäftigte, Jahres- bzw. BerufspraktikantInnen und Personen im freiwilligen sozialen, ökologischen oder europäischen Jahr mit ein, dann steigt der Anteil der Einrichtungen mit Personal geringfügig um einen Prozentpunkt auf 90%. Das heißt, es gibt nur einige wenige Einrichtungen, in denen ausschließlich Honorarkräfte oder geringfügig Beschäftigte angestellt sind.

Es gibt Hinweise darauf, dass in der Erhebung – wie im Abschnitt Methoden erläutert – der Anteil der Einrichtungen der offenen Kinder- und Jugendarbeit, die über hauptberufliches/-amtliches Personal verfügen, bundesweit überschätzt wird. Unabhängig davon, dass schon eine genaue Abgrenzung, was als Einrichtung der offenen Kinder- und Jugendarbeit gilt, nicht eindeutig möglich ist, ist ein Grund dafür, dass Einrichtungen mit Personal bei Recherchen besser auffindbar sind (z.B. weil sie eine Homepage pflegen). Zum anderen kann der höhere Anteil an Einrichtungen der offenen Kinder- und Jugendarbeit mit hauptamtlichem Personal in der Erhebung auch dadurch befördert worden sein, dass Einrichtungen mit hauptamtlicher Unterstützung tendenziell mehr Ressourcen, mehr Interesse an professioneller Weiterentwicklung und fachlichem Austausch haben und sich somit eher an einer Erhebung beteiligen. Keinerlei Hinweise gibt es darauf, dass regionsspezifische Verzerrungen in der Stichprobe vorhanden sind, sodass zum Personalumfang, den Rahmenbedingungen der Personalausstattung und den Qualifikationen bundesweite Aussagen ohne Einschränkungen möglich sind.

Im bundesweiten Durchschnitt hat eine Einrichtung 2,3 Stellen (vgl. zum Abgleich mit der amtlichen Kinder- und Jugendhilfestatistik auch Abschnitt 18.3). Im Median sind es 2 Stellen. Einrichtungen mit 3 oder mehr Stellen befinden sich signifikant häufiger in den westdeutschen Bundesländern als in den ostdeutschen Bundesländern, eher in kreisfreien Städten als in Landkreisen und eher in Agglomerationsräumen als in wenig verdichteten Regionen. Trägerunterschiede hinsichtlich der Personalausstattung zeigen sich dahingehend, dass Einrichtungen in Trägerschaft nichteingetragener Vereine und von Kirchengemeinden signifikant häufiger als alle anderen Trägerformen nicht über hauptamtliche/-berufliche Personalressourcen verfügen. Und auch eine sehr geringe personelle Ausstattung im Umfang von bis zu einer Stelle findet sich signifikant häufiger bei Einrichtungen mit Kirchengemeinden als Träger. Eine Stellenausstattung von über vier Stellen haben vor allem eingetragene Vereine, Einrichtungen des Bayerischen Jugendrings und gGmbHs. Einrichtungen in öffentlicher Trägerschaft verfügen im Durchschnitt über 2 Stellen.

Für einen Anteil von 42% der Einrichtungen gilt, dass das hauptamtliche Personal ihrer Einrichtung bzw. ein Teil des Personals auch für andere Angebote/Einrichtungen in der offenen Kinder- und Jugendarbeit tätig ist. Dies ist signifikant dann häufiger der Fall, wenn die Personalausstattung nicht mehr als eine Personalstelle beträgt. Insbesondere in Landkreisen sind MitarbeiterInnen für die Betreuung mehrerer Einrichtungen zuständig (Landkreise 46%, kreisfreie Städte 36%). Dass hauptamtliches Personal bzw. ein Teil des Personals auch für andere Angebote/Einrichtungen in der offenen Kinder- und Jugendarbeit tätig ist, stellt für die Kommunen bzw. Landkreise eine Möglichkeit dar, eine minimale Infrastruktur für Kinder und Jugendliche aufrecht zu erhalten. Dass Personal auch für andere Angebote oder Einrichtungen in der offenen Kinder- und Jugendarbeit tätig ist, kommt in Einrichtungen in öffentlicher Trägerschaft signifikant häufiger vor. Dies ist insofern plausibel, als dem öffentlichen Träger auch die Gesamtverantwortung für das Aufrechterhalten eines Angebots für Jugendliche zukommt.

Mit diesen Konstellationen ist eine besondere Verantwortung des Trägers in Bezug auf die Sicherstellung der fachlichen Qualität der Arbeit verbunden, da zum Beispiel der Austausch unter KollegInnen nicht automatisch gegeben ist und dafür erst Gelegenheiten und Ressourcen geschaffen werden müssen (z.B. durch Vernetzung, Fortbildungen). Eine weitere Erklärung dafür, dass ein Teil des Personals für mehrere Angebote/Einrichtungen der offenen Kinder- und Jugendarbeit tätig ist, findet sich im Ausbau der Nachmittagsbetreuung in Zusammenarbeit mit Schulen. So gibt es MitarbeiterInnen, die mit einem Stellenanteil im Jugendzentrum und mit einem weiteren in der vielerorts personell ausgeweiteten Nachmittagsbetreuung angestellt sind. Abgesehen davon, dass dies ein weiterer Hinweis auf eine prekäre Beschäftigungssituation sein kann, ist in den nächsten Jahren empirisch zu untersuchen, welche Auswirkungen diese Konstellationen sowohl für die MitarbeiterInnen als auch für die Ausrichtung und die inhaltliche Ausgestaltung der Einrichtungen haben. Da beide Tätigkeiten im Kern jeweils anderen Grundprinzipien folgen, ist seitens der MitarbeiterInnen eine hohe Reflexionsleistung gefordert, zwischen beiden immer wieder zu trennen.

5.2 Stellenveränderung

15 % aller Einrichtungen haben von 2009 auf 2010 eine Stellenveränderung zu verzeichnen. In ostdeutschen Einrichtungen gab es häufiger eine Veränderung der personellen Ausstattung in diesem Zeitraum als in westdeutschen Einrichtungen. Bundesweit gesehen, ist der Anteil jener Einrichtungen, die einen Zuwachs verzeichnen können, und jener Anteil an Einrichtungen mit einem Wegfall von Stellen etwa gleich groß (Zuwachs: 7 %, Wegfall: 8 %). Allerdings ist der Unterschied zwischen ostdeutschen und westdeutschen Einrichtungen erheblich. Doppelt so viele westdeutsche Einrichtungen wie ostdeutsche Einrichtungen haben im Verlaufe des Jahres 2009 mehr Stellen(anteile) hinzubekommen. Und fast dreimal so viele ostdeutsche Einrichtungen als westdeutsche Einrichtungen haben im selben Jahr einen Abbau von Stellen(anteilen) zu verkraften. Sachsen, Thüringen, Mecklenburg-Vorpommern und das Saarland als westdeutsches Bundesland haben den höchsten Anteil an Einrichtungen mit einem Wegfall an Stellen(anteilen) im Jahr 2010. Durchschnittlich beträgt der Wegfall 1,3 Stellen. Damit einher geht bei einem großen Teil der Einrichtungen auch eine Reduzierung der Öffnungszeiten, wie sich empirisch zeigt.

Kommen in den Einrichtungen Stellen(anteile) hinzu, sind das im Durchschnitt 1,5 Stellen. 4 % aller Einrichtungen geben an, dass bei ihnen unbefristetes Personal hinzu gekommen ist. Jene Einrichtungen, bei denen Personal dazugekommen ist, haben zum Stichtag 31.12.2010 im Durchschnitt 3,3 Stellen und damit rein rechnerisch eine Stelle mehr als der Durchschnitt. Ein Grund für die Stellenmehrung ist – wie sich in den Daten zeigt – die Zusammenarbeit mit Schulen zur Sicherung der Nachmittagsbetreuung. Haben Einrichtungen im Jahr 2010 mit der Zusammenarbeit begonnen, dann zeigt sich auch signifikant häufiger ein Zuwachs an Stellen. Verändert hat sich in den Einrichtungen mit Personalzuwachs signifikant häufiger auch die Länge der Öffnungszeiten: die Einrichtungen haben mehr Stunden am Tag geöffnet.

Tab. 5.1: Anteil der Einrichtungen, bei denen es eine Veränderung der Stellensituation von 2009 auf 2010 gab

	Ost	West	Insgesamt
Keine Stellenveränderung	81 %	87 %	85 %
Zuwachs an Stellen(anteilen)	4 %	8 %	7 %
Wegfall von Stellen(anteilen)	14 %	5 %	8 %

Quelle: DJI-Jugendzentrumserhebung 2011, n = 1 115

5.3 Befristung des Personals

In allen Arbeitsfeldern der Kinder- und Jugendhilfe gibt es einen nicht unerheblichen Anteil befristet angestellten Personals. Arbeitsmarktstudien zeigen, dass vor allem in dem Bereich der sozialen Dienstleistungen im Vergleich zu anderen Branchen der Anteil befristet Beschäftigter groß ist (vgl. Hohendanner 2010). Befristete Verträge wurden in der Vergangenheit vor allem für Schwangerschafts-, Elternzeit- oder Krankheitsvertretungen abgeschlossen. In den letzten Jahren hat sich die Befristungspraxis im gesamten Arbeitsmarkt allerdings ausgeweitet.

Studien zeigen auch, dass generell mit einer Befristung eine prekärere Beschäftigungssituation verbunden ist, da das Wiederbefristungsrisiko und das Risiko der Arbeitslosigkeit höher sind (Obermeier/Oschmiansky/Kühl 2014, Giesecke/Groß 2006). Der Abschluss befristeter Arbeitsverträge ist aus der Sicht der Träger ein probates Mittel, um sich ausreichend Flexibilität in der Personalpolitik zu erhalten.

Im Bereich der offenen Kinder- und Jugendarbeit ist die Befristung von Stellen auch ein Instrument, flexibel auf die sich möglicherweise jährlich verändernden kommunalen Zuschüsse reagieren zu können. Mitunter wird ein Teil der Angebote über Projektmittel finanziert, die für eine begrenzte Dauer in die Einrichtung fließen und auf deren Basis nur befristete Verträge abgeschlossen werden. Für die MitarbeiterInnen sind mit einer Befristung des Arbeitsvertrages meist mehr Nachteile als Vorteile verbunden (z. B. schwächere Verhandlungsposition, reduzierte Einkommenschancen, weniger Entwicklungsmöglichkeiten). Je höher der Anteil befristet beschäftigter MitarbeiterInnen ist, desto stärker drängt sich die Frage auf, inwieweit diese Rahmenbedingungen eine verlässliche und fachliche Weiterentwicklung ermöglichen.

Von den Einrichtungen, die über festangestelltes Personal verfügen, haben knapp die Hälfte (47 %) befristete Stellen. Zur Gruppe der befristet beschäftigten MitarbeiterInnen zählen Arbeitsgelegenheiten mit Mehraufwandsentschädigung (sogenannte 1-Euro-Jobs), vereinzelt ABM-Stellen und anders befristet Beschäftigte, z.B. aufgrund von Projektförderung oder Elternzeitvertretung. Im Durchschnitt beträgt der Anteil des befristet beschäftigten Personals 27% des gesamten Personals. Bezieht man nur jene ein, die überhaupt über befristete Stellen verfügen, dann beträgt der durchschnittliche Anteil mehr als die Hälfte (57%) des gesamten Personals.

In ostdeutschen Einrichtungen ist der durchschnittliche Anteil der befristet Beschäftigten mehr als doppelt so hoch wie in den westdeutschen Einrichtungen (vgl. Tab. 5.2). Während der Anteil im Westen durchschnittlich 20% beträgt, sind es im Osten im Durchschnitt 43%. Mit der Erhebung können keine Aussagen, über die Entwicklungen der letzten Jahre gemacht werden. Berechnet man den Anteil befristet Beschäftigter unabhängig von einer einzelnen Einrichtung, wie dies in der Kinder- und Jugendhilfestatistik zumindest bis zum Jahr 2002 möglich ist (bis zum Zeitpunkt der DJI-Erhebung wurde dieses Kriterium in der Kinder- und Jugendhilfestatistik noch nicht wieder erhoben), ergeben sich Anhaltspunkte dafür, dass sich der Anteil befristet Beschäftigter maßgeblich verändert hat. 2002 betrug der Anteil der befristet beschäftigten MitarbeiterInnen in der Kinder- und Jugendhilfestatistik im Bereich der gesamten Kinder- und Jugendarbeit im Osten 48% und jener im Westen 14%. Damit wäre der Anteil an befristeten Verträgen innerhalb einer Einrichtung in Ostdeutschland etwas gesunken. Allerdings kann nichts über die Gründe für diese Entwicklung ausgesagt werden (z.B. genereller Rückgang des Personals pro Einrichtung, weniger befristete Einstellung).

Tab. 5.2: Durchschnittlicher Anteil, den die jeweiligen Beschäftigtengruppen an allen in der Einrichtung beschäftigten Personen am 31.12.2010 haben

	Ost	West	Insgesamt
Unbefristet beschäftigte Personen*	57%	80%	73%
Befristet beschäftigte Personen*	43%	20%	27%
Anteil befristet beschäftigter Personen teilt sich auf in:			
... ABM-Stellen*	*18%*	*3%*	*10%*
... Sogenannte 1-Euro-Jobber*	*41%*	*30%*	*35%*
... anders befristete Personen*	*41%*	*67%*	*55%*

* Ost-West-Unterschied signifikant ($p < 0.05$)
Quelle: DJI-Jugendzentrumserhebung 2011, n = 994

Tabelle 5.3 zeigt, dass in fast jeder fünften (19 %) Einrichtung im Osten und in 6 % im Westen das gesamte Personal befristet angestellt ist. Dieser hohe Anteil befristet Beschäftigter und der erhebliche Unterschied zwischen Ost und West ist kein Spezifikum der offenen Kinder- und Jugendarbeit, sondern gilt für die gesamte Jugendarbeit. Die DJI-Jugendverbandserhebung hat 2008 einen Anteil von durchschnittlich 30 % befristet beschäftigten Personals ermittelt (vgl. Seckinger et al. 2009: 42). Und auch der Unterschied zwischen Ost und West findet sich in einem ähnlichen Umfang bei den Jugendverbänden (im Osten liegt der Anteil bei 38 % und im Westen bei 25 %; vgl. Seckinger et al. 2009). Auch in den anderen Arbeitsfeldern der Kinder- und Jugendhilfe ist der Anteil befristet beschäftigter MitarbeiterInnen also nicht unerheblich, aber doch nicht so hoch wie in der Jugendarbeit, die demnach prekärere Beschäftigungsbedingungen aufweist (vgl. für die Kindertageseinrichtungen Peucker et al. 2010, 18 %; stationäre Einrichtungen der Hilfen zur Erziehung: 14 %).

Tab. 5.3: Anteil der Einrichtungen, die über den jeweiligen Anteil an hauptamtlich/-beruflich Beschäftigten verfügen

	Ost	West	Kreisfreie Stadt	Landkreis	Insgesamt
Kein Personal vorhanden	15 %	10 %	5 %	16 %	11 %
Zu 100 % *unbefristet* beschäftigtes Personal	29 %	54 %	48 %	45 %	46 %
Zu 100 % *befristet* beschäftigtes Personal	19 %	6 %	7 %	13 %	10 %
Bis zu 50 % befristet beschäftigtes Personal	23 %	24 %	32 %	18 %	24 %
Zwischen 50 % und 99 % befristet beschäftigtes Personal	13 %	6 %	9 %	8 %	8 %

Lesebeispiel: 46 % aller Einrichtungen haben ausschließlich unbefristet beschäftigtes Personal (100 %). 24 % aller Einrichtungen haben einen Anteil befristet beschäftigten Personals bis zu 50 %
Quelle: DJI-Jugendzentrumserhebung 2011, n = 1 115

Ein Teil der Befristungen besteht, weil die Arbeitsverhältnisse durch Arbeitsmarktinstrumente gefördert werden. Dieser Anteil beträgt im Durchschnitt 45 % der befristeten Stellen (zur genaueren Beschreibung der 1-Euro-Jobber vgl. Kap. 5.4). Ein Anteil von 10 % der befristeten Stellen zum Jahresende 2010 besteht aufgrund von AB-Maßnahmen. In ostdeutschen Einrichtungen ist es sogar fast ein Fünftel der befristeten Stellen. Mittlerweile dürfte es keine dieser Stellen mehr geben, denn seit 1. April 2012 werden keine neuen AB-Maßnahmen mehr gefördert. Beide Stellentypen (ABM und 1-Euro-Jobber) wurden jedoch in die Berechnung des befristet angestellten Personals einbezogen, da sie im Gegensatz zu Honorarkräften oder geringfügig Beschäftigten in der Regel Teil des Stellenplans einer Einrichtung sind.

Systematische Unterschiede nach den Gebietskörperschaften sind nur in den ostdeutschen Bundesländern zu finden: Dort ist in den Landkreisen der Anteil der befristet Beschäftigten höher als in den kreisfreien Städten. Möglicherweise machen kommunale Entscheidungsträger die Finanzierung von Personalressourcen für die Angebote der offenen Kinder- und Jugendarbeit von einem bestimmten Einzugsgebiet mit einer entsprechenden Anzahl an potenziellen BesucherInnen bzw. eine Mindestnutzung zur Voraussetzung. Dies ist in manchen ländlichen Regionen sicherlich nicht so einfach für einen längeren Zeitraum zu prognostizieren, sodass Angebote auch nicht längerfristig geplant werden können: ein Problem, das damit aufgefangen wird, dass ein Teil des Personals nur befristet angestellt wird. Das gilt offensichtlich auch, wenn die Einrichtung noch nicht lange besteht und somit keine Erfahrungen mit der „Auslastung“ vorliegen: Je jünger die Einrichtungen in den westdeutschen Bundesländern sind, desto größer ist der Anteil des befristeten Personals.

Ursachen für diese prekärere Beschäftigungssituation in den ostdeutschen Jugendzentren liegen auch in der höheren Abhängigkeit von Fördermitteln aus EU- und/oder Bundesprogrammen, bei denen die Einrichtungen Mittel einwerben und daraufhin nur Arbeitsverträge für die Laufzeit der bewilligten Mittel ausstellen. Dieser Zusammenhang lässt sich auch statistisch nachweisen: Jene Einrichtungen, die Mittel aus der EU- oder Bundesförderung erhalten, verfügen über einen signifikant größeren Anteil befristeten Personals. Dieser Zusammenhang gilt zwar gleichermaßen für Ost und West, aber in den ostdeutschen Bundesländern ist der Anteil der Einrichtungen erheblich größer, die Mittel aus der Bundesförderung und/oder EU-Mitteln erhalten (vgl. Kap. 4). Allerdings wird auch deutlich, dass eine Voraussetzung für die Beantragung solcher Mittel bereits vorhandene Personalressourcen sind, denn die Beantragung solcher Mittel ist häufig aufwendig und erfordert einen längeren Planungsvorlauf. Dies bestätigt sich auch in der Empirie: Verfügen die Einrichtungen über diese Mittel, dann haben sie signifikant häufiger einen Anteil von mindestens 50 % befristetem Personal. Ein Grund für dieses Ergebnis ist auch, dass es eine Gegenfinanzierungspflicht der beantragenden Kommunen gibt bzw. gab (vgl. Sachsen-Anhalt, Paul 2013). Diese Transferleistungen der Länder (Landesförderprogramme) stellen einen weiteren Grund für die Befristungen dar, da sie immer nur für einen bestimmten Zeitraum gelten (vgl. Simon 2013; Burmeister 2012).

5.4 Weitere Beschäftigtengruppen

Die offene Kinder- und Jugendarbeit ist ein Arbeitsfeld mit unterschiedlichen Beschäftigtengruppen. 54% der Einrichtungen haben neben unbefristet und befristet angestellten MitarbeiterInnen (einschließlich ABM-Beschäftigten und sogenannter 1-Euro-Jobbern) weitere Beschäftigtengruppen. Tabelle 5.4 zeigt den Anteil an Einrichtungen, in denen es die jeweiligen Beschäftigtengruppen gibt und deren durchschnittliche Anzahl in der Einrichtung.

Tab. 5.4: Anteile der Einrichtungen der offenen Kinder- und Jugendarbeit mit weiteren Beschäftigten zum 31.12.2010

	Anteil der Einrichtungen, in denen es die Beschäftigtengruppe gibt			Durchschnittliche Anzahl der Personen in der Einrichtung, wenn es diese Gruppe in der Einrichtung gibt	
	Ost	West	Insgesamt	Mittelwert	Median
Honorarkräfte*	19%	33%	28%	4,9	3
Jahres-/BerufspraktikantInnen	19%	23%	22%	1,4	1
Zivildienstleistende*/**	6%	21%	16%	1,3	1
Sogenannte 1-Euro-Jobber*	26%	8%	14%	2	1
Geringfügig Beschäftigte	10%	13%	12%	2,3	1
Personen im freiwilligen Sozialen/Ökologischen/Europäischen Jahr	9%	11%	10%	1,3	1

* Ost-West-Unterschied signifikant ($p < 0.05$)
** Die letzten Zivildienstverhältnisse endeten im Dezember 2011.
Quelle: DJI-Jugendzentrumserhebung 2011

Etwas mehr als jede vierte Einrichtung (28%) beschäftigt Honorarkräfte. Zwischen Einrichtungen in Ostdeutschland und Einrichtungen in Westdeutschland besteht ein großer Unterschied. Ein Drittel der westdeutschen Einrichtungen (33%) und ein Fünftel (19%) der ostdeutschen Einrichtungen haben Honorarkräfte. Je mehr Personal die Einrichtungen haben, desto mehr Honorarkräfte beschäftigt die Einrichtung. Im Durchschnitt sind es fünf Personen. Die Honorarkräfte werden in der Regel für Schulungen, Jugendleiterkurse, bestimmte Angebote oder Ferienmaßnahmen eingesetzt. Ist das Jugendzentrum in die Sicherung der Nachmittagsbetreuung in Kooperation mit Schulen eingebunden, insbesondere für Hausaufgabenbetreuung, Spiele/Sport und Mittagessen, dann beschäftigt die Einrichtung signifikant häufiger Honorarkräfte.

Das Spektrum der Aufgaben, die Honorarkräfte in den Einrichtungen übernehmen, wird an Tabelle 5.5 deutlich. In 82% der Einrichtungen werden Honorarkräfte für pädagogisch inhaltliche Aufgaben und in 71% für die Begleitung von Ferienmaßnahmen und Ausflügen eingesetzt. Nimmt man beide Gruppen zusammen, dann setzen 95% der Einrichtungen Honorarkräfte für diese im pädagogischen Bereich anzusiedelnden Aufgaben ein. Zum Teil haben die Einrichtungen bei der Zuordnung des Personals mit den Honorarkräften Abgrenzungsprobleme gegenüber der Gruppe der Ehrenamtlichen, denn mitunter werden Ehrenamtliche dafür, dass sie das Jugendzentrum am Wochenende öffnen und somit den Betrieb des Jugendzentrums sichern, als Honorarkräfte bezahlt. Rückmeldungen aus der Praxis deuten darauf hin, dass die Einrichtungen in ihrer Zuordnung im Fragebogen insbesondere bei jenen in der Einrichtung mitarbeitenden Personen unsicher waren, die eine geringe Aufwandsentschädigung erhalten. In den Einrichtungen, in denen die Aufgaben von Honorarkräften nicht im pädagogischen Bereich liegen, werden die Honorarkräfte am häufigsten für Renovierungsarbeiten und handwerkliche Tätigkeiten und für Öffentlichkeitsarbeit eingesetzt.

Tab. 5.5: Anteil der Jugendzentren in denen die jeweiligen Gruppen von Beschäftigten Aufgaben übernehmen (alle, die die jeweilige Beschäftigtengruppe haben)

	Honorarkräfte (N = 262)	Geringfügig Beschäftigte (N = 104)	1-Euro-Jobber (N = 134)
Pädagogisch-inhaltliche Aufgaben (z. B. Gruppen organisieren, Dienste übernehmen, Nachhilfe)	82%	63%	28%
Begleitung oder Durchführung von Ausflügen/ Ferienmaßnahmen/Veranstaltungen	71%	58%	61%
Unterstützung bei der Öffentlichkeitsarbeit	27%	31%	26%
Renovierungsarbeiten, Gestaltung der Außenanlagen, weitere handwerkliche Arbeiten	26%	35%	65%
Hauswirtschaftliche Tätigkeiten (z. B. Zubereitung des Mittagessens)	24%	43%	55%
Verwaltungsaufgaben	10%	22%	8%
Gremienarbeit	6%	12%	0%
Sonstige Bereiche	6%	10%	4%
Mentorentätigkeiten	5%	5%	1%
Förderverein	2%	4%	1%

Quelle: DJI-Jugendzentrumserhebung 2011

Geringfügig Beschäftigte sind in 12 % der Einrichtungen tätig. Signifikante Unterschiede zwischen ostdeutschen und westdeutschen Einrichtungen sind nicht festzustellen, obwohl die geringfügige Beschäftigung im gesamten Arbeitsmarkt etwas häufiger in den westdeutschen Bundesländern genutzt werden (vgl. Statistik der Bundesagentur für Arbeit). Im Durchschnitt sind in den Einrichtungen 2,3 Personen als geringfügig Beschäftigte tätig. Im Median haben die Einrichtungen jedoch lediglich eine geringfügig beschäftigte MitarbeiterIn. Die Einsatzfelder der geringfügig beschäftigten Personen sind in den meisten Einrichtungen im Bereich pädagogisch-inhaltlicher Aufgaben (63 % der Einrichtungen) und bei der Begleitung und Durchführung von Ausflügen, Ferienmaßnahmen und Veranstaltungen (58 % der Einrichtungen). Weitere Einsatzfelder sind Renovierungsarbeiten, Gestaltung der Außenanlagen und handwerkliche Arbeiten sowie hauswirtschaftliche Tätigkeiten, wie die Zubereitung des Mittagessens. Keine Zusammenhänge zeigen sich in Verbindung mit der Sicherung der Nachmittagsbetreuung von Schulkindern zu diesem Typus von Beschäftigten.

Sogenannte „1-Euro-Jobs" sind Arbeitsgelegenheiten mit Mehraufwandsentschädigung für Empfänger von Arbeitslosengeld II. Laut gesetzlicher Vorgabe sollen die Aufgaben, die von diesen Personen wahrgenommen werden, zusätzliche und im öffentlichen Interesse befindliche Aufgaben sein (§ 16d SGB II). Entsprechend wird einem 1-Euro-Jobber auch kein Arbeitsentgelt oder Lohn gezahlt, sondern eine Mehraufwandsentschädigung zusätzlich zum Arbeitslosengeld II. Bundesweit arbeiten in 14 % der Jugendzentren sogenannte 1-Euro-Jobber. In den ostdeutschen Bundesländern gibt es dreimal so viele Einrichtungen (26 %), in denen 1-Euro-Jobber beschäftigt sind, wie in den westdeutschen Bundesländern (8 %).

Renovierungsarbeiten, Gestaltung der Außenanlagen und handwerkliche Arbeiten (64,9 %) sind in mehr als zwei von drei Einrichtungen das Aufgabenfeld der 1-Euro-Jobber. In über der Hälfte dieser Einrichtungen werden sie für hauswirtschaftliche Tätigkeiten eingesetzt. In 61 % der Einrichtungen kommen 1-Euro-Jobber bei der Begleitung und Durchführung von Ausflügen, Ferienmaßnahmen und Veranstaltungen zum Einsatz. Es gibt keine Einrichtung, in der 1-Euro-Jobber ausschließlich im pädagogisch-inhaltlichen Bereich Aufgaben übernehmen. In jenen Einrichtungen, in denen 1-Euro-Jobber vorrangig in einem einzigen Bereich Aufgaben übernehmen, sind das am häufigsten handwerkliche Tätigkeiten. In ostdeutschen Einrichtungen übernehmen 1-Euro-Jobber signifikant häufiger Aufgaben im Bereich der Begleitung von Ausflügen und der Durchführung von Veranstaltungen.

Eine der Anforderungen an die Finanzierung einer Arbeitsgelegenheit mit Mehraufwandsentschädigung (sogenannte 1-Euro-Jobs) durch die gesetzliche Vorgabe ist, dass die Personen nur für zusätzliche Aufgaben eingesetzt werden dürfen, also für Aufgaben, die „ohne die Förderung nicht, nicht in diesem Umfang oder erst zu einem späteren Zeitpunkt durchgeführt würden“ (SGB II § 16d (2)). Die Bestimmung solcher Aufgaben ist auf eine gute Jugendhilfeplanung angewiesen, um die zusätzlichen Aufgaben von den ohnehin zu erfüllenden Aufgaben abgrenzen zu können. Bezieht man ein, dass nur in drei von vier Jugendamtsbezirken eine Jugendhilfeplanung für die Jugendarbeit erstellt wird (vgl. Gadow et al. 2013), ist davon auszugehen, dass nicht überall die gesetzlichen Anforderungen hinsichtlich dieser Beschäftigtengruppe erfüllt werden.

Machen die Jugendzentren Angebote zur Sicherstellung der Nachmittagsbetreuung von Schulkindern im Zusammenhang mit Schulen, dann arbeiten dort signifikant häufiger 1-Euro-Jobber. Welche Aufgaben hierbei 1-Euro-Jobber übernehmen, ist kritisch zu hinterfragen, denn die Nachmittagsbetreuung ist keine zusätzliche Aufgabe, wie dies im Gesetz als Anforderung für die Beschäftigung von 1-Euro-Jobbern formuliert wird. Generell stellt sich die Frage, inwiefern mit dem Einsatz von 1-Euro-Jobbern die Gefahr einer Dequalifizierung der Angebote verbunden ist, denn aufseiten der 1-Euro-Jobber ist keine besondere Qualifikation notwendig und die Beschäftigung erfolgt nur für eine begrenzte Zeit. Von den MitarbeiterInnen der Einrichtungen erfordert dies kontinuierliche Begleitung und Unterstützung der 1-Euro-Jobber, wofür oft gar keine Ressourcen eingeplant sind.

Weitere in der Einrichtung tätige Personen sind Jahres-/BerufspraktikantInnen (in 22 % der Einrichtungen), Personen im freiwilligen sozialen bzw. ökologischen und europäischen Jahr (in 10 % der Einrichtungen) und zum Zeitpunkt der Abfrage auch noch Zivildienstleistende (in 16 % der Einrichtungen), wobei Letztere signifikant häufiger in westdeutschen Einrichtungen zum Personal gehören. Um in der Einrichtung die Möglichkeit für ein Praktikum und/oder ein freiwilliges soziales, ökologisches bzw. europäischen Jahr zu bieten, ist eine bestimmte professionelle Struktur notwendig, denn dieser Personenkreis braucht Anleitung und Unterstützung.

5.5 Ausbildungsabschluss des Personals

In der Tabelle 5.6 ist der durchschnittliche Prozentanteil der MitarbeiterInnen mit den unterschiedlichen Ausbildungsabschlüssen am Gesamtpersonal in einem Jugendzentrum dargestellt. Das hohe Qualifikationsniveau in der offenen Jugendarbeit wird daran deutlich, dass im Durchschnitt die Hälfte des Personals eines Jugendzentrums einen Fachhochschulabschluss in sozialer Arbeit hat. Bezieht man die Universitätsabschlüsse in sozialer Arbeit und andere pädagogische Abschlüsse, die an einer Universität erworben wurden, mit ein, dann haben durchschnittlich 59 % des Personals in der

Einrichtung eine Hochschulausbildung im pädagogischen Bereich absolviert. ErzieherInnen haben zwar einen weit geringeren, aber immer noch beachtlichen Anteil (19%) an den Fachkräften in der offenen Jugendarbeit.

Tab. 5.6: Durchschnittlicher Anteil des hauptamtlichen Personals mit der jeweiligen Ausbildung am Gesamtpersonal

	Ost	West	Insgesamt
FH Soziale Arbeit	29%	46%	41%
Uni Soziale Arbeit	7%	9%	8%
Andere pädagogische Abschlüsse (Universität)	12%	9%	10%
Erzieherausbildung	18%	20%	19%
Sonstige pädagogische Ausbildung	19%	6%	10%
Ohne Ausbildung	5%	4%	5%
Sonstige Ausbildung	10%	6%	8%

Quelle: DJI-Jugendzentrumserhebung 2011, n = 974

Darüber hinaus gibt es noch einen Anteil MitarbeiterInnen von durchschnittlich 10%, die eine sonstige pädagogische Ausbildung haben. In dieser Gruppe sind z.B. Ausbildungsabschlüsse, die in der DDR erworben wurden, sowie auch KinderpflegerInnen, BetreuungshelferInnen und SozialassistentInnen enthalten. Unter fachlichen Gesichtspunkten können diese Beschäftigten eine Bereicherung für das Jugendzentrum, aber auch eine Schwierigkeit darstellen. So ist zu fragen, ob sie das nötige Ausmaß an Professionalität für die Aufgaben in der offenen Kinder- und Jugendarbeit mitbringen. Noch kritischer ist der Anteil der MitarbeiterInnen, die keine (5%) oder eine sonstige Ausbildung (8%) haben, zu diskutieren. Es wird zu beobachten sein, wie sich deren Anteil im Laufe der Jahre entwickelt und mit welchen Aufgaben sie betraut werden.

Der in der Tabelle 5.6 deutlich werdende Unterschied zwischen ostdeutschen und westdeutschen Einrichtungen ist ein Effekt der unterschiedlichen Ausbildungssysteme in Ost und West vor der Wiedervereinigung. Der Anteil der Abschlüsse sozialer Arbeit an der Fachhochschule ist demnach in den ostdeutschen Einrichtungen geringer als in den westdeutschen. Dafür ist der Anteil der sonstigen pädagogischen Ausbildung in den ostdeutschen Einrichtungen höher, was auch auf einen höheren Anteil an Quereinsteigern zurückzuführen ist (vgl. auch Simon 2013).

Führt eine Einrichtung Angebote im Rahmen der Sicherung der Nachmittagsbetreuung von Schulkindern durch, lassen sich derzeit keine wesentlich anderen Zusammensetzungen der Ausbildung des Personals in der Einrichtung ermitteln. Ein Unterschied besteht dahingehend, dass in jenen Einrichtungen, die Nachmittagsbetreuung von Schulkindern anbieten, der Anteil des Personals mit einem Universitätsabschluss in sozialer Arbeit höher ist. Ob sich darin erste Anzeichen einer unerwünschte Entwicklung abzeichnen, dass zukünftig die gut qualifizierten Fachkräfte sich um die schulnahen Angebote kümmern werden, wohingegen die weniger qualifizierten MitarbeiterInnen für die Kernaufgaben offener Angebote zuständig sein werden, bleibt kritisch zu beobachten.

5.6 Eingruppierung

Die Einrichtungen der offenen Jugendarbeit wurden gebeten, auch die Tarifgruppen anzugeben sowie den Tarifvertrag zu benennen, nach dem die MitarbeiterInnen bezahlt werden. Wie auch bei anderen Erhebungen gibt es bei der Frage nach der Bezahlung relativ viele fehlende Antworten. Über Gehälter zu sprechen ist offensichtlich noch immer mit einem Tabu belegt. Zudem haben nicht alle MitarbeiterInnen – vor allem nicht für ihre KollegInnen – die entsprechende Eingruppierung parat. Schließlich ist ein weiterer Grund für fehlende Angaben zur Eingruppierung, dass manche Einrichtungen über Haustarife verfügen und diese möglicherweise einer anderen Logik folgen. Im Folgenden werden die Eingruppierungen sowohl für SozialpädagogInnen (FH) bzw. ähnliche Studiengänge als auch für ErzieherInnen dargestellt. In den Einrichtungen, bei denen für dieselbe Berufsgruppe unterschiedliche Eingruppierungen angegeben wurden, wurde jeweils die höchste Eingruppierung für die Auswertung herangezogen.

93% derer, die Angaben zur Eingruppierung der Fachkräfte im Jugendzentrum machen, bezahlen nach dem Tarifvertrag öffentlicher Dienst (TVöD) bzw. TVöD SuE (Sozial- und Erziehungsdienst), bei 6% findet noch immer der Bundesangestelltentarif (BAT) Anwendung. Die häufigste Eingruppierung für MitarbeiterInnen mit einem Abschluss in Sozialer Arbeit an einer Hochschule für angewandte Wissenschaft (früher FH) ist eine Eingruppierung nach S11 oder S12 TVöD SuE. Insgesamt betrachtet entsteht der Eindruck, dass bei der Mehrzahl der Träger eine tarifkonforme Einstufung stattfindet. Die Abweichungen nach oben erklären sich dadurch, dass aufgrund von bestimmten Leitungsaufgaben oder anderen zusätzlichen Funktionsübernahmen eine entsprechend höhere Eingruppierung gerechtfertigt ist. Inwiefern dieses im Kern positive Ergebnis, auch die Höhe der Gehälter bei den Trägern widerspiegelt, die keine Angaben zur Eingruppierung machen oder die nach Haustarif bezahlen, muss an dieser Stelle offen blieben.

Tab. 5.7: Eingruppierung von MitarbeiterInnen mit Abschlüssen der sozialen Arbeit an einer Hochschule für angewandte Wissenschaften (ehemals FH)

Eingruppierung nach ...		
... TVöD	TVöD EG 9	14%
	TVöD EG 10	3%
	TVöD EG 11	2%
... TVöD-Sozial- und Erziehungsdienst	S8	1%
	S9	2%
	S11	42%
	S12	16%
	S13	2%
	S15	13%
... Anderen Tarifen	AVR IV a/b	1%
	BAT IVa/b	6%
	Sonstige Tarifsysteme	1%

Wurden mehrere Eingruppierungen angegeben, dann wurde jeweils die höchste codiert.
Quelle: DJI-Jugendzentrumserhebung 2011, n = 200

Die Eingruppierung bei den ErzieherInnen stellt sich ähnlich positiv dar. Im Vergleich zu anderen Arbeitsfeldern werden ErzieherInnen in der offenen Jugendarbeit eher höher eingruppiert, denn bei 47% der Einrichtungen werden ErzieherInnen mit einer höheren Entgeltgruppe als EG 8 bezahlt. Möglicherweise ist dies die Folge davon, dass sich die Tätigkeitsmerkmale der Fachkräfte in den Jugendzentren nicht systematisch unterscheiden lassen und so eine Angleichung der Eingruppierung erfordern. Trotzdem gibt es in der Bezahlung einen Unterschied zu den KollegInnen, die einen Hochschulabschluss nachweisen können. Diese werden tendenziell höher eingruppiert. Da ungleiche Eingruppierung von MitarbeiterInnen mit gleichen Aufgaben zu Konflikten oder Spannungen führen kann, erscheint es im Sinne der Qualitätssicherung sinnvoll, wenn die Anstellungsträger ihre Aufmerksamkeit immer wieder auch hierauf lenken und frühzeitig darauf reagieren.

5.7 Einschätzung zur Personalrekrutierung

In der gesamten Kinder- und Jugendhilfe ist in den letzten Jahren die Frage virulent geworden, ob man die Stellen noch mit dem gewünschten Fachpersonal nachbesetzen kann. Träger der offenen Jugendarbeit beklagen immer wieder die Probleme bei einer Stellenbesetzung. Insofern ist es interessant, ob dies eine Erfahrung ist, die bundesweit anzutreffen ist, oder ob bestimmte Regionen oder ein Teil der Einrichtungen davon besonders betroffen sind.

Abb. 5.1: Personal mit den richtigen Fähigkeiten zu finden, ist …

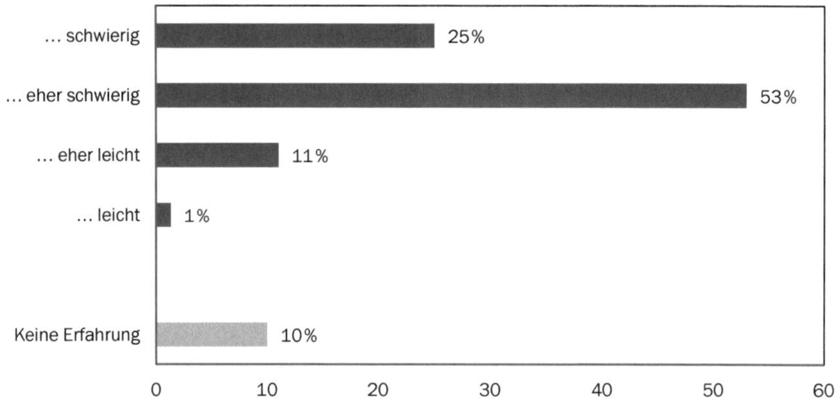

Quelle: DJI-Jugendzentrumserhebung 2011, n = 1 023

Die Einrichtungen beschreiben es in der Mehrheit als schwierig oder eher schwierig (78 %), frei gewordene Stellen adäquat nach zu besetzen. Unterschiede zwischen westdeutschen und ostdeutschen Einrichtungen finden sich dahingehend, dass ostdeutsche Einrichtungen etwas weniger Erfahrung mit der Stellenbesetzung zu haben scheinen und die westdeutschen Einrichtungen sich etwas häufiger für die Antwort entscheiden, es sei eher leicht, Personal zu finden. Dieses Ergebnis mag mit den Rahmenbedingungen zusammenhängen. Ostdeutsche Einrichtungen haben eine geringere Personalausstattung als westdeutsche Einrichtungen und somit möglicherweise seltener Personalwechsel und sie haben prekärere Beschäftigungsbedingungen, die für potenzielle BewerberInnen abschreckend wirken können.

Immer wieder wird gerade aus sehr ländlichen Regionen berichtet, dass es dort besonders schwer sei, entsprechendes Personal zu finden, denn viele junge Menschen wandern aus den ländlichen Regionen ab. Ein solcher Zusammenhang findet sich auch im Datenmaterial. Zieht man die siedlungsstrukturellen Regionstypen zur Analyse heran, dann gibt es in Kreisen geringerer Dichte und in ländlichen Räumen, also jenen schwach besiedelten Räumen mit einer ländlichen Struktur, die meisten Einrichtungen, die es als schwierig einschätzen, entsprechendes Personal zu finden. Einrichtungen in Städten und in dicht besiedelten Räumen kommen häufiger zu der Ansicht, dass es leicht oder eher leicht ist, Personal zu finden.

Eine Auswirkung der Schwierigkeiten, entsprechend qualifiziertes Personal für freie Stellen zu finden, kann sich in einem hohen Anteil unbesetzter Stellen ausdrücken. Die Daten zu den offenen Stellen innerhalb der Einrichtungen geben jedoch keinen Hinweis darauf, dass die Personalrekrutierung ein sehr großes Problem darstellt. Lediglich 5% der Einrichtungen haben zum Stichtag 31.12.2010 unbesetzte Stellen bzw. Stellenanteile. Im Median betrifft der Anteil unbesetzter Stellen bei diesen Einrichtungen ein Drittel der Stellen. Diese auf den ersten Blick widersprüchlichen Ergebnisse sprechen dafür, dass sich die Schwierigkeiten, Personal zu finden, nicht darin niederschlagen, dass die Stellen unbesetzt bleiben, sondern an anderen Stellen Auswirkungen zeigen, etwa bei der Länge des Einstellungsverfahrens. Auch können gestiegene Ansprüche an die BewerberInnen sowie der gestiegene Aufwand für die Einarbeitung u.ä., ein Grund dafür sein, dass Einrichtungen zu der Einschätzung gelangen, es sei schwierig, geeignetes Personal zu finden.

5.8 Fazit

Die Personalsituation in der Kinder- und Jugendarbeit hat in den letzten Jahren vermehrt Aufmerksamkeit erfahren. Für die Kommunen bedeutet es oft eine große Herausforderung, wie sie bei knappen kommunalen Kassen und erweiterten Ansprüchen, was Jugendarbeit alles zusätzlich leisten soll (z.B. Nachmittagsbetreuung für Schulkinder), klassische Angebote der Jugendarbeit aufrecht erhalten können. Dieser Auftrag verliert auch nichts von seiner Bedeutsamkeit, je niedriger der Anteil von Kindern und Jugendlichen an der Bevölkerung wird, denn umso wichtiger wird die Frage, wie unter diesen Voraussetzungen eine Angebotsstruktur aussehen kann und muss (z.B. weil sich möglicherweise kommerzielle Anbieter aus wirtschaftlichen Erwägungen zurückziehen). In der Kinder- und Jugendhilfestatistik dokumentiert sich gemessen am Personal nach 1998 auch tatsächlich ein Rückgang des Personals in diesem Arbeitsfeld, dem im Jahr 2010 allerdings wieder ein Anstieg folgt, der – und das wird weiter zu untersuchen sein – auch auf die Aktivitäten der offenen Kinder- und Jugendarbeit an Schulen zurückzuführen ist. Das heißt, die Kinder- und Jugendarbeit befindet sich seit Längerem bezogen auf die Personalsituation in unruhigen Zeiten (vgl.

auch Pluto et al. 2007). Da die Zahl der Einrichtungen sich im selben Zeitraum nicht wesentlich verändert hat, vollziehen sich diese Veränderungen demnach vor allem innerhalb der Einrichtungen, die dann – was ihre Kernaufgaben betrifft – letztlich mit weniger Personal oder schlechteren Rahmenbedingungen für das Personal auskommen müssen.

Fasst man die Befunde zur Personalsituation zusammen, dann zeigen sich große regionale Unterschiede. Die im Vergleich am besten ausgestatteten Einrichtungen befinden sich in westdeutschen kreisfreien Städten und die am schlechtesten ausgestatteten Einrichtungen in ostdeutschen Landkreisen. Dies zeigt sich an der Höhe der Personalausstattung, an der Zahl der Einrichtungen mit befristetem Personal und dem Anteil befristeter Arbeitsverhältnisse, an der Stellenveränderung und an der Abhängigkeit der Personalausstattung von Arbeitsmarktinstrumenten. Zwar ist das Verhältnis von Einrichtungen zu altersentsprechender Bevölkerung in ostdeutschen Landkreisen im Vergleich zu westdeutschen kreisfreien Städten rein rechnerisch am besten (vgl. Gadow et al. 2013). Allerdings sagt dies nichts über die Erreichbarkeit dieser Einrichtungen und die Angebote selbst aus. Wie die Erhebung bei den Jugendzentren zeigt, ist die Vielfalt der Angebote ganz eng an die Personalausstattung geknüpft. Außerdem tragen prekäre Rahmenbedingungen nicht dazu bei, die Qualität und die Kontinuität des Angebotes zu erhalten bzw. zu verbessern.

Der größte Teil des Personals in den Einrichtungen hat einen akademischen pädagogischen Abschluss. Es wird sich zeigen, ob dieser Status gehalten werden kann oder beispielsweise der Anteil an MitarbeiterInnen ohne pädagogische Ausbildung zunehmen wird. Dies hat etwas mit dem Stellenwert zu tun, der der offenen Kinder- und Jugendarbeit zugemessen wird. Und es hat auch etwas damit zu tun, wie attraktiv dieses Arbeitsfeld für BewerberInnen ist. Ein hoher Anteil der Einrichtungen sieht Schwierigkeiten, adäquates Personal für die Stellen der Einrichtungen zu finden. Träger und Einrichtungen der offenen Kinder- und Jugendarbeit müssen sich deshalb beispielsweise fragen, welches Bild des Arbeitsfeldes sie gegenüber potenziellen AbsolventInnen vermitteln. Die Anstellungsträger stehen also vor der Herausforderung, frühzeitig Personalentwicklung zu betreiben und sich als attraktiven Arbeitgeber zu präsentieren.

Hierzu sind mehr Aktivitäten erforderlich, als eine tarifkonforme Eingruppierung zu gewährleisten. Es beginnt bereits damit, sich sowohl in der Ausbildung als auch bei der Betreuung von PraktikantInnen in besonderer Weise zu engagieren. Das Engagement in der Lehre könnte durch eine gezielte Zusammenarbeit mit den Fachschulen für Sozialpädagogik bzw. Fachakademien für ErzieherInnen und den Hochschulen für angewandte Wissenschaften erfolgen. Beide Ausbildungsorte sind an Lehrbeauftragten aus der Praxis interessiert. Träger der Einrichtungen könnten für MitarbeiterInnen den Weg zu Lehrbeauftragten erleichtern und würden damit zum einen die Anerkennung der fachlichen Qualifikation ihrer MitarbeiterInnen signalisieren und zum anderen zukünftigen Fachkräften ein realistisches und (hoffentlich) positives Bild über das Arbeitsfeld vermitteln. Des Weiteren ist es in einer solchen Arbeitsmarktsituation auch sinnvoll, immer wieder zusammen mit den Fachkräften in den Jugendzentren das Arbeitsklima sowie die Arbeitsbedingungen und deren Ausgestaltung zu reflektieren und diese möglicherweise dann auch zu optimieren.

Kapitel 6
Freiwilliges Engagement

Das öffentliche Interesse an der Entwicklung des ehrenamtlichen Engagements ist nicht nur im Fachdiskurs der Jugendarbeit, sondern generell groß, weil es auch als Gradmesser für den sozialen Zusammenhalt der Gesellschaft betrachtet wird (WZB 2009; Deutscher Bundestag 2002, 2012c). Der Freiwilligensurvey zeigt, dass das freiwillige Engagement von Jugendlichen (hier: 14- bis 24-Jährige) innerhalb von zehn Jahren (1999–2009) um zwei Prozentpunkte gesunken ist. Gleichzeitig nahm die Anzahl der zwar aktiven, aber nicht engagierten Jugendlichen um drei Prozentpunkte zu.[3] Insgesamt deutet sich somit kein Rückgang des freiwilligen Engagements von Jugendlichen an. Dass dennoch manchmal eine negative Entwicklung postuliert wird, lässt sich auf zwei weitere Befunde des Freiwilligensurveys zurückführen. Erstens ist in der Gesamtbevölkerung eine (noch) positivere Entwicklung des freiwilligen Engagements festzustellen (vgl. Picot 2011: 5–6), was zu der Frage führt, warum dies bei den Jugendlichen anders ist. Zweitens zeigt sich im Freiwilligensurvey, dass SchülerInnen in Ganztagsschulen und GymnasiastInnen im G8 im Vergleich zu GymnasiastInnen im G9 sowie Studierende zu einem deutlich geringeren Anteil freiwillig engagiert sind (Picot 2011: 15–17). Erklärt werden diese Befunde mit den gestiegenen Anforderungen durch die Verkürzung der Studiengänge und der Schulzeit an Gymnasien bzw. mit der Ausdehnung der in der Schule verbrachten Zeit.

Beides führt dazu, dass Jugendliche weniger Zeit haben (es zeigt sich im Freiwilligensurvey auch ein Rückgang des investierten Zeitvolumens): Sei es, weil sie länger in der Schule oder Hochschule sind, oder sei es, weil sie ihre Freizeit vermehrt dazu nutzen müssen, den Anforderungen der Schule oder Hochschule gerecht zu werden. Auch aus der Sicht der Jugendverbände haben Jugendliche heute weniger Zeit für die Tätigkeit im Verband. Es ist schwieriger, Termine zu vereinbaren und die Aktivitäten werden stärker auf das Wochenende verlagert (Lange/Wehmeyer 2014).

3 Der Freiwilligensurvey unterscheidet zwischen Aktiven und Engagierten. Menschen, die in einem Engagementbereich irgendwo Mitglied sind oder aktiv mitmachen, werden zu den Aktiven gezählt. Menschen, die innerhalb dieses Engagementbereiches Aufgaben oder Arbeiten übernehmen, die sie freiwillig oder ehrenamtlich ausüben, werden zudem zu den Engagierten gezählt.

Da es sowohl – politisch weitgehend unumstritten – Ziel ist, das Bildungsniveau der Bevölkerung anzuheben, als auch die Ganztagsbetreuung an Schulen auszubauen, besteht insbesondere bei Politik und Organisationen der Jugendvertretung die Befürchtung, hiermit gleichzeitig das Potenzial freiwilligen Engagements zu reduzieren.

Nach § 11 Abs. 1 des SGB VIII soll die Jugendarbeit „an den Interessen junger Menschen anknüpfen und von ihnen mitbestimmt und mitgestaltet werden, sie zur Selbstbestimmung befähigen und zu gesellschaftlicher Mitverantwortung und zu sozialem Engagement anregen und hinführen". Das heißt, sowohl der verbandlichen als auch der offenen Jugendarbeit wird in der gesetzlichen Grundlage der Jugendarbeit eine wichtige Rolle in Bezug auf die Förderung des freiwilligen Engagements zugewiesen. Inwiefern sich die oben beschriebene Entwicklung des freiwilligen Engagements auch beim Engagement in der offenen Jugendarbeit zeigt, kann bislang nicht festgestellt werden, weil es hierzu bisher keine bundesweite Wiederholungserhebung gegeben hat. Eine negative Entwicklung auch in der offenen Jugendarbeit kann nicht per se angenommen werden. Erstens wird in Kapitel 10 gezeigt, dass Gymnasiasten seltener das Jugendzentrum zur Freizeitgestaltung nutzen als BesucherInnen anderer Schulformen und zweitens kommt es auch darauf an, ob die institutionellen Kontexte des freiwilligen Engagements in der Lage sind, ihre Bedingungen für das freiwillige Engagement so anzupassen, dass (wieder) eine Passung zwischen den Motiven, gewünschten Zeitstrukturen des Engagements und den freiwilligen Tätigkeiten möglich ist. Hier liegt sicher eine besondere Herausforderung für die offene Jugendarbeit.

Wenn von den MitarbeiterInnen im Jugendzentrum die Rede ist, neigt man schnell dazu, sich auf die hauptamtlichen MitarbeiterInnen zu beschränken (vgl. z.B. Thole/Pothmann 2013), und dies, obwohl die Anzahl der Ehrenamtlichen in Jugendzentren die Anzahl der Hauptamtlichen deutlich übersteigt, wie in diesem Abschnitt gezeigt werden wird. Dies ist nicht der mangelnden Anerkennung der Arbeit der Ehrenamtlichen geschuldet, sondern vielmehr der bislang unbefriedigenden Datenlage zu den Ehrenamtlichen in Jugendzentren, die nicht zuletzt auch auf die Schwierigkeiten bei der Definition von freiwilligem Engagement in Einrichtungen der offenen Jugendarbeit zurückzuführen ist. Während die Kinder- und Jugendhilfestatistik alle vier Jahre Informationen zur Anzahl der Haupt- und Nebenamtlichen in Einrichtungen der offenen Kinder- und Jugendarbeit liefert, sind Daten und Studien zu ehrenamtlichen MitarbeiterInnen in der offenen Kinder- und Jugendarbeit „eher spärlich gesät und zumeist regional bezogen" (Schmidt 2011: 33).

Ein Jugendzentrum ohne ehrenamtliches Engagement der Jugendlichen ist als Konkretisierungsform von Jugendarbeit mit dem leitenden Prinzip

„von und für Jugendliche" undenkbar. Völker (1997: 480) schreibt, „dass ehrenamtliches Engagement hier keineswegs ein Randphänomen, sondern vielmehr eine der Säulen ist, von denen diese Arbeit getragen wird." Sie können im Vorstand oder in einem vergleichbaren Gremium oder direkt in der Einrichtung freiwillig tätig sein: Sie können hauptamtlich Tätige unterstützen, indem sie eine (mit)verantwortliche Rolle etwa bei Organisation und Ablauf von Veranstaltungen übernehmen, im Verkauf von Getränken helfen oder selbst bestimmte Angebote organisieren und betreuen. Weiterhin gibt es einen Anteil von Jugendzentren, in denen keine Hauptamtlichen arbeiten (11 %) und alles im Jugendzentrum von den Jugendlichen selbst organisiert und auch die Verantwortung dafür von den Jugendlichen selbst getragen wird (vgl. Kap. 3 und Kap. 16).

Die DJI-Erhebung bei den Jugendzentren liefert erstmals eine Grundlage, das Wissen über die Ehrenamtlichen in der offenen Kinder- und Jugendarbeit in Deutschland deutlich zu erweitern.

Dieses Kapitel beschreibt die Quantität des freiwilligen Engagements in Jugendzentren. Die Ergebnisse zu der Gruppe der Personen im freiwilligen sozialen, ökologischen oder europäischen Jahr sowie der Zivildienstleistenden[4], die in gewisser Weise auch als freiwillig Engagagierte betrachtet werden können, werden nicht in diesem Kapitel berücksichtigt, sondern in dem Kapitel zu den Beschäftigten im Jugendzentrum dargestellt (vgl. Kap. 5). Zuerst wird die Gruppe der Ehrenamtlichen nach Alter, Geschlecht und Migrationshintergrund beschrieben. Daran anschließend wird untersucht, wie das Ausmaß der ehrenamtlichen Tätigkeit mit Merkmalen der Jugendzentren zusammenhängt. Abschließend werden die Tätigkeitsbereiche der Ehrenamtlichen dargestellt und zu einigen Strukturmerkmalen der Einrichtungen in Beziehung gesetzt.

6.1 Anzahl, Merkmale und Bedingungsfaktoren

Es ist nicht immer einfach, zu quantifizieren, wie viele Jugendliche Aufgaben ehrenamtlich übernehmen. Dies zeigt sich daran, dass fast ein Viertel der Jugendzentren (23 %) die Frage nach der Anzahl der ehrenamtlich Aktiven nicht beantwortet bzw. nicht beantworten kann.[5] In diesen Fällen kann

---

4 Stichtag der Erhebung dieser Personengruppe war der 31. 12. 2010, ein Zeitpunkt zu dem der Zivildienst noch nicht abgeschafft war.

5 Die Frage im Erhebungsinstrument lautete „Geben Sie bitte die Anzahl der Personen an, die ehrenamtlich in Ihrer Einrichtung/Ihrem Angebot arbeiten." Vor dieser Frage wurde im Fragebogen klargestellt, dass mit „ehrenamtlich Aktiven" bzw. „Ehrenamtlichen" auch

jedoch nicht davon ausgegangen werden, dass in diesen Jugendzentren keine Freiwilligen tätig sind oder sie in ihrer Anzahl nicht zuverlässig zu quantifizieren sind. Rückmeldungen aus der Praxis deuten auf eine Unsicherheit bei der Abfrage im Umgang mit Honorarkräften oder anderen Personen hin, die mit einer niedrigen Aufwandsentschädigung im Jugendzentrum tätig sind. Dahinter steht einerseits die Frage, ab wann das Verhältnis zwischen geleisteter Aufgabe bzw. Arbeit und einer eventuellen monetären Gegenleistung dergestalt ist, dass man nicht länger von einer unentgeltlichen Tätigkeit sprechen kann. Andererseits gibt es aber auch Jugendzentren, die eine ehrenamtliche Tätigkeit an steuerrechtlichen Bestimmungen festmachen. Aus dieser Perspektive werden nur die Personen zu den Ehrenamtlichen gezählt, die eine Vergütung für ihre Tätigkeiten bekommen und steuerrechtlich als Ehrenamtliche betrachtet werden. Das heißt, ausschlaggebend für die Zählung von Ehrenamtlichen ist die steuerrechtliche Behandlung von Personen, die Geld von dem Jugendzentrum bekommen.

Weiterhin scheint unabhängig von eventuellen Aufwandsentschädigungen nicht in allen Jugendzentren ein Bewusstsein vorhanden zu sein, dass die unterstützenden Tätigkeiten der NutzerInnen im Jugendzentrum als freiwilliges Engagement zu definieren sind. Dies zeigt sich z.B. daran, dass selbst bei den selbstverwalteten Jugendzentren 14% angeben, keine Freiwilligen zu haben.[6] Dies ist zwar signifikant weniger der Fall als bei den Jugendzentren, die sich nicht als selbstverwaltet betrachten. Dennoch wird relativ häufig auch in selbstverwalteten Jugendzentren das Wirken der Jugendlichen nicht im Kontext des freiwilligen Engagements gesehen. Die Tatsache, ob das Jugendzentrum über hauptamtliche MitarbeiterInnen verfügt, steht überraschenderweise nicht in Zusammenhang mit den Angaben zum Vorhandensein von Ehrenamtlichen. Jugendzentren mit Hauptamtlichen ordnen das Wirken der Jugendlichen also nicht häufiger als freiwilliges Engagement ein als Jugendzentren ohne Hauptamtliche.

Sturzenhecker weist diesbezüglich auf das Legitimationsbedürfnis Hauptamtlicher hin, die in der Betonung des freiwilligen Engagements eine Bedrohung der Legitimation ihrer eigenen professionellen, bezahlten Arbeit sehen (Sturzenhecker 1999: 84ff.). Damit wird sowohl von Haupt- als auch von Ehrenamtlichen, ähnlich, wie dies bei den Jugendverbänden konstatiert wurde (Fauser et al. 2006), das, was Jugendliche tun, nicht immer als ehrenamtliche Tätigkeit aufgefasst. Damit wird die Bedeutung und Funktion des Engagements von Jugendlichen in Jugendzentren unzureichend anerkannt.

---

diejenigen gemeint sind, die im Rahmen von freiwilligem Engagement im Jugendzentrum Verantwortung übernehmen.

6 Vergleich zu den Merkmalen der „selbstverwalteten Jugendzentren" Kapitel 3.

Tab. 6.1: Kennzahlen zur Anzahl der Ehrenamtlichen in Jugendzentren nach Ost- und Westdeutschland

	Mittelwert	Median
Ost	9,4	5
West	15,8	8
Insgesamt	13,8	7

Quelle: DJI-Jugendzentrumserhebung 2011, n = 822

In der Tabelle 6.1 ist die Anzahl der Ehrenamtlichen nach Ost- und Westdeutschland dargestellt. Im Durchschnitt sind pro Jugendzentrum 13,8 Ehrenamtliche aktiv. In Ostdeutschland (9,4) ist die Anzahl der ehrenamtlich Aktiven signifikant und deutlich geringer als in Westdeutschland (15,8). Dies spiegelt das insgesamt niedrigere Niveau des ehrenamtlichen Engagements bei Jugendlichen und jungen Erwachsenen in Ostdeutschland wider (vgl. z. B. TNS Infratest Sozialforschung 2010: 114; WZB 2009). Auch in anderen Bereichen der Jugendarbeit, wie etwa bei den Jugendringen, wird dieser Unterschied immer wieder festgestellt (z. B. Seckinger et al. 2012: 35). Die Zahl für Westdeutschland korrespondiert sehr gut mit der durchschnittlichen Anzahl von Ehrenamtlichen, die von der Landesarbeitsgemeinschaft Katholische Offene Kinder- und Jugendarbeit NRW (2010: 17) auf der Basis einer regelmäßigen Befragung der Katholischen Einrichtungen (2007–2009, N = 416 offene Angebote) berichtet wird (15,4).[7] Legt man die Zahlen der Tabelle 1 einer Hochrechnung für die Anzahl der in Jugendzentren ehrenamtlich Tätigen zugrunde, so errechnet sich bundesweit eine Anzahl von 185 600 Ehrenamtlichen in Jugendzentren.[8] Diese Zahl liegt deut-

7 Legt man für NRW allerdings die Schätzungen der 4. Strukturdatenerhebung, die sonst auffällig wenig auf die Anzahl der Ehrenamtlichen Bezug nimmt, zugrunde (LVR-Landesjugendamt Rheinland, LWL-Landesjugendamt Westfalen 2010: 35–36) errechnet sich (Hochrechnung der Anzahl der Ehrenamtlichen dividiert durch Hochrechnung der Anzahl der Einrichtungen) mit 8,8 Ehrenamtlichen ein deutlich niedrigerer Wert. Allerdings weisen die Autoren daraufhin, dass die Güte der Hochrechnungen (ebd., S. 28) nicht immer als befriedigend einzustufen ist. Vermutlich spielt weiterhin eine Rolle, dass in der Abfrage zu den Ehrenamtlichen im Erhebungsbogen ausschließlich der Begriff der Ehrenamtlichen verwendet wird.

8 Die Hochrechnung erfolgte auf der Basis der in der Kinder- und Jugendhilfestatistik für das Erhebungsjahr 2010 (Statistisches Bundesamt 2012) für Ost- und Westdeutschland ausgewiesenen Anzahl von Einrichtungen der offenen Jugendarbeit (Jugendzentrum, -freizeitheim, Haus der offenen Tür sowie Jugendräume/Jugendheim ohne hauptamtliches Personal) multipliziert mit den Durchschnittswerten der Tabelle 6.1. Liebig (2005: 214 ff.) weist allerdings darauf hin und liefert für Nordrhein-Westfalen empirische Hin-

lich unterhalb der geschätzten Anzahl von Ehrenamtlichen in Jugendverbänden, die bei ca. 1 Million unter 25-Jähriger liegt (van Santen 2005: 189). Der Unterschied zwischen der offenen und verbandlichen Jugendarbeit ist zum einen auf die höhere Anzahl von (örtlichen) Jugendverbänden im Vergleich zur Anzahl der Einrichtungen der offenen Jugendarbeit zurückzuführen und zum anderen auf die höhere Anzahl von Ehrenamtlichen pro örtlichem Jugendverband.[9]

Die starke Differenz zwischen Mittelwert und Median deutet auf eine sehr starke Streuung der Anzahl von Ehrenamtlichen in den Jugendzentren hin. Als Erklärung für diese erhebliche Streuung ist nicht nur die Unterschiedlichkeit in Größe und Angebot der Einrichtungen anzuführen, sondern auch die vorhandene Unschärfe der Definition ehrenamtlichen Engagements, das in Jugendzentren sehr situativ geprägt und vom zeitlichen Aufwand her betrachtet sehr unterschiedlich sein dürfte.

Die Anzahl der Ehrenamtlichen steht bundesweit, ähnlich wie von Koss/Fehrlen (2003) in Baden-Württemberg beobachtet, in einem positiven Zusammenhang mit der Gesamtöffnungszeit: Mit zunehmender Anzahl an Ehrenamtlichen steigt die Anzahl der Öffnungsstunden. Dies gilt auch dann, wenn man mögliche andere strukturelle Einflussfaktoren für die Öffnungszeiten, wie Hauptamtliche, Ost-West-, Stadt-Land-Unterschiede oder selbstverwaltete Trägerschaft berücksichtigt. Es ist anzunehmen, dass die Öffnungszeit auch mit den soziodemografischen Merkmalen der BesucherInnen korrespondiert. So werden z.B. tagsüber eher jüngere und abends eher ältere BesucherInnen die Angebote der offenen Jugendarbeit nutzen. Allerdings kann nichts über die Kausalität der Beziehung zwischen Öffnungszeiten und Anzahl der Ehrenamtlichen ausgesagt werden. Ehrenamtliche können lange Öffnungszeiten erst ermöglichen und/oder längere Öffnungszeiten erhöhen die Attraktivität für freiwilliges Engagement.

Altersstruktur der Ehrenamtlichen. Das durchschnittliche Alter der Ehrenamtlichen in den Jugendzentren beträgt 21,5 Jahre[10] und ist damit deutlich

weise, dass die Anzahl von Einrichtungen der offenen Jugendarbeit in der Kinder- und Jugendhilfestatistik unterschätzt wird, da insbesondere aufseiten der freien Träger ein Teil der kleineren Einrichtungen nicht erfasst wird. Das heißt, die Schätzung der Anzahl der Ehrenamtlichen in der offenen Jugendarbeit ist als konservative Schätzung zu betrachten.

9 Im Durchschnitt hatten die Jugendverbände auf der lokalen Ebene 2008 90 Ehrenamtliche und im Median 18 (Seckinger et al. 2009: 32).

10 Die Abfrage nach dem Alter der Ehrenamtlichen erfolgte nach Altersklassen. Die Schätzung des durchschnittlichen Alters in den einzelnen Jugendzentren erfolgte auf Basis der mit der Anzahl der Ehrenamtlichen in einer Altersgruppe gewichteten Gruppenmittel-

höher als das der BesucherInnen. Beck/Wulf (1984) sowie Hellmann (2001) beschreiben, dass aus BesucherInnen von Jugendzentren schrittweise freiwillig Tätige werden. Anfangs folgen sie ihren eigenen Interessen und nach einer gewissen Zeit wollen sie z.B. auch andere animieren, an bestimmten Aktivitäten teilzunehmen, und übernehmen Verantwortung für Aufgaben. Insofern scheint es mehr als logisch, dass das Durchschnittsalter der BesucherInnen der Jugendzentren niedriger ist als das der Ehrenamtlichen. In Bezug auf die Aktivitäten im Jugendzentrum zeigt sich, dass Aktivitäten, die darauf abzielen, Jugendliche oder Erwachsene in einer ehrenamtlichen Tätigkeit zu unterstützen und zu begleiten, sich in der erwarteten Richtung auf das Durchschnittsalter der Ehrenamtlichen im Jugendzentrum auswirken.

Abb. 6.1: Durchschnittlicher Anteil der Altersgruppen an den Ehrenamtlichen im Jugendzentrum, Deutschland

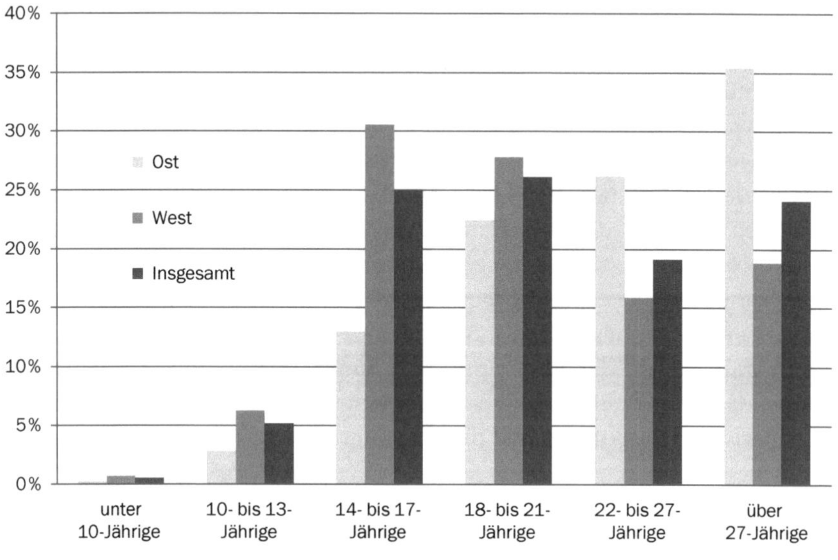

Quelle: DJI-Jugendzentrumserhebung 2011, n = 822

Das Durchschnittsalter der Kinder und Jugendlichen in den Jugendzentren ist in Ostdeutschland mit 23,7 über drei Lebensjahre höher als in Westdeutschland (20,4). Dieser Unterschied lässt sich besonders deutlich anhand der Verteilung der einzelnen Ehrenamtlichen über die Altersgruppen ver-

werte. Für die nach unten offene Altersgruppe der unter 10-Jährigen wurde der Wert 8 und für die nach oben offene Altersgruppe der über 27-Jährigen der Wert 30 eingesetzt.

deutlichen, die in der Abbildung 6.1 getrennt für Ost- und Westdeutschland dargestellt ist. Während in Ostdeutschland bei den Ehrenamtlichen mit ca. 35 % die Altersgruppe der über 27-Jährigen am stärksten besetzt ist, sind in Westdeutschland die 14- bis 17-Jährigen am stärksten vertreten. Die Altersdifferenz der Ehrenamtlichen nach Ost- und Westdeutschland spiegelt sich nur bedingt in der Altersstruktur der BesucherInnen wieder. Zwar ist das Durchschnittsalter der JugendzentrumsbesucherInnen in Ostdeutschland mit 15,5 ca. ein Jahr höher als in Westdeutschland (14,5), aber die vorhandene Altersdifferenz bei den Ehrenamtlichen lässt sich damit nicht alleine erklären. Die Tatsache, dass auch Kinder unter 6 Jahren zu den NutzerInnen eines Jugendzentrums zählen, steht in einem sehr schwach positiven Zusammenhang mit dem Alter der Ehrenamtlichen. Dies gilt für Ost- wie für Westdeutschland und kann damit die deutliche Differenz der Altersstruktur ebenfalls nicht erklären.

In Bezug auf die Aktivitäten von Ehrenamtlichen im Jugendamt zeigen sich einerseits signifikante Zusammenhänge bei den Jugendzentren, die Hausaufgabenhilfe und Sprachkurse anbieten. In diesen Jugendzentren sind die Ehrenamtlichen im Durchschnitt signifikant älter als in den Jugendzentren ohne solche Angebote. Es ist anzunehmen, dass diese Aktivitäten überwiegend von Ehrenamtlichen mit Aufwandsentschädigung durchgeführt werden. Andererseits ist das Durchschnittsalter der Ehrenamtlichen bei den Jugendzentren mit Beratungs-, jungenspezifischen, mädchenspezifischen Angeboten, Streetwork sowie offenen Treffs/Cafes signifikant niedriger als bei den Jugendzentren ohne solche Aktivitäten oder Angebote.

Vergleicht man die Altersstruktur der Ehrenamtlichen in den Einrichtungen der offenen Jugendarbeit mit der von den Jugendverbänden (Seckinger et al. 2009), so zeigt sich eine starke Ähnlichkeit. Ob mit dem höheren durchschnittlichen Alter der Ehrenamtlichen in Ostdeutschland ein länger anhaltendes freiwilliges Engagement in der Jugendarbeit und/oder ein späteres Einstiegsalter in ehrenamtliche Tätigkeiten einhergeht oder ob sich hier vermehrte Verdichtungsprozesse der Jugendphase in Ostdeutschland abbilden, lässt sich anhand dieser Daten nicht abschließend klären. Die Abbildung 6.1 legt es jedoch nahe, dass Jugendliche in Ostdeutschland häufiger zuerst als KonsumentInnen der Angebote der offenen Jugendarbeit in Erscheinung treten und später zu freiwillig Engagierten werden. Die Ergebnisse offenbaren in diesem Kontext, dass Jugendzentren nicht nur eine Funktion in Bezug auf die Jugendarbeit wahrnehmen, sondern darüber hinaus auch für ältere Altersgruppen als die der Zielgruppen der Jugendarbeit, eine zivilgesellschaftliche Funktion besitzen und es niedrigschwellig ermöglichen, dass Personen sich auch im höheren als das für die Jugendarbeit typische Alter engagieren.

Geschlecht der Ehrenamtlichen. Die Geschlechterverteilung unter den Ehrenamtlichen kann für sich oder vor dem Hintergrund der Geschlechterrelationen der BesucherInnen betrachtet werden. Im Durchschnitt ist der Anteil der weiblichen Ehrenamtlichen um sieben Prozentpunkte höher als das der weiblichen Jugendlichen. Das freiwillige Engagement der Mädchen und jungen Frauen ist also proportional höher als das der männlichen Jugendlichen. Betrachtet man dagegen die absoluten Zahlen der Ehrenamtlichen nach Geschlecht, dann ist das Geschlechterverhältnis relativ ausgeglichen. Der Anteil von weiblichen Ehrenamtlichen ist etwas geringerer (47 %) als der der männlichen Ehrenamtlichen (53 %). Dies spiegelt den größeren Anteil von männlichen Jugendlichen, gerade bei den älteren BesucherInnen von Jugendzentren, wider (vgl. Kap. 10 und 11).

Untersuchungen aus NRW zeigen dagegen höhere Werte für den Anteil der weiblichen Ehrenamtlichen. Die Strukturdatenerhebung weist ein ausgeglichenes Geschlechterverhältnis aus (LVR-Landesjugendamt Rheinland, LWL-Landesjugendamt Westfalen 2010), und auch die Katholischen Einrichtungen melden für ihre Einrichtungstypen jeweils einen höheren Anteil der weiblichen gegenüber den männlichen Ehrenamtlichen (Landesarbeitsgemeinschaft Katholische Offene Kinder- und Jugendarbeit NRW 2010). Koss/Fehrlen (2003: 32) kommen für Baden-Württemberg auf einen doppelt so hohen Männer- wie Frauenanteil. Tabelle 6.2 liefert Hinweise darauf, nach welchen Merkmalen die Jugendzentren sich unterscheiden, und kann damit als Erklärungsfolie der im Praxisfeld beobachteten Unterschiede dienen. Während sich die Unterschiede zwischen Ost- und Westdeutschland sowie zwischen Landkreisen und kreisfreien Städten nicht als statistisch signifikant erweisen, zeigen sich deutliche Unterschiede bei Einrichtungen in öffentlicher Trägerschaft und bei selbstverwalteten Jugendzentren. In beiden Fällen ist der Anteil der männlichen deutlich höher als der Anteil der weiblichen Ehrenamtlichen. Weitere signifikante Zusammenhänge zeigen sich in Bezug auf den Anteil und das durchschnittliche Alter der weiblichen BesucherInnen. Je höher der Anteil der weiblichen BesucherInnen, desto höher ist der Anteil der weiblichen Ehrenamtlichen. Zudem nimmt der Anteil der weiblichen Ehrenamtlichen auch zu, je jünger die BesucherInnen sind. Die Differenzierung nach Bundesländern zeigt für Baden-Württemberg und NRW Unterschiede, die mit den oben beschriebenen regionalen Unterschieden zwischen NRW und Baden-Württemberg korrespondieren.

Entsprechende Analysen zeigen, dass weiterhin insbesondere (geschlechtsstereotype) Ausstattungs- und Aktivitätenmerkmale der Jugendzentren mit dem Anteil der weiblichen Ehrenamtlichen zusammenhängen. Kreativ-künstlerische Angebote, Ferienfahrten, mobile Jugendarbeit, Aktivitäten zur Vorbereitung auf den Schulabschluss sowie Ausstattungsmerkmale wie eine Küche, Tanzräume und Turnmöglichkeiten gehen mit einem hohen Anteil weiblicher Ehrenamtlichen einher. Während Sportangebote, jungenspezifische Angebote, politische Aktionen sowie Ausstattungsmerkmale wie ein Kicker und eine Werkstatt mit einem niedrigeren Anteil weiblicher Ehrenamtlichen korrespondieren.

Tab. 6.2: Anteil der weiblichen Ehrenamtlichen nach verschiedenen Dimensionen

	Mittelwert
Ost	48 %
West	46 %
Kreisfreie Stadt	48 %
Landkreis	46 %
Jugendzentrum selbstverwaltetet	43 %
Jugendzentrum nicht selbstverwaltetet	48 %
Freier Träger	48 %
Öffentlicher Träger	44 %
Insgesamt	47 %

Quelle: DJI-Jugendzentrumserhebung 2011, n = 697

Migrationshintergrund der Ehrenamtlichen. Die Jugendarbeit wird immer wieder mit gesellschaftlichen Aufträgen konfrontiert. Hierzu zählt die Integration von Jugendlichen mit Migrationshintergrund. Ehrenamtliches Engagement von Personen mit Migrationshintergrund kann als Zeichen für Integration betrachtet werden. Der durchschnittliche Anteil der Ehrenamtlichen mit Migrationshintergrund liegt mit 24 % weit unterhalb des Anteils von BesucherInnen mit Migrationshintergrund (39 %). Im Durchschnitt liegt der Anteil der Ehrenamtlichen mit Migrationshintergrund um 15 Prozentpunkte unterhalb des Anteils von MigrantInnen, die ein Jugenzentrum besuchen. Hier zeigt sich eine erhebliche Streuung. Dennoch liegt auch der Median bei sieben Prozentpunkten Unterschied. Dass es prinzipiell möglich ist, BesucherInnen mit Migrationshintergrund proportional oder gar überproportional häufig als Ehrenamtliche zu gewinnen, zeigen 18 % der Jugendzentren und der positive Zusammenhang zwischen Ehrenamtlichen mit Migrationshintergrund und einer ermöglichenden, autonomiefördernden Praxis.

Insgesamt spiegelt sich hier ein Befund der Forschung zum freiwilligen Engagement wider: In der Gruppe der Personen mit Migrationshintergrund ist das freiwillige Engagement bislang weniger stark ausgeprägt als in der restlichen Bevölkerung (vgl. z. B. Picot 2011: 20–22 sowie Bruhns 2012 für die Jugendarbeit). Allerdings ist dieser Befund auch umstritten. Für MigrantInnen gibt es inzwischen einige Forschungsbefunde (vgl. z.B. Batarilo-Henschen et al. 2011: 17ff.), die belegen, dass die oftmals angenommene geringere Engagementbereitschaft zu einem großen Anteil auf die Nichterfassung anderer, für manche Personengruppen mit Migrationshintergrund typischen informellen Engagementformen (wie z.B. in der Familie, in der Nachbarschaft und Fürsorge für Ältere) zurückzuführen ist. Weiter gibt es in der internationalen Forschung Hinweise, dass das Ausmaß der ehrenamtlichen Tätigkeit auch in Zusammenhang mit der Tradition freiwilligen Engagements im Herkunftsland zu sehen ist (vgl. Voicu/Rusu 2012) und somit geringere Engagementquoten eher aus der Tradition der Herkunftsländer als mit einer Verweigerungshaltung gegenüber der Gemeinschaft, in der man aktuell lebt, zu erklären ist. Ebenso gibt es Befunde, dass auch Exklusionsprozesse innerhalb der Jugendarbeit selbst wirksam werden (vgl. Richter et al. 2007) und somit auch die Gelegenheitsstrukturen für das ehrenamtliche Engagement von Jugendlichen mit Migrationshintergrund reduziert werden.

Die Analyse von Zusammenhängen zwischen dem Anteil der BesucherInnen mit Migrationshintergrund und anderen Merkmalen des Jugendzentrums wie etwa regionale Lage, Personalausstattung oder Trägerschaft zeigt wenig überraschend folgenden sehr deutlichen Zusammenhang: Mit zunehmendem Anteil von BesucherInnen mit Migrationshintergrund steigt der Anteil der Ehrenamtlichen mit Migrationshintergrund. Weiterhin lassen sich insbesondere differenziert nach regionalen Merkmalen erwartbare Unterschiede feststellen: In den kreisfreien Städten und in Westdeutschland sind die Anteile der Ehrenamtlichen mit Migrationshintergrund jeweils höher als in den Landkreisen und in Ostdeutschland. Dies spiegelt die jeweilige Bevölkerungszusammensetzung hinsichtlich des Migrationshintergrunds wider. Jugendzentren mit Hauptamtlichen haben ebenfalls einen höheren Anteil von BesucherInnen mit Migrationshintergrund. Differenziert nach Typus der Jugendzentren zeigt sich ein sehr deutlicher Unterschied bei den selbstverwalteten Jugendzentren. In diesem Typus von Jugendzentrum ist der Anteil der Ehrenamtlichen mit Migrationshintergrund sehr viel geringer (15%) als in den anderen Typen (26%). Die Vielfalt der Ausstattung sowie der Angebote steht ebenso in einem positiven Zusammenhang mit dem Anteil der Ehrenamtlichen mit Migrationshintergrund, wie eine subjektorientierte, ermöglichende pädagogische Orientierung der Jugendzentren. Merkmale des Jugendzentrums wie Geschlechterverteilung der BesucherInnen oder Altersstruktur der NutzerInnen stehen jedoch nicht in Zusammenhang mit dem Anteil der Ehrenamtlichen mit Migrationshintergrund.

Betrachtet man diese einzelnen bivariaten Zusammenhänge in einer multivariaten Analyse, so zeigt sich, dass Faktoren wie der Anteil der BesucherInnen mit Migrationshintergrund, Hauptamtlichkeit sowie die Unterscheidung nach Ost- und Westdeutschland die größten und signifikanten Effekte auf den Anteil der Ehrenamtlichen mit Migrationshintergrund haben. Offensichtlich stehen die übrigen Einflussvariablen untereinander in einem engen Zusammenhang, die in einer gemeinsamen Betrachtung dazu führt, dass keine eigenständigen, d. h. nicht auf andere Zusammenhänge zurückführbaren, signifikanten Effekte vorhanden sind.

Bestimmungsfaktoren für die Anzahl der Ehrenamtlichen. Die Frage nach den förderlichen und hinderlichen Bedingungen für ehrenamtliches Engagement ist nicht nur im Rahmen der offenen Jugendarbeit eine Frage von großer gesellschaftspolitischer Bedeutung. Ehrenamtliches Engagement wird generell als der „soziale Kitt" der Gesellschaft betrachtet. Ohne ehrenamtliches Engagement wäre sowohl die Quantität als auch die Qualität vieler sozialer und kultureller Angebote nicht zu gewährleisten. Das Engagement ist somit auch ein Gradmesser für die Güte des sozialen Miteinanders einer Gesellschaft. In diesem Zusammenhang wird der Einfluss der strukturellen Rahmenbedingungen auf die Anzahl der Ehrenamtlichen in der offenen Jugendarbeit untersucht. In der vorliegenden Studie mit dem Schwerpunkt auf den Strukturen der Einrichtungen der offenen Kinder- und Jugendarbeit wurden individuelle Motive für das freiwillige Engagement sowie Zugangswege nicht betrachtet.

Neben der Differenzierung nach Ost- und Westdeutschland (siehe Tab. 6.1) zeigen sich weitere statistisch bedeutsame Zusammenhänge zwischen der Anzahl der ehrenamtlich Aktiven und Strukturmerkmerkmalen der Einrichtungen. Außer der Anzahl der hauptamtlichen Stellen im Jugendzentrum, die wie bei den Jugendverbänden (vgl. Seckinger et al. 2009: 36f.) eine positive Wirkung auf die Anzahl der Ehrenamtlichen hat, sind es vor allem Angebotsmerkmale, die Einfluss nehmen. Hierbei ist zu vermuten, dass unterschiedliche Angebote unterschiedliche Nutzergruppen anziehen. Wobei anhand der Fragebögen nicht entscheidbar ist, ob die Besucherstruktur sich eher dem Angebot anpasst oder umgekehrt. Es zeigt sich jedoch, dass die Vielfalt der Aktivitäten den größten Einfluss auf die Anzahl der Ehrenamtlichen hat.

Einschränkend muss allerdings erwähnt werden, dass auch hier der Wirkungszusammenhang nicht ganz eindeutig ist: Gibt es mehrere Aktivitäten, weil Ehrenamtliche dies erst ermöglichen, oder sind die Aktivitäten als Gelegenheitsstruktur für freiwilliges Engagement zu betrachten? Beide Erklärungen sind denkbar und können für einzelne Jugendzentren auch gleichzeitig zutreffen. Die Frage, welcher Effekt stärker ist, lässt sich mit der vorhandenen Erhebung nicht klären. Die Vielfalt der Ausstattungsgegenstände (vgl. Kap. 9) hat keinen Effekt auf das Ausmaß des freiwilligen Engagements. Auffällig ist, dass sowohl bestimmte Aktivitäten als auch bestimmte Ausstattungsmerkmale der Jugendzentren einen Einfluss auf das ehrenamtliche Engagement haben. Bei den Ausstattungsmerkmalen sind das Vorhandensein von Spielekonsolen (negativer Zusammenhang) sowie Beamer (positiver Zusammenhang), der die Möglichkeit für das Abspielen von Videofilmen eröffnet und zudem in einem signifikanten Zusammenhang mit medienpädagogischen Angeboten steht, zu nennen. Bei den Aktivitäten haben Hausaufgabenhilfe, Beratungsaktivitäten, Hilfe bei Bewerbungen und mädchenspezifische Angebote einen negativen Einfluss auf die Anzahl der Ehrenamtlichen.

Gemeinsam ist den Aktivitäten mit einem negativen Einfluss auf die Anzahl der Ehrenamtlichen, dass sie durch Unterstützungsleistungen für BesucherInnen mit Förderungsbedarf gekennzeichnet sind. Vermutlich stehen diese stärker kompensatorischen Tätigkeiten in einem engen Zusammenhang mit der sozialen Besucherstruktur der Einrichtungen. Denn es sind die BesucherInnen, aus denen in der Regel die Ehrenamtlichen rekrutiert werden bzw. die sich selbst für eine Übernahme von freiwilligen Tätigkeiten oder Aufgaben anbieten.[11] Generell zeigt sich ein deutlicher Zusammenhang zwischen dem Bildungsstatus und freiwilligem Engagement. Letzteres nimmt deutlich zu, je höher der Bildungsstatus der Jugendlichen ist (vgl. z.B. Picot 2011: 18–19 sowie Gille et al. 2011: 569 bezüglich Engagement von Jugendlichen in Vereinen). Wenn die Besucherstruktur durch ein niedriges Bildungsniveau gekennzeichnet ist, dann sinkt damit auch die Wahrscheinlichkeit der Übernahme von freiwilligen Tätigkeiten. In eine ähnliche Richtung weist der Befund, dass die Anzahl der Ehrenamtlichen geringer wird, wenn der Anteil der BesucherInnen mit Migrationshintergrund zunimmt.

Ein weiterer Befund ist, dass Jugendzentren in öffentlicher Trägerschaft eine geringere Anzahl von Ehrenamtlichen aufweisen. Es gibt empirische Hinweise in den Daten der Befragung, dass dies mit der stärkeren Ausrichtung der Jugendzentren in öffentlicher Trägerschaft auf Angebote für sozial Benachteiligte zusammenhängt. Sobald die eben erwähnten sozialkompensatorischen Angebote in der Analyse berücksichtigt werden, reduziert sich nämlich die Stärke des negativen Effekts der öffentlichen Trägerschaft auf die Anzahl der Ehrenamtlichen. Wahrscheinlich wurden in der Befragung nicht alle Aspekte abgedeckt, die eine benachteiligtenorientierte Zielgruppenfestlegung abbilden, und es bleibt deshalb ein Effekt der Trägerschaft vorhanden.

---

11 Theoretisch könnten sozialkompensatorische Aufgaben Ehrenamtliche auch ansprechen.

Einrichtungen in freier Trägerschaft sind mit ihren Angeboten weniger stark auf sozial benachteiligte Zielgruppen ausgerichtet. Sie entwickeln, ähnlich wie bei den Jugendverbänden, wahrscheinlich häufiger einen konkreten Milieubezug mit Anschluss an höhere Bildungsschichten. Insbesondere Einrichtungen mit einer Nähe zu Wertegemeinschaften, wie etwa Einrichtungen der offenen Jugendarbeit in Kirchenräumen, stehen zwar prinzipiell allen Kindern und Jugendlichen zur Freizeitgestaltung zur Verfügung, aber auch hier dürften, ähnlich wie bei manchen Jugendverbänden (vgl. Fauser et al. 2006), Schließungsprozesse wirksam werden.

Dass es möglich ist, solche strukturellen Benachteiligungen zumindest zu verringern, zeigt der ebenfalls signifikante Befund hinsichtlich des Effekts der in der Einrichtung verfolgten pädagogischen Ziele. Ein Index, der eine autonomie-, beteiligungs- sowie ermöglichungsorientierte pädagogische Orientierung abbilden soll[12], zeigt einen positiven Effekt auf den Anteil der freiwillig Engagierten unter den BesucherInnen. Dies deutet darauf hin, dass durch ein bestimmtes pädagogisches Handeln die Bedingungen für die freiwillige Übernahme von Tätigkeiten hergestellt werden können bzw. die Einsicht vorhanden ist, durch Förderung der Übernahme von Aufgaben soziale und persönliche Kompetenzen (weiter) entwickeln zu können.

6.2 Tätigkeitsspektrum von Ehrenamtlichen

Das Tätigkeitsspektrum von Ehrenamtlichen bestimmt die vorhandenen Experimentierräume und potenziellen Lernfelder. In diesen finden wahrscheinlich die intensivsten Bildungsprozesse statt. Denn Delmas/Scherr (2005) kommen in ihrer explorativen Studie in Baden-Württemberg, zu dem Ergebnis, dass sich zwar Bildungspotenziale der offenen Jugendarbeit empirisch feststellen lassen, aber die „Bildungsprozesse ereignen sich in der Jugendarbeit zu einem erheblichen Teil als Effekt der gegebenen strukturellen Bedingungen und ohne eine bewusste Ein- bzw. Mitwirkung durch die Hauptamtlichen (...)“ (ebd.: 106). Auch wenn die Hauptamtlichen – oftmals unintendiert – Bildungsprozesse beeinflussen, haben sie in der offenen Jugendarbeit, wie bei der verbandlichen Jugendarbeit (vgl. Seckinger et al. 2009: 36), einen Einfluss auf die Aufgabenfelder der Ehrenamtlichen bzw. die Gelegenheitsstrukturen für freiwilliges Engagement und damit auch auf

12 Berücksichtigung fanden hier die eingeschätzte Bedeutung (5-stufige Antwortskala) für das Erreichen der folgenden sechs pädagogischen Ziele: Partizipation, außerschulische Bildung, Förderung von Verantwortungsübernahme, Förderung sozialer Kompetenz, Demokratiebildung sowie Jugendlichen Gestaltungsspielräume eröffnen.

die Arbeitsfelder, in der vermehrt[13] Erfahrungen gesammelt werden können.

Die Tabelle 6.3 beschreibt das Tätigkeitsspektrum der Ehrenamtlichen innerhalb der Jugendzentren in Ost- und Westdeutschland. Am häufigsten übernehmen Ehrenamtliche Aufgaben im Bereich der Begleitung von Ausflügen, Ferienmaßnahmen und Veranstaltungen. Diese einmaligen bzw. sich nicht regelmäßig wiederholenden Aktionen erfordern einen hohen Personaleinsatz, der von den Hauptamtlichen alleine oder von einzelnen Ehrenamtlichen nur schwer bewältigt werden kann. Der Befund gilt sowohl für die Jugendzentren in Ost- als auch in Westdeutschland.

Tab. 6.3: Anteil der Jugendzentren, in denen ehrenamtlich Aktive Aufgaben übernehmen (Mehrfachnennungen)

	Ost	West	Insgesamt
Begleitung oder Durchführung von Ausflügen/Ferienmaßnahmen/Veranstaltungen	73 %	77 %	76 %
Pädagogisch-inhaltliche Aufgaben (z. B. Gruppen organisieren, Dienste übernehmen, Nachhilfe)*	48 %	66 %	61 %
Renovierungsarbeiten, Gestaltung der Außenanlagen, weitere handwerkliche Arbeiten*	70 %	57 %	61 %
Unterstützung bei der Öffentlichkeitsarbeit*	53 %	40 %	44 %
Hauswirtschaftliche Tätigkeiten (z. B. Zubereitung des Mittagessens)*	42 %	30 %	34 %
Gremienarbeit*	19 %	27 %	24 %
Verwaltungsaufgaben	17 %	14 %	15 %
Förderverein*	10 %	16 %	14 %
Mentorentätigkeiten	9 %	14 %	12 %
Sonstige Bereiche, nämlich	3 %	2 %	2 %

* Unterschied zwischen Ost- und Westdeutschland signifikant ($p < 0.05$)
Quelle: DJI-Jugendzentrumserhebung 2011, (n Ost = 253; n West = 555)

Ein deutlich anderes Bild zeichnet sich bei den am zweit- und dritthäufigsten genannten Aufgabenbereichen ab. Während in Ostdeutschland die praktischen, handwerklichen Tätigkeiten häufiger als Einsatzfeld für die Eh-

13 Zum Teil kann die Breite des Tätigkeitsspektrums von Ehrenamtlichen sicherlich auch auf mangelnde Unterstützungsmöglichkeiten durch Hauptamtliche zurückgeführt werden. Schließlich gibt es sicher Tätigkeitsbereiche, die von Ehrenamtlichen weniger gern, aber bei Mangel an hauptamtlicher Unterstützung dennoch übernommen werden.

renamtlichen angeführt werden als in Westdeutschland, ist dies bei den pädagogisch-inhaltlichen Aufgaben genau umgekehrt. Gemessen an der Anzahl der verschiedenen Aufgabenbereiche für Ehrenamtliche gibt es keine Unterschiede zwischen Ost und West. Aber offensichtlich differieren die Einsatzfelder relativ stark, denn auch bei der Unterstützung der Öffentlichkeitsarbeit, hauswirtschaftlichen Tätigkeiten, Gremienarbeit und Aufgaben in Fördervereinen sind signifikante Unterschiede zwischen Ost- und Westdeutschland vorhanden. Dies ist in Zusammenhang mit den unterschiedlichen Angeboten und Aktivitäten in den Jugendzentren zu sehen (vgl. Kap. 9). Diese Unterschiede gehen offensichtlich mit anderen Einsatzfeldern der Ehrenamtlichen einher.

Gremienarbeit, Verwaltungsaufgaben, Aufgaben in einem Förderverein sowie Mentorentätigkeiten werden jeweils in weniger als einem Viertel der Jugendzentren von freiwillig Tätigen übernommen. Bezüglich Mentorentätigkeiten, Aufgaben in einem Förderverein sowie Verwaltungsaufgaben zeigt sich ein Zusammenhang mit dem Durchschnittsalter der Ehrenamtlichen. Mit steigendem Durchschnittsalter dieser Personen werden diese Aufgaben häufiger von Ehrenamtlichen übernommen. In Jugendzentren mit hauptamtlichen MitarbeiterInnen übernehmen die Ehrenamtlichen seltener Verwaltungs- und Mentorentätigkeiten. Ähnliche Ergebnisse zeigen sich auch bei der Jugendverbandsarbeit (Seckinger et al. 2009: 35). Offensichtlich ermöglichen Hauptamtliche es Ehrenamtlichen, sich auf das zu konzentrieren, was ihnen am meisten zusagt, nämlich in Kontakt mit Kindern, Jugendlichen und jungen Erwachsenen gemeinsam etwas Sinnvolles zu tun und dabei Spaß zu haben und ein Gefühl von Gemeinschaft zu erleben.

Außer pädagogisch-inhaltlichen Aufgaben und hauswirtschaftlichen Tätigkeiten werden alle sonst in der Tabelle 6.3 aufgelisteten Aufgaben in den selbstverwalteten Jugendzentren häufiger von Ehrenamtlichen wahrgenommen als in anderen Jugendzentren. Selbstverwaltete Jugendzentren sind damit nicht nur ein Raum, der alternative Normsetzungen und das Inszenieren jugendkultureller Milieus duldet und ermöglicht (Weihnacht 2002), sondern auch ein Kontext, in dem Jugendliche vielfältige Erfahrungen sammeln.

Weiterhin zeigen sich Zusammenhänge zwischen der Anzahl der Möglichkeiten, innerhalb des Jugendzentrums Kritik zu äußern. sowie der Häufigkeit der Beteiligung von BesucherInnen bei unterschiedlichen Entscheidungen.[14] Die signifikant vermehrte Übernahme von pädagogisch-inhalt-

14 Beide stehen in einem signifikanten Zusammenhang miteinander: Eine größere Anzahl von Kritikmöglichkeiten geht mit häufigeren Möglichkeiten zur Beteiligung an Entscheidungen einher.

lichen Aufgaben sowie von Gremienarbeit durch Ehrenamtliche sind zu beobachten bei Jugendzentren, in denen es eine größere Anzahl von Möglichkeiten zur Äußerung von Kritik gibt. Bis auf Aufgaben in einem Förderverein können bei allen sonst genannten Aufgabenbereichen – nicht signifikant – höhere Anteilen der Aufgabenübernahme durch Ehrenamtliche beobachtet werden. Ähnlich verhält es sich mit der Häufigkeit der Beteiligung von BesucherInnen bei unterschiedlichen Entscheidungen. In den Jugendzentren, in denen häufiger Beteiligungsmöglichkeiten vorhanden sind, zeigen sich bis auf die Aufgaben in einem Förderverein höhere Anteile von freiwillig Engagierten in den Einsatzfeldern. Bei fünf Einsatzfeldern ist dieser Zusammenhang statistisch signifikant und bei den anderen zeichnet sich eine einheitliche Tendenz in diese Richtung ab. Diese Ergebnisse deuten in der Gesamtbetrachtung darauf hin, dass es für die Jugendzentren selbst gestaltbare Bedingungen gibt, die Vielfalt der Einsatzfelder für freiwillig Engagierte positiv zu beeinflussen.

6.3 Fazit

Die Befragung zeigt, dass die Erfassung des freiwilligen Engagements in Jugendzentren mit Hürden und Schwierigkeiten verbunden ist. Insbesondere Abgrenzungsprobleme zu anderen Tätigkeitsformen (wie z.B. Honorartätigkeiten), die Frage der notwendigen Dauer und die Frage, nach wie viel investierter Zeit überhaupt von freiwilligem Engagement gesprochen werden kann, führen dazu, dass die Quantifizierung des ehrenamtlichen Engagements in der offenen Jugendarbeit immer nur mit Vorbehalt betrachtet werden kann und letztendlich nur grobe Annäherungen darstellt. Dass mehr als ein Fünftel der Jugendzentren angegeben hat, über keine Ehrenamtlichen zu verfügen, signalisiert aber auch, dass die ehrenamtlichen Leistungen von BesucherInnen, die immer mal wieder bestimmte Tätigkeiten übernehmen und mit dazu beitragen, dass das Jugendzentrum am Laufen gehalten wird, nicht immer als ehrenamtliche Leistungen betrachtet werden. Diese Leistungen erfahren somit auch nur eine unzureichende Würdigung. Zudem stellt sich die Frage der Abgrenzung zu Tätigkeiten mit geringen Aufwandsentschädigungen, die für Jugendliche auch eine Einkommensquelle darstellen. In diesem Kontext ist auch noch einmal erwähnenswert, dass gerade Aspekte, die auf eine beteiligungsorientierte, ermöglichende, autonomiefördernde Praxis in den Jugendzentren hindeuten, mit einer größeren Anzahl von freiwillig Tätigen assoziiert sind. Das heißt, den Blick davor zu verschließen, dass BesucherInnen essenzieller Bestandteil der offenen Jugendarbeit sind, spiegelt auch eine wenig anerkennende Praxis in den Jugendzentren wider.

Die Bedingungen für ehrenamtliches Engagement in Jugendzentren sind vor dem Hintergrund der eingangs formulierten Entwicklungen so zu gestalten, dass sie kompatibel mit der oftmals durch Schule und Ausbildung stark geprägten Lebenswelt der Jugendlichen sind. Schließlich gehört die Förderung des ehrenamtlichen Engagements zu den zentralen Zielen der Jugendarbeit. Auch bei den Jugendzentren konnte nachgewiesen werden, dass Hauptamtliche Entlastung und Möglichkeitsspielräume für ehrenamtliche Aktivitäten schaffen.

Trotz der Schwierigkeiten, die Anzahl der freiwillig Engagierten zu schätzen, zeigt sich eine Reihe interessanter Befunde zur Binnendifferenzierung der Engagierten. So ist ein sehr eindeutiger Unterschied in der Alterszusammensetzung der Ehrenamtlichen in Ost- und Westdeutschland erkennbar. Diese Differenz kann nur zum kleinen Teil durch etwaige Unterschiede in der Angebotsstruktur erklärt werden. Erklärungen scheinen eher im Bereich der unterschiedlichen Lebensführung und Prioritätensetzungen von Ehrenamtlichen oder womöglich auch der vorhandenen Alternativen zu suchen zu sein. Auch beim Anteil der Ehrenamtlichen mit Migrationshintergrund sowie bei der Geschlechterverteilung sind deutliche Unterschiede erkennbar. Das Geschlecht und der Migrationshintergrund der Ehrenamtlichen stehen in Zusammenhang mit der Besucherstruktur, die wiederum (auch) von den Angebotsmerkmalen des Jugendzentrums abhängt. Weibliche Ehrenamtliche sind zwar im Jugendzentrum in der Minderheit, aber dennoch gemessen an dem Anteil der BesucherInnen überproportional häufig ehrenamtlich aktiv. Personen mit Migrationshintergrund sind dagegen unterproportional bei den Ehrenamtlichen vertreten. Es gibt jedoch Indizien dafür, dass Jugendzentren durch eine beteiligungsorientierte, ermöglichende, autonomiefördernde pädagogische Orientierung durchaus in der Lage sind, daran was zu ändern.

Kapitel 7
Öffnungszeiten

Die Öffnungszeiten sind in den Einrichtungen der offenen Kinder- und Jugendarbeit ein zentrales, manchmal auch konfliktreiches Thema. Sie haben wesentlichen Einfluss auf den möglichen Umfang der Angebote, die Vielfalt der Zielgruppen und die von den Jugendlichen nutzbaren Gestaltungsspielräume. Außerdem bestimmen die Öffnungszeiten indirekt auch darüber, welche Altersgruppen an jungen Menschen das Jugendzentrum aufsuchen, denn je nach Alter sind andere Besuchszeiten attraktiv. Bei der Festlegung der Öffnungszeiten treffen verschiedenste Interessen aufeinander: die Wünsche der für die Finanzausstattung zuständigen Stellen und deren Vorstellungen über die Aufgaben der Einrichtung, die Vorstellungen des Personals, die ihre Arbeitszeit im Jugendzentrum gut mit ihren familiären Aufgaben und privaten Interessen vereinbaren wollen und die Wünsche der Jugendlichen, die die Einrichtung dann aufsuchen wollen, wann sie es gern möchten.

Abb. 7.1: Anzahl der Schließtage in der Woche

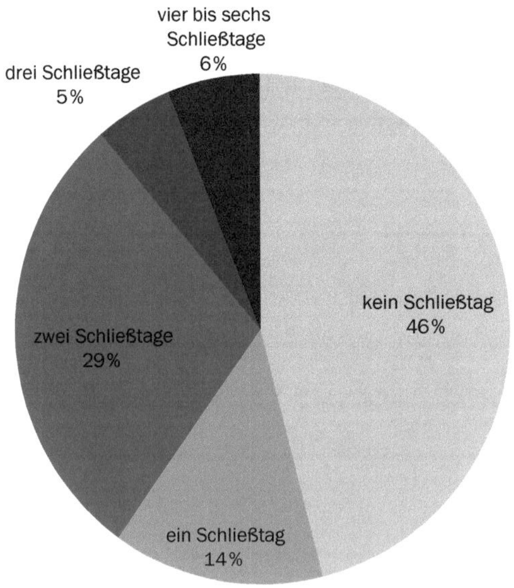

Quelle: DJI-Jugendzentrumserhebung 2011

Im Folgenden werden vor allem die Schließtage, die Gesamtöffnungszeit und der Beginn und das Ende der Öffnungszeiten betrachtet. Mehr als die Hälfte der Einrichtungen hat nicht jeden Tag geöffnet (54 %). Für die Berechnung sind sowohl die Öffnungszeiten, an denen pädagogisches Personal anwesend ist, als auch die darüber hinausgehenden Nutzungszeiten berücksichtigt worden. Im Durchschnitt und im Median schließen die Einrichtungen an mindestens einem Tag in der Woche. Über ein Viertel der Einrichtungen hat an zwei Tagen nicht geöffnet. Tabelle 7.1 zeigt, dass Einrichtungen in Landkreisen weniger Schließtage haben als in kreisfreien Städten. Dieser Unterschied zeigt sich sowohl in ostdeutschen als auch in westdeutschen Bundesländern. Mindestens einen Schließtag haben signifikant häufiger jene Einrichtungen, in denen hauptamtliches Personal angestellt ist. Es erscheint plausibel, dass dann, wenn eine Einrichtung der offenen Kinder- und Jugendarbeit hauptamtliches Personal beschäftigt, organisatorische Dinge anders gestaltet werden (können). Die Öffnungszeiten sind ein Beispiel dafür.

Tab. 7.1: Anteil der Einrichtungen mit Anzahl der Schließtage pro Woche

	Stadt	Land	Insgesamt
kein Schließtag	40 %	50 %	46 %
1 Schließtag	14 %	14 %	14 %
2 Schließtage	37 %	23 %	29 %
3 Schließtage	6 %	5 %	5 %
4 bis 6 Schließtage	3 %	9 %	6 %

Quelle: DJI-Jugendzentrumserhebung 2011, n = 1 115

Der häufigste Schließtag ist der Sonntag: 48 % der Einrichtungen haben an diesem Wochentag geschlossen (vgl. Tab. 7.2). An den Samstagen sind es 40 % der Einrichtungen. Am seltensten gehört der Dienstag zu den Schließtagen. Bezieht man die Schließtage auf die Öffnungszeiten mit pädagogischem Personal, dann gibt es nur wenige Einrichtungen (2 %), die an allen Tagen mit pädagogischem Personal geöffnet haben: Über 90 % der Einrichtungen haben am Sonntag geschlossen und knapp drei Viertel aller Einrichtungen am Samstag (vgl. Tab. 7.2).

Die geringeren Öffnungszeiten am Wochenende werden auch in anderen empirischen Studien offensichtlich. Koss/Fehrlen (2003) kommen für Baden-Württemberg zu einem Anteil von einem Drittel der Einrichtungen, die am Samstag geöffnet haben; am Sonntag sind es 19 % der Einrichtungen.

Viele Einrichtungen haben – so die Ergebnisse dieser Studie – jedoch auch ohne hauptamtliches Personal geöffnet (Koss/Fehrlen 2003). In der Strukturdatenerhebung für Nordrhein-Westfalen wird für das Jahr 2011 für die Häuser der offenen Tür ein Anteil von 36% ausgewiesen, der am Wochenende geöffnet hat (Landschaftsverband Rheinland, Landesjugendamt und Landschaftsverband Westfalen-Lippe, Landesjugendamt 2012: 7). Die Mehrheit der Einrichtungen hat demnach am Wochenende, wenn Kinder und Jugendliche freie Zeit haben, geschlossen. Zugleich stehen die Öffnungszeiten am Wochenende aber auch in Konkurrenz zu Familienzeit und Zeiten für andere Aktivitäten, wie z. B. in Sportvereinen.

Tab. 7.2: Anteil der Jugendzentren, die am jeweiligen Wochentag geschlossen haben

	bezogen auf die regelmäßigen Öffnungszeiten mit Personal und Nutzungszeiten	bezogen auf die regelmäßigen Öffnungszeiten mit pädagogischem Personal
Montag	10%	28%
Dienstag	5%	14%
Mittwoch	6%	13%
Donnerstag	5%	12%
Freitag	6%	13%
Samstag	40%	74%
Sonntag	48%	91%
Kein Schließtag	46%	2%

Lesebeispiel: Bezogen auf jene Einrichtungen mit Öffnungszeiten, in denen pädagogisches Personal anwesend ist, aber ohne sonstige Nutzungszeiten haben 28% der Einrichtungen am Montag geschlossen. Bezogen auf jene Einrichtungen mit Öffnungszeiten, in denen pädagogisches Personal anwesend ist inklusive Nutzungszeiten ohne pädagogisches Personal haben 10% der Einrichtungen am Montag geschlossen.
Quelle DJI-Jugendzentrumserhebung 2011, n = 1 106

Neben der Anzahl der Schließtage ist auch die Gesamtdauer der Öffnung einer Einrichtung ein weiterer Indikator dafür, wie flexibel Kinder und Jugendliche die Einrichtung aufsuchen können. Im Durchschnitt ergibt sich eine Gesamtöffnungszeit von 28:45 Stunden in der Woche (vgl. Tab. 7.3). Dies ist die durchschnittliche Öffnungszeit, in der pädagogisches Personal anwesend ist.

Tabelle 7.3 gibt einen Überblick über die Gesamtöffnungszeiten nach Quartilen. Ein Viertel der Einrichtungen hat bis zu 18 Stunden geöffnet. Diese im Vergleich zu den anderen Einrichtungen geringe Öffnungszeit verteilt sich jedoch in vielen Einrichtungen auf alle Tage der Woche. Nicht überraschend sind es dann auch signifikant häufiger jene Einrichtungen, die nahezu ausschließlich von Jugendlichen, die älter als 14 Jahre sind, besucht werden. Das heißt, darunter finden sich viele Einrichtungen, die zwar nur kurz, aber dafür jeden Tag geöffnet haben. Die Einrichtungen mit der geringsten Gesamtöffnungszeit finden sich signifikant häufiger in Jugendzentren in Westdeutschland als in Ostdeutschland und signifikant häufiger in Landkreisen als in kreisfreien Städten. Ein Viertel der Einrichtungen hat mindestens 37 Stunden und 30 Minuten geöffnet. In diesen Einrichtungen werden die Räumlichkeiten tendenziell häufiger von weiteren Gruppen genutzt.

Tab. 7.3: Öffnungsdauer in Stunden und Anteil der Jugendzentren mit der jeweiligen Gesamtöffnungsdauer pro Woche

Öffnungsdauer pro Woche	Ost	West	Kreisfreie Stadt	Landkreis	Insgesamt
Durchschnittliche Öffnungsdauer in Stunden	32:59	26:54	32:11	26:13	28:45
Bis max 18 h	16 %	29 %	16 %	32 %	25 %
Mehr als 18 h und nicht mehr als 29 h	19 %	27 %	21 %	27 %	24 %
Mehr als 29 h und nicht mehr als 37 h 30 min	33 %	21 %	31 %	21 %	25 %
Mehr als 37 h 30 min	33 %	22 %	32 %	21 %	25 %

Quelle: DJI-Jugendzentrumserhebung 2011, n = 1 020

Bei einem Drittel der Einrichtungen unterscheidet sich die Länge der Nutzungszeiten in den Schulferien nicht von der in den Schulzeiten (vgl. Tab. 7.4). Etwas mehr als ein weiteres Drittel der Einrichtungen hat in den Ferien längere Nutzungszeiten und weitere 30 % haben weniger Nutzungszeiten in den Schulferien. In ostdeutschen Bundesländern gibt es im Vergleich zu westdeutschen Bundesländern mehr Einrichtungen, die in Schul- wie in Ferienzeiten gleiche Nutzungszeiten haben. Nur 13 % der ostdeutschen Einrichtungen haben in den Ferien geringere Nutzungszeiten. Möglicherweise kommt in diesem Ergebnis zum Ausdruck, dass es in den ostdeutschen Bundesländern eine längere Tradition der Nachmittagsbetreuung und der verlässlichen Ferienbetreuung gibt. Die ostdeutschen Einrichtungen erreichen auch mehr jüngere Kinder als die westdeutschen Einrichtungen, so dass die Betreuungsfunktion der Einrichtung möglicherweise wichtiger ist.

Der Zusammenhang mit Angeboten der Nachmittagsbetreuung zeigt sich unabhängig davon, ob die Einrichtung eine ostdeutsche oder eine westdeutsche Einrichtung ist. Es gibt signifikant mehr Einrichtungen, die Angebote im Rahmen der Nachmittagsbetreuung an Schulen machen, deren

Nutzungszeiten in den Ferien ausgeweitet sind. Diese Einrichtungen sind, wie sich auch an den Ergebnissen zu den Angeboten zeigt, signifikant häufiger in die Ferienbetreuung eingebunden.

Tab. 7.4: Unterscheidet sich die Länge der Nutzungszeiten in den Schulferien?

Nutzungszeiten in den Schulferien …	Ost	West	Insgesamt
… unverändert	44 %	29 %	34 %
… erweitert	43 %	33 %	36 %
… eingeschränkt	13 %	38 %	30 %

Quelle: DJI-Jugendzentrumserhebung 2011, n = 1 069

Außerdem haben Jugendliche in der Regel in den Ferien mehr Zeit als in der Schulzeit, sich im Jugendzentrum aufzuhalten und Angebote zu nutzen, so dass eine längere Öffnungszeit in den Ferien auf einen Bedarf trifft. Zudem steigt auch in den letzten Jahren die Erwartung, in den Ferien ein Angebot vorzuhalten, das den Eltern eine Vereinbarkeit von Familienaufgaben und Beruf ermöglicht. Insofern ist es plausibel, dass dann die Nutzungszeiten in den Ferien ausgeweitet sind.

Für die BesucherInnen von Einrichtungen sind die konkreten Öffnungs- und Schließzeiten ein Entscheidungskriterium, ob die Einrichtung für sie interessant ist oder nicht. BesucherInnen wollen tendenziell eher lange Öffnungszeiten, auch wenn sie selbst gar nicht so viel Zeit im Jugendzentrum verbringen; es geht dabei mehr um die Möglichkeit, zu den unterschiedlichen Zeiten das Angebot nutzen zu können. Im Median öffnen die Einrichtungen in der Regel um 14 Uhr. Das heißt, dass die Hälfte der Einrichtungen spätestens um 14 Uhr öffnet und die andere Hälfte frühestens um 14 Uhr. In den Landkreisen ist der Beginn etwas später als in kreisfreien Städten, was sicher mit den Schulstandorten und längeren Schulwegen zusammenhängt, und am Wochenende etwas später als in der Woche.

Die Tabelle 7.5 gibt einen Überblick darüber, wann die Einrichtungen in der Regel schließen. Es werden jene Zeiten dargestellt, an denen pädagogisches Personal anwesend ist. Zu beachten ist, dass der Anteil der Einrichtungen, die an dem jeweiligen Tag geöffnet haben, unterschiedlich und vor allem am Wochenende sehr viel geringer ist. „Ladenschluss“ ist im Median um 20 Uhr. Am Sonntag schließen die Einrichtungen im Median bereits um 19:00 Uhr. Besuchen die Einrichtung nur Jugendliche über 14 Jahren, dann schließt die Einrichtung signifikant später als Einrichtungen mit einem breiteren Altersspektrum der BesucherInnen. Inwiefern die Öffnungszeiten den Bedürfnissen von Kindern und Jugendlichen entsprechen, lässt sich aus dieser Perspektive nur schwer einschätzen. Eine Annäherung bieten BesucherInnenbefragungen, in denen immer wieder auch eine Verbesserung bei den Öffnungszeiten gewünscht wird (vgl. Schmidt 2011: 60). Verbesserungsmöglichkeiten zeigen sich auch dahingehend, dass es offensichtlich nicht selbstverständlich ist, die Meinung der Jugendlichen in die Festlegung der Öffnungszeiten einzubeziehen. Immerhin 15 % der Einrichtungen geben auf die Frage hierzu an, dass eine Beteiligung der Jugendlichen bei diesem Thema nicht möglich ist. Und in lediglich 9 % der Einrichtungen gehört eine Beteiligung der Jugendlichen an der Festlegung der Öffnungszeiten selbstverständlich dazu. Bei allen anderen Einrichtungen ist zwar eine Beteiligung möglich, aber nicht uneingeschränkt. Geht man davon aus, dass bei diesen Antworten die Tatsache berücksichtigt wurde, dass es immer einschränkende Rahmenbedingungen gibt, ist das Ergebnis nachvollziehbar. Nichtsdestotrotz bedeutet eine Beteiligung der Jugendlichen an der Festlegung der Öffnungszeiten nicht, dass die Zeiten ausschließlich nach den Wünschen der Jugendlichen bestimmt werden. Mitbestimmung und Mitwirkung eröffnen Jugendlichen die Gelegenheit, auch ihre Perspektive in diesen Aushandlungsprozess einzubringen. Bei den Einrichtungen ohne eine Beteiligung der Jugendlichen an den Öffnungszeiten ist anzunehmen, dass es umso schwerer ist, das Angebot entsprechend den Bedürfnissen der Jugendlichen zu gestalten und vor allem auch die Interessen der Jugendlichen gegenüber anderen Entscheidungsträgern in der Kommune zu vermitteln.

Tab. 7.5: Median der Schließzeiten mit pädagogischem Personal

	Kreisfreie Stadt	Landkreis	Insgesamt
Montag bis Donnerstag	20:00 Uhr	20:00 Uhr	20:00 Uhr
Freitag	20:00 Uhr	20:30 Uhr	20:00 Uhr
Samstag	20:00 Uhr	21:00 Uhr	20:00 Uhr
Sonntag	19:00 Uhr	20:00 Uhr	19:00 Uhr

Quelle: DJI-Jugendzentrumserhebung 2011, n = 1 020

Die Frage, welche Öffnungszeiten angemessen sind, beschäftigt die offene Kinder- und Jugendarbeit schon immer. Inwiefern es über einen längeren Zeitraum hinweg betrachtet Veränderungstrends bei den Tagen, an denen das Jugendzentrum geöffnet hat, gibt, lässt sich schwer sagen, weil dazu der bundesweite Überblick fehlt. Schmidt weist in der Zusammenschau der empirischen Befunde zur offenen Kinder- und Jugendarbeit auf Ergebnisse aus Nordrhein-Westfalen hin, die einen Rückgang der Öffnungszeiten zwischen 1991 bis 2002 feststellen (vgl. Schmidt 2011: 20).

In der vorliegenden Erhebung wurden die Jugendzentren dazu befragt, ob sich im Vergleich zum Jahr vor der Befragung die Öffnungszeiten verändert haben (vgl. Tab. 7.6). Im größeren Teil der Einrichtungen ist dies nicht der Fall (64%). Unterschiede zeigen sich zwischen ostdeutschen und westdeutschen Einrichtungen. In westdeutschen Bundesländern ist der Anteil der Einrichtungen größer, die ihre Öffnungszeiten ausgeweitet haben und in ostdeutschen Bundesländern der Anteil der Einrichtungen höher, die ihre Öffnungszeit verringert haben. Nicht erstaunlich zeigt sich ein Zusammenhang mit den Veränderungen beim Personal. Sind Stellen hinzu gekommen, dann hat sich auch signifikant häufiger die Öffnungszeit verlängert und umgekehrt. Dieser Zusammenhang zeigt sich sowohl für ostdeutsche als auch für westdeutsche Bundesländer und ist nicht allein auf die Einrichtungen zurückzuführen, die begonnen haben, Nachmittagsbetreuung für SchülerInnen in Zusammenarbeit mit Schule anzubieten. Auch andere Einrichtungen haben bei einer Erhöhung des Personals ihre Öffnungszeiten erweitert.

Tab. 7.6: Anteil der Einrichtungen mit Veränderungen bei den Öffnungszeiten

	Ost	West	Personal verringert	Personal gleich geblieben	Personal erhöht	Insgesamt
Öffnungszeiten haben sich verringert	22%	11%	36%	14%	9%	15%
Öffnungszeiten sind gleich geblieben	67%	63%	54%	65%	58%	64%
Öffnungszeiten wurden ausgeweitet	11%	26%	10%	21%	33%	21%

Quelle: DJI-Jugendzentrumserhebung 2011, n = 1098

Besuchererhebungen können nichts darüber aussagen, welche Wünsche jene Kinder und Jugendlichen hinsichtlich der Öffnungszeiten haben, die die Einrichtung nicht nutzen, aber vielleicht nutzen würden. Für die Einrichtungen stellt sich die Aufgabe, immer wieder gemeinsam mit Kindern und Jugendlichen, MitarbeiterInnen und verantwortlichen Finanziers die Öffnungszeiten den Bedürfnissen anzupassen, so dass MitarbeiterInnen ihre privaten Zeitwünsche und familiäre Aufgaben gut vereinbaren können, die für die Finanzausstattung der Träger zuständigen Stellen, in der Regel der Gemeinderat, Stadtrat bzw. Kreistag, die Öffnungszeiten an den aus ihrer Perspektive finanzierbaren Stellenumfang und die entsprechenden Aufgaben anpassen können und Bedürfnissen von Kindern und Jugendlichen Rechnung getragen wird.

Die Öffnungszeiten sind der Rahmen für die Angebotsnutzung. Sie geben Auskunft darüber, in welchem zeitlichen Rahmen Kinder und Jugendliche das Jugendzentrum besuchen können. Inwiefern diese Zeiten den Bedürfnissen und Wünschen der Jugendlichen entsprechen, kann nicht pauschal eingeschätzt werden. Betrachtet man die durchschnittlichen Schließzeiten der Einrichtungen, dann lässt sich jedoch fragen, ob diese eher an den Interessen der Jugendlichen oder an dem Bedürfnis der Fachkräfte orientiert sind. Fragen lässt sich auch, inwiefern die zunehmenden Angebote im Rahmen der Nachmittagsbetreuung von SchülerInnen die Besucherschaft der Einrichtungen verändern und somit Auswirkungen auf die Öffnungszeiten haben. Denn wird das Angebot stärker auf Kinder ausgerichtet, sind Öffnungszeiten am Abend weniger gefragt. Ein Einflussfaktor ist zumindest in ländlichen Regionen der Ort der Einrichtung. Liegt die Einrichtung im selben Ort wie die Schule bzw. das Schulzentrum, dann haben Kinder und Jugendliche am Abend eingeschränkte Möglichkeiten, dorthin zu gelangen, da sie am Nachmittag bereits wieder mit Schulbussen auf die umliegenden Gemeinden verteilt werden. Eine Abendöffnungszeit lohnt sich dann möglicherweise aus der Sicht der Einrichtungen nicht. Inwiefern bei der Festlegung der Öffnungszeiten, den Interessen und Bedürfnissen von Jugendlichen wirklich Rechnung getragen wird, kann hier nicht abschließend eingeschätzt werden und hängt von sehr vielen unterschiedlichen Faktoren ab. Sich dafür mit der Lebensrealität von Kindern und Jugendlichen (z. B. Bedeutung der Schule, Ansprüche an die Freizeit, gesellschaftliche Erwartungen, sonstige Angebote) – und nicht nur jenen, die bereits in der Einrichtung sind – auseinanderzusetzen, ist eine wichtige Voraussetzung dafür.

Kapitel 8
Räumlichkeiten und Nutzung durch andere

Der Raum ist in verschiedener Hinsicht eine wichtige Kategorie für die offene Kinder- und Jugendarbeit. Der Aneignung und Gestaltung von Räumen durch Kinder und Jugendliche in der offenen Kinder- und Jugendarbeit wird spätestens seit der „Pädagogik des Jugendraums“ (Deinet 1987, Böhnisch/Münchmeier 1990) in der fachlich-konzeptionellen Debatte eine größere Aufmerksamkeit gewidmet. Diese sieht „Jugendarbeit als zentralen ‚Ort‘ im Rahmen sozialräumlicher Zusammenhänge“ (Deinet/Krisch 2013). Der Sozialraumbezug, zumindest in der theoretischen Diskussion in der Jugendarbeit, ist somit sehr viel weiter angelegt, als nur bezogen auf die Auseinandersetzung mit dem vorhandenen Raum, z.B. dem Jugendhaus. Jugendliche werden als handelnde Subjekte betrachtet, deren Lebenswelt sich verändert und die immer wieder neu darauf angewiesen sind, sich aktiv ihr Lebensumfeld anzueignen. Beispiele für diese Veränderungsprozesse der Lebenswelt sind Prozesse der Verdichtung (Lüders 2007), Ökonomisierung oder auch die zunehmende Bedeutung virtueller Räume, in denen sich Jugendliche „aufhalten“.

Die Räume des Jugendzentrums haben für die offene Kinder- und Jugendarbeit in mehrerlei Hinsicht Bedeutung. Eine erste Ebene ist das „materielle“ Vorhandensein eines Ortes/Raumes, den Jugendliche nutzen können. Die Räume sind ein vorgehaltenes Angebot, das durch die Jugendlichen als Ort für eigene Aktivitäten ausgestaltet werden kann (vgl. zur Beschreibung der Räume als ein Aspekt sozialpädagogischer Arenen auch Cloos et al. 2007). Auf dieser Ebene sind Fragen relevant, wie z.B.: Welche Räume sind vorhanden, wie sehen diese aus, wie sind sie ausgestattet und wer wird dadurch angesprochen oder wer wird dadurch ausgeschlossen, wie erwachsenenfrei sind die Räume?

Eine zweite Ebene bezieht sich auf die Gestaltungsmöglichkeiten, die vorhandene Räume bieten, also: Sind diese von den Jugendlichen veränderbar, sind die Nutzungsmöglichkeiten eingeschränkt oder nicht, mit wem teilen sich Jugendliche Räumlichkeiten? Die Frage, welche frei gestaltbaren und von ihnen selbst funktionalisierbaren Räume Jugendlichen heute noch eröffnet werden, wird in den letzten Jahren verstärkt thematisiert. Ein Hintergrund sind die Veränderungen im schulischen Alltag von Kindern und Jugendlichen, der immer mehr Zeit beansprucht. In manchen Regionen verbringen Kinder und Jugendliche zudem immer mehr Zeit mit ihrem Schulweg, der z.B. aufgrund demografischer Veränderungen und damit einhergehender Einrichtung von Schulzentren insbesondere im ländlichen Bereich länger wird (vgl. z. B. für Brandenburg Budde 2007). Damit wird die Frage aufgeworfen, ob Jugendliche noch Zeit haben, offene Kinder- und Jugendarbeit zu nutzen und wo sich diese Einrichtungen befinden müssen, damit sie von Kindern und Jugendlichen auch erreicht werden.

Ein anderer Aspekt bezieht sich auf die Frage, inwiefern Räume ausschließlich Jugendlichen vorbehalten sind oder mit anderen, z. B. Kindern oder Senioren, geteilt werden müssen. Viele Einrichtungen der offenen Kinder- und Jugendarbeit beteiligen sich an der Sicherstellung der Nachmittagsbetreuung an Schulen, mitunter auch in den Räumen des Jugendzentrums. Auch wenn die Auswirkungen dieser für viele Jugendzentren doch einschneidenden Veränderungen in ihrem Gesamtergebnis noch nicht zu prognostizieren sind, so gibt es an einigen Stellen Hinweise darauf, dass dies Auswirkungen auf die Arbeitsweise offener Kinder- und Jugendarbeit hat. Ein Aspekt ist die Verjüngung der Besucherschaft, die für viele Jugendzentren mit den Angeboten der Nachmittagsbetreuung einhergeht (vgl. Kap. 17). Gerade dann, wenn die vorhandenen Räumlichkeiten nicht so großzügig sind, stellt sich die Frage, ob damit Einschränkungen für Jugendliche einhergehen, z. B. dann, wenn die Räumlichkeiten am Nachmittag hauptsächlich zur Erledigung der Hausaufgaben von Jüngeren vorgehalten werden.

Eine andere Entwicklung, die die Frage aufwirft, inwiefern es in einer Region noch ausreichend Orte und Räume gibt, die ausschließlich von Jugendlichen genutzt werden können, sind Bestrebungen der Kommunen, vorhandene Häuser und Räume möglichst vielfältig, z. B. als Mehrgenerationenhaus zu nutzen. Aus der Perspektive kommunaler Entscheidungsträger ist eine solche multifunktionelle Nutzung, z. B. vor dem Hintergrund des demografischen Wandels und begrenzter Ressourcen vieler Kommunen, sinnvoll. Jedoch müssen solche Entscheidungen auch hinsichtlich der Auswirkungen auf die Orte und Gelegenheiten, die ausschließlich für Jugendliche zur Verfügung stehen, reflektiert werden.

Im Folgenden geht es um drei Aspekte im Zusammenhang mit Räumlichkeiten: das Vorhandensein eigener Räume und die Frage, ob die Einrichtungen die Hauptnutzer der Räumlichkeiten sind, ob weitere Gruppierungen, Organisationen und Personen die Räumlichkeiten nutzen und ob und welchen Außenbereich die Einrichtungen zur Verfügung haben.

Verfügbarkeit eigener Räume. Nahezu alle Jugendzentren haben eigene Räume (98 %) zur Verfügung. Die wenigen Jugendzentren, die keine eigenen Räume haben, teilen sich die Räumlichkeiten z. B. mit einem Verein oder nutzen fremde Räumlichkeiten, wie eine Mensa. Jene Einrichtungen der offenen Kinder- und Jugendarbeit, die keine eigenen Räume haben, haben im Vergleich mit den anderen Einrichtungen die geringsten Nutzungszeiten. An diesem Anteil wird noch einmal offensichtlich, dass der Raum eine Grundbedingung für die offene Kinder- und Jugendarbeit ist.

Weitere Nutzung der Räume. Im Folgenden geht es um einen Aspekt, ob das Jugendzentrum alleiniger Nutzer der Räumlichkeiten ist oder ob andere Personen, Organisationen und Vereine zu den Nutzern der Räume gehören. Von jenen Einrichtungen der offenen Jugendarbeit, die über eigene Räumlichkeiten verfügen, bezeichnen sich die meisten Jugendzentren auch als Hauptnutzer der Räume (95 %). Etwas über ein Fünftel der Jugendzentren (22 %) ist ausschließlicher Nutzer der Räumlichkeiten (vgl. Tab. 8.1). Diese Jugendzentren werden weder von anderen Vereinen und Organisationen noch für private Zwecke genutzt. Darüber hinaus geben einige Jugendzentren eine weitere Nutzung der Räume ausschließlich durch Jugendliche privat an. Rechnet man diese Jugendzentren noch zu dem Anteil von 22 % hinzu, dann stehen in 29 % der Jugendzentren die Räume ausschließlich für das Angebot der offenen Jugendarbeit und Jugendliche privat zur Verfügung. Dass die Räume nicht von anderen Personen oder Gruppen genutzt werden, ist häufiger in ostdeutschen als in westdeutschen Einrichtungen und häufiger in ländlichen Regionen und Landkreisen als in Städten der Fall. Grund dafür kann das verfügbare Platzangebot sein, das in städtischen Regionen aufgrund der höheren Immobilienpreise meist geringer ist. So sind verschiedene Organisationen und Vereine darauf angewiesen, die verfügbaren Räume gemeinsam zu nutzen. Bezieht man mit ein, dass Einrichtungen in Landgemeinden gemessen an der Anzahl des in der Einrichtung beschäftigten hauptberuflichen Personals und an der Vielfalt der Angebotsaktivitäten kleiner – auch in Bezug auf ihre Räumlichkeiten – sind, dann kann dies auch ein Grund für eine seltenere Nutzung durch andere Gruppen und Organisationen sein.

Die häufigste Nutzung über das Angebot des Jugendzentrums hinaus ist die private Nutzung sowohl durch Jugendliche als auch durch Erwachsene (in 42 % der Einrichtungen durch Jugendliche und in 31 % durch Erwachsene, vgl. Tab. 8.1). Je länger die Gesamtöffnungszeit in der Woche mit Anwesenheit pädagogischen Personals ist, desto häufiger nehmen Jugendliche die Räume privat in Anspruch. Dies überrascht, denn der umgekehrte Fall wäre auf den ersten Blick naheliegender: geringere Öffnungszeiten, dafür aber häufiger eine private Nutzung durch Jugendliche. Dass sich dieser Zusammenhang nicht zeigt, kann ein Effekt der Größe des Jugendzentrums und damit vielfältiger Nutzungen sein und auch dafür, dass die Pädagogen aktiv dafür sorgen, dass die Räume für private Zwecke zugänglich sind bzw. das Jugendzentrum als Infrastrukturangebot wahrgenommen wird. Insbesondere in solchen Einrichtungen, die 20 Jahre und länger bestehen, werden signifikant häufiger die Räume auch Erwachsenen zur privaten Nutzung zur

Verfügung gestellt. Eine Begründung dafür könnte sein, dass insbesondere ehemalige JugendzentrumsbesucherInnen die Räume noch immer als Ressource für sich in Anspruch nehmen.

Tab. 8.1: Anteil der Jugendzentren, deren Räume von anderen Gruppen/Organisationen genutzt werden und ohne weitere Nutzung

	Kreisfreie Stadt	Landkreis	Ost	West	Insgesamt
Räume werden von Jugendlichen privat genutzt	45 %	40 %	44 %	42 %	42 %
Räume werden von anderen soz. Organisationen für andere Zielgruppen genutzt*/**	44 %	29 %	28 %	39 %	35 %
Sonstige Nutzer**	37 %	33 %	31 %	37 %	35 %
Räume werden von Erwachsenen privat genutzt*	45 %	22 %	32 %	31 %	31 %
Räume werden von Jugendverbänden genutzt**	25 %	27 %	20 %	30 %	26 %
Räume werden von Schule oder für Schule genutzt**	10 %	11 %	7 %	12 %	10 %
Räume werden als Seniorentreff genutzt	9 %	7 %	10 %	7 %	8 %
Keine Nutzung durch Andere	16 %	26 %	30 %	18 %	22 %

* Unterschied zwischen kreisfreier Stadt und Landkreis signifikant ($p < 0.05$)
** Ost-West-Unterschied signifikant ($p < 0.05$)
Quelle: DJI-Jugendzentrumserhebung 2011, n = 1 115

Nur ein geringer Anteil an Jugendzentren beschränkt die Nutzung durch „Andere" auf die private Nutzung. Insbesondere in Agglomerationsräumen und Städten werden die Jugendzentren signifikant häufiger für vielfältigere Zwecke verwendet. Hintergrund dafür kann eine größere Raumknappheit in Städten sein, z. B. aufgrund höherer Immobilienkosten als in ländlichen Regionen.

In etwas über einem Drittel der Jugendzentren werden die Räumlichkeiten von anderen sozialen Organisationen für andere Zielgruppen genutzt. Hinter den sonstigen Nutzern verbergen sich weitere vielfältige Angaben der Einrichtungen der offenen Kinder- und Jugendarbeit. Oft werden darunter von den Einrichtungen Angebote des eigenen Trägers/der eigenen Organisation genannt, die sich jedoch an andere Zielgruppen richten. Als eine häufige Nutzergruppe, die von den Einrichtungen unter sonstige Nutzer ergänzt wurden, haben sich die Schulen erwiesen. Diese wurden als eigene Kategorie nachträglich gebildet und aus den sonstigen Nutzern heraus gerechnet (vgl. Tab. 8.1). Es ist davon auszugehen, dass der Anteil der Einrichtungen, in denen die Schule zu den Nutzern gehört, noch etwas höher liegt, da vermutlich nicht alle daran gedacht haben, die Schule noch extra hinzuzuschreiben. Jedes zehnte Jugendzentrum stellt die eigenen Räumlichkeiten für eine oder mehrere Schulen zur Verfügung (vgl. auch Kap. 17). Dies ist dann signifikant häufiger der Fall, wenn die Einrichtungen, auch Angebote der Nachmittagsbetreuung für SchülerInnen in Kooperation mit Schule anbieten. Entweder führt dies dazu, dass die Kontakte zur Schule dadurch ausgebaut werden und die Schule das Jugendzentrum z. B. auch als Ort für die Unterrichtsgestaltung (z. B. für Projekte oder Medientage) nutzt oder das Angebot der Nachmittagsbetreuung ist eindeutig ein in der Verantwortung der Schule befindliches Angebot und deshalb beschreibt das Jugendzentrum die Schule als weiteren Nutzer der Räumlichkeiten.

In einem Viertel der Einrichtungen gehören Jugendverbände zu den Nutzern der Räume. Werden alle jene Kategorien zusammengefasst, die keine private Nutzung der Räume betreffen, dann teilt ein Anteil von 64 % das Jugendzentrum mit anderen Organisationen bzw. Verbänden. Eine Erklärung dafür, welche Gruppierungen die Räumlichkeiten auch nutzen, findet sich in der Größe des Trägers der Einrichtung. Hat der Träger weitere Einrichtungen insbesondere außerhalb der offenen Kinder- und Jugendarbeit, dann stehen die Räume signifikant häufiger auch anderen Gruppierungen zur Verfügung als in jenen Einrichtungen, deren Träger nur diese eine Einrichtung hat. Betrachtet man die Rechtsform des Trägers, dann haben die Einrichtungen in Trägerschaft des Bayerischen Jugendrings und Träger, die als Rechtsform eine gGmbH oder ein eingetragener Verein sind, die vielfältigste Nutzung. In Einrichtungen in öffentlicher Trägerschaft und in Kirchengemeinden dagegen gibt es eine geringere Vielfalt weiterer Nutzer. Diese beiden Gruppen und eingetragene Vereine haben signifikant häufiger auch nur diese eine Einrichtung bzw. eine oder mehrere Einrichtungen in der offenen Kinder- und Jugendarbeit, aber keine darüber hinaus. Jugendverbände gehören häufiger zu den weiteren Nutzergruppen, wenn der Träger eine Kirchengemeinde ist. Das heißt, inwiefern die Räume ausschließlich für die Jugendzentrumsnutzung zur Verfügung stehen oder aber darüber hinaus, hängt sehr vom jeweiligen Träger ab. Einen Einfluss hat offensichtlich auch, wie lange es ein Jugendzentrum bereits gibt. Je älter die Einrichtung ist, desto vielfältiger sind auch die Nutzergruppen der Räume des Jugendzentrums.

Neben eigenen Räumlichkeiten verfügen 84 % der Einrichtungen der offenen Kinder- und Jugendarbeit über einen eigenen Außenbereich und 6 % der Einrichtungen nutzen zur Realisierung ihrer Angebote angrenzende Flächen (wie z. B. Schulhöfe oder Parks). Wenn Einrichtungen die Möglichkeit haben, Angebote und Aktivitäten auch auf Außenflächen auszudehnen, können Angebote und Aktivitäten inhaltlich vielfältiger werden und das Jugendzentrum für junge Menschen attraktiver machen. Ostdeutsche Jugendzentren geben im Vergleich zu westdeutschen Jugendzentren signifikant häufiger an, über einen solchen Bereich zu verfügen (87 % zu 82 %). Tabelle 8.2 gibt Auskunft über Art der zu Jugendzentren gehörigen Außenbereiche.

Tab. 8.2: Ausstattungsmerkmale von Außenbereichen bei Jugendzentren (Mehrfachantworten)

	Ost	West	Insgesamt
Außenbereich vorhanden	87 %	82 %	84 %
davon ...			
*... Sportplatz**	77 %	52 %	60 %
*... Spielplatz bzw. Spielgeräte**	42 %	33 %	36 %
*... Grillplatz**	42 %	31 %	35 %
... Garten	18 %	23 %	22 %
... Terrasse/Sitzgelegenheiten	6 %	9 %	8 %
*... Hofbereich**	4 %	9 %	7 %
... Sonstiges	6 %	7 %	6 %
... Außen-/Freigelände	4 %	5 %	5 %
*... Das Jugendzentrum nutzt für die eigene Arbeit Flächen im Nahraum**	4 %	8 %	6 %

* Unterschied signifikant ($p < 0.05$)
Quelle: DJI-Jugendzentrumserhebung 2011, n = 1 115

Am häufigsten ist der Außenbereich eines Jugendzentrums ein Sportplatz (60 %). In Ostdeutschland ist der Außenbereich signifikant häufiger (77 %) eine Sportanlage als in Westdeutschland (52 %). Dies passt zu dem Befund, dass „Sport“ als Aktivität in Jugendzentren Ostdeutschlands signifikant häufiger angeboten wird als in Westdeutschland.

In Jugendzentren mit Außenbereich findet sich in mehr als jeder dritten Einrichtung ein Spielplatz bzw. Spielgeräte (36 %). In Ostdeutschland ist dies signifikant häufiger (42 %) als in Westdeutschland (33 %) der Fall. Die Altersstruktur der BesucherInnen wirkt sich statistisch auch auf die Ausgestaltung des Außenbereichs aus: 78 % der Einrichtungen, die ausschließlich von unter 14-Jährigen besucht werden, verfügen über einen Außenspielbereich. Bei den Einrichtungen, die ausschließlich von über 14-Jährigen besucht werden, sind nur 19 % mit einem Außenspielbereich ausgestattet.

Einen Grillplatz haben 35 % der Jugendzentren und ein Gartenbereich findet sich in mehr als jedem fünften (22 %) Jugendzentrum mit Außenbereich. Die anderen Typen von Freiflächen finden sich in weniger als 10 % der Jugendzentren mit Außenbereichen.

Die Ergebnisse zur Raumsituation, dem Außenbereich und der weiteren Nutzung der Räumlichkeiten zeigen, dass die Jugendzentren vielerorts ein Infrastrukturangebot in der Gemeinde oder dem Stadtteil sind bzw. zu einem solchen „herangewachsen“ sind. Gerade in Regionen, die mit einem sinkenden Anteil an Kindern und Jugendlichen konfrontiert sind, kann die Bereitstellung des Jugendzentrums für andere Nutzergruppen eine wichtige Strategie für den Erhalt der Einrichtung sein. Ein weiterer Grund ist sicher auch das Konzept der Einrichtung. Ist dieses darauf ausgerichtet, zentral für eine bestimmte Region ein bestimmtes Angebot (z.B. Konzerte, Veranstaltungen, Möglichkeit zur Mediengestaltung) zu bieten, dann besteht ein anderer Anspruch, auch weitere Nutzergruppen anzusprechen und die Raumressourcen entsprechend auszulasten. Darüber, ob die Einrichtungen auch Gestaltungsmöglichkeiten für Jugendliche bieten, geben andererseits die Daten nicht genügend Auskunft. Für die Einrichtungen mit vielfältigen Nutzergruppen wäre es jedoch ein Anlass für Reflexionen, die Räumlichkeiten auf deren Gestaltungsmöglichkeiten für Jugendliche zu prüfen. Gerade Jugendliche, die sich in ihrer Entwicklung in einer Phase der Abgrenzung und des Ausprobierens befinden, brauchen Orte, die ausschließlich für sie gedacht sind. Bieten Jugendzentren nicht genügend Freiraum für jugendtypisches Verhalten, werden sie von Jugendlichen bzw. bestimmten Gruppen von Jugendlichen nicht angenommen.

Kapitel 9
Ausstattung und Angebote

Offene Kinder- und Jugendarbeit ist durch einen andauernden Veränderungsprozess charakterisiert, der sich als Reaktion auf die sich kontinuierlich verändernden Bedarfe von Kindern, Jugendlichen und jungen Erwachsenen versteht (Deinet 2005). Es werden sowohl die bestehenden Angebote neu ausgestaltet als auch die Vielfältigkeit und Breite des Angebotes ausgeweitet (vgl. z.B. Positionspapiere der AGOT-NRW 2011, BJR 2012, LAGO 2013). Damit soll offene Jugendarbeit auf neue gesellschaftliche Herausforderungen reagieren (BJR 2012: 6). Es werden deshalb auch immer wieder Erwartungen aus anderen gesellschaftlichen Bereichen an die offene Jugendarbeit herangetragen: Offene Jugendarbeit soll z.B. Aufgaben bei der Nachmittagsbetreuung von Kindern übernehmen, wo schulische Akteure dies nicht können. Eine Folge davon ist, dass es für Akteure außerhalb der offenen Jugendarbeit vielfach nicht eindeutig bestimmbar ist, was genau offene Jugendarbeit kennzeichnet.

Es hat sich vor diesem Hintergrund eine breite Palette an Angebots- und Arbeitsformen in der Fachpraxis der offenen Kinder- und Jugendarbeit entwickelt. Der offene Betrieb (z.B. Cafés, Bistros oder offene Treffs) ist nach wie vor eines der zentralen Angebote der offenen Kinder- und Jugendarbeit (z.B. BJR 2012). Als weitere Angebote sind beispielhaft zu nennen: Konzerte und Discos, sportliche Aktivitäten, Hausaufgabenhilfe, Beratungsangebote, Ferienfreizeiten und Ausflüge sowie Unterstützung bei der Ausbildungsplatzsuche oder Angebote, mit denen die Nachmittagsbetreuung von Schulkindern sichergestellt werden soll. Die inhaltliche Ausrichtung der Angebote eines Jugendzentrums entscheidet mit darüber, welche jungen Menschen erreicht werden (und für welche jungen Menschen das spezifische Angebot eines Jugendzentrums unattraktiv ist). Da die Teilnahme an den Angeboten und Aktivitäten freiwillig ist, kommt der Ausrichtung des Angebots an den Bedürfnissen und Interessen der BesucherInnen eine wesentliche Bedeutung zu.

Die letzte ausführliche überregionale Beschreibung des Arbeitsfeldes stammt aus dem Jahr 1973 (Grauer 1973). Neueres empirisches Wissen zu Angeboten in Einrichtungen der offenen Kinder- und Jugendarbeit ist meistens unter spezifischen Umständen entstanden. Schmidt (2011: 35) stellt in einer Übersicht über die Forschung zur offenen Jugendarbeit fest, dass sich „Erkenntnisse über die Angebote und die Inhalte der Offenen Kinder- und Jugendarbeit [...] nahezu ausschließlich aus regional begrenzten

Studien [ergeben]". Bekannte Beispiele mit regionalem Bezug sind Birkner 2008, Koss/Fehrlen 2003 oder Rauschenbach et al. 2000. Überregionales Wissen und Erkenntnisse über einzelne Angebote/Angebotsbereiche (z.B. offene Angebote) in Zusammenhang mit anderen strukturellen Merkmalen offener Kinder- und Jugendarbeit sind dagegen lückenhaft.

In einem ersten Schritt wird im Folgenden ein Überblick zu den materiellen und räumlichen Ausstattungsmerkmalen sowie den Angeboten der Jugendzentren gegeben. Aufbauend auf den identifizierten Angebotsmerkmalen werden dann Typen von Angebotsstrukturen dargestellt. Den Abschluss der Darstellungen bilden Analysen zu den Arbeitsschwerpunkten in Einrichtungen der offenen Kinder- und Jugendarbeit.

9.1 Ausstattungsmerkmale und Angebotsstrukturen im Überblick

Ausstattungsgegenstände. Die Handlungsmöglichkeiten in Einrichtungen der offenen Kinder- und Jugendarbeit werden auch durch deren materielle und räumliche Ausstattung beeinflusst. Deshalb wurden die Jugendzentren gebeten, in einer vorgegebenen Liste von 14 verschiedenen Ausstattungsgegenständen diejenigen anzugeben, über welche sie verfügen. Zusätzlich bestand im Fragebogen die Möglichkeit in der Kategorie „Sonstiges" weitere Ausstattungsmerkmale aufzulisten (vgl. Tab. 9.1). Die Ausstattung mit Internetzugang wird im Abschnitt Raumausstattung thematisiert.

Die Einrichtungen der offenen Kinder- und Jugendarbeit verfügen über eine differenzierte materielle Ausstattung. Im Durchschnitt haben die Einrichtungen über 8,5 dieser Ausstattungsgegenstände, im Median sind es neun. Ostdeutsche Jugendzentren haben im Mittelwert signifikant weniger verschiedene Ausstattungsgegenstände als westdeutsche Einrichtungen (8,2 zu 8,7). Auch Jugendzentren in Landkreisen nennen im Mittelwert signifikant weniger Kategorien zu Ausstattungsgegenständen (8,3) als Einrichtungen in (kreisfreien) Städten (9,0). Ein großer Anteil der Jugendzentren verfügt über die für den offenen Betrieb typischen Gesellschaftsspiele (94%) sowie über Tischtennisplatte bzw. -ausrüstung (76%), Billard (74%), Dart (67%), Bücher/Zeitschriften/Zeitungen (61%) und Bar/Tresen (55%). In vielen Einrichtungen gehören auch Medien zur Ausstattung: In 86% der Einrichtungen der offenen Kinder- und Jugendarbeit findet sich ein Fernseher/DVD-Spieler, 67% haben eine Foto- bzw. Videokamera, 66% verfügen über eine Spielekonsole, 63% über eine Diskoanlage und 58% über einen Beamer. Darüber hinaus finden sich in knapp einem Drittel der Jugendhäuser Konzertmusikanlagen (31%) und in 13% ein Flipper. 23% der Einrichtungen zählen einen Kicker zu ihrer Ausstattung, allerdings ist davon auszugehen, dass die tatsächliche Anzahl der Einrichtungen mit einem Kicker höher ist, da in der vorgegebenen Liste der Ausstattungsgegenstände im Fragebogen „Kicker“ nicht angegeben war und extra aus den sonstigen Nennungen gebildet wurde. Dies führt zu einer gewissen Unterschätzung der tatsächlichen Häufigkeit.

Tab. 9.1: Ausstattung von Jugendzentren im Ost-West-Vergleich (Mehrfachantworten)

	Ost	West	Insgesamt
Gesellschaftsspiele	94%	94%	94%
Fernseher/DVD-Player	87%	86%	86%
Tischtennis*	84%	73%	76%
Billard*	69%	76%	74%
Dart*	79%	61%	67%
Foto-/Videokamera*	58%	71%	67%
Spielekonsole	63%	68%	66%
Diskoanlage*	50%	70%	63%
Bücher/Zeitschriften/Zeitungen*	68%	57%	61%
Beamer*	44%	66%	58%
Bar/Tresen	51%	57%	55%
Konzertmusikanlage*	21%	36%	31%
Kicker*/**	13%	28%	23%
Flipper*	19%	9%	13%
Sonstiges	13%	13%	13%

* Unterschied signifikant ($p < 0.05$)
** Wurde aus der offenen Antwortmöglichkeit „sonstiges“ gebildet.
Quelle: DJI-Jugendzentrumserhebung 2011, n = 1 115

Raumausstattung. Zum Standard in nahezu jeder Einrichtung (91 %) gehört eine Küche. Als zweithäufigstes räumliches Ausstattungsmerkmal wird der Internetzugang bzw. das Internetcafe genannt. Diese räumliche Ausstattung existiert in 58 % der Einrichtungen. Im Vergleich zu den Ergebnissen früherer (regionaler) Jugendarbeitsstudien (z.B. Koss/Fehrlen 2003, Rauschenbach et al. 2000) wird damit deutlich, dass die sogenannten neuen Medien inzwischen auch für die offene Jugendarbeit an Bedeutung gewonnen haben. Allerdings lässt sich nichts darüber sagen, wozu der Internetzugang von den BesucherInnen genutzt werden kann oder ob beispielsweise pädagogisch mit dem Internet gearbeitet wird. Zudem hat sich in den letzten Jahren die Internetnutzung durch Kinder und Jugendliche vor allem durch die Zunahme internetfähiger Handys stark verändert: 47% der 12- bis 19-Jährigen besaßen 2011 und 88% 2014 ein Smartphone (vgl. Medienpädagogischer Forschungsverbund Südwest 2014: 45), was wiederum auch Auswirkungen auf die Angebote der offenen Kinder- und Jugendarbeit haben kann. Für Kinder und Jugendliche sinkt damit möglicherweise die Bedeutung des Internetzugangs in der Einrichtung. Weit weniger verbreitet sind andere Räumlichkeiten, die mit spezifischen Nutzungs- bzw. Angebotsformen des Jugendzentrums in Verbindung stehen. So gibt es in 43% der Einrichtungen eine Werkstatt, in 29% einen Bandübungsraum und in 23% einen Sportbereich (Fitnessraum, Turnhalle oder Tanzraum). 12% der Jugendzentren haben ein eigenes Tonstudio. Zudem werden weitere Räume für spezifische Nutzungszwecke (z.B. Entspannungsraum, Spiel- und Bewegungszimmer, Computerraum) von einigen Einrichtungen in einer offenen Antwortmöglichkeit genannt (vgl. Tab. 9.2).

Tab. 9.2: Räumliche Ausstattung von Jugendzentren im Ost-West-Vergleich (Mehrfachantworten)

	Ost	West	Insgesamt
Küche*	88%	92%	91%
Internetcafé/-zugang*	44%	65%	58%
Werkstatt*	38%	46%	43%
Bandübungsraum*	23%	32%	29%
Fitnessraum/Turnhalle/Tanzraum*	29%	20%	23%
Tonstudio*	6%	15%	12%
Sonstige, z. B. Bastel-/Kreativraum, Entspannungsraum, Mädchen- bzw. Jungenzimmer, Räume zur Mediengestaltung bzw. -bearbeitung, Spiel- bzw. Bewegungszimmer/Raum für Kinder, Computerraum	12%	15%	14%

* Unterschied signifikant ($p < 0.05$)
Quelle: DJI-Jugendzentrumserhebung 2011, n = 1 115

In der Zusammenschau verfügen Jugendzentren durchschnittlich über drei der in Tabelle 9.2 aufgelisteten Raumnutzungsmöglichkeiten. Ostdeutsche Jugendzentren haben im Mittelwert signifikant weniger unterschiedlich nutzbare Räume als westdeutsche Einrichtungen. Auch Einrichtungen in Landkreisen verfügen im Mittelwert über signifikant weniger Räumlichkeiten als Einrichtungen in (kreisfreien) Städten. Für einige Raumangebote bzw. deren zugeschriebene Funktionen bestehen Unterschiede zwischen Jugendzentren in Ost- und Westdeutschland: Werkstätten, Bandübungsräume und Tonstudios finden sich signifikant häufiger in westdeutschen Jugendzentren, Sportbereiche (Fitnessraum, Turnhalle oder Tanzraum) hingegen häufiger in ostdeutschen Jugendzentren. Damit korrespondiert das Ergebnis, dass es in ostdeutschen Bundesländern mehr Einrichtungen gibt, die Sportangebote machen (vgl. Tab. 9.3 und 9.7). Eine besonders niedrige Ausstattung mit Räumen, die vor allem für sportliche Aktivitäten genutzt werden können, findet sich in westdeutschen Landkreisen. Dabei sind es in westdeutschen Jugendzentren vor allem die Einrichtungen in (kreisfreien) Städten, die im Unterschied zu den Jugendeinrichtungen in Landkreisen signifikant häufiger über Tonstudios verfügen.

Angebote und Aktivitäten in Jugendzentren. Die Jugendzentren wurden gebeten, aus 26 vorgegebenen Antworten diejenigen Angebote und Aktivitäten auszuwählen, die in der Einrichtung durchgeführt werden; zusätzlich ermöglichte eine offene Antwortkategorie die Ergänzung von Angeboten und Aktivitäten, die nicht in der Aufzählung enthalten sind. Diese offenen Angaben sind codiert und zu zwölf weiteren Angeboten und Aktivitäten zusammengefasst worden. Damit ergeben sich 38 unterschiedliche Aktivitäten und Angebote die in der Befragung von den Jugendzentren genannt wurden.

Im Durchschnitt geben die Einrichtungen elf Angebote und Aktivitäten von diesen 38 Bereichen an, im Median sind es zwölf. Jugendzentren in Ostdeutschland haben im Mittelwert ein kleineres Spektrum an Aktivitäten als Einrichtungen in Westdeutschland (10,7 zu 12,2). Einrichtungen in Agglomerationsräumen haben signifikant mehr Angebote (12,6) als Jugendzentren in verstädterten und ländlichen Räumen (je 10,7). Es erstaunt nicht, dass Jugendzentren mit Personal signifikant mehr Angebote und Aktivitäten (12,4) als Einrichtungen ohne Personal (5,2) vorhalten. Auch beeinflussen Merkmale der Besucherstruktur die Anzahl vorhandener Angebote und Aktivitäten signifikant: Einrichtungen ohne MigrantInnen unter den BesucherInnen haben weniger Angebote (8,2) als solche Jugendzentren, in denen der MigrantInnenanteil zwischen 51 und 100 % (13,7) liegt. Auch haben Einrichtungen, die ausschließlich über 14-Jährige zu ihren BesucherInnen zählen eine geringere Angebotszahl (7,0) als Einrichtungen mit altersgruppenübergreifender Besucherstruktur (12,2) oder Einrichtungen für Kinder (10,0). Die Befragung zeigt eindrücklich, dass offene Einrichtungen der Kinder- und Jugendarbeit ihren BesucherInnen ein breites Spektrum an Aktivitäten und Angeboten zur Verfügung stellen. Sie reagieren damit auf Bedürfnisse junger Menschen, aber auch auf Erwartungen und Anforderungen anderer Akteure.

In Tabelle 9.3 sind ähnliche Angebote und Aktivitäten aus der Liste der 38 zu Angebotskategorien zusammengefasst worden, um so unterschiedliche Angebotsstrukturen besser herausarbeiten zu können.

Tab. 9.3: Angebote in Jugendzentren im Ost-West- und Stadt-Land-Vergleich (Angebot vorhanden, kategorisiert, Mehrfachantworten)

	Ost	West	Stadt	Land	Insgesamt
Offene Treffs/Cafés*/**	77%	90%	90%	83%	86%
Ferienfreizeitbezogene Angebote/Ausflüge**	83%	87%	91%	82%	85%
Angebote mit Event-Charakter*	74%	82%	80%	78%	79%
Musisch-künstlerische Angebote**	77%	76%	87%	69%	76%
Beratung**	71%	74%	80%	68%	73%
Sportlich-erlebnisorientierte Angebote*/**	76%	66%	77%	63%	69%
Angebote zur Vorbereitung auf das Berufsleben**	61%	66%	70%	60%	64%
Genderspezifische Angebote*/**	45%	69%	72%	54%	61%
Begleitung und Unterstützung von Menschen, die ehrenamtlich in der Jugendarbeit aktiv sind*	51%	58%	57%	55%	56%
Angebote zur schulischen Förderung*/**	57%	48%	64%	42%	51%
Angeleitete Gruppenstunden*/**	40%	48%	54%	40%	46%
Interkulturelle Angebote*/**	36%	46%	57%	33%	43%
Medienpädagogische Angebote*/**	28%	46%	50%	33%	40%
Angebote in Zusammenarbeit mit Schule	24%	30%	29%	27%	28%
Demokratisch-beteiligungsorientierte Angebote*/**	22%	30%	32%	24%	27%
Streetwork/mobile Jugendarbeit*	22%	29%	25%	28%	27%
Mittagstisch*/**	14%	19%	28%	10%	17%
Weitere themenbezogene Angebote (z. B. Religion, Gesundheitsförderung, Tier- und Naturschutz)	3%	5%	5%	4%	4%
Sonstige Angebote	8%	4%	8%	5%	7%

* Ost-West-Unterschied signifikant ($p < 0.05$)
** Stadt-Land-Unterschied signifikant ($p < 0.05$)
Quelle: DJI-Jugendzentrumserhebung 2011, n = 1 115

In 86% der Einrichtungen gibt es einen offenen Treff oder ein Café. Diese fungieren in der Kinder- und Jugendarbeit unter anderem als Raum zum „Chillen“ und „Abhängen“ – und reagieren damit auf das in dieser Altersphase zentrale Bedürfnis nach Kommunikation und Sozialbeziehungen (vgl. z.B. Herrmann 2012). Solche Treffs sind zudem der Ort, den Kinder und Jugendliche für verschiedene Aktivitäten, wie beispielsweise Kickern oder Gesellschaftsspiele, nutzen können. Der offene Treff ist auch Ausgangspunkt für stärker pädagogisch strukturierte Angebote und Beratung. Nicht für alle Einrichtungen scheint jedoch der offene Betrieb ein unabdingbarer Bestandteil offener Arbeit mit Kindern und Jugendlichen zu sein. Auch wenn man davon ausgeht, dass es einige Einrichtungen gibt, die auf ein Angebot, wie z.B. Mediengestaltung, spezialisiert sind und deshalb offene Treffmöglichkeiten nicht in den Vordergrund ihres Angebotes stellen, erscheint der Anteil von 14% ohne einen solchen offenen Treff doch erstaunlich hoch.

Ein weiteres klassisches Angebot sind ferienfreizeitbezogene Angebote und Ausflüge (85%). Diese umfassen neben Ferienmaßnahmen und Ausflügen auch Angebote wie Stadtranderholungsprogramme oder schulferienbezogene Programme. Neben Ferienmaßnahmen und Ausflügen bietet über die Hälfte der befragten Jugendzentren (53%) seinen BesucherInnen auch mehrtägige Ferienfahrten an.

Koss/Fehrlen (2003) zeigten in einer regionalen Analyse für Baden-Württemberg, dass Partys bzw. Discos eine bedeutende Angebotsform im Bereich der offenen Kinder- und Jugendarbeit sind. Die vorliegende Erhebung bestätigt dies auch bundesweit: Angebote mit Event-Charakter wie Konzerte oder auch Partys bzw. Discos werden von 79% der Jugendzentren durchgeführt. Knapp sieben von zehn Jugendzentren (69%) organisieren eigene Veranstaltungen wie Konzerte, Lesungen etc. Für Jugendzentren bietet sich dadurch einerseits die Möglichkeit, Jugendlichen eine preisgünstige Alternative zu kommerziellen Kulturveranstaltungen zu bieten, andererseits besteht für die Jugendlichen die Möglichkeit der inhaltlichen Ausgestaltung und Organisation von derartigen Aktivitäten.

Darüber hinaus bieten Veranstaltungen für Jugendzentren die Möglichkeit, auf die eigene Einrichtung aufmerksam zu machen und neue Besuchergruppen für die Einrichtung zu gewinnen. Westdeutsche Jugendzentren geben signifikant häufiger an, Veranstaltungen durchzuführen als ostdeutsche Jugendzentren (71% zu 64%). Mehr als die Hälfte der Jugendzentren (57%) veranstaltet Partys bzw. Discos. Mehr als drei Viertel der Jugendzentren (76%) bieten Aktivitäten in Form von musisch-künstlerischen Angeboten an. Am häufigsten werden dabei mit 74% kreativ-künstlerische Angebote (z.B. Malen, Basteln) gemacht. Einrichtungen der offenen Kinder- und Jugendarbeit stellen dadurch eine alternatives Angebot für diejenigen Kinder und Jugendlichen dar, die nicht an kommerziellen Angeboten in diesem Bereich partizipieren können/wollen oder im Rahmen der Angebote der verbandsbezogenen Kinder- und Jugendarbeit aus diesem Bereich nicht erreicht werden. Weniger weit verbreitet als das zuvor beschriebene Angebot, aber auch dem musischen Bereich zuzuordnen, sind musikpädagogische Angebote, die jedes dritte Jugendzentrum (33%) durchführt.

Fast drei Viertel der Jugendzentren (73%) bieten ihren BesucherInnen Beratung an (vgl. auch Kap. 13). Die offene Kinder- und Jugendarbeit ermöglicht den BesucherInnen durch ihr Setting niedrigschwellige und alltagsorientierte „Beratung zwischen Tür und Angel“ (Neumann 2010: 422,

Ostbomk-Fischer 1991) in Form von quasi beiläufig stattfindenden „Thekengesprächen“ (Bettmer 2001: 110) bis hin zu fest verabredeten Beratungsgesprächen mit Mitarbeitenden. Vor allem Jugendzentren in (kreisfreien) Städten sind in diesem Bereich signifikant häufiger aktiv als Einrichtungen in Landkreisen.

Sieben von zehn Jugendzentren (69%) führen sportlich-erlebnisorientierte Angebote durch und ermöglichen damit Kindern und Jugendlichen, sich ohne den Wettkampf- und Leistungsaspekt jenseits des Vereinssettings sportlich zu betätigen. Oftmals bieten Jugendzentren auch Angebote in sportlichen Segmenten (z.B. BMX, Skateboarden) jenseits von etablierten Vereinsangeboten an. Jugendzentren greifen mit ihren Angeboten damit die besonderen Interessen und Bedürfnisse von Kindern und Jugendlichen im Bewegungsbereich auf und bieten ihnen dadurch vielfältige Chancen zur Selbstbildung (vgl. Barde 2013). Ostdeutsche Jugendzentren bieten signifikant häufiger Sportaktivitäten an als westdeutsche Jugendzentren (76% zu 66%), was sich auch in der Ausstattung der Einrichtungen widerspiegelt.

Knapp zwei von drei Jugendzentren (64%) bieten ihren BesucherInnen Angebote zur Vorbereitung auf das Berufsleben in Form von Bewerbungstrainings, Unterstützung bei Bewerbungsschreiben und bei der Suche nach einem Ausbildungsplatz. Jugendzentren reagieren mit dieser gezielten Unterstützung auf die Bedarfe von jugendlichen BesucherInnen und betonen damit den besonderen Stellenwert der offenen Jugendarbeit im Hinblick auf alltagsnahe Unterstützungsleistungen.

Einrichtungen und Angebote der Jugendarbeit können für Mädchen wie für Jungen gleichermaßen einen wichtigen Entwicklungs- und Sozialisationsort darstellen. Geschlechtsspezifische Angebote haben in der offenen Kinder- und Jugendarbeit einen etablierten Status (61%). 51% der Einrichtungen führen spezielle Angebote für Mädchen und 46% jungenbezogene Angebote durch. Geschlechtsspezifische Arbeit in der offenen Kinder- und Jugendarbeit ist somit mehr als „Mädchenarbeit“.

Die Begleitung und Unterstützung von Menschen, die sich in der Jugendarbeit engagieren, ist ebenfalls eine wichtige Aktivität von Einrichtungen der offenen Kinder- und Jugendarbeit (56%). Ehrenamtliche helfen dabei, den offenen Betrieb aufrecht zu halten, helfen dabei Partys und Discos zu organisieren, nehmen als BetreuerInnen an Ferienfreizeiten teil oder öffnen die Einrichtung ohne Anwesenheit von Hauptamtlichen. Zu unterscheiden ist jedoch, ob es sich bei diesen Unterstützungsformen um ehrenamtlich aktive Jugendliche oder Erwachsene handelt. Mehr als jedes zweite der befragten Jugendzentren (53%) unterstützt in der Jugendarbeit ehrenamtlich aktive Jugendliche und 31% der Einrichtungen unterstützen (auch) in der Jugendarbeit ehrenamtlich aktive Erwachsene. Die häufigere Unterstützung jugendlicher Engagierter hängt möglicherweise damit zusammen, dass die Mitarbeitenden im Jugendzentrum die pädagogische Begleitung Jugendlicher und somit auch die Förderung des Engagements Jugendlicher als ihre Kernaufgabe verstehen, wohingegen ehrenamtlich aktive Erwachsene eher als eine Erweiterung der Ressourcen gesehen werden.

Angebote zur schulischen Förderung, wie beispielsweise Hausaufgabenhilfe oder Lernförderung werden von jedem zweiten Jugendzentrum (51 %) durchgeführt. Ebenfalls eine Form der schulbezogenen Angebotsgestaltung stellt die „Vorbereitung auf den Schulabschluss" dar, die von knapp jedem fünften Jugendzentrum (19 %) für die BesucherInnen angeboten wird. Dies ist auch in den Kontext der Unterstützungsleistungen von Jugendzentren beim Übergang von Schule in die berufliche Ausbildung zu stellen. Fehrlen/Koss (2003) zeigen in ihrer Studie für Baden-Württemberg, dass mehr als 70 % der Jugendzentren solche Angebote vorhalten.

46 % der Jugendzentren führen Angebote und Aktivitäten in Form von angeleiteten Gruppenstunden durch. Dieses Ergebnis lässt sich spezifizieren, wenn man die Angebotsform in Beziehung zur Trägerstruktur der Einrichtung setzt: Vor allem Jugendzentren in kirchlicher Trägerschaft mit ihrer in der Tendenz größeren Nähe zu jugendverbandlichen Milieus machen im Vergleich zu Jugendzentren ohne eine solche Nähe zu Jugendverbänden signifikant häufiger entsprechende Angebote.

Über zwei Fünftel der Jugendzentren (43 %) haben interkulturelle Angebote im Programm, worunter auch internationale Jugendbegegnungen und Sprachkurse gefasst wurden. Die Einrichtungen tragen damit auch dem Aspekt Rechnung, dass ein nicht unerheblicher Anteil der BesucherInnen junge Menschen mit Migrationshintergrund sind. Wie in Kapitel 14 deutlich wird, gehen Einrichtungen häufiger konzeptionell auf die BesucherInnen mit Migrationshintergrund ein, wenn mindestens die Hälfte der BesucherInnen einen Migrationshintergrund hat. Westdeutsche Jugendzentren führen signifikant häufiger interkulturelle Angebote durch als ostdeutsche Jugendzentren (46 % zu 36 %). Jugendzentren in Landkreisen bieten solche Angebote signifikant seltener an als Jugendzentren in (kreisfreien) Städten (33 % zu 57 %). Beides kann auf die jeweiligen Anteile der (potenziellen) NutzerInnen mit Migrationsgeschichte zurückgeführt werden (vgl. auch Kap. 14). Insgesamt haben 42 % der Einrichtungen mindestens eines dieser Angebote. Internationale Jugendbegegnungen werden von 15 % der befragten Jugendzentren gemacht (Ost: 20 %, West: 13 %). Sprachkurse gehören nur für einen geringen Teil (4 %) der Einrichtungen der offenen Kinder- und Jugendarbeit zum Bestandteil ihres Angebotsspektrums. Internationale Jugendbegegnungen und Sprachkurse kommen in Städten jeweils häufiger vor als in Landkreisen.

Sowohl in der verbandlichen als auch in der offenen Kinder- und Jugendarbeit gibt es eine medienpädagogische Tradition. Hintergrund hierfür sind das vorhandene Interesse und die besonderen Bedürfnisse von Kindern und Jugendlichen in diesem Bereich sowie die hohe Bedeutung von unterschiedlichen Medien in der Lebenswelt junger Menschen (vgl. Tillmann 2013: 53f.). Somit ist es nicht überraschend, dass 40% der Jugendzentren medienpädagogische Angebote in ihrem Angebotskatalog haben. Medienbezogene Angebote gehören zu denjenigen Angeboten der offenen Kinder- und Jugendarbeit, die in den letzten Jahrzehnten eine zunehmende Weiterentwicklung erfahren haben. Ursächlich hierfür ist neben förderpolitischen Gesichtspunkten (z.B. Verankerung entsprechender Angebote in den Landesjugendplänen) und Lücken in den schulischen Lehrplänen (vgl. Exner/Schmidt-Apel 2005) auch die zunehmende Bedeutung der sogenannten „neuen Medien" in der Lebenswelt von jungen Menschen (Kutscher 2013, Tully 2013). Einrichtungen der offenen Kinder- und Jugendarbeit greifen mit medienpädagogischen Angeboten einen wichtigen Bereich der Lebenswelt von Kindern und Jugendlichen auf (z.B. Scheidle 2005), der durch die rasante Verbreitung digitaler Technologien und Medien sowie deren veränderte Nutzungsformen (z.B. interaktive Prozesse in Online-Computerspielen, E-Partizipation in Social Media) spezifische Anforderungen an die Medienkompetenz der NutzerInnen stellt (vgl. Fromme 2013, Lutz/Rösch/Seitz 2012, Röll 2011). Die medienpädagogischen Angebote bieten auch die Chance, Kinder und Jugendliche aus bildungsfernen Schichten zu erreichen und zu versuchen, deren gesellschaftliche Teilhabe zu vergrößern (vgl. Thole 2012, Tillmann 2013).

Über ein Viertel der Jugendzentren (28%) ist im Rahmen von Nachmittagsangeboten in Zusammenarbeit mit Schulen aktiv. Hierbei handelt es sich beispielsweise um die Übermittagsbetreuung in Zusammenarbeit mit Ganztagsschulen oder die Organisation von pädagogisch betreuten Angebotsformen im Ganztagsbetrieb der Schulen. Die Zusammenarbeit mit Schulen ist für die offene Kinder- und Jugendarbeit ein Arbeitsbereich von zunehmender Bedeutung (vgl. dazu genauer Kap. 17). In 17% der Einrichtungen ist das Angebot eines (pädagogisch betreuten) Mittagstischs vorhanden. Jugendzentren reagieren mit dieser Angebotsform auf die gestiegenen Bedarfe nach einer ganztägigen Betreuung von Kindern und Jugendlichen. Nicht immer steht dieses Angebot im Kontext der Kooperation mit einer Schule. Neben der Motivation, mit einem solchen Angebot auf aktuelle Bedarfslagen von Schulkindern zu reagieren, könnte auch das Bestreben, neue Zielgruppen zu erreichen, zu einem solchen Angebot anregen.

Ebenfalls über ein Viertel (27%) der Einrichtungen bietet demokratisch-beteiligungsorientierte Aktivitäten an (vgl. ausführlich Kap. 16). Hierzu zählen (jugend-)politische Aktionen, Kinder- und Jugendparlamente sowie die Beteiligung der BesucherInnen im Rahmen des Einrichtungsgeschehens (z.B. beim Programm oder der Raumgestaltung). Kindern und Jugendlichen eine Stimme im (jugend-)politischen Bereich zu geben, ist ein bedeutender Aspekt in der offenen Jugendarbeit (vgl. Sturzenhecker 2008). Angebote und Aktivitäten aus dem (jugend-)politischen Bereich zählt jedoch nur knapp jedes fünfte Jugendzentrum (19 %) zu seinem Angebotsspektrum. Jede elfte Einrichtung der offenen Kinder- und Jugendarbeit (9 %) ist in Bezug auf das örtliche Kinder- und Jugendparlament aktiv. Dass diese Aktivität nicht häufiger zu finden ist, liegt auch an der nicht flächendeckenden Verbreitung von Kinder- und Jugendparlamenten (so gibt es nur in 41 % der Jugendamtsbezirke mindestens ein Kinder- und Jugendparlament) und deren Unterstützung und Betreuung wird zudem auch von anderen Organisationen und Personen wahrgenommen, beispielsweise dem Jugendring oder der Jugendpflege.

Streetwork bzw. mobile Jugendarbeit gehört in gut einem Viertel der Jugendzentren (27 %) zum Angebotsspektrum. Hier übernehmen Einrichtungen der offenen Kinder- und Jugendarbeit sozialkompensatorische Funktionen, gehören doch zu den Zielgruppen dieser Angebotsform neben „auffälligen“ Jugendlichen (z. B. gewaltbereite junge Menschen) zunehmend auch solche Gruppen junger Menschen, die nicht (mehr) durch die „klassischen“ Angebote der offenen Kinder- und Jugendarbeit erreicht werden und/oder sich aus den Einrichtungen bereits zurückgezogen haben (vgl. Klose 2009, Klose/Steffan 2005).

Weitere, spezifische themenbezogene Angebote und Aktivitäten (z. B. Gesundheitsförderung oder Angebote aus dem Tier- bzw. Naturschutz) finden sich bei 4 % der Einrichtungen der offenen Kinder- und Jugendarbeit. 7 % der Einrichtungen bieten desweiteren unspezifische Angebote und Aktivitäten an, die sich in der Kategorie „Sonstiges“ subsumieren lassen.

Finanz- und Personalausstattung und Folgen für die Angebotsgestaltung. Es liegt auf der Hand, dass die finanzielle und personelle Ausstattung der Einrichtungen der offenen Kinder- und Jugendarbeit Einfluss auf die Vielfalt der Angebote hat. So haben Einrichtungen der offenen Kinder- und Jugendarbeit, die im Jahr 2011 über Finanzmittel von bis zu maximal 10 000 Euro (ohne Etat für angestelltes Personal) verfügten, sowohl im Mittelwert als auch im Median eine signifikant geringere Anzahl an Aktivitäten und Angeboten als Einrichtungen mit einer höheren Finanzausstattung. Ein Zusammenhang mit der Angebotsvielfalt lässt sich auch mit der Personalausstattung herstellen. Anhand der Variablen Personal und Stellenvolumen der Mitarbeitenden lässt sich zeigen, dass die Anzahl der Aktivitäten mit dem Vorhandensein von hauptberuflichen Mitarbeitenden und einer steigenden personellen Ausstattung deutlich zunimmt (vgl. Tab. 9.4).

Tab. 9.4: Anzahl der Aktivitäten in Jugendzentren nach Merkmalen der Personalausstattung

	Mittelwert	Median
*Mitarbeitende**		
Personal vorhanden	12,4	12,0
Kein Personal vorhanden	5,3	4,0
Insgesamt	11,7	12,0
*Stellenvolumen**		
bis 1,5 Stellen	10,4	10,0
1,5 bis 2,5 Stellen	11,9	12,0
2,5 bis 4,0 Stellen	14,1	14,0
mehr als 4,0 Stellen	15,0	15,0
Insgesamt	12,5	13,0

* Unterschied signifikant ($p < 0.001$)
Quelle: DJI-Jugendzentrumserhebung 2011, n = 1 104

Gesamtbetrachtung der Einflüsse auf die Angebotsbreite. In den bisherigen Betrachtungen wurde deutlich, dass das Vorhandensein einzelner Angebote und die Anzahl der Angebote insgesamt stark mit der Unterscheidung nach, Ost- und Westdeutschland, den unterschiedlichen Gebietskörperschaftstypen, der Finanzausstattung sowie der Personalausstattung zusammenhängt. Im Kapitel 3 zur Trägerschaft wurde zudem deutlich, dass auch hier ein Zusammenhang mit der Breite der Angebotspalette existiert. Da einige Faktoren zum Teil in mehrfacher Weise zusammenhängen (z. B. deutlich schlechtere Finanzausstattung/Ostdeutschland, und beide Faktoren verweisen auf eine geringere Anzahl von Angeboten), drängt sich eine multivariate Betrachtung der Zusammenhänge auf.

In der Tabelle 9.5 sind die Ergebnisse einer solchen Analyse (lineare Regression auf die Anzahl der Angebote) dargestellt. Das Resultat weist darauf hin, dass der wichtigste eigenständige Faktor zur Erklärung der Breite der Angebotspalette in Einrichtungen der offenen Kinder- und Jugendarbeit die Anzahl an vorhandenen Stellen ist. Zweitwichtigster Erklärungsfaktor ist die Lage des Jugendzentrums: Jugendzentren in Ostdeutschland haben ein geringeres Spektrum an Aktivitäten als Einrichtungen in Westdeutschland. Ebenfalls eine schmalere Palette an Angeboten besitzen Einrichtungen auf dem Land im Unterschied zu Jugendzentren in der Stadt. Relevant ist weiterhin die Höhe der Finanzmittel der Einrichtung (ohne Etat für angestelltes Personal). Die Ergebnisse der Regressionsanalyse verweisen auch darauf, dass die Trägerschaft (öffentlicher vs. freier Träger) keine eigenständige Erklärungskraft im Hinblick auf die Anzahl an Aktivitäten in Einrichtungen der offenen Kinder- und Jugendarbeit besitzt.

Tab. 9.5: Multivariate logistische Regression zur Aufklärung von Einflussfaktoren auf die Anzahl von Aktivitäten in Einrichtungen der offenen Kinder- und Jugendarbeit

	Standardisierter Koeffizient	T-Wert	Signifikanz
Anzahl der Stellen	0,305	10,545	***
Finanzmittel der Einrichtung (ohne Personal, kategorisiert)	0,116	4,103	***
Westdeutschland *(Ostdeutschland)*	0,101	3,532	***
Stadt *(Landkreis)*	0,144	4,826	***
Öffentlicher Träger *(freier Träger)*	0,016	0,540	n. s.

Referenzkategorie kursiv in Klammern: *** Unterschied signifikant ($p < 0.001$)
Quelle: DJI-Jugendzentrumserhebung 2011, n = 1 081

9.2 Angebotstypen in Einrichtungen der offenen Kinder- und Jugendarbeit

Seit Jahrzehnten gibt es eine Diskussion darüber, was eigentlich den Kern offener Jugendarbeit kennzeichnet. Manchmal, so scheint es, ist die offene Jugendarbeit eine Projektionsfläche für die unterschiedlichen Interessengruppen (z.B. Politik, Schule, Träger, Jugendliche), die in die Jugendarbeit das hineindeuten, was ihren jeweiligen eigenen Interessen besonders gut entspricht. Die Gefahr dabei ist, dass die offene Kinder- und Jugendarbeit aufgrund der Vielfalt ihrer Angebote und der auf sie gerichteten Erwartungen ihr eigenes Profil verliert. Anhand der umfangreichen Informationen zu Angeboten und Aktivitäten ist es mit Hilfe einer explorativen Faktorenanalyse möglich, herauszufinden, ob bestimmte Angebote immer bzw. überwiegend in typischen Kombinationen in den Einrichtungen zu finden sind und sich so Angebotstypen bilden lassen. Diese Angebotstypen können dann Hinweise auf die inhaltliche Weiterentwicklung der offenen Kinder- und Jugendarbeit geben und so bisher unerkannte Aspekte einer fachlichen Reflexion zugänglich machen.

Insbesondere mit Blick auf eine geplante Wiederholungsbefragung kann eine solche Auswertungsperspektive wichtige Anhaltspunkte für anstehende fachliche und organisatorische Herausforderungen geben. Es ist anzunehmen, dass – auch in Abhängigkeit von der Anzahl der Angebote der Jugendzentren – sich in einzelnen Einrichtungen nicht nur ein Angebotstyp, sondern zwei oder mehr Angebotstypen finden lassen. Die gefundenen Angebotstypen schließen sich nicht wechselseitig aus, sie bündeln vielmehr Einzelangebote und können so dazu beitragen, die Vielfalt der Aktivitäten und Angebote zu ordnen.

Die Angebote von Einrichtungen der offenen Kinder- und Jugendarbeit lassen sich vier Angebotstypen zuordnen. Diese lassen sich wie folgt beschreiben:

Der *Angebotstyp I* beinhaltet Angebotsformen der Jugendarbeit, wie sie auch in der verbandlichen Jugendarbeit vorzufinden sind. Diesen Angebotstyp kennzeichnen Aktivitäten und Angebote wie angeleitete Gruppenstunden, jungen- bzw. mädchenspezifische Angebote, kreativ-künstlerische Aktivitäten, musikpädagogische Angebote oder auch ferienfreizeitbezogene Aktivitäten.

Medienpädagogische Angebote, Begleitung und Unterstützung von ehrenamtlich Aktiven in der Jugendarbeit, jugendpolitische Aktionen und Partizipation, Events wie beispielsweise Konzerte, Discos, Partys und andere Veranstaltungen sowie interkulturelle Angebote lassen sich dem *Angebotstyp II* zuordnen.

Den jugendsozialarbeitsorientierten *Angebotstyp (III)* kennzeichnen Angebote wie offene Treffs oder Cafés, Beratungsangebote, Aktivitäten zur Vorbereitung auf einen Schulabschluss und Hilfen rund um Berufsfindung und Bewerbung sowie sozialraumorientierte Angebote (z. B. Streetwork).

Zum schulorientierten *Angebotstyp (IV)* gehören Hausaufgabenhilfe, (pädagogisch betreuter) Mittagstisch sowie Angebote in Zusammenarbeit mit Schule (z. B. Nachmittagsangebote im Rahmen der Zusammenarbeit mit Ganztagsschule oder auch schulorientierte Jugendarbeit oder Schulsozialarbeit).

Alle weiteren Angebote und Aktivitäten lassen sich rein statistisch nicht einem der vier Typen zuordnen und bilden einen bunten Strauß unterschiedlichster Angebote. Tabelle 9.6 gibt einen Überblick darüber, wie häufig die einzelnen Angebotstypen zu finden sind und ob es zwischen Jugendzentren in Ost- und Westdeutschland sowie in Städten und Gemeinden mit einem eigenen Jugendamt bzw. in Landkreisen signifikante Unterschiede hinsichtlich der Verbreitung der vier Angebotstypen gibt. Darüber hinaus ist der Tabelle 9.6 auch zu entnehmen, dass im Bundesdurchschnitt jede zweite Einrichtung der offenen Kinder- und Jugendarbeit ein Angebotsprofil hat, das sich nicht einem der vier identifizierten Angebotstypen zuordnen lässt.

In Ostdeutschland lassen sich bei einem signifikant kleineren Anteil an Einrichtungen die Angebote und Aktivitäten einem oder mehreren der vier Angebotstypen zuordnen. Dies kann einerseits an der meist geringeren

Ausstattung der Einrichtungen, der präkereren Personalsituation und den damit stärker begrenzten Möglichkeiten liegen. Diese erlauben es nicht, ein Angebotsprofil auszubilden und daneben noch auf ebenfalls vorhandene Bedarfe zu reagieren, sodass man sich eher dafür entscheidet, aus den unterschiedlichen Angebots- und Aktivitätsbereichen eine Mischung anzubieten. Eine andere Erklärung könnte sein, dass sich bisher, weil zum Beispiel Bezugspunkte wie die westdeutsche Jugendzentrumsbewegung fehlen, ein fachliches Selbstbewusstsein, das mit einem spezifischen Angebotsprofil gekoppelt ist, weniger entwickelt ist. Noch größer ist der Unterschied zwischen Jugendzentren in Städten und in Landkreisen. Dies ist möglicherweise auch darauf zurückzuführen, dass die bessere Erreichbarkeit von Einrichtungen in Städten eine stärkere Differenzierung zwischen den Einrichtungen und damit eine klarere Profilbildung zulässt.

Tab. 9.6: Angebotstypen in Jugendzentren (Mehrfachantworten)

	Ost	West	Stadt	Land	Insgesamt
Angebotstyp I*/**	18 %	27 %	33 %	18 %	24 %
Angebotstyp II*/**	19 %	28 %	30 %	22 %	25 %
Jugendsozialarbeitsorientierter Angebotstyp*	13 %	22 %	19 %	19 %	19 %
Schulorientierter Angebotstyp*/**	5 %	8 %	11 %	4 %	7 %
Keinem Angebotstyp zuordenbar*/**	59 %	48 %	44 %	56 %	51 %

* Ost-West-Unterschied signifikant ($p < 0.05$)
** Stadt-Land-Unterschied signifikant ($p < 0.001$)
Quelle: DJI-Jugendzentrumserhebung 2011, n = 1 104

In 25 % der Jugendzentren findet sich Angebotstyp II und bei 24 % Angebotstyp I. Diese beiden Angebotstypen haben somit die größte Verbreitung. Die inhaltliche Ausrichtung des Angebotstyps I weist Parallelen zur verbandlichen Jugendarbeit auf (vgl. Beschreibung des Angebotstyps oben). Dies kann als ein Ausdruck des Aufweichens der „(…) Grenzen zwischen Jugendverbandsarbeit und der OKJA (…)“ (Voigts 2013: 810) verstanden werden, denn – so die Annahme von Voigts (2013) – Arbeitsformen und Strukturen verbandlicher und offener Kinder- und Jugendarbeit werden zunehmend ineinander integriert.

Der Angebotstyp II hat eine ähnliche Verbreitung wie Angebotstyp I und ist wie dieser häufiger in Westdeutschland und in Städten als in Ostdeutschland und in Landkreisen zu finden. Im Unterschied zu Angebotstyp I, den man in gewisser Weise als jugendverbandsaffin bezeichnen kann, lässt für die Kombination der Angebote im Typ II keine solche gemeinsame Klammer erkennen.

Der jugendsozialarbeitsorientierte Angebotstyp (Typ III) lässt sich in 19% der Einrichtungen erkennen. Dieser Angebotstyp fokussiert neben Angeboten aus dem offenen Betrieb solche Angebote, die soziale Problemlagen der BesucherInnen thematisieren. Dies kann als ein Hinweis darauf verstanden werden, dass sich Einrichtungen der offenen Kinder- und Jugendarbeit neben einer Orientierung auf Freizeitgestaltung von Kindern und Jugendlichen auch den sozialen Problemlagen ihrer BesucherInnen zuwenden (vgl. AGOT-NRW 2007, 2011). Dieser Typ repräsentiert am ehesten den Prototyp von offener Jugendarbeit, die sich an benachteiligte Jugendliche richtet.

Einen prozentual gesehen kleinen Anteil (7%) nimmt der schulorientierte Angebotstyp (Typ IV) ein. Aber immerhin lässt sich bei jedem vierzehnten Jugendzentrum vermuten, dass ein Arbeitsschwerpunkt eine starke Schulorientierung ist. Dies kann als ein Ausdruck der Bedeutung von Jugendzentren als Partner von Schule, beispielsweise bei schulischen Ganztagskonzepten (vgl. Deinet/Icking 2013), gedeutet werden. Abzuwarten bleibt, ob sich die Rolle der offenen Kinder- und Jugendarbeit in diesem Bereich – etwa durch den weiteren flächendeckenden Ausbau der Ganztagsschule in der Bundesrepublik – in den kommenden Jahren verändern und es möglicherweise zu einer weiteren Verbreitung dieses Angebotstyps kommen wird.

Zusammengefasst werfen die explorativen Analysen zu Angebotsprofilen in Jugendzentren eine Reihe von Fragen auf: Werden sich beispielsweise in Zukunft mehr Jugendzentren auf schulorientierte Angebotsformen konzentrieren? Wie ist die Konzentration auf einen einzigen Angebotstyp fachlich zu bewerten? Stellt das Nebeneinander verschiedener Angebotstypen in einer Einrichtung eine notwenige Ausdifferenzierung in der offenen Kinder- und Jugendarbeit dar? Bedarf es einer Arbeitsteilung, also der Profilbildung anhand verschiedener Angebotstypen, zwischen mehreren Einrichtungen der offenen Kinder- und Jugendarbeit in räumlicher Nähe?

9.3 Arbeitsschwerpunkte in Einrichtungen der offenen Kinder- und Jugendarbeit

Die bisherigen Analysen zu den Angeboten und Aktivitäten sowie zu den Angebotstypen lassen offen, wo die Einrichtungen der offenen Kinder- und Jugendarbeit ihre eigenen Arbeitsschwerpunkte sehen, denn bisher wurde noch keine Gewichtung der Angebote und Aktivitäten im Hinblick auf ihre Bedeutung für das einzelne Jugendzentrum vorgenommen. Um sich diesen

Schwerpunkten zu nähern, wurden die Jugendzentren mittels einer offenen Frage gebeten, ihre drei wichtigsten Arbeitsschwerpunkte zu benennen. Die jeweiligen Nennungen wurden zu Antwortkategorien zusammengefasst und sind in Tabelle 9.7 dokumentiert. Wie bei offenen Abfragen üblich, wurde auf unterschiedlichen inhaltlichen Ebenen, nämlich angebotsbezogene und konzeptionelle Arbeitsschwerpunkte, geantwortet. Da die Antworten zu den drei wichtigsten Arbeitsschwerpunkten jedoch nur als Stichwörter vorliegen, ist nicht immer eindeutig abgrenzbar, ob mit dem Arbeitsschwerpunkt das einzelne Angebot oder eher ein konzeptioneller Arbeitsschwerpunkt gemeint ist. In der Tabelle 9.7 werden deshalb die Nennungen in der Reihenfolge ihrer Häufigkeit dargestellt, wohlwissend, dass ein Vergleich zwischen diesen Ebenen nur eingeschränkt möglich ist.

Der offene Bereich bzw. die offene Kinder- und Jugendarbeit ist mit 33 % die häufigste Nennung. Bedenkt man, dass über vier Fünftel der Jugendzentren einen offenen Bereich haben, und dieser programmatisch zum Kern offener Kinder- und Jugendarbeit gehört, erscheint dieser Anteil gering. Möglicherweise ist aber der offene Bereich so selbstverständlich, dass er nicht als expliziter Arbeitsschwerpunkt verstanden wird und die anderen Themen, die fachlich gerade im Vordergrund stehen, als Arbeitsschwerpunkte, also als Aktivitäten verstanden werden, auf die man sich in besonderer Weise konzentrieren muss. Möglicherweise drückt sich hier aber auch das fehlende fachliche Bewusstsein für die Bedeutung des offenen Bereichs aus. Dieser hat gegenüber von Fachkräften durchstrukturierten Angeboten an Anerkennung und Wertschätzung verloren. Signifikante Unterschiede gibt es zwischen Einrichtungen in Ost- und Westdeutschland: So sehen 25 % der Einrichtungen in Ostdeutschland in diesem Bereich ihren Arbeitsschwerpunkt, während dies auf 38 % der Einrichtungen in Westdeutschland zutrifft. Dies verweist auf ein unterschiedliches Verständnis bzw. unterschiedliche Legitimationsnotwendigkeiten von (offener) Kinder- und Jugendarbeit bei Einrichtungen in Ost- und Westdeutschland.

Am zweithäufigsten werden von 17 % der Einrichtungen „Freizeitgestaltung für Kinder und Jugendliche“ als Arbeitsschwerpunkt genannt. Von Einrichtungen in Ostdeutschland und von Einrichtungen in Landkreisen wird der Aspekt der Freizeitgestaltung als ein Arbeitsschwerpunkt des Jugendzentrums signifikant häufiger genannt. Hintergrund hierfür kann möglicherweise ein schlechteres Angebot an Freizeiteinrichtungen bzw. -angeboten in Ostdeutschland bzw. in Landkreisen sein. Beziehungsarbeit sehen 15 % der Einrichtungen als einen der drei wichtigsten Arbeitsschwerpunkt an. Dies verdeutlicht den besonderen Stellenwert, den Beziehungen (zwischen Professionellen und BesucherInnen, aber auch der Jugendlichen untereinander) und Sozialkontakte in diesem Arbeitsfeld haben (vgl. Müller/Schulz/Schmidt 2005). Die Förderung von sozialen Fertigkeiten der Be-

Tab. 9.7: Häufigste Nennungen der Arbeitsschwerpunkte von Jugendzentren im Ost-West- und Stadt-Land-Vergleich

	Ost	West	Stadt	Land	Insgesamt
Offener Bereich/Offene Kinder- und Jugendarbeit*	25%	38%	35%	32%	33%
Freizeitgestaltung*/**	22%	15%	11%	22%	17%
Beziehungsarbeit	15%	15%	14%	16%	15%
Förderung von sozialen Fertigkeiten	17%	13%	12%	16%	14%
Kulturelle Kinder- und Jugendarbeit*/**	9%	15%	16%	11%	13%
Partizipation	12%	13%	15%	12%	13%
Beratung	11%	14%	13%	12%	13%
Sportangebote*	16%	11%	15%	11%	12%
Außerschulische Bildung**	11%	13%	15%	10%	12%
Integrative Arbeit	10%	12%	14%	10%	12%
Niederschwellige Arbeit**	9%	11%	7%	12%	10%
Geschlechtsspezifische Angebote*/**	5%	12%	13%	7%	10%
Sozialraumorientierte Angebote	11%	9%	11%	8%	10%
Angebote mit spezifisch pädagogischen Fokus	11%	9%	11%	9%	10%
Ferienfreizeiten/Ausflüge**	7%	7%	4%	9%	7%
Gruppenarbeit	8%	6%	7%	7%	7%
Angebote für Schüler*/**	4%	8%	9%	5%	7%
Handwerklich-kreative Angebote*	8%	5%	7%	5%	6%
Zusammenarbeit mit Schule*	2%	7%	6%	5%	6%
Prävention	6%	5%	5%	6%	5%
Projektarbeit*	10%	3%	5%	5%	5%
Sozialkontakte bieten**	6%	5%	3%	6%	5%
Veranstaltungen**	4%	5%	3%	6%	5%
Medienpädagogische Angebote*/**	3%	5%	6%	3%	4%
Angebote für Kinder	4%	4%	4%	4%	4%
Angebote zur Vorbereitung auf das Berufsleben	3%	4%	4%	4%	4%
Förderung ehrenamtlichen Engagements	2%	2%	1%	3%	2%
Zusammenarbeit mit Eltern/Familie	3%	1%	2%	2%	2%
Kinder- und Jugendschutz*	2%	0%	0%	1%	1%
Sonstiges*	21%	12%	16%	15%	15%

* Ost-West-Unterschied signifikant ($p < 0.05$)
** Stadt-Land-Unterschied signifikant ($p < 0.05$)
Quelle: DJI-Jugendzentrumserhebung 2011, n = 998

sucherInnen erachten 14 % der Einrichtungen als einen ihrer Arbeitsschwerpunkte. Kulturbezogene Kinder- und Jugendarbeit wird von 13 % der Einrichtungen als ein Arbeitsschwerpunkt genannt. Einrichtungen in Westdeutschland und in (kreisfreien) Städten nennen den Aspekt der kulturellen Kinder- und Jugendarbeit als Arbeitsschwerpunkt des Jugendzentrums signifikant häufiger. Möglicherweise ist dies das Ergebnis einer Spezialisierung in städtischen Regionen. Ebenfalls 13 % zählen Beratungsangebote für junge Menschen zu ihren Arbeitsschwerpunkten.

Erstaunlich ist der große Unterschied in der Häufigkeit der Nennungen gegenüber dem offenen Betrieb. Beratung als zweithäufigster Schwerpunkt lässt sich als Hinweis darauf interpretieren, dass Einrichtungen der offenen Kinder- und Jugendarbeit sich ihrer Rolle als alltagsnaher, in die Lebenswelt ihrer BesucherInnen integrierter Ort der Orientierung durchaus bewusst sind (vgl. auch Kap. 13). Auch Schmidt kommt nach der Sichtung verschiedener empirischer Studien zur offenen Kinder- und Jugendarbeit zu dem Ergebnis, dass Beratung zu einem Aufgabenschwerpunkt geworden ist (Schmidt 2011: 35).

Knapp 13 % der Einrichtungen sehen in der Partizipation der Kinder und Jugendlichen einen ihrer Arbeitsschwerpunkte. Dies unterstreicht die hohe Relevanz des Themas auch für die Fachpraxis der offenen Kinder- und Jugendarbeit (vgl. Kap. 16).

12 % der Jugendzentren zählen integrative Arbeit (z. B. von jungen Menschen mit Migrationshintergrund) zu ihren drei wichtigsten Arbeitsschwerpunkten. Dies unterstreicht die besondere Bedeutung von Einrichtungen der offenen Kinder- und Jugendarbeit für die Teilhabe und das Zusammentreffen von (jungen) Menschen mit unterschiedlichen biografischen und kulturellen Hintergründen.

Ebenfalls 12 % der Jugendzentren benennen außerschulische Bildung als einen ihrer Arbeitsschwerpunkte. Genauso viele Einrichtungen (12 %) sehen ihren Arbeitsschwerpunkt in Sportangeboten. Vor allem Jugendzentren in Ostdeutschland geben signifikant häufiger als Einrichtungen in Westdeutschland an, ihren Arbeitsschwerpunkt im Bereich sportlicher Aktivitäten zu haben (16 % zu 11 %). Mögliche Hintergründe hierfür können in einer anderen (auf einige wenige Sportarten ausgerichteten) Angebotsstruktur der Sportvereine oder auch in den spezifischen Interessenslagen bzw. Bedarfen der BesucherInnen liegen (z. B. Interesse an „Action Sports" wie BMX oder Skateboarden).

Jedes zehnte Jugendzentrum nennt geschlechtsspezifische Angebote aus dem Bereich der Jungen- bzw. Mädchenarbeit als einen ihrer Arbeitsschwerpunkte. Die Einrichtungen verdeutlichen damit, dass sie die unterschiedlichen Bedürfnis- und Interessenslagen von Mädchen bzw. Jungen als

AdressatInnen der Angebote und Aktivitäten im Jugendzentrum in den Blick nehmen.

Genauso häufig werden sozialraumorientierte Angebote von Einrichtungen der offenen Kinder- und Jugendarbeit als ein Arbeitsschwerpunkt gesehen. Eine wichtige Funktion offener Kinder- und Jugendarbeit wird in der Unterstützung bei der Aneignung der Lebenswelt durch Jugendliche beschrieben, die eine zentrale Bezugsgröße für die Interessen und Bedürfnisse von Kindern und Jugendlichen ist (vgl. Deinet/Krisch 2013). Theoretisch geht es bei der Sozialraumperspektive nicht nur um die Aneignung von materiellen Räumen und Orten, sondern auch um die Interaktionen und sozialen Verhältnisse innerhalb des Sozialraumes (Kessl/Reutlinger 2007). Welche Haltung die Einrichtungen dabei einnehmen und welche konkreten Angebote damit verbunden sind, kann die Erhebung nicht klären.

Ebenfalls 10% der Jugendzentren zählen Angebote mit einem spezifischen pädagogischen Fokus (z.B. spielpädagogische Aktivitäten, konfessionell-religiöse Angebote) zu einem ihrer Arbeitsschwerpunkte.

Niedrigschwellige Arbeit wird von 10% der Jugendzentren zu einem ihrer drei Arbeitsschwerpunkte gezählt. Alle weiteren genannten Arbeitsschwerpunkte haben im bundesweiten Durchschnitt eine weitaus geringere Bedeutung für Einrichtungen der offenen Kinder- und Jugendarbeit. Abschließend sei noch darauf hinzuweisen, dass 15% der Jugendzentren einen Arbeitsschwerpunkt aus dem Bereich „Sonstiges“ nennen, der sich nicht eindeutig einem konzeptionellen oder angebotsbezogenen Schwerpunkt zuordnen lässt. Dabei sind es vor allem Einrichtungen in Ostdeutschland, die signifikant häufiger als Einrichtungen in Westdeutschland diese Angabe machen (21% zu 12%).

9.4 Fazit

Die Einrichtungen der offenen Kinder- und Jugendarbeit verfügen über eine breite und vielfältige Palette an Angeboten und Aktivitäten. Angebote in Jugendzentren erstrecken sich von „klassischen“ Angebotsformen wie offenen Treffs bzw. Cafés, angeleiteten Gruppenstunden oder Ausflügen und Ferienfreizeiten über Beratungsangebote und Angebote zur Vorbereitung auf das Berufsleben bis hin zu schulbezogenen Angeboten wie einem pädagogisch betreuten Mittagstisch oder auch Angeboten in Zusammenarbeit mit Schule. Nicht immer ist in der Öffentlichkeit und bei den kommunalen Entscheidungsträgern bekannt, wie umfangreich und breit gefächert die Angebote der offenen Jugendarbeit sind, was dafür spricht, das vielfältige Angebot in der kommunalen Öffentlichkeit offensiver darzustellen und zu vertreten.

Die Ergebnisse belegen, dass trotz der Vielzahl an einzelnen Aktivitäten und Arbeitsschwerpunkten nach wie vor der offene Betrieb eine besondere Rolle spielt. Jedoch haben nicht alle Einrichtungen – wie man durchaus erwarten könnte – ein solches offenes Begegnungsangebot. Deshalb ist in den nächsten Jahren genau zu beobachten, inwiefern sich dahinter eine Entwicklung weg von offenen Treffs verbirgt. Betrachtet man die Ansprüche, die von außen an sie herangetragen werden, wird deutlich, dass eine Herausforderung für die offene Kinder- und Jugendarbeit darin besteht, den Wert und die besondere Qualität offener, pädagogisch nicht vorstrukturierter Angebote und deren Bedeutung für das Aufwachsen Jugendlicher herauszustellen.

Wenig überraschend ist das Ergebnis, dass hauptamtliches Personal einen entscheidenden Einfluss auf die Vielfalt der Angebote und Aktivitäten hat und dass mehr Personal ebenfalls zu einem breiteren Angebot führt. Angesichts dieses eindeutigen statistischen Zusammenhangs erstaunt es dann auch nicht, dass Jugendzentren in Ostdeutschland und in Landkreisen ein weniger vielfältiges Angebot und weniger unterschiedliche Aktivitäten vorweisen können, denn schließlich haben sie statistisch gesehen auch weniger häufig Personal zur Verfügung, und wenn es Stellen für hauptamtliche MitarbeiterInnen gibt, dann sind es meist weniger Stellen als in Städten und in Westdeutschland.

Die Vielzahl der Angebote offener Kinder- und Jugendarbeit erschwert die Beschreibung dessen, was genau zu dem Profil dieses Handlungsfeldes dazugehört. Mit Hilfe einer explorativen Faktorenanalyse wurde deshalb untersucht, ob sich Angebotstypen identifizieren lassen. Es haben sich tatsächlich vier solcher Typen herauskristallisiert, unter anderem auch eine ausgeprägte Ausrichtung auf Schule. Inwiefern es sich bei diesen Angebotstypen um stabile Strukturen der offenen Kinder- und Jugendarbeit handelt, wird sich bei einer Wiederholungsbefragung erweisen müssen. Die Verbreitung und Entwicklung der Angebotstypen über einen längeren Zeitraum zu beobachten, erlaubt es, Rückschlüsse auf inhaltliche Verschiebungen in der Ausgestaltung der offenen Kinder- und Jugendarbeit zu treffen. Durch eine solche Wiederholungsbefragung wird es auch möglich werden, empirische Beiträge zu der Diskussion, ob der Ausbau der Nachmittagsbetreuung zu Lasten der offenen Kinder- und Jugendarbeit geht, zu liefern. Thesen einer zunehmenden Instrumentalisierung von Jugendarbeit für Ziele, die außerhalb der offenen Kinder- und Jugendarbeit liegen, werden sich dann auch empirisch überprüfen lassen.

Teil B
Wer geht ins Jugendzentrum?

Kapitel 10
BesucherInnen von Jugendzentren – Befragung von Jugendlichen

Wer geht ins Jugendzentrum und wer nicht? Das ist die Frage, die im Mittelpunkt dieses Kapitels steht. Hierzu gibt es eine Vielzahl von Befunden (vgl. Schmidt 2011), die aber überwiegend auf Befragungen einzelner Regionen beruhen und somit keine bundesweit gültigen Aussagen erlauben. In der Fachöffentlichkeit wird bislang davon ausgegangen, dass Jugendzentren überproportional von jungen Menschen mit Migrationshintergrund und aus bildungsfernen Familien besucht werden. Die Ergebnisse dieses Kapitels, so viel vorweg, deuten allerdings auf die Notwendigkeit weiterer Differenzierungen hin.

Im Gegensatz zu allen vorherigen und weiteren Kapiteln steht in diesem Abschnitt nicht die Perspektive der Jugendzentren im Fokus der Analyse, sondern die der Kinder und Jugendlichen. Basis dafür ist die bundesweite Umfrage des Deutschen Jugendinstituts zum Aufwachsen und Alltag von Kindern und Jugendlichen, AID:A (Aufwachsen in Deutschland: Alltagswelten). Auf dieser Datenbasis soll der Frage nachgegangen werden, wer ins Jugendzentrum geht. Damit können auf unterschiedlichen Wegen Informationen über die BesucherInnen von Jugendzentren erlangt werden.

Beide Zugänge – AID:A und die Erhebung bei Jugendzentren (vgl. Kap. 11) – zur Analyse der Inanspruchnahme von Jugendzentren haben Vor- und Nachteile. Die Personenbefragung enthält eine Vielzahl von sozio-demografischen Informationen zu den BesucherInnen und Nicht-BesucherInnen wie etwa Alter, Bildungs- und Migrationshintergrund, Lebensform sowie Angaben zu anderen Freizeitaktivitäten, die bei Befragungen auf Einrichtungsebene nicht erhoben werden können. Sie liefert damit ein differenziertes Bild davon, welche sozialen Gruppen Jugendzentren besuchen und welche nicht. Sie lässt allerdings nicht zu, zwischen unterschiedlichen Formen von Angeboten zu unterscheiden.

Im Rahmen einer Erhebung auf der Ebene der Einrichtungen kann dagegen nur eine beschränkte Anzahl von Merkmalen der AdressatInnen, wie etwa das Geschlecht, das Alter und mit Einschränkungen auch der Migrationshintergrund sowie das Vorliegen von Behinderungen erfasst werden. Zudem lassen sich die Merkmale in der Regel nicht für jeden einzelnen Besucher, sondern nur zusammengefasst für die einzelne Einrichtung erfassen. Weitere Angaben zur Besucherstruktur wären für die befragten Einrichtungen zu aufwendig und damit nicht valide zu erheben gewesen. Für die erhobenen Merkmale der Besucherstruktur ist es allerdings möglich darzustellen, wie sie sich über verschiedene Typen von Einrichtungen verteilen und ob die inhaltlichen Schwerpunkte der Einrichtungen der offenen Jugendarbeit sowie deren konzeptionelle Orientierung mit der Zusammensetzung der Besucherstruktur in irgendeinem Zusammenhang stehen. Diese Perspektive wird in Kapitel 11 verfolgt. In den nächsten Unterabschnitten werden zuerst die Einflussfaktoren der Nutzung von Jugendzentren systematisiert. Dabei wird unterschieden zwischen Faktoren auf der Ebene der potenziellen Nutzergruppen, Kontextfaktoren sowie Merkmalen seitens der Angebote. Anschließend werden die Befunde hierzu dargestellt.

10.1 Einflussfaktoren der Nutzung von Jugendzentren

Zu den Einflüssen, die zur Nutzung von Jugendzentren führen, gibt es trotz einer Reihe von empirischen Ergebnissen keine ausgearbeiteten theoretischen Konzepte. Für manche anderen sozialstaatlichen Angebote oder Leistungen (z.B. medizinische Leistungen, Inanspruchnahme von staatlichen Transfergeldzahlungen) liegen dagegen theoretische Ansätze vor, die versuchen, die Nutzung durch einzelne Zielgruppen zu erklären (vgl. etwa van Oorschot 1991, 1998; Aday/Anderson 1974; Andersen 1995). Diese Ansätze beziehen sich vor allem auf monetäre und medizinische Leistungen. Nur selten werden auch Leistungen aus dem Bereich der Jugendhilfe in den Blick genommen (vgl. etwa van Santen/Seckinger 2008). Die genannten Ansätze können als Ausgangspunkt für die Systematisierung von Faktoren, die die Nutzung von Jugendzentren beeinflussen, dienen.

Gemeinsam ist diesen Ansätzen, dass aufseiten der erklärenden Faktoren zwischen zwei Ebenen unterschieden wird: Zum einen erklären Merkmale der Zielgruppe die Nutzung der Angebote. Hierzu gehören etwa der Umgang mit wahrgenommenen Hemmschwellen, individuelle Kenntnisse und Fähigkeiten oder generelle Einstellungen gegenüber den jeweiligen Angeboten. Zum anderen werden Merkmale seitens der Angebote als erklärende Faktoren für die Nutzung in Betracht gezogen. Im nächsten Abschnitt werden entsprechend dieser Unterscheidung zwischen Merkmalen der NutzerInnen und Merkmalen der Angebote Einflussfaktoren hinsichtlich der Nutzung von Angeboten der Jugendarbeit diskutiert.

Da für den Besuch von Jugendzentren auch Kontextfaktoren (z.B. vorhandene Alternativen, Peer-Group-Einflüsse, Image von Jugendarbeit) eine Rolle spielen, welche weder als individuelle Merkmale noch als Merkmale des Angebots betrachtet werden können, wird im Folgenden auch diese Differenzierungsebene in den Blick genommen. Die Unterscheidung der verschiedenen Einflussebenen ist eine rein analytische Trennung. In der Realität lassen sich die verschiedenen Ebenen nur schwer auseinanderhalten, weil sie eng miteinander verwoben sind. So können z. B. geschlechtsspezifische Freizeitpräferenzen besser oder schlechter mit dem Angebot eines Jugendzentrums kompatibel sein. Beide Aspekte beeinflussen somit die Nutzung von Jugendzentren. In dem Kapitel Zielgruppen (vgl. Kap. 12) werden konkret Merkmale der BesucherInnen und der Einrichtungen miteinander in Beziehung gesetzt.

Merkmale der Zielgruppe. Hinsichtlich der individuellen Merkmale wurde in der bisherigen Forschung zur Nutzung von Angeboten der offenen Kinder- und Jugendarbeit ein deutlicher Effekt des Alters festgestellt: Insgesamt nimmt die Nutzung mit dem Lebensalter zuerst zu und etwa ab dem 16. Lebensjahr wieder ab (z. B. Santen et al. 2003: 304–305). Das Alter steht in Verbindung mit Veränderungsprozessen und dem Übergang in andere Lebensformen – z. B. selbständiges Wohnen. Solche Veränderungen hängen sehr eng mit dem Ausbildungs- und Erwerbsstatus zusammen, was wiederum mit zeitlichen Restriktionen einhergeht, die die Nutzung von Jugendzentren beeinflussen. Auch kann davon ausgegangen werden, dass sich die individuelle Präferenzstruktur hinsichtlich Freizeitbeschäftigungen mit dem Alter verändert: Mit zunehmenden Alter wird der Aktionsradius größer, verändert sich der Rechtsstatus (z. B. Erlaubnis des Alkoholkonsums ab dem 18. Lebensjahr) und werden die finanziellen Spielräume und damit die Möglichkeiten der Freizeitgestaltung größer (vgl. z. B. Tully/van Santen 2012). Die unterschiedliche Nutzung nach dem Alter ist vor diesem Hintergrund zu sehen.

Auch das Geschlecht der AdressatInnen hat einen Einfluss auf den Besuch von Jugendzentren: Jugendzentren werden häufiger von männlichen Jugendlichen besucht. Zur Erklärung der geschlechtsspezifischen Unterschiede werden andere Interessenlagen bzw. Präferenzen der Geschlechter in Hinblick auf die Freizeitgestaltung vermutet. Darüber hinaus nutzen Jugendliche mit niedrigem Bildungsniveau die Jugendzentren in höherem Maße (z. B. Jugendwerk der Deutschen Shell 2000), da es sich um Angebote handelt, bei denen der Zugang voraussetzungslos und damit niedrigschwellig ist. Weiterhin besuchen Jugendliche mit Migrationshintergrund häufiger Jugendzentren (Schmidt 2011: 54 f. für eine Übersicht). Zum einen verfügen Jugendliche mit Migrationshintergrund im Durchschnitt über geringere Bildungsressourcen, die in einem positiven Zusammenhang mit dem Besuch von Jugendzentren stehen. Zum anderen weisen Klöver/Straus (2005: 13) darauf hin, dass in Jugendzentren junge MigrantInnen und bildungsferne Deutsche, „die wenig zu Hause hält“, überproportional anzutreffen sind. Sie vermerken weiterhin, dass unabhängig vom Migrationsstatus auch die

Wohnverhältnisse (z.B. eigenes Zimmer) und familiäre Probleme als Gründe für die Nutzung von Jugendzentren genannt werden.

Kontextfaktoren. Ein weiteres wichtiges Element bei der Entscheidung von potenziellen NutzerInnen, Jugendzentren in Anspruch zu nehmen, ist die Verfügbarkeit von Alternativen. Im Jugend- und jungen Erwachsenenalter sind Freizeitalternativen vielfältig: Statt in Jugendzentren kann Freizeit bspw. auch in Organisationen mit verbindlichem Charakter, wie Sportvereinen oder Musikschulen, im Rahmen des öffentlichen Raums, wie Parks, Einkaufszentren, Skateranlagen oder in kommerziellen Einrichtungen wie Clubs, Bars, Diskotheken oder Fitnesszentren gestaltet werden. Wenngleich unterschiedliche Formen der Freizeitgestaltung von einer Person gleichermaßen genutzt werden können, ist dennoch zu vermuten, dass das Vorhandensein kommerzieller Freizeitangebote mit der Bevölkerungsdichte einer Region zusammenhängt und das Angebot deshalb in ländlichen Regionen kleiner ist. Dies würde vermuten lassen, dass dort Jugendzentren stärker genutzt werden. In Ostdeutschland ist der Anteil von Jugendlichen, die in Vereinen und Verbänden aktiv sind, deutlich geringer als in Westdeutschland (vgl. Gaiser/de Rijke 2008: 246). Daher wäre zu erwarten, dass der Anteil Jugendlicher in Ostdeutschland, die Jugendzentren besuchen, höher liegt.

Auch Netzwerke tragen wesentlich zur Entscheidung über Freizeitaktivitäten bei. Es spielt dabei erstens eine Rolle, ob Jugendliche in Netzwerken und zweitens, in welchen Netzwerken sie eingebunden sind. So spielt es für Kinder und Jugendliche bei der Entscheidung, in ein Jugendzentrum zu gehen, eine wesentliche Rolle, inwiefern dieses Angebot auch von Mitgliedern der Peer-Group genutzt wird. Der Zugang zu Jugendzentren findet in der Regel über Freunde statt und wird auch dadurch beeinflusst, welche Gruppierungen oder Altersgruppen man meint, dort anzutreffen (vgl. Schmidt 2011: 65 für eine Übersicht entsprechender Studien).

Klöver/Straus (2005: 7) sprechen in Bezug auf das Image von Jugendzentren von einem „Hörensagenproblem“ der Jugendzentren. Hinsichtlich der Nicht-Nutzung wird von Jugendlichen oft auf die schlechten Erfahrungen Anderer verwiesen. Nur ein geringer Teil der jugendlichen Nicht-BesucherInnen hat eigene Erfahrungen bezüglich der Nutzung von Jugendzentren gemacht. Ein Teil der Jugendlichen wird auch von den Eltern davon abgehalten, ein Jugendzentrum zu besuchen.

Dass die Verfügbarkeit von Angeboten der offenen Jugendarbeit (Angebotsdichte) das Ausmaß der Nutzung insgesamt beeinflusst, liegt auf der Hand. Angebote, die nur in geringem Umfang zur Verfügung stehen, können auch nur in geringem Umfang in Anspruch genommen werden. Umgekehrt bedeutet dies allerdings nicht, dass Angebote, die rein rechnerisch für alle zur Verfügung stehen, auch tatsächlich von allen in Anspruch genommen werden. Dies trifft insbesondere dann zu, wenn die Nutzung wie bei den Angeboten der offenen Jugendarbeit auf freiwilliger Basis erfolgt. Allerdings hängt die Angebotsdichte direkt oder indirekt mit Eigenschaften der Angebote zusammen, die Auswirkungen auf das Ausmaß der Nutzung haben: So nimmt mit der Verbreitung eines Angebotes auch seine Sichtbarkeit zu – sei es durch eigene Erfahrungen oder vermittelt über andere NutzerInnen. Damit erhöht sich die Wahrscheinlichkeit, dass potenzielle NutzerInnen überhaupt Informationen über die Existenz eines Angebots erhalten und dieses wahrnehmen. Im Bereich der Jugendarbeit zeigt sich empirisch, dass Jugendzentren keineswegs allen potenziellen NutzerInnen bekannt sind. So gaben im DJI-Jugendsurvey aus dem Jahre 2003 5,5 % der befragten 12- bis 15-Jährigen an, Jugendzentren, Jugendhäuser oder Jugendtreffs als für sie relevante Angebotsform nicht zu kennen.[1]

Weiterhin hängt die Angebotsdichte – zumindest indirekt – mit Normalitätsvorstellungen zusammen. So ist davon auszugehen, dass die Nutzung weit verbreiteter Angebote aus NutzerInnenperspektive eher als „normal" betrachtet wird, während die Nutzung wenig verbreiteter Angebote in unterschiedlicher Weise negativ stigmatisiert sein kann – was jeweils wiederum Rückwirkungen auf die Angebotsdichte haben kann.

Nicht zuletzt verändert sich mit der Dichte eines Angebots auch seine Erreichbarkeit. Eine hohe regionale Dichte von Angeboten ermöglicht in der Regel eine bessere Erreichbarkeit. Bezüglich der Angebote im Bereich der Jugendarbeit zeigen Gragert et al. (2006: 62 f.), dass deren verkehrstechnische Erreichbarkeit insbesondere in Landkreisen zum Teil eingeschränkt ist und somit die Erreichbarkeit auch mit dem Ausbaustand der öffentlichen Verkehrsmittel zusammenhängt. Zu erwarten ist, dass eine schlechte Erreichbarkeit von Angeboten die Nutzung von Jugendzentren reduziert: So konnten Ferchhoff et al. (1988) zeigen, dass für ein Fünftel der jungen Menschen die Entfernung ein Grund ist, das Jugendzentrum nicht zu besuchen. Insbesondere für Personen mit geringeren finanziellen Ressourcen kann die Entfernung zu einem Angebot ein Hindernis sein, dieses Angebot wahrzunehmen.[2]

Merkmale seitens der Angebote. Neben individuellen Merkmalen und Kontextfaktoren beeinflussen auch Merkmale des Angebots die Nutzung von Jugendzentren. Jugendzentren unterscheiden sich hinsichtlich ihrer ex-

1 Vgl. hierzu die Survey-Datenbank des DJI unter der Adresse: http://db.dji.de/surveys/index.php?m=mva,1&keyID=163,k713_c

2 Der Effekt der Angebotsdichte auf die Inanspruchnahme ist somit nicht unabhängig von den vorhandenen (finanziellen) Ressourcen der potenziellen NutzerInnen zu sehen, wie u. a. dieses Beispiel zeigt.

pliziten oder impliziten[3] Zielgruppenkonzeption (vgl. hierzu Kap. 12) sowie ihres Angebots, d. h. bezüglich ihrer Öffnungszeiten, ihres Personaleinsatzes, der Infrastruktur und der angebotenen Aktivitäten deutlich voneinander (vgl. Kap. 5, 7, 8 und 9). Es ist anzunehmen, dass auch diese Faktoren sich auf die Zusammensetzung der NutzerInnen-Gruppe auswirken, weil diese Dimensionen in unterschiedlichem Umfang den zeitlichen Spielräumen, Präferenzen und Bedürfnissen der potenziellen NutzerInnen entsprechen. Klöver und Straus (2005) sowie Olk et al. (2003) beobachten in diesem Zusammenhang etwa eine häufigere Nutzung von Jugendzentren, wenn die Qualität des Angebots in Jugendzentren von den NutzerInnen besser bewertet wird. Daneben wird die Nutzung auch bestimmt durch das Image einer spezifischen Einrichtung. So werden Jugendzentren mancherorts von bestimmten Cliquen dominiert (vgl. Schmidt 2011: 67 f.), die das Image der Einrichtung beeinflussen. Und auch schon die Adresse einer Einrichtung kann ihr Image prägen und damit das Nutzungsverhalten beeinflussen.

Nicht zuletzt ist auf die Bedeutung der Kostenpflichtigkeit der Angebote hinzuweisen. Jugendzentren ermöglichen oftmals die kostenfreie Nutzung der Angebote, was insbesondere für Kinder und deren Eltern die Attraktivität des Angebots erhöhen kann und damit die Nutzung wahrscheinlicher macht.

10.2 Befunde zur Nutzung von Jugendzentren

Die Analyse des Besuchs von Jugendzentren nutzt die Daten des Surveys „Aufwachsen in Deutschland: Alltagswelten (AID:A)“, der im Jahre 2009 vom Deutschen Jugendinstituts durchgeführt wurde.[4] Die hier verwendeten Daten beziehen sich auf die Angaben der Altersgruppe der 13- bis 32-Jährigen.[5] Die Daten erlauben eine Analyse des Besuchs bzw. Nicht-Besuchs von Jugendzentren in Abhängigkeit verschiedener Personenmerkmale. Eine

3 In diesem Zusammenhang können Jugendzentren und ihre Träger auch ein Interesse daran entwickeln, möglichst jene NutzerInnen zu gewinnen und zu halten, die die Existenz der Einrichtung sichern und die Organisationsabläufe möglichst wenig stören.

4 In diesem Survey wurden Daten zu Personen aus Privathaushalten bis zum Alter von 55 Jahren telefonisch erhoben. Weitere Information zu AID:A finden sich bei Alt et al. (2011). Details zur Stichprobenziehung und zur Erhebung sind im Methodenbericht der Erhebungsinstitute im Internet unter http://213.133.108.158/surveys/docs/20/81/aida2009_methodenbericht_dji4258_20100715_3.pdf verfügbar.

5 Die folgenden Ergebnisse beziehen sich auf die Frage „Welche Einrichtungen hast Du in den letzten 12 Monaten genutzt?“ (13- bis 17-Jährige) bzw. „Sagen Sie mir bitte, ob Sie einige der folgenden Angebote in den letzten 12 Monaten genutzt haben?“ (18- bis 32-Jährige). Eine der Auswahloptionen lautete „Jugendzentrum, Jugendclub, Jugendtreff“.

Betrachtung des Zusammenhangs dieser individuellen Merkmale der (potenziellen) NutzerInnen mit Merkmalen des Angebots ist mit den AID:A-Daten nicht möglich. Eine Verschränkung der individuellen und Angebotsebene erfolgt soweit dies möglich ist in dem Kapitel 9.

Insgesamt gibt etwa ein Fünftel (18 %, ungewichtet) der Personen aus der Altersgruppe der 13- bis 32-Jährigen an, ein Jugendzentrum besucht zu haben. Auch wenn diese Zahl zunächst relativ hoch erscheint, relativiert sich dies, wenn man sich vergegenwärtigt, dass es sich hierbei um Besuchsquoten während der letzten zwölf Monate handelt. Dies bedeutet, dass ein einmaliger Besuch im letzten Jahr bereits als Nutzung des Angebots zählt. Verschiedene Studien zeigen, dass die Angaben zur Nutzung bezogen auf einen Zeitraum von einem Jahr für die hier betrachtete Altersgruppe durchaus plausibel sind. Diese Studien zeigen auch, dass die Nutzungsintensität (d. h. wie oft jemand Jugendzentren besucht) stark differiert und mit verschiedenen sozio-demografischen Merkmalen zusammenhängt (vgl. Schmidt 2011: 46 ff.).

Im Folgenden wird auf der Grundlage deskriptiver Analysen untersucht, welchen Einfluss die oben genannten individuellen und Kontextfaktoren – sofern dazu in den verwendeten Daten Informationen vorliegen – auf die Nutzung von Jugendzentren haben. Da einige der betrachteten Variablen eng zusammenhängen wie etwa die Angebotsdichte und die Unterscheidung nach Ost- und Westdeutschland (vgl. Gadow et al. 2013: 113 u. 117), werden am Ende dieses Abschnittes Ergebnisse einer multivariaten Analyse dargestellt.

Abbildung 10.1 zeigt die Anteilswerte der Nutzung von Jugendzentren nach dem Alter der jungen Menschen.[6] Kinder und Jugendliche im Alter zwischen 13 und 20 besuchen Jugendzentren am häufigsten. Weiterhin wird einerseits deutlich, dass die Anteile im hier betrachteten Altersbereich mit steigendem Alter sinken. Dies spiegelt wider, dass Jugendliche mit zunehmendem Alter andere Interessen verfolgen, weniger Freizeit haben, insbesondere dann, wenn sie einer Erwerbstätigkeit nachgehen[7] oder in Ausbildung sind. Zudem dürften sich mit eigenen Einkünften die Formen der Freizeitgestaltung verändern. Andererseits zeigt sich aber auch, dass sich die Nutzung dieser Angebote keinesfalls auf das Jugendalter beschränkt. In allen folgenden Abbildungen wird deshalb nach dem Alter differenziert, ist

6 Die Anteilswerte werden zur besseren Veranschaulichung an Hand einer geglätteten (Kernel smoothing) Regressionsfunktion dargestellt.

7 Auf eine Darstellung der Nutzung von Jugendzentren nach Erwerbstätigkeit wird verzichtet, weil sich hier eine starke Altersabhängigkeit zeigt. Das heißt, mit zunehmendem Alter steigt die Erwerbstätigkeit und damit verringert sich die Nutzung von Jugendzentren.

dies doch das Merkmal der BesucherInnen, mit der sich die Nutzung innerhalb der betrachteten Altersgruppe bei Weitem am besten erklären lässt.

Abb. 10.1: Nutzung von Jugendzentren nach Alter

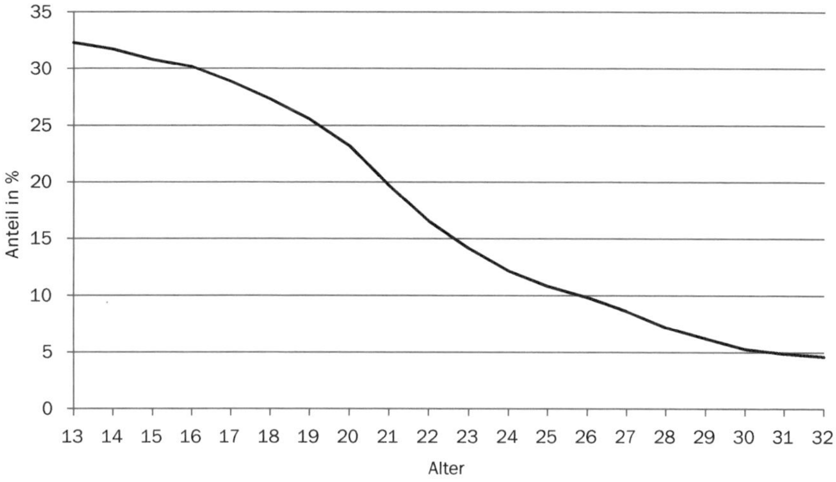

Quelle: AID:A – DJI-Survey 2009

Auch feste Partnerschaften und die Gründung einer Familie korrelieren mit dem Alter und verringern die Nutzung von Jugendzentren. Dies zeigt sich bei den Effekten der aktuellen Lebensform für junge Erwachsene nach dem Erreichen der Volljährigkeit in Abbildung 10.2. Außerhalb des Haushalts der Eltern zu leben geht mit einem höheren Grad an Verselbstständigung einher und führt zu einer geringeren Nutzung von Jugendzentren auch in Altersbereichen, in denen viele Jugendliche, die im Haushalt ihrer Eltern leben, Jugendzentren besuchen. Offensichtlich ist es eine wichtige Funktion der Einrichtungen der offenen Jugendarbeit, Räume außerhalb der Einflussnahme von Eltern bereitzustellen, und es ändert sich das Freizeitverhalten, wenn die Loslösung von den Eltern (auch) durch eine eigenständige Wohnform realisiert wird.

Mädchen unterscheiden sich in ihrem Freizeitverhalten von Jungen. Abbildung 10.3 zeigt deshalb die Nutzung von Jugendzentren getrennt nach Geschlecht. Insgesamt besuchen Mädchen bzw. junge Frauen signifikant seltener ein Jugendzentrum als Jungen bzw. junge Männer. Wenngleich für beide Geschlechter die Nutzung mit dem Alter sinkt, sind hier unterschiedliche zeitliche Muster erkennbar: Während bei den Männern die Nutzung vom 13. bis zum 18. Lebensjahr etwa gleich ist und erst dann beginnt abzusinken, kann bei den Frauen eine kontinuierliche Abnahme der Nutzung festgestellt werden. Diese geringere Nutzung des Angebots durch die jungen Frauen und der Verlauf der Abnahme wirft die Frage auf, inwieweit das Freizeitangebot in den Jugendzentren möglicherweise nicht den Bedürfnissen des weiblichen Geschlechts entspricht oder ob es für junge Frauen andere Arten von Hindernissen gibt. Hier besteht ein Klärungsbedarf, der von den Jugendzentren selbst und der örtlichen Jugendhilfeplanung zu leisten ist.

Abb. 10.2: Nutzung von Jugendzentren nach Alter und Lebensform

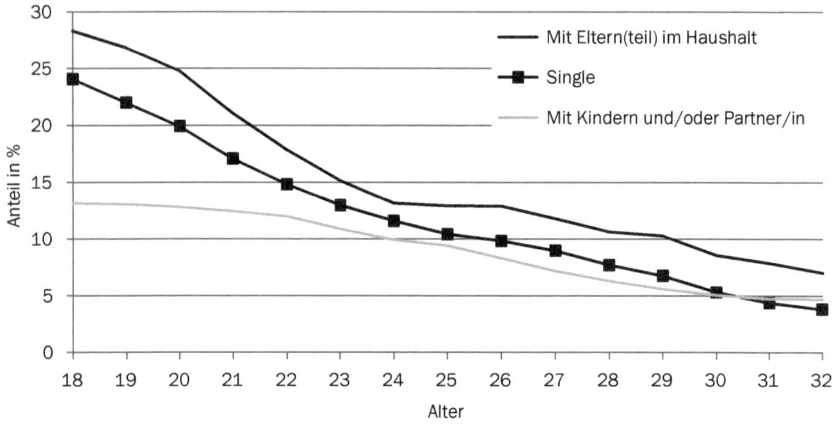

Quelle: AID:A – DJI-Survey 2009

Abb. 10.3: Nutzung von Jugendzentren nach Alter und Geschlecht

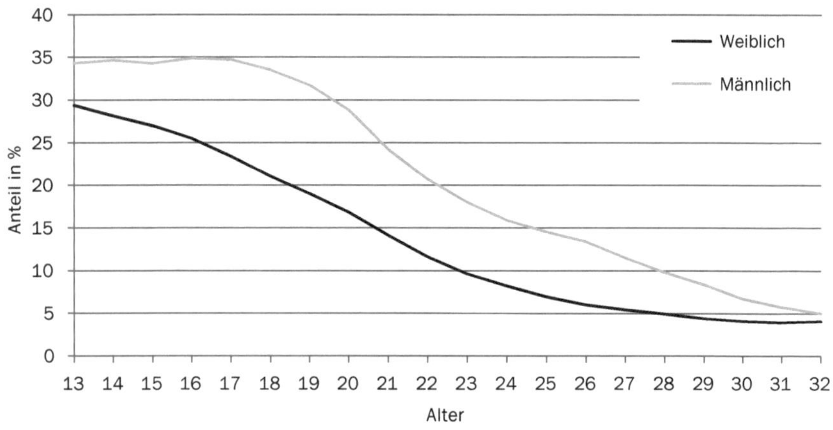

Quelle: AID:A – DJI-Survey 2009

Die Nutzung nach Migrationshintergrund und Geschlecht ist in der Abbildung 10.4 dargestellt. Betrachtet man die Nutzung von Jugendzentren durch Kinder, Jugendliche und junge Erwachsene mit Migrationshintergrund insgesamt auf Bundesebene – d.h. ohne zu berücksichtigen, in welchen Regionen sie leben –, so ist sie nicht deutlich unterschieden von der Gruppe ohne Migrationshintergrund. Dies widerspricht Ergebnissen anderer Untersuchungen, die von einer überproportionalen Nutzung der Jugendzentren durch Kinder und Jugendliche mit Migrationshintergrund berichten (vgl. Schmidt 2011: 54f. für eine Übersicht).

Abb. 10.4: Nutzung von Jugendzentren nach Alter, Geschlecht und Migrationshintergrund

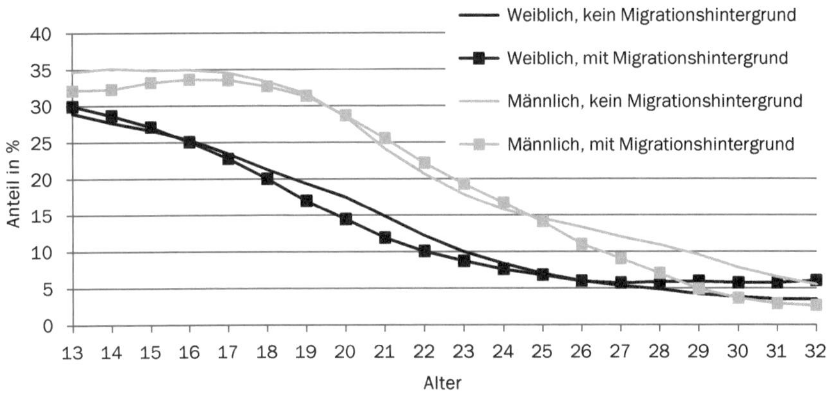

Quelle: AID:A – DJI-Survey 2009

Die unterschiedlichen Ergebnisse hinsichtlich der Nutzung von Jugendzentren durch Personen mit und ohne Migrationshintergrund kann verschiedene Ursachen haben: Wie später anhand der Daten der Erhebung bei den Einrichtungen der offenen Jugendarbeit gezeigt werden kann, gibt es einen sehr starken Zusammenhang zwischen dem Anteil der Personen mit Migrationshintergrund unter den Besuchern von Jugendzentren und der Trägerschaft. In Einrichtungen öffentlicher Träger (inkl. die Trägerschaft von Einrichtungen der Körperschaft öffentlichen Rechts in Bayern) ist der Anteil der Besucher mit Migrationshintergrund wesentlich höher als in Einrichtungen freier Träger. Wohingegen der Anteil von BesucherInnen mit Migrationshintergrund in Jugendzentren in der Trägerschaft von Kirchengemeinden als Körperschaft öffentlichen Rechts signifikant geringer ist. Möglicherweise werden in den von Schmidt zitierten Untersuchungen bestimmte offene Angebote, die von Jugendlichen mit Migrationshintergrund in geringerem Umfang genutzt werden, wie etwa aus dem Bereich der kirchlichen Jugendarbeit, unzureichend einbezogen und damit der Anteil der Jugendlichen mit Migrationshintergrund überschätzt.

Generell soll in diesem Kontext noch einmal daran erinnert werden, dass in diesem Kapitel Ergebnisse einer Befragung der Zielgruppe der Jugendzentren präsentiert werden. Der einzelne Jugendliche denkt allerdings nicht unbedingt in Kategorien von Angeboten, denen eine Unterscheidung in offen und verbandlich zugrundeliegt. Aus ihrer Perspektive dürfte es häufig nicht klar und auch unerheblich sein, ob ein Angebot zur offenen oder zur verbandlichen Jugendarbeit gezählt wird. Sie gehen aus ihrer Perspektive möglicherweise davon aus, ein Jugendzentrum oder Jugendclub zu besuchen, obwohl es sich de facto um eine Jugendverbandsgruppe handelt. Wie aus anderen Studien bekannt ist, sind Jugendliche mit Migrationshintergrund in der verbandlichen Jugendarbeit bislang unterrepräsentiert (vgl. Seckinger et al. 2009: 87ff.). Eine „falsche" Zuordnung zur offenen Kinder- und Jugendarbeit ist somit bei den Jugendlichen ohne Migrationshintergrund häufiger möglich. Dies könnte zu einer Überschätzung der NutzerInnen ohne Migrationshintergrund führen.

Auch die Studienregion der Untersuchungen zum Anteil der BesucherInnen mit Migrationshintergrund spielt eine wesentliche Rolle zur Erklärung der unterschiedlichen Studienbefunde: So ist etwa der Anteil der Personen mit Migrationshintergrund in Ostdeutschland niedriger als in Westdeutschland und in Landkreisen geringer als in den Städten. Gerade in Städten aber werden die offenen Angebote der Jugendarbeit insgesamt in geringerem Umfang genutzt. Wenn also auf Bundesebene insgesamt keine Unterschiede feststellbar sind, können in den Regionen, in denen die Personen mit Migrationshintergrund leben, durchaus Unterschiede hinsichtlich der Nutzung vorhanden sein.

Eine weitere Erklärung für die unterschiedlichen Befunde zur Nutzung von Jugendzentren durch junge Menschen mit Migrationshintergrund könnte sein, dass es Unterschiede in der Nutzungsintensität zwischen Personen mit und ohne Migrationshintergrund gibt, die mit den vorliegenden Daten nicht abgebildet werden können.

Als Ergebnis der Überlegungen zu der Repräsentanz von AdressatInnen mit Migrationshintergrund kann festgehalten werden, dass eine Reihe von anderen Studien den Anteil von Personen mit Migrationshintergrund in Jugendzentren vermutlich eher überschätzen.

Eine Differenzierung der AID:A-Daten nach Herkunftsländern zeigt einen deutlichen Unterschied zwischen Männern und Frauen bei den Personen mit türkischen Wurzeln, während dieser Unterschied bei anderen Herkunftsländern im Vergleich zu den Personen ohne Migrationshintergrund wesentlich schwächer ausgeprägt ist. In der Gruppe der Personen mit türkischem Migrationshintergrund sind die Männer mit einer Besuchsquote von

33 % überrepräsentiert, während Frauen zu einem deutlich geringeren Anteil (Besuchsquote 7 %) in Jugendzentren vertreten sind. Die Studie von Klöver/Straus (2005: 6), die auch die Hintergründe des Nicht-Besuchens von Jugendzentren untersucht hat, gibt Hinweise, dass manchen jungen Frauen mit Migrationshintergrund der Besuch eines Jugendzentrums von den Eltern verboten wird. Der Vergleich der Nutzung nach Herkunftsländern macht außerdem deutlich, dass es in Deutschland quantitativ große Gruppen mit Migrationshintergrund gibt – etwa Personen mit polnischem Migrationshintergrund –, die bei beiden Geschlechtern in Jugendzentren eher unterrepräsentiert sind.

In zahlreichen Analysen ist festgestellt worden, dass Kinder und Jugendliche aus höheren Bildungsschichten das Freizeitangebot „Jugendzentrum" weniger häufig nutzen als Kinder aus niedrigeren Bildungsschichten (als Übersicht vgl. Schmidt 2011: 53). Dies zeigt sich erwartungsgemäß auch in den Analysen des AID:A-Surveys, die in der Abbildung 10.5 dargestellt sind.[8]

Abb. 10.5: Nutzung von Jugendzentren nach Alter, Geschlecht und Bildungshintergrund

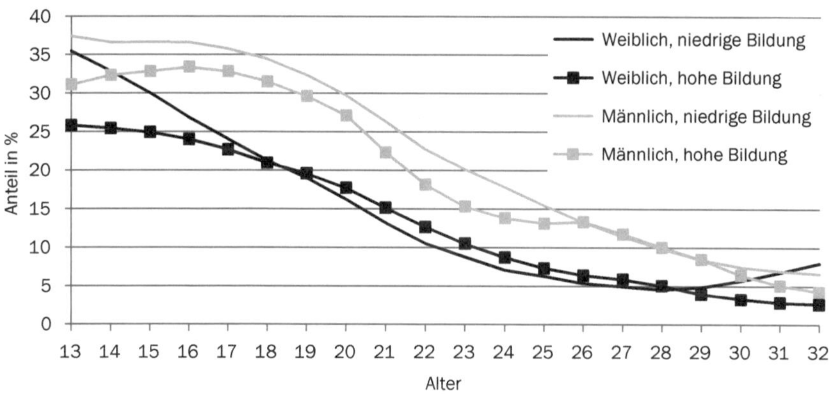

Quelle: AID:A – DJI-Survey 2009

Während insgesamt etwa 21 % der Jugendlichen und jungen Erwachsenen aus Haushalten mit niedrigerer Bildung Jugendzentren, Jugendclubs oder Jugendtreffs in Anspruch nehmen, tun dies 16 % aus Haushalten mit höhe-

8 Zur Beschreibung des *Bildungsstandes* wurde als altersunabhängiges Differenzierungsmerkmal der höchste Bildungsabschluss im Haushalt verwendet. Dabei wurde als „hohe Bildung" kodiert, wenn mindestens ein Haushaltsmitglied die Fachhochschulreife, das Abitur oder einen Hochschulabschluss besitzt.

rer Bildung.[9] Bei beiden Geschlechtern zeigen sich Unterschiede in der Nutzung, allerdings mit unterschiedlichen Entwicklungsmustern über das Lebensalter: Während es bei den Mädchen und jungen Frauen nach zunächst großen Differenzen relativ schnell zu einer Angleichung der Besuchsquoten der Gruppen nach Bildungshintergrund kommt, findet bei den Männern erst ab dem 25. Lebensjahr eine Angleichung statt.

Auch (Freizeit-)Präferenzen können das Ausmaß der Nutzung von Jugendzentren beeinflussen. Als Indikator für eine spezifische Präferenzstruktur wird eine Variable gebildet, die kennzeichnet, ob Kinder, Jugendliche oder junge Erwachsene in der Freizeit täglich Sport treiben und/oder täglich musizieren. Liegt mindestens eine dieser Bedingungen vor, könnte man vermuten, dass eine geringere Präferenz für den Besuch eines Jugendzentrums vorliegt, da diese Aktivitäten das Zeitbudget von Kindern, Jugendlichen und jungen Erwachsenen beanspruchen und damit weniger Zeit für Jugendzentrumsbesuche zur Verfügung steht.

Abb. 10.6: Nutzung von Jugendzentren nach Alter und andere Freizeitaktivitäten

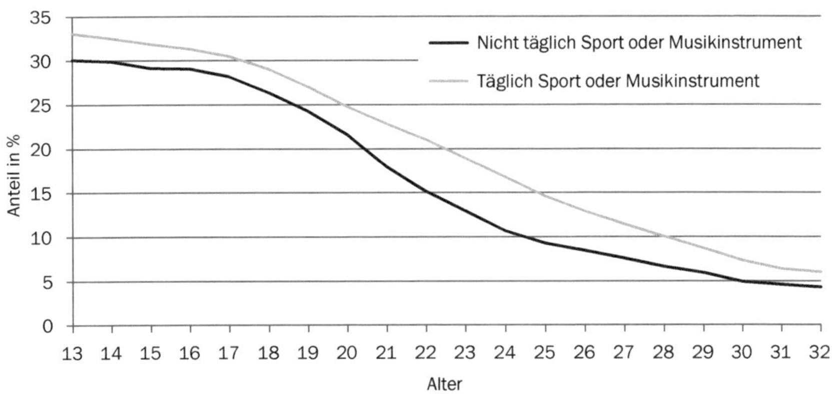

Quelle: AID:A – DJI-Survey 2009

Wie Abbildung 10.6 zeigt, haben die oben genannten Freizeitbeschäftigungen überraschenderweise nicht den erwarteten Effekt: Jugendliche, die täglich Sport treiben und/oder Musizieren, besuchen nicht seltener ein Jugendzentrum, sondern häufiger. Offensichtlich schließen diese Freizeitbeschäftigungen Besuche eines Jugendzentrums nicht aus. Möglicherweise ist das

9 Auf der Basis der Argumentation bezüglich des Besuchs von Personen mit Migrationshintergrund kann auch hier vermutet werden, dass der Anteil von Personen mit geringeren Bildungsressourcen in anderen Studien überschätzt wird.

Jugendzentrum für manche Jugendliche sogar gerade der Ort, der Aktivitäten wie tägliches Musizieren und/oder Sport erst ermöglicht.

Seitens der Kontexte verweisen sowohl die Unterscheidung nach der Größe der Wohnorte der Befragten (Abb. 10.7) als auch die zwischen Ost- und Westdeutschland (vgl. Abb. 10.8) auf unterschiedliche regionale Bedingungen bezüglich der Nutzung von Jugendzentren. In den Wohnorten mit weniger als 20 000 Einwohnern ist die Nutzung von Jugendzentren deutlich höher als in Wohnorten mit einer höheren Einwohnerzahl. Und in Ostdeutschland ist die Nutzung höher als in Westdeutschland. In beiden Fällen ist zu vermuten, dass diese Differenzen auf das unterschiedliche Angebot an anderen (kommerziellen) Möglichkeiten der Freizeitgestaltung zurückzuführen sind, das mit der Kaufkraft und der Bevölkerungsdichte einer Region variiert. Das heißt, es kann erwartet werden, dass dort, wo mehr alternative Freizeitbeschäftigungen möglich sind, öffentliche Angebote weniger genutzt werden. Dabei ist auffällig, dass insbesondere männliche junge Erwachsene in Ostdeutschland zu einem höheren Anteil auch im höheren Lebensalter Jugendzentren besuchen als in Westdeutschland, während der Ost-West-Effekt bei den jungen Frauen sehr viel weniger deutlich ausgeprägt ist.

Außer durch die genannten regionalen Kontexte kann das Ausmaß der Nutzung von Jugendzentren auch durch die Gelegenheitsstrukturen bzw. die Angebotsdichte – hier operationalisiert über die Anzahl der Fachkräfte in Jugendeinrichtungen[10] – bestimmt sein. Interessant ist in diesem Zusammenhang, wie sich die Nutzung im Rahmen unterschiedlicher Gelegenheitsstrukturen zwischen den Bildungsgruppen unterscheidet (vgl. Abb. 10.9): Je besser die Angebote ausgebaut sind, desto größer sind die Unterschiede zwischen den Bildungsgruppen bezüglich der Nutzung von Jugendzentren.

Nahezu keine Unterschiede bestehen zwischen den Bildungsgruppen, wenn das Angebot nur schwach ausgebaut ist. Bei einer höheren Anzahl von Fachkräften werden die Jugendzentren in höherem Umfang durch Jugendliche und junge Erwachsene aus Haushalten mit niedrigerer Bildung

10 Als Näherung für den Ausbau der Gelegenheitsstrukturen wurde auf die Anzahl der Fachkräfte in Jugendeinrichtungen pro 1 000 Einwohner im Alter von 10 bis 25 Jahren im Kreis zurückgegriffen. In der Analyse wurden die aktuellsten auf Kreisebene zur Verfügung stehenden Daten aus dem Jahr 2006 genutzt. Die Qualität der Daten zu den Einrichtungen und zum Personal der Jugendarbeit ist nicht unumstritten. Zwar wird in den Qualitätsberichten des Statistischen Bundesamtes der Einrichtungsstatistik – ungeachtet der Arbeitsfelder, auf das sie sich bezieht – ihre Vollständigkeit bescheinigt (vgl. Statistisches Bundesamt 2008), dennoch gibt es Hinweise darauf, dass gerade die statistische Erfassung der Angebote des sich ständig in Bewegung und Veränderung befindlichen Feldes der Jugendarbeit an manchen Stellen Lücken aufweist (z.B. Liebig 2005). Aus diesem Grund sind die Ergebnisse zur Angebotsdichte unter Vorbehalt zu interpretieren.

genutzt, zugleich nimmt der Anteil mit höheren Bildungsressourcen ab. Dies bedeutet, dass von einer höheren Angebotsdichte im Bereich der Jugendzentren Jugendliche und junge Erwachsene aus Haushalten mit niedrigerer Bildung profitieren (vgl. hierzu ausführlich van Santen/Prein 2013).

Abb. 10.7: Nutzung von Jugendzentren nach Alter und Einwohnerklassen

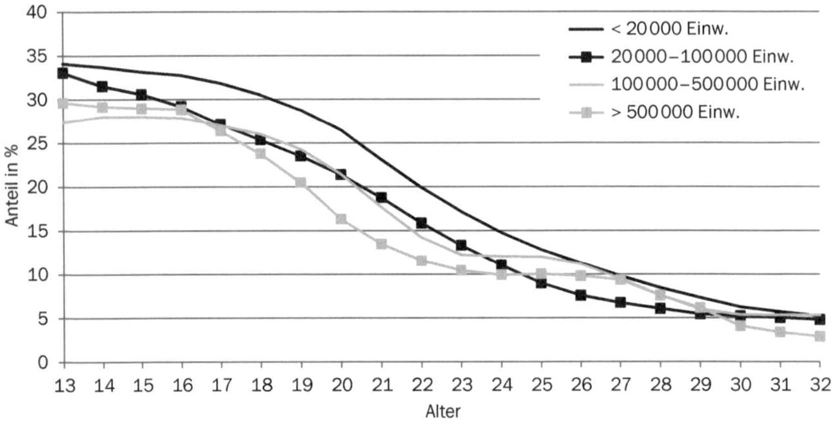

Quelle: AID:A – DJI-Survey 2009

Abb. 10.8: Nutzung von Jugendzentren nach Alter, Geschlecht und Ost- sowie Westdeutschland

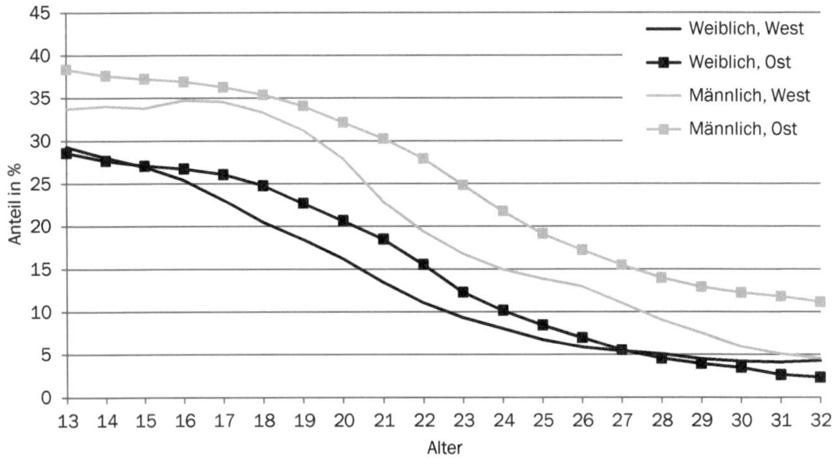

Quelle: AID:A – DJI-Survey 2009

Abb. 10.9: Inanspruchnahme von Jugendzentren, Jugendclubs oder Jugendtreffs in den letzten 12 Monaten nach Fachkräftequote im Kreis und höchstem Bildungsabschluss im Haushalt

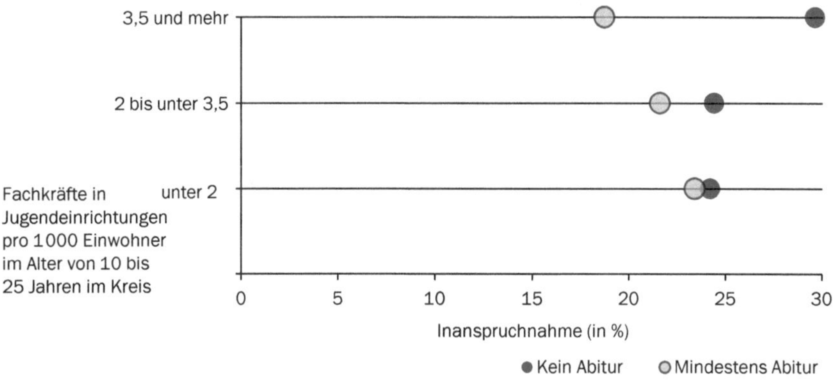

Quelle: AID:A – DJI-Survey 2009 (gewichtet); Zielpersonen im Alter 13 bis 25 Jahren

Neben den dargestellten bivariaten Zusammenhängen zwischen Jugendzentrumsbesuch und sozio-demografischen Merkmalen wurde auch eine logistische Regression durchgeführt (vgl. Tab. 10.1). Einige der in diesem Kapitel betrachteten Variablen, die den Besuch eines Jugendzentrums bedingen, hängen nämlich eng miteinander zusammen und dadurch kann es zu Scheinkorrelationen kommen. So könnte etwa die höhere Nutzung von Jugendzentren in Ostdeutschland im Vergleich zu Westdeutschland lediglich auf eine größere Anzahl von kleinen Gemeinden in Ostdeutschland zurückzuführen sein, in denen unabhängig von Ost-/Westunterschieden ebenfalls häufiger Jugendzentren besucht werden. Die logistische Regression erlaubt es, voneinander unabhängige Effekte der betrachteten Variablen zu identifizieren.

Die Ergebnisse der logistischen Regression sind in der Tabelle 10.1 dargestellt. Sie bestätigen im Wesentlichen die bereits dargestellten deskriptiven Befunde. Die Regionseffekte (Ost- vs. Westdeutschland, Einwohnerzahl der Wohnortgemeinde) erweisen sich auch in der multivariaten Analyse als statistisch signifikant. In Ostdeutschland wird das Jugendzentrum von verhältnismäßig mehr Menschen besucht als in Westdeutschland. Vor allem in den kleineren Gemeinden (< 20 000 Einwohner) gibt es mehr Kinder und Jugendliche, die das Jugendzentrum besuchen, als in den größeren Gemeinden. Es zeigt sich zudem, dass sich der Anteil der BesucherInnen zwischen den übrigen Gemeindegrößenklassen relativ wenig voneinander unterscheidet. Die sozio-demografischen Merkmale (Geschlecht, Alter, Lebensform) haben den größten Einfluss darauf, ob ein Jugendzentrum besucht wird oder nicht. Von diesen hat das Alter darauf den größten Einfluss: Mit zunehmendem Alter wird der Jugendzentrumsbesuch immer seltener. Ebenfalls besuchen, auch multivariat betrachtet, Männer zu größeren Anteilen Jugendzentren als Frauen.

Tab. 10.1: Logistische Regression Inanspruchnahme von Jugendzentren (Ja = 1/Nein = 0)

Variable	Odds-Ratio	Signifikanz
Alter in Jahren	0,90	**
Frau (Mann)	0,62	**
Lebensform (Mit Eltern(teil) im Haushalt)		
– Single	0,95	
– Mit Kind(er) und/oder Partner(in)	0,63	**
Gemeindegröße (< 20 000 Einwohner)		
– 20 000–100 000 Einwohner	0,81	**
– 100 000–500 000 Einwohner	0,81	**
– 500 000 und mehr Einwohner	0,73	**
Ostdeutschland und Berlin (Westdeutschland)	1,26	**
Täglich Sport oder Musik (nicht täglich Sport oder Musik)	1,19	**
Hohe Bildung im Haushalt (Niedrige Bildung im Haushalt)	0,84	**
Migrationshintergrund (kein Migrationshintergrund)	0,98	
Konstante	3,24	**
n	10 624	

Referenzkategorie in Klammern; * $p < 0,05$; ** $p < 0,01$; *** = $p < 0,001$
Quelle: AID:A – DJI-Survey 2009; Personen im Alter von 13 bis 32 Jahren

In Bezug auf die Lebensform scheint insbesondere die Tatsache, ob eine Person mit einer PartnerIn und/oder mit einem eigenen Kind im selben Haushalt wohnt, von Bedeutung. Diese Personen besuchen zu einem deutlich geringeren Anteil Jugendzentren. Anders als die Abbildung 10.2 vermuten ließe, hat die eigenständige Wohnform (nicht im Haushalt der Eltern wohnend) keinen großen Einfluss auf den Jugendzentrumsbesuch. Der Bildungshintergrund der BesucherInnen erweist sich auch in der multivariaten Analyse als bedeutsam. Kinder und Jugendliche aus Haushalten mit einem relativ niedrigen Bildungsstand besuchen zu größeren Anteilen Jugendzentren als die aus Haushalten mit einem höheren Bildungsniveau.

Weiterhin zeigt sich, dass tägliches Sporttreiben oder Musizieren Kinder und Jugendliche nicht grundsätzlich davon abhält, Jugendzentren zu besuchen. Vielmehr besuchen sie zu einem größeren Anteil Jugendzentren als Kinder und Jugendliche, die nicht oder seltener Sport treiben oder musizieren. Auch in der multivariaten Analyse bleibt die Unterscheidung nach Personen mit und ohne Migrationshintergrund ohne statistische Bedeutung, d.h. die jeweiligen Anteile der BesucherInnen mit und ohne Migrationshintergrund unterscheiden sich statistisch nicht voneinander.

Insgesamt gibt es zwar eine Reihe von Variablen mit einem Einfluss auf das Besuchen eines Jugendzentrums, aber der geringe Anteil durch das Modell aufgeklärter Varianz zeigt auch, dass die betrachteten Merkmale und Lebenskontexte der Kinder und Jugendlichen nur einen geringen Teil dazu beitragen, zu erklären, welche Konstellationen dazu führen, dass Kinder und Jugendliche ein Jugendzentrum besuchen. Es ist zu erwarten, dass eine Berücksichtigung der Besuchshäufigkeit (täglich, einmal in der Woche, etc.) zu einer besseren Prognose der Nutzung von Jugendzentren führt.

10.3 Fazit

In diesem Kapitel wurde ein erster Versuch unternommen, die Einflussfaktoren für den Besuch einer Einrichtung der offenen Jugendarbeit zu systematisieren und gleichzeitig dazu – sofern möglich – empirische Befunde zu präsentieren. Sowohl individuelle Merkmale der Zielgruppe als auch Kontextfaktoren haben demnach einen Einfluss auf die Inanspruchnahme. Eine zusammenfasssende Darstellung dieser Befunde findet sich am Ende des Kapitels 10.2. Der mit Abstand wichtigste Einflussfaktor für die Inanspruchnahme von Jugendzentren ist das Alter, gefolgt vom Geschlecht der jungen Menschen. Hierbei wird deutlich, dass Jugendzentren auch für einen Teil der jungen Erwachsenen öffentliche Orte sind, die einen Teil ihres Lebens ausmachen. Eine Tatsache, die oft, wie z.B. im 14. Kinder- und Jugendbericht keine Berücksichtigung findet. Insbesondere in Ostdeutschland sind Jugendzentren für männliche junge Erwachsene ein öffentlicher Ort zum Verweilen.

Es bestätigt sich weiterhin die am Anfang dieses Kapitels erwähnte Überrepräsentation von bildungsfernen jungen Menschen. Durch die Empirie wird jedoch die bisherige Befundlage zur Migrationshintergrund der BesucherInnen von Jugendzentren zumindest in Frage gestellt. Die Ergebnisse zeigen keine Überrepräsentation von jungen Menschen mit Migrationshintergrund. Vielmehr weisen Detailanalysen auf die Notwendigkeit der Differenzierung nach ethnischer Herkunft bzw. Herkunftsländern hin, da sich diese in Bezug auf die Inanspruchnahme von Jugendzentren zum Teil deutlich voneinander unterscheiden und es zudem innerhalb der ethnischen Gruppen stark voneinander abweichende Muster der geschlechtsspezifischen Inanspruchnahme gibt.

Kapitel 11
BesucherInnenstruktur – Befragung von Einrichtungen

Im Kapitel 10 wurde der Frage, „Wer besucht ein Jugendzentrum?" aus der Perspektive der Jugendlichen mit den Daten des DJI-Survey „AID:A – Aufwachsen in Deutschland" nachgegangen. In der Einrichtungserhebung wurden auch einige Eckdaten zu den BesucherInnen erfasst. Die Einrichtungen sollten den durchschnittlichen Anteil der weiblichen und der männlichen BesucherInnen und den Anteil der jeweiligen Altersgruppen in der Einrichtung angeben. Eine Abfrage der absoluten Zahl der BesucherInnen erweist sich aus unterschiedlichen Gründen als schwierig. So haben nicht alle Einrichtungen entsprechende Daten zu ihren BesucherInnen vorliegen, um sich für die Erhebung darauf zu beziehen. Eine weitere Schwierigkeit ist die Definition, wer als BesucherIn der Einrichtung zu zählen ist. Sind dies die StammbesucherInnen, die mehrmals die Woche die Einrichtung besuchen oder sind es auch alle jene BesucherInnen, die für den einmaligen Konzertbesuch ins Jugendzentrum kommen?

Eine Vergleichbarkeit zwischen den Einrichtungen ist im Rahmen einer solchen bundesweiten Erhebung, die den Aufwand für eine Einrichtung auch begrenzt halten will, schwer herzustellen. Über die Abfrage des Anteils des Geschlechts der BesucherInnen und der Altersgruppen hinaus wurde differenziert nach der Anzahl der BesucherInnen mit Behinderungen und den konzeptionellen Strategien und Rahmenbedingungen der Einrichtungen gefragt, Kinder und Jugendliche mit Behinderungen in die Einrichtung einzubeziehen. Mit dieser Thematik setzt sich ausführlich das Kapitel 15 auseinander. Zudem wurden der Anteil der BesucherInnen mit einem Migrationshintergrund erfragt und inwiefern sich die Einrichtungen mit diesem auseinandersetzen. Die Ergebnisse hierzu finden sich in Kapitel 14. Im Folgenden werden die Ergebnisse zur Altersstruktur in der Einrichtung und dem Geschlecht der BesucherInnen dargestellt.

Traditionell versteht sich die offene Kinder- und Jugendarbeit als ein Angebot, das freiwillig ist und potenziell allen Kindern und Jugendlichen zur Verfügung steht. Zugleich hatte die offene Kinder- und Jugendarbeit schon immer den Auftrag, ein Unterstützungsangebot für Jugendliche mit besonderen Problemlagen zu sein. Die Frage, wer tatsächlich ein Jugendzentrum besucht, hängt von unterschiedlichen Faktoren ab und kann sich im Laufe der Zeit auch verändern. Aspekte, die Einfluss darauf haben, wer zu den BesucherInnen im Jugendzentrum gehört, sind unter anderem die Lebenslagen von Jugendlichen in der Region, die verfügbaren kommerziellen und nichtkommerziellen Angebote in der Region, die Angebote, die die einzelne Einrichtung unterbreitet und die pädagogischen Konzepte und Strategien der Jugendzentren selbst, in denen sie sich festlegen, welche Kinder und Jugendlichen die Einrichtung erreichen will (vgl. dazu auch Kap. 12).

Nach ihren konzeptionellen Vorstellungen gefragt, bestätigen die meisten Jugendzentren die grundsätzliche Offenheit für alle Kinder und Jugendlichen, denn 96% der Jugendzentren arbeiten mit allen Kindern und Jugendlichen, die zu ihnen kommen (vgl. Kap. 12). Zugleich richten sich drei Viertel der Einrichtungen an eine bestimmte Altersgruppe, was nicht im Widerspruch stehen muss, denn offensichtlich haben diese Einrichtungen konzeptionell eine bestimmte Gruppe der Kinder und Jugendlichen im Auge, ohne aber anderen Kindern und Jugendlichen die Tür zu weisen. 70% der Einrichtungen geben an, eine untere Altersgrenze für den Besuch ihrer Angebote zu haben und 52% der Einrichtungen eine obere Altersgrenze. Im Durchschnitt liegt die untere Altersgrenze bei neun Jahren und die obere Altersgrenze bei 23 Jahren. Signifikante Unterschiede zeigen sich nach Ost- und Westdeutschland: In ostdeutschen Einrichtungen liegt die obere Altersgrenze signifikant höher.

Historisch betrachtet sind die Anfänge offener Jugendarbeit unter anderem in den sogenannten Lichtstuben oder den „Sonntagssälen" zu finden (vgl. Gängler 2005), in denen Geselligkeit für jene Jungen und Mädchen organsiert wurde, die ihren Schulabschluss hatten, aber noch unverheiratet waren. Nach dem Zweiten Weltkrieg wurde vor allem in der amerikanischen Besatzungszone mit den German Youth Aktivities (GYA) eine Angebotsstruktur für Jugendliche geschaffen, die sowohl Freizeitangebote unterbreitete als auch Verwahrlosung und Kriminalität verhindern und Jugendliche für die demokratische Gesellschaft gewinnen sollte (vgl. Hafeneger 2013). Eine andere Funktion hatten diese Angebote bereits früh in materieller Unterstützung und Angeboten für eine sinnvolle Freizeitgestaltung vor allem von Lehrlingen.

Ihre Anfänge hat die offene Kinder- und Jugendarbeit somit explizit in einem Angebot für Jugendliche. Zugleich zeigen Erhebungen zu den BesucherInnen in den letzten 30 Jahren, dass die Besucher der Einrichtungen keineswegs nur Jugendliche sind und eine Ausweitung stattgefunden hat, die sich auch im Namen „Kinder- und Jugendarbeit" wiederfindet. Die steigende Aktivität von Einrichtungen im Rahmen der Sicherstellung der Nachmittagsbetreuung, Angebote der Schulsozialarbeit und die Diskussion um die immer früher beginnende Pubertät bringen derzeit in der Fachdebatte immer wieder die Frage auf, ob sich die offene Jugendarbeit stärker zu einem Angebot für Kinder entwickelt. Auch wenn mit den nachfolgenden Ergebnissen keine Zeitvergleiche vorgenommen werden können, so geben sie zumindest einen Überblick darüber, wie breit die Altersstruktur in den Einrichtungen und wie hoch der Anteil der Kinder an allen BesucherInnen ist.

Wie die Tabelle 11.1 zeigt, ist die Altersgruppe der 13- bis 17-Jährigen die am häufigsten vertretene Altersgruppe. In 95 % der Jugendzentren kommen Jugendliche aus dieser Altersgruppe.

Tab. 11.1: Anteil der Jugendzentren, in denen die jeweilige Altersgruppe im Jugendzentrum vorhanden ist

	Ost	West	Insgesamt
unter 6-Jährige unter den Nutzern	30 %	15 %	20 %
6- bis 9-Jährige unter den Nutzern	67 %	60 %	62 %
9- bis 13-Jährige unter den Nutzern	83 %	89 %	87 %
13- bis 17-Jährige unter den Nutzern	91 %	97 %	95 %
17- bis 21-Jährige unter den Nutzern	87 %	84 %	85 %
über 21-Jährige unter den Nutzern	77 %	53 %	61 %

Quelle: DJI-Jugendzentrumserhebung 2011, n = 1 089

Tabelle 11.2: Durchschnittlicher Anteil verschiedener Altersgruppen an allen BesucherInnen von Jugendzentren in Ost- und Westdeutschland

Anteil der …	Ost	West	Insgesamt
… unter 6-Jährigen	2 %	1 %	2 %
… 6- bis 9-Jährigen	12 %	11 %	12 %
… 9- bis 13-Jährigen	25 %	27 %	26 %
… 13- bis 17-Jährigen	26 %	38 %	34 %
… 17- bis 21-Jährigen	18 %	15 %	16 %
… über 21-Jährigen	17 %	7 %	10 %

Lesebeispiel: In Einrichtungen der offenen Kinder- und Jugendarbeit liegt der Anteil der über 21-Jährigen im Mittel bei 17 % in Ost- und bei 7 % in Westdeutschland.
Quelle: DJI-Jugendzentrumserhebung 2011, n = 1 080

Auch deren Anteil an allen BesucherInnen ist der höchste und beträgt durchschnittlich gut ein Drittel. Den zweitgrößten Anteil stellen die 9- bis 13-Jährigen mit durchschnittlich 26 % der BesucherInnen (vgl. Tab. 11.1 und 11.2). Vergleiche mit anderen empirischen Studien lassen sich nicht so einfach ziehen, da die bundesweiten Vergleichsmöglichkeiten fehlen. Zieht man die Daten der NRW Strukturdatenanalyse heran, dann werden hohe Übereinstimmungen mit den Ergebnissen zu den westdeutschen Einrichtungen deutlich (vgl. Landschaftsverband Rheinland, Landesjugendamt und Landschaftsverband Westfalen-Lippe, Landesjugendamt 2012).

In 20 % der Einrichtungen kommen auch BesucherInnen, die jünger als sechs Jahre sind, und in fast zwei Drittel der Einrichtungen kommen Kinder im Alter zwischen 6 und 9 Jahren. Dies zeigt, dass Jugendzentren kein ausschließlich jugendbezogenes Angebot sind bzw. nicht ausschließlich Jugendlichen vorbehalten sind. Lediglich 11 % der Einrichtungen zählen ausschließlich Jugendliche, die über 14 Jahre sind, zu ihren BesucherInnen. Insofern trägt die Kinder- und Jugendarbeit ihren Namen mit voller Berechtigung. Vielerorts haben sich im letzten Vierteljahrhundert auch spezielle Angebote für Kinder in Form von Aktivspielplätzen, Jugendfarmen, Kinderhäusern oder Spielmobilen etabliert. Ein Trend hin zur Verjüngung der Besucherschaft ist seit den 80er Jahren festzustellen, wie die Sichtung verschiedener empirischer Studien zur Besucherschaft ergibt (vgl. Schmidt 2011: 50).

Unterbreitet das Jugendzentrum Angebote im Rahmen der Sicherung der Nachmittagsbetreuung, dann ist der Anteil der Kinder bis zu 13 Jahren tendenziell höher. Dieser Zusammenhang ist nicht erstaunlich. In Anbetracht der Entwicklung, dass die meisten Einrichtungen erst in den letzten Jahren in die Nachmittagsbetreuung eingestiegen sind, bedeutet dies noch einmal eine Verjüngung der Besucherschaft. Inwiefern dies Auswirkungen auf die Nutzung der Räume, die Öffnungszeiten und die Arbeitsweise der Einrichtung hat, lässt sich nicht einfach beantworten. Es sind jedoch eine Reihe von Effekten möglich, wie z. B. dass Räumlichkeiten für die Nachmittagsbetreuung genutzt werden und deshalb der offene Betrieb eingeschränkt werden muss, oder Fachkräfte bestimmte jugendtypische Auseinandersetzungen nicht mehr in der Einrichtungen – insbesondere vor anderen Kindern – tolerieren können oder jugendliche BesucherInnen die Einrichtung aufgrund dessen weniger attraktiv finden. Letztlich ist damit die Frage verbunden, inwiefern die Einrichtung noch Gelegenheitsstrukturen auch ausschließlich für Jugendliche bietet.

Auffallend ist der Unterschied hinsichtlich des Alters der BesucherInnen zwischen ostdeutschen und westdeutschen Einrichtungen. In ostdeutschen Einrichtungen ist das Altersspektrum größer als in westdeutschen. Der Anteil an Vorschulkindern unter den BesucherInnen ist in Ostdeutschland doppelt so groß und der Anteil der über 21-Jährigen ist fast dreimal so groß wie in Jugendzentren in Westdeutschland.

Dieser Ost-West-Unterschied wird auch aus der Jugendlichen-Perspektive bestätigt. Nach den Ergebnissen von AID:A (vgl. Kap. 10) ist der Anteil jener Jugendlichen, die ein Jugendzentrum besuchen, in Ostdeutschland höher. Dies zeigt sich in allen Altersgruppen zwischen 13 und 32 Jahren und auch hinsichtlich des Geschlechtes. In ostdeutsche Einrichtungen gehen sowohl mehr Jungen und junge Männer als auch mehr Mädchen und junge Frauen.

Im Durchschnitt geben die Jugendzentren, an, dass bei ihnen vier der abgefragten Altersgruppen vertreten sind. In den ostdeutschen Bundesländern gibt es signifikant mehr Jugendzentren, die mehr Altersgruppen in ihrem Jugendzentrum haben. Jugendzentren in Ostdeutschland übernehmen offenbar eine andere soziale Funktion und scheinen auch von jungen Familien als Treffpunkt genutzt zu werden. Insbesondere in strukturschwächeren Regionen kommt ihnen offensichtlich eine wichtige Infrastrukturfunktion zu. Jugendliche, die älter als 21 Jahre alt sind, gehören tendenziell eher zu den BesucherInnen in ländlichen Regionen.

Den Einrichtungen der offenen Kinder- und Jugendarbeit wird nachgesagt, dass sie vor allem männliche Jugendliche erreichen. Bisherige empirische Studien bestätigen dies (vgl. zu einem Überblick Schmidt 2011: 51 ff.): Während in jüngeren Altersgruppen das Geschlechterverhältnis noch ausgeglichener ist, besucht ein höherer Anteil junger Männer als junger Frauen die Jugendzentren. Auch die Befunde des DJI-Surveys AID:A zeigen über alle Altersgruppen von 13 bis 32 Jahren hinweg einen Unterschied zwischen männlichen und weiblichen Jugendlichen, ob der Besuch eines Jugendzentrums zu den Freizeitaktivitäten gehört oder nicht. Auch in der bundesweiten Einrichtungserhebung ist der Anteil der männlichen Besucher (61 %) im Durchschnitt höher als der Anteil der weiblichen Besucherinnen (39 %), allerdings gibt es beträchtliche Unterschiede zwischen den Einrichtungen hinsichtlich des Anteils. In ostdeutschen Einrichtungen ist der Anteil der weiblichen Besucherinnen signifikant höher als in westdeutschen Einrichtungen. Zudem ist der durchschnittliche Mädchenanteil in Einrichtungen, die sich in Landkreisen befinden, niedriger als in Einrichtungen in kreisfreien Städten. Dies liegt möglicherweise daran, dass es vor allem in kreisfreien Städten Einrichtungen ausschließlich für Mädchen und junge Frauen gibt (Anteil der Einrichtungen in kreisfreien Städten 4 %, Anteil der Einrichtungen in Landkreisen 1 %).

Die Einrichtungen der offenen Kinder- und Jugendarbeit sind also ein Angebot für ein sehr breites Altersspektrum, und Kinder gehören selbstverständlich zu den BesucherInnen. Gerade in den ostdeutschen Bundesländern kommen sowohl Kinder als auch junge Erwachsene, die älter als 21 Jahre sind, in die Einrichtungen. Die Annahme, dass die offene Kinder- und Jugendarbeit von mehr männlichen als weiblichen Jugendlichen besucht wird, bestätigt sich auch aus der Perspektive der Einrichtungen.

Kapitel 12
Wen wollen Jugendzentren erreichen? Anspruch und Wirklichkeit

Wie Einrichtungen der offenen Kinder- und Jugendarbeit den Zugang zu ihren Angeboten gestalten, ob sie sich konzeptionell damit auseinandersetzen, wen sie erreichen wollen, inwiefern sie Jugendliche von der Teilnahme an ihren Angeboten ausschließen und inwiefern sie sich aktiv bemühen, BesucherInnen zu gewinnen, ist das Thema des folgenden Kapitels. Es sind Fragen, die die offene Jugendarbeit von Beginn an begleiten und ihr Grundverständnis berühren. Wie Jugendzentren diese Fragen beantworten, ist eingebettet in gesellschaftliche Entwicklungen, Forderungen vonseiten der Politik und in fachliche Debatten.

Die offene Jugendarbeit hatte immer schon einen doppelten Auftrag, nämlich ein freiwilliges und für alle jungen Menschen offenes und partizipatives Angebot vorzuhalten und zugleich Unterstützungsangebot bei spezifischen Problemlagen zu sein, wobei sie sich in diesem Spannungsfeld einmal stärker der einen Seite, einmal mehr der anderen Seite zuwandte. Historisch betrachtet haben Phasen, in denen die Kontrolle und die Integration Jugendlicher in die Erwachsenengesellschaft leitend waren und entsprechende pädagogische Angebote geschaffen wurden, und Phasen, in denen die Interessen der jungen Menschen bei der Ausgestaltung der Angebote der offenen Kinder- und Jugendarbeit im Vordergrund standen, einander abgelöst.

Mit wechselnden Zielsetzungen der offenen Jugendarbeit ging ein jeweils unterschiedliches Verständnis darüber einher, an welche Jugendlichen sich die Angebote richteten und ob die offene Jugendarbeit eher alle Jugendlichen oder eher Jugendliche mit spezifischen Problemlagen in den Blick nahm. Faktisch wurden so jeweils bestimmte Jugendliche angesprochen und erreicht bzw. ausgeschlossen. Während die Jugendverbände sich eher an bürgerliche Jugendliche richt(et)en, waren die AdressatInnen der offenen Kinder- und Jugendarbeit im Westen Deutschlands „zunächst proletarische und subproletarische Jugendliche, von denen angenommen wurde, dass sie belastenden Lebensbedingungen unterliegen und dass ihre Familien nicht zu einer angemessenen Erziehung in der Lage sind" (vgl. Scherr 2002: 114). Jugendliche sollten „von der Straße geholt werden", und es sollte ihnen die Möglichkeit einer „geordneten, verbindlichen und sinnvollen Freizeit" geboten werden (Hafeneger 2005: 511).

Vor allem in den 1970er-Jahren gewannen im Zuge der Jugendzentrumsbewegung und der Professionalisierung der offenen Jugendarbeit emanzipatorische und bedürfnisorientierte Konzepte von offener Jugendarbeit an Bedeutung. Heute gehören die Offenheit mit Blick auf ihre BesucherInnen, die Freiwilligkeit der Teilnahme und der Anspruch, Räume zu bieten, wo junge Menschen selbstbestimmt ihren Interessen nachgehen können und die sie sich aneignen und selbst gestalten, zu den fachlichen Grundsätzen der offenen Jugendarbeit. Gerade hierin wird ihre Stärke verglichen mit anderen Institutionen wie der Schule gesehen. Zugleich gibt es aber auch Tendenzen, die Aufgabe offener Jugendarbeit, soziale Probleme aufzufangen, stärker zu betonen, und die offene Jugendarbeit vor allem unter dem Blickwinkel zu betrachten, was sie zur Lösung gesellschaftlicher Probleme beitragen kann. Deshalb ist es sinnvoll, dass sich Jugendzentren ihres Selbstverständnisses vergewissern und sich damit auseinandersetzen, wie offen sie eigentlich sind, wen sie erreichen wollen und wen sie gewollt oder ungewollt ausschließen. Gesellschaftliche und politische Entwicklungen, Veränderungen des Aufwachsens junger Menschen und fachliche Diskurse sind Anlässe, die zu einer solchen konzeptionellen Auseinandersetzung herausfordern.

So haben sich die Lebenslagen von jungen Menschen so ausdifferenziert, dass es kaum noch möglich erscheint und auch immer weniger sinnvoll ist, dass von einer Einrichtung der offenen Jugendarbeit alle jungen Menschen im Einzugsgebiet gleichermaßen angesprochen und erreicht werden. Für Einrichtungen der offenen Kinder- und Jugendarbeit bringt dies die Notwendigkeit mit sich, sich darüber Gedanken zu machen, wie die jungen Menschen in der Umgebung leben, welche Lebensumstände und Interessen sie haben, und darauf aufbauend in der Einrichtung selbst und in Kooperation mit weiteren Akteuren in der Gegend differenzierte Angebote zu entwickeln, die die spezifischen Bedürfnisse der jeweiligen Jugendlichen aufgreifen (vgl. Deinet 2005a). An der konzeptionellen Offenheit für alle Kinder und Jugendlichen ändert sich durch diese Orientierung jedoch grundsätzlich nichts (vgl. zum Verhältnis von zielgruppenorientierten Angeboten und der grundsätzlichen Offenheit für alle Sturzenhecker 2006: 180).

Angesichts demografischer Entwicklungen muss sich ein Teil der Einrichtungen der offenen Jugendarbeit auf eine zurückgehende Anzahl junger Menschen in ihrem Einzugsgebiet einstellen. Das kann bedeuten, dass weniger junge Menschen Einrichtungen der offenen Jugendarbeit besuchen. BesucherInnen zu gewinnen wird daher für manche Einrichtungen zu einer überlebenswichtigen Aufgabe. Es liegt also nahe, sich stärker auf neue Zielgruppen einzulassen und sich aktiv um neue BesucherInnen zu bemühen. In Ballungsgebieten, in denen die Anzahl junger Menschen zunimmt, werden nicht zuletzt aufgrund des kommerziellen Angebots für Jugendliche niedrige Zugangsbarrieren der Jugendzentren immer wichtiger. Außerdem werden Jugendzentren darüber nachdenken müssen, ob sie ihr Angebot auf bestimmte Zielgruppen mit einem besonderen Unterstützungsbedarf ausrichten wollen.

Zurückgehende Zahlen junger Menschen erhöhen den Legitimationsdruck auf die Angebote der offenen Kinder- und Jugendarbeit weiter. Denn eine bestimmte Mindestanzahl von BesucherInnen ist oft ein wichtiges Argument in den kommunalpolitischen Debatten für die Verteilung von Finanzmitteln, und eine sinkende Anzahl Jugendlicher wird fälschlicherweise mit einem sinkenden Bedarf gleichgesetzt (vgl. van Santen 2010). Geringe finanzielle Spielräume der Kommunen zusammen mit einem hohen Stellenwert des Ausbaus der Kindertagesbetreuung und des Kinderschutzes setzen die Jugendarbeit in vielen Jugendamtsbezirken zusätzlich unter Druck. Die offene Jugendarbeit hat gegenüber den stärker gesetzlich legitimierten Bereichen Kindertagesbetreuung und den Hilfen zur Erziehung oft einen schlechteren Stand bei den kommunalen Entscheidungsträgern (vgl. Deinet 2005b: 21).

Veränderte Finanzierungsbedingungen und -modalitäten sind ein weiterer Anlass, sich über seine Zielgruppen Gedanken zu machen. Denn die Ressourcenausstattung der offenen Jugendarbeit ist aufgrund der gestiegenen Bedeutung von Projektförderung zulasten einer Strukturförderung heute stärker von Themenkonjunkturen abhängig (vgl. Deinet 2005b: 21). Für Themen, die gegenwärtig von der Politik an die offene Jugendarbeit herangetragen werden, z.B. die Beteiligung an ganztagsschulischen Angeboten und Präventionsangebote, dürfte es leichter sein, Mittel zu bekommen. Es wird auch darüber berichtet, dass Jugendzentren Mittel für Hilfen zur Erziehung einwerben können (vgl. Deinet 2005b: 21).

Unabhängig davon, ob Einrichtungen der offenen Jugendarbeit sich aus freien Stücken entscheiden oder von der Politik in Dienst genommen werden – wenn sie in die Nachmittagsbetreuung in Kooperation mit Schulen einsteigen oder Angebote der Hilfen zur Erziehung integrieren, stellt sich die Frage, was dies für Grundprinzipien wie die Offenheit für alle, die kommen, oder für die Freiwilligkeit der Teilnahme bedeutet. Der Ausbau ganztagsschulischer Angebote hat auch noch auf andere Weise Auswirkungen. So ist zu fragen, ob weniger Kinder und Jugendliche die Einrichtung besuchen, weil sie nachmittags keine Zeit mehr haben, und inwieweit Jugendzentren neue Zielgruppen oder mehr Kinder und Jugendliche als BesucherInnen gewinnen, wenn sie in die Nachmittagsbetreuung einsteigen.

Die hier skizzierten Entwicklungen haben zur Folge, dass eine bewusste Planung, auf wen die eigenen Angebote ausgerichtet sind, sowie Überlegungen, wen man auf welche Art und Weise erreichen will, für Einrichtungen der offenen Jugendarbeit immer notwendiger werden. Es stellen sich zugespitzt drei Fragen: Gibt es Tendenzen, die grundsätzliche Offenheit für alle, die kommen, einzuschränken? Setzen sich Jugendzentren konzeptionell damit auseinander, wen sie erreichen wollen? Und nehmen die Einrichtungen der offenen Jugendarbeit Einfluss auf den Zugang zu ihren Angeboten?

12.1 Offenheit für alle jungen Menschen und Konzentration auf bestimmte Zielgruppen

Die grundlegende Offenheit für alle jungen Menschen ist ein Strukturmerkmal der offenen Kinder- und Jugendarbeit. In der Praxis wird diese Offenheit jeweils unterschiedlich ausbuchstabiert (vgl. Sturzenhecker 2006). Mit allen jungen Menschen arbeiten zu wollen, die kommen, ist beispielsweise etwas anderes als für alle jungen Menschen, die im Einzugsgebiet leben, ein passendes Angebot bieten zu wollen.

Im Rahmen der Erhebung wurden die Jugendzentren gefragt, ob sie mit allen Jugendlichen arbeiten, die zu ihnen kommen, d.h., kein/e Jugendliche/r wird von vorneherein ausgeschlossen (vgl. Tab. 12.1). So gut wie alle befragten Einrichtungen (96%) stimmen dieser Aussage zu, unabhängig davon, ob sie selbstverwaltet sind (vgl. dazu auch Kap. 3), ob hauptamtliche Fachkräfte dort tätig sind und auch unabhängig davon, ob sie sich mit ihren Angeboten an bestimmte Gruppen von Jugendlichen richten oder nicht. Dies ist ein Hinweis darauf, dass die offene Jugendarbeit in ihrer Selbstwahrnehmung – trotz der Beteiligung an der Nachmittagsbetreuung in Kooperation mit Schulen und trotz der Versuche, sie sozialpolitisch für bestimmte Zielgruppen in Dienst zu nehmen – ihrem Selbstverständnis, mit allen zu arbeiten, die kommen, treu geblieben ist.

Tab. 12.1: Aussagen zur Gestaltung des Zugangs zu Jugendzentren (Anteil der Einrichtungen)

	Ja	Nein	n
Wir arbeiten mit allen Jugendlichen, die zu uns kommen, d. h. kein/e Jugendliche/r wird von vornherein ausgeschlossen.	96%	4%	1093
Wir haben konzeptionelle Vorstellungen darüber, welche Jugendlichen wir erreichen wollen.	62%	38%	986
Unsere Angebote richten sich überwiegend an bestimmte Besuchergruppen.	29%	71%	985

Quelle: DJI-Jugendzentrumserhebung 2011

Die Mehrzahl der Einrichtungen (62 %) hat dabei konzeptionelle Vorstellungen darüber, welche Jugendlichen sie erreichen wollen. Sie befassen sich also konzeptionell nicht nur mit den jungen Menschen, die das Jugendzentrum besuchen, sondern machen sich auch konzeptionelle Gedanken über die, die sie vielleicht noch nicht erreichen. Die konzeptionelle Auseinandersetzung damit, wen man erreichen will, dürfte sowohl mit den Erwartungen von außen als auch mit den eigenen fachlichen Ansprüchen in Zusammenhang stehen. Darauf deutet der Befund hin, dass 45 % der Einrichtungen mit einem Budget von höchstens 1 000 Euro, aber 71 % der Einrichtungen mit einem Budget zwischen 10 000 und 25 000 Euro der Aussage zustimmen. Interessanterweise ist der Anteil der Einrichtungen, die sich darüber konzeptionelle Gedanken machen, bei einem noch größeren Budget wieder etwas geringer (zwei Drittel). Einrichtungen ohne bezahltes Personal setzen sich zu 46 % mit dem Thema auseinander, während es bei den Einrichtungen mit bezahltem Personal 64 % sind. Möglicherweise machen sich die MitarbeiterInnen kleiner Einrichtungen der offenen Jugendarbeit mit einem geringen Budget, wie etwa von Treffs der Kirchengemeinden und selbstorganisierten Jugendtreffs, weniger Gedanken darüber, welche Jugendlichen sie – abgesehen von denen, die sowieso schon da sind – erreichen wollen. Zudem dürfte der Anspruch an sie, bestimmte junge Menschen anzusprechen, geringer sein: Wenn sie nur wenig Geld zu Verfügung haben, wird auch weniger von ihnen erwartet, mit bestimmten Zielgruppen zu arbeiten. Größere und professionalisierte Einrichtungen, denen in der Regel mehr Geld zur Verfügung steht, dürften dagegen viel stärker unter Druck stehen, sich zu legitimieren, und sind Versuchen, für sozialpolitische Herausforderungen wie eine zeitlich verlässliche Nachmittagsbetreuung in Dienst genommen zu werden, stärker ausgesetzt. Ihre Angebotspalette dürfte allerdings nicht so breit sein, dass sie tatsächlich den Ansatz verfolgen könnten, alle Jugendlichen in ihrem Einzugsgebiet zu erreichen – mit der Folge, dass sie sich konzeptionell mit ihren Zielgruppen auseinandersetzen müssen. Für noch größere Einrichtungen ist dieser Druck möglicherweise geringer, und sie können eher das Konzept verfolgen, alle Jugendlichen im Einzugsgebiet zu erreichen, weil sie eine dementsprechend breite Palette an Angeboten bieten können.

Es gibt außerdem einen signifikanten Stadt-Land-Unterschied. Einrichtungen der offenen Jugendarbeit in kreisfreien Städten und Gemeinden mit einem eigenen Jugendamt haben häufiger konzeptionelle Vorstellungen über ihre Zielgruppen (68 %) als Einrichtungen in Landkreisen (59 %). In den bevölkerungsärmsten ländlichen Gegenden gibt nur die Hälfte der Einrichtungen an, sich damit auseinanderzusetzen, wen sie erreichen wollen, in Kernstädten in Ballungszentren sind es dagegen 71 %. Diese regionalen Unterschiede dürften auch mit unterschiedlichen Ausgangslagen, wie der Konkurrenz zu kommerziellen Freizeitangeboten und anderen Einrichtungen der offenen Jugendarbeit, oder mit einer unterschiedlichen Problemdichte zu tun haben.

Welche Jugendlichen die offene Jugendarbeit erreicht und inwieweit sie sich auf spezielle Gruppen fokussiert, war schon immer eine wichtige Frage in der offenen Jugendarbeit. So setzt man sich beispielsweise schon lange mit der schichtspezifischen und geschlechtsspezifischen Nutzung von Jugendzentren auseinander. Auch die Frage, an welche Altersgruppen sich die offene Kinder- und Jugendarbeit richtet, ist immer wieder eine konzeptionelle Herausforderung (vgl. Fehrlen/Koss 2012: 22 und Herrmann 2012). Die Aussage „Unsere Angebote richten sich überwiegend an bestimmte Besuchergruppen“ kann sowohl Ausdruck einer konzeptionellen Entscheidung sein als auch bedeuten, dass ein Jugendzentrum de facto überwiegend von einer bestimmten Besuchergruppe genutzt wird. Es zeigt sich, dass eine Minderheit von 29 % der Einrichtungen sich überwiegend an bestimmte Besuchergruppen richtet (vgl. Tab. 12.1). Diese Einrichtungen haben sich signifikant häufiger als andere konzeptionell damit auseinandergesetzt, wen sie erreichen wollen. Welche Besuchergruppen diese Jugendzentren dabei meinen, wurde zwar nicht erfragt. Es dürften jedoch oft Mädchen als spezifische Besuchergruppe gemeint sein, weil Jugendzentren, die überwiegend von Mädchen besucht werden, viel häufiger angeben, sich an bestimmte Besuchergruppen zu richten (Einrichtungen insgesamt: 29 %; mehr als 75 % Mädchen: 77 %). Keine Hinweise finden sich dagegen darauf, dass bestimmte Altersgruppen, SchülerInnen oder junge Menschen mit Behinderung gemeint sind.

Auch wenn man sich konzeptionell darüber Gedanken macht, wen man ansprechen will, und versucht, seine Angebote an den Bedürfnissen und Lebenssituationen der jungen Menschen im Umfeld zu orientieren, ist das keine Garantie dafür, dass die jungen Menschen das Angebot auch in Anspruch nehmen. Deshalb ist die Einschätzung der Jugendzentren interessant, wie gut es ihnen gelingt, die Jugendlichen zu erreichen, die sie erreichen wollen.

Der allergrößte Teil der Einrichtungen (89 %) gibt an, dass es ihnen gut bis sehr gut gelingt, diejenigen Jugendlichen mit ihren Angeboten anzusprechen, die sie auch erreichen wollen; davon gelingt dies etwas mehr als einem Zehntel aller Jugendzentren sehr gut. Offensichtlich nimmt die überwiegende Mehrheit der Jugendzentren eine hohe Passung von eigenem Anspruch und Wirklichkeit wahr. Es macht dabei keinen Unterschied, ob sich die Einrichtungen auf bestimmte Besuchergruppen konzentrieren. Jugendzentren, die sich konzeptionell damit auseinandersetzen, wen sie erreichen wollen, gelingt es jedoch signifikant häufiger als anderen, die gewünschte Zielgruppe zu erreichen (konzeptionell: 92 %, nicht konzeptionell: 84 %).

Unterschiede zeigen sich auch hinsichtlich der Angebotspalette der Einrichtungen, wobei die Breite der Angebotspalette mit der Finanzausstattung und den Personalressourcen der Einrichtungen zusammenhängt. Je größer ihre Angebotspalette ist, desto eher gelingt es den Jugendzentren, die zu erreichen, die sie erreichen wollen. Trotz der allgemein hohen Passung von Jugendlichen, die man erreichen will, und denen, die kommen, ist also gerade unter den kleinen, finanziell weniger gut ausgestatteten Einrichtungen der offenen Jugendarbeit mit einer kleinen Angebotspalette ein nicht geringer Teil von ihnen nicht damit zufrieden, wen sie erreichen. Eine Erklärung dürfte sein, dass sie wie andere Einrichtungen auch einen hohen fachlichen Anspruch haben, Jugendliche zu erreichen, es fehlen ihnen aber die Mittel und Räumlichkeiten, ihr Angebot entsprechend auszudifferenzieren. Möglicherweise sehen sich gerade kleinere Einrichtungen durch die Jugendlichen, die kommen, mit Anforderungen an Unterstützung und Beratung konfrontiert, denen sie nicht gewachsen sind.

Einrichtungen der offenen Jugendarbeit bewegen sich in dem Spannungsfeld, einerseits auf die Ausdifferenzierung der Lebenswelten und Bedürfnisse von jungen Menschen reagieren und je nach Ausgangslage vor Ort differenzierte Angebote für spezielle Zielgruppen entwickeln zu müssen und gleichzeitig die grundsätzliche Offenheit für alle jungen Menschen aufrechtzuerhalten. Man kann die Befunde so lesen, dass die prinzipielle Offenheit für alle jungen Menschen nach wie vor zum Selbstverständnis der Einrichtungen der offenen Jugendarbeit gehört. Eine Minderheit der Jugendzentren hat das Verständnis, sich an bestimmte Gruppen von Jugendlichen zu richten, aber auch sie rütteln nicht am Prinzip der grundlegenden Offenheit für alle jungen Menschen. Eine Mehrheit der Einrichtungen setzt sich dabei konzeptionell damit auseinander, wen sie erreichen will, sie befasst sich in ihren konzeptionellen Überlegungen also nicht nur mit denen, die eben da sind, sondern auch mit jungen Menschen, die erst noch erreicht werden sollen. Etwas mehr als ein Drittel macht sich darüber keine konzeptionellen Gedanken.

Wie obige Ergebnisse deutlich machen, sind dies gerade kleinere Einrichtungen ohne Personal und solche mit einer geringen finanziellen Ausstattung. Es deuten sich damit also typische Unterschiede zwischen größeren Einrichtungen und kleinen Angeboten an. Es stellt sich die Frage, ob Letztere nicht bei einem Rückgang der Zahl junger Menschen in ihrem Umfeld und gestiegenen Erwartungen an die offene Jugendarbeit an ihre Grenzen stoßen. Umso notwendiger wird es, dass die Jugendämter eine Auseinandersetzung mit der Frage, wer eigentlich die Zielgruppe der Einrichtung ist, anregen und eine fachlich fundierte Jugendhilfeplanung betreiben, damit möglichst alle jungen Menschen in ihrem Umfeld die Möglichkeit haben, Einrichtungen der offenen Jugendarbeit zu besuchen, deren Angebot ihren Interessen entspricht.

12.2 Strategien, um BesucherInnen zu gewinnen

In der Regel ist die Teilnahme an den Angeboten der offenen Jugendarbeit freiwillig. Es geht deshalb gar nicht anders, als sich bei der Angebotsgestaltung an den Bedürfnissen und Interessen der Jugendlichen zu orientieren, junge Menschen zu beteiligen und die Angebote so zu gestalten und weiterzuentwickeln, dass sie für Jugendliche attraktiv sind und bleiben. Studien zeigen, dass ein großer Teil der Jugendlichen über Freunde Zugang zu einer Einrichtung der offenen Jugendarbeit findet, Werbung, Eltern oder andere Institutionen spielen demgegenüber eine wesentlich geringere Rolle (vgl. Schmidt 2011: 65). Wenn durch demografische Entwicklungen oder den Ausbau von Ganztagsschulen die Zahl der potenziellen NutzerInnen offener Jugendarbeit zurückgeht und offene Jugendarbeit unter dem Druck steht, nachweisen zu müssen, dass sie viele junge Menschen erreicht, genügt es allerdings oft nicht mehr, sich auf Mund-zu-Mund-Propaganda zu verlassen, und es wird noch notwendiger, sich über die Zugangswege in die Einrichtung Gedanken zu machen und aktiv um BesucherInnen zu werben. Der folgende Abschnitt geht der Frage nach, ob und wie Einrichtungen aktiv versuchen, BesucherInnen zu gewinnen.

94% und damit fast alle Einrichtungen der offenen Jugendarbeit nehmen gezielt Einfluss darauf, BesucherInnen anzuziehen, kaum eine Einrichtung wird nicht aktiv. Sie nehmen nach eigenen Aussagen aktiv Einfluss über Öffentlichkeitsarbeit, die inhaltliche Ausrichtung ihrer Angebote, die Zusammenarbeit mit Schule sowie durch die Zusammenarbeit mit anderen Akteuren, wobei ein Großteil der Jugendzentren (knapp vier Fünftel) mindestens drei dieser Bereiche nennt (vgl. Tab. 12.2).

Öffentlichkeitsarbeit wird am häufigsten angegeben (86%). Die Jugendzentren nennen beispielsweise Stadtteilfeste, Aktionstage, Veranstaltungen am Girl's Day und die Unterstützung lokaler Akteure, aber auch Werbung mit Flyern, Plakaten, Newslettern, in Gemeindezeitungen, im Radio oder über die Homepage der Einrichtung. Auch Facebook und andere soziale Netzwerke bzw. Web 2.0 sowie SMS-Dienste werden genutzt, um auf sich aufmerksam zu machen.

Drei Viertel der Jugendzentren (76%) nehmen über die inhaltliche Ausrichtung ihrer Angebote aktiv Einfluss darauf, BesucherInnen zu gewinnen, etwa mit außerschulischen Bildungsangeboten, Angeboten für Mädchen, Teenietreffs, Freizeiten und Ausflügen oder Fußball-AGs. Sie bieten außerdem erweiterte Öffnungszeiten (z.B. Mitternachtssport, Öffnung am Wochenende) und versuchen, über Angebote in den Ferien potenzielle BesucherInnen anzusprechen. Auch mobile und aufsuchende Jugendarbeit, Cliquenarbeit und Sozialraumarbeit mit Jüngeren werden genannt. Die Einrichtungen haben also verschiedene Angebotsformen neben der Arbeit im Jugendzentrum integriert, und finden so Zugang zu potenziellen NutzerInnen.

Tab. 12.2: Anteil der Jugendzentren mit Maßnahmen, durch die Einfluss darauf genommen wird, BesucherInnen zu gewinnen (vorgegebene Antwortkategorien)

Einfluss durch ...	
... Öffentlichkeitsarbeit	86 %
... Inhaltliche Ausrichtung der Angebote	76 %
... Zusammenarbeit mit Schule	72 %
... Zusammenarbeit mit anderen Akteuren	68 %
... Sonstiges	6 %

Quelle: DJI-Jugendzentrumserhebung 2011, n = 1 113

Die Zusammenarbeit mit Schulen ist ebenfalls für die Mehrzahl der Jugendzentren ein Weg, um aktiv BesucherInnen zu gewinnen (72 %). Die meisten von ihnen (gut zwei Drittel) unterbreitet jedoch kein Nachmittagsangebot in Kooperation mit Schulen; sie nutzen Schulen offenbar auf anderem Wege, um BesucherInnen zu gewinnen. Andererseits nutzen so gut wie alle Jugendzentren, die ein Nachmittagsangebot zusammen mit Schulen machen, dies auch, um neue NutzerInnen zu gewinnen.

Um BesucherInnen zu gewinnen, kooperieren Einrichtungen der offenen Jugendarbeit mit einer breiten Palette weiterer Akteure (68 %): mit dem Jugendamt und Gremien der Gemeinde, anderen Einrichtungen der offenen Kinder- und Jugendarbeit, Horten und Kindertageseinrichtungen, Vereinen, Sozialverbänden, Jugendverbänden, Stadtteilkonferenzen, Arbeitskreisen, der Polizei und weiteren Akteuren. Dabei steht die Kooperation mit anderen selten alleine, sondern wird in Kombination mit weiteren Maßnahmen genannt, wenn z. B. Öffentlichkeitsarbeit in Kooperation mit der Gemeinde gemacht wird.

Die Einrichtungen nennen außerdem die Beteiligung von BesucherInnen und Nicht-BesucherInnen an der Angebotsentwicklung, Bedarfsabfragen und Sozialraumanalysen sowie die Einbeziehung von Eltern, sei es über Elternarbeit, sei es über Kurse für Mütter und Frauen. Für kirchliche Einrichtungen sind Erstkommunions- oder Firm-/Konfirmandengruppen eine Möglichkeit, mit potenziellen BesucherInnen in Kontakt zu kommen.

Die Strategien der Jugendzentren, neue NutzerInnen zu gewinnen, sind häufig verknüpft mit Angeboten für die Jugendlichen, die das Haus schon kennen und nutzen. So sind beispielsweise Aktionstage sowohl ein Mittel, um bekannter zu werden, als auch ein Angebot für die gegenwärtigen BesucherInnen. Damit wird den üblichen Zugangswegen über Freunde Rechnung getragen. Es gibt jedoch auch Strategien ohne einen konkreten Angebotsbezug wie etwa Flyer, Radio, die Homepage oder Facebook.

Aus den Ergebnissen lässt sich schließen, dass die meisten Einrichtungen durch eine Kombination von Maßnahmen versuchen, BesucherInnen zu gewinnen. Nichtsdestotrotz gibt es bestimmte Einrichtungen, die das nicht tun, und zwar eher solche mit einer kleineren Angebotspalette, wobei dies mit geringen Budgets und weniger Personal einhergeht.

So unternimmt von dem Viertel der Einrichtungen mit der kleinsten Angebotspalette weniger als die Hälfte (46%) durch gezielte Maßnahmen etwas, um neue NutzerInnen anzuziehen. Einrichtungen im ländlichen Umland und solche in Regionen, in denen für die Jugendarbeit geringere finanzielle Ressourcen zur Verfügung stehen, unternehmen signifikant seltener gezielt etwas, um BesucherInnen zu gewinnen. Multivariat betrachtet, verlieren regionale Faktoren jedoch an Erklärungskraft. Sie spiegeln eher den Anteil von Einrichtungen mit einer geringen Angebotspalette wider, die gerade im ländlichen Umland stärker verbreitet sind als in Städten. Ein Grund, warum kleinere Einrichtungen mit einer geringen Angebotspalette weniger häufig aktiv werden, BesucherInnen zu gewinnen, könnte sein, dass sie nicht über die nötigen Ressourcen verfügen, um einen größeren Besucherandrang zu verkraften. Ein anderer Grund könnte sein, dass sie angesichts geringerer Besucherzahlen möglicherweise stärker unter einem Generationenwechsel leiden und länger brauchen, sich immer wieder eine ausreichend große Stammbesucherschaft aufzubauen.

Tab. 12.3: Anteil der Jugendzentren, die durch gezielte Maßnahmen Einfluss darauf nehmen, BesucherInnen zu gewinnen – nach der Breite ihrer Angebotspalette

1. Quartil: Geringe Angebotspalette	46%
2. Quartil	79%
3. Quartil	90%
4. Quartil: Große Angebotspalette	94%

Quelle: DJI-Jugendzentrumserhebung 2011, n = 1 103

12.3 Zugangsbeschränkungen trotz Offenheit für alle

Wie die Ergebnisse zeigen, gibt es in den Einrichtungen der offenen Jugendarbeit das Grundverständnis, niemanden von vorneherein vom Besuch der Einrichtung auszuschließen. Nichtsdestotrotz bestehen wie auch in anderen Einrichtungen der Kinder- und Jugendhilfe Zugangsbeschränkungen und Hürden der Inanspruchnahme. Zum Teil ergeben sich solche Hürden unbeabsichtigt vonseiten der Jugendzentren selbst, etwa durch die räumliche Lage eines Jugendzentrums oder wenn bestimmte Cliquen im Haus dominant sind und die Einrichtung nicht groß genug ist, um räumlich differenzierte Angebote vorzuhalten. Zum Teil sind Zugangsbeschränkungen auch konzeptionell begründet, z.B. wenn Öffnungszeiten und Altersgrenzen vorgegeben werden. Aber auch die Ressourcenausstattung von Einrichtungen kann insofern Zugangsbeschränkungen zur Folge haben, als bestimmte Angebote nicht gemacht werden, mit denen man eine bestimmte Gruppe junger Menschen aber erreichen würde. Außerdem haben die inhaltliche Ausrichtung der Angebote von Jugendzentren und die darin eröffneten oder verwehrten Aneignungs-, Rückzugs-, Beteiligungs- und Gestaltungsmöglichkeiten einen wichtigen Einfluss darauf, ob das Jugendzentrum für junge Menschen attraktiv ist und sie Zugang finden. Im Rahmen der Erhebung wurden die Jugendzentren gefragt, ob sie durch gezielte Maßnahmen Einfluss darauf nehmen, den Zugang zu ihrem Angebot zu beschränken. Das Verbot verfassungsfeindlicher/rechtsextremistischer Symbole, Altersgrenzen, Hausverbote, die inhaltliche Ausrichtung bzw. der Verzicht auf bestimmte Angebote, sowie Öffnungszeiten wurden bei der Befragung als Antwortmöglichkeiten vorgegeben. Die Frage bezieht sich also auf bewusste Entscheidungen.

Kaum eine Einrichtung (7,4%) ist laut eigenen Angaben konzeptionell bestrebt, bestimmte Jugendliche auszuschließen. Zugleich geben 78% aller Jugendzentren an, durch gezielte Maßnahmen den Zugang zur Einrichtung zu beschränken. Wie Tabelle 12.4 zeigt, ist dies für die Jugendzentren offensichtlich kein Widerspruch. Denn über drei Viertel der Einrichtungen, die nicht konzeptionell bestrebt sind, bestimmte Jugendliche auszuschließen, beschränken zugleich gezielt den Zugang zur Einrichtung (77%). Diese Diskrepanz dürfte mehrere Gründe haben: Konzeptionell bestrebt zu sein, bestimmte Jugendliche auszuschließen, betrifft das Grundverständnis offener Einrichtungen der Kinder- und Jugendarbeit. Beschränkungen des Zugangs berühren hingegen konkreter den Alltag der Einrichtungen. Sie bedeuten nicht unbedingt einen Ausschluss, sondern können für einen Teil der Angebote (z.B. Angebote für Mädchen oder bestimmte Altersgruppen) und für einen Teil der Öffnungszeiten gelten. Außerdem dürften manche Jugendzentren auch nicht intendierte Beschränkungen angegeben haben. Sehr kleine und sehr große Einrichtungen (gemessen an ihrer Finanzausstattung) sowie Angebote, die von Kirchengemeinden (und zwar die, die als Körperschaft öffentlichen Rechts organisiert sind) getragen werden (64%), beschränken den Zugang signifikant seltener. Dies dürfte vor allem mit ihrer homogeneren Besucherschaft, einem stärkeren Peer-Gruppen-Bezug im ländlichen Umfeld (wo diese Angebote häufiger vertreten sind) und geringeren Anforderungen von außen zu tun haben.

Tab. 12.4: Vorhandensein gezielter Maßnahmen, den Zugang zur Einrichtung/dem Angebot zu beschränken für Einrichtungen, die (nicht) bestrebt sind, bestimmte Jugendliche von ihrer Einrichtung auszuschließen

	Einrichtungen insgesamt	Einrichtungen, die bestrebt sind/nicht bestrebt sind, bestimmte Jugendliche auszuschließen	
		bestrebt	nicht bestrebt
Vorhandensein gezielter Maßnahmen, den Zugang zu beschränken, und zwar durch …	78%	96%	77%
… inhaltliche Aursrichtung der Angebote	31%	54%	30%
… Hausverbote	42%	57%	42%
… Altersgrenzen	54%	75%	53%
… Verbot verfassungsfeindlicher/rechtsextremistischer Symbole	60%	81%	60%
… Öffungszeiten des Jugendzentrums	28%	35%	28%
… sonstige Maßnahmen	9%	7%	8%
Zahl der Einrichtungen	1094	72	892

Quelle: DJI-Jugendzentrumserhebung 2011

Spezifische Maßnahmen, um den Zugang zu beschränken. Die Mehrzahl der Jugendzentren beschränkt durch das Verbot verfassungsfeindlicher Symbole (60%) sowie durch Altersgrenzen (54%) den Zugang. Einrichtungen mit Altersgrenzen werden dabei signifikant seltener von unter 6-Jährigen und über 21-Jährigen in Anspruch genommen als Einrichtungen ohne Altersgrenzen. Etwa zwei Fünftel setzen Hausverbote ein (42%) und knapp ein Drittel verzichtet auf bestimmte Angebote oder richtet sie so aus, dass der Zugang zur Einrichtung beschränkt wird (31%). Unter den Letzteren sind aber sicherlich auch solche Jugendzentren, denen bewusst ist, dass sie mit ihrem spezifischen Angebot bestimmte Jugendliche nicht ansprechen, ohne dass dies eine bewusste Entscheidung der Einrichtung gegen diese Jugendlichen wäre. Die Öffnungszeiten nennen 28% als Maßnahme, mit der

der Zugang zur Einrichtung beschränkt wird. Bei dieser Angabe ist ebenfalls davon auszugehen, dass die Angaben eine Mischung aus gezielter Maßnahme und nicht beabsichtigten Folgen widerspiegeln. Einrichtungen mit und ohne hauptamtliches Personal, große und kleine Einrichtungen und solche auf dem Land und in der Stadt geben Öffnungszeiten als eine Maßnahme, den Zugang zu beschränken, etwa gleich häufig an.

Bei einem differenzierten Blick auf die unterschiedlichen Maßnahmen zur Zugangsbeschränkung deuten sich Zusammenhänge mit der Größe bzw. dem Typus der Einrichtungen, der Komplexität der Aufgaben von Jugendzentren und den Ansprüchen an die Einrichtungen der offenen Jugendarbeit an.

Kleine Einrichtungen mit einer geringen Angebotspalette (21 %), solche mit einem sehr geringen Budget unter 1 000 Euro (20 % gegenüber 31 % bei allen Einrichtungen) und solche ohne bezahltes Personal (12 %) geben seltener an, dass sie durch die inhaltliche Ausrichtung ihrer Angebote oder den Verzicht auf Angebote Jugendliche ausschließen. Auch bei den anderen Aussagen erscheinen diese kleinen Einrichtungen als diejenigen, die den Zugang zu ihrem Angebot am seltensten beschränken. Dies dürfte mit ihrer im Schnitt homogeneren Besucherschaft, möglicherweise mit ihrem stärkeren Peer-Bezug sowie mit ihrem geringeren Grad von Institutionalisierung/ Verregelung zusammenhängen. Wen sie tatsächlich erreichen, lässt sich auf der Grundlage der Erhebung nicht feststellen, aber wahrscheinlich ist, dass sie viele Jugendliche in ihrem Einzugsgebiet gar nicht erreichen und in den Blick bekommen.

Je breiter die Angebotspalette der Jugendzentren ist, desto höher liegt der Anteil derer, die durch Altersgrenzen, ein Verbot verfassungsfeindlicher Symbole sowie durch Hausverbote den Zugang beschränken. Dies verweist darauf, dass in Jugendzentren wie in anderen Institutionen auch eine zunehmende Komplexität der Aufgaben Beschränkungen notwendiger oder zumindest wahrscheinlicher macht.

Zudem zeigt sich, dass Einrichtungen umso häufiger den Zugang zu ihren Angeboten über die inhaltliche Ausrichtung ihrer Angebote und über Altersgrenzen beschränken, je höher die Ausgaben für Jugendarbeit im Kreis insgesamt sind. Möglicherweise spiegelt sich hierin die Verknüpfung von Finanzierung mit von außen herangetragenen Ansprüchen an die Arbeit von Jugendzentren, also eine Indienstnahme offener Jugendarbeit für bestimmte Angebote und Zielgruppen, wider.

Auf den ersten Blick überrascht, dass Jugendzentren, die Nachmittagsbetreuungsangebote in Kooperation mit Schulen machen, nicht häufiger als andere den Zugang zu ihren Angeboten beschränken, und zwar weder über eine inhaltliche Ausrichtung ihrer Angebote, noch über Altersgrenzen noch über ihre Öffnungszeiten. Denn diese Angebote richten sich nur an bestimmte Altersgruppen und finden zu festgelegten Zeiten statt und es erscheint plausibel, dass zumindest ein Teil der Jugendzentren mit Nachmittagsbetreuungsangeboten andere, offenere Angebote reduziert und so etwa ältere Jugendliche faktisch ausschließt. Dies spiegelt sich jedoch in den Befunden nicht wider.

12.4 Fazit

Die Befunde zeigen auf, dass Einrichtungen der offenen Jugendarbeit das Selbstverständnis, ein Angebot für alle Jugendlichen zu sein, aufrechterhalten, und zwar über alle Einrichtungstypen offener Jugendarbeit hinweg. Angesichts des demografischen Wandels wird es noch wichtiger, dass es sowohl große Einrichtungen an den zentralen Orten gibt, wo Jugendliche zusammenkommen, z. B. in der Nähe von Schulen, als auch kleine Einrichtungen der offenen Jugendarbeit vor Ort. Die Befunde deuten darauf hin, dass gerade kleine Einrichtungen, solche ohne hauptamtliches Personal und mit einer geringen Angebotspalette, Gefahr laufen, „abgehängt" zu werden – sie werden z. B. seltener aktiv, BesucherInnen zu gewinnen, und erreichen häufiger nicht die Jugendlichen, die sie erreichen wollen. Hier braucht es regionale Ansätze, diese Einrichtungen zu stärken. Mittelgroße Einrichtungen scheinen ganz besonders dem Druck ausgesetzt zu sein, sich legitimieren zu müssen, und darauf mit ihren Angeboten und ihren Strategien, BesucherInnen zu gewinnen, reagieren zu müssen. Es ist eine spannende Frage, wohin sich diese Einrichtungen in dem Spannungsfeld von Offenheit für alle, einer breiten Angebotspalette und der Notwendigkeit, auch einen beschränkenden Rahmen für die eigene Arbeit schaffen zu müssen, entwickeln werden.

Teil C
Auswahl spezifischer Anforderungen an die offene Kinder- und Jugendarbeit

Kapitel 13
Umgang mit Beratungsbedarfen in Jugendzentren

Kinder und Jugendliche besuchen ein Jugendzentrum meist nicht, weil sie dort Beratung suchen. Sie kommen, weil Freunde dorthin gehen, sie dort andere Leute kennenlernen und Spiel-, Sport- und Freizeitaktivitäten unternehmen können. Sie finden dort idealerweise auch einen „Raum", in dem sie sich ausprobieren und Grenzen ausloten können und in dem nicht alles „gewusst" und „bearbeitet" werden muss. Im Vergleich mit anderen Arbeitsfeldern steht in der offenen Kinder- und Jugendarbeit nicht der individuelle pädagogische Bezug zu einzelnen Kindern und Jugendlichen im Vordergrund, sondern das Schaffen von Gelegenheitsstrukturen für Aktivitäten von Kindern und Jugendlichen (Deinet 1987, Böhnisch/Münchmeier 1990, Cloos et al. 2007). Die Gestaltung der Angebote basiert dabei auf einem möglichst gleichberechtigten Verhältnis zwischen Erwachsenen und Kindern und Jugendlichen.

Gleichwohl wird in Jugendzentren schon immer auch individuelle Beratung angeboten und geleistet (Ostbomk-Fischer 1991). Das besondere Kennzeichen von Beratung im Rahmen der offenen Kinder- und Jugendarbeit – sowohl individuell als auch in Gruppen – ist, dass sie Beratung in alltagsnaher Form bieten kann. Alltagsnah bezieht sich dabei zum einen auf die Breite der Themen, wie z. B. Beziehungsstress, Probleme mit den Eltern, Mobbingerfahrungen, Handyschulden, platter Fahrradreifen, ungewollte Schwangerschaft, Schlägerei auf dem Schulhof und die Fragen, wie der Schulabschluss doch noch geschafft werden kann. Die Alltagsnähe bezieht sich auch darauf, wie fließend der Übergang von einem Problem zu einem Gespräch oder einer Beratung gestaltet werden kann.

Die Schwelle ist dafür in der offenen Kinder- und Jugendarbeit niedrig, weil sich die Beratungssituationen oft aus dem Alltag in der Einrichtung ergeben. Im Vergleich mit institutionalisierten Beratungsangeboten wird deutlich, dass dort die Schwelle höher ist. „Sie [die Jugendlichen] müssen zunächst ein vielleicht nur diffus verspürtes Problem als beratungsrelevant definieren, und sie müssen dann den Entschluss fassen und umsetzen, sich in eine Beratungsstelle zu begeben" (Bettmer 2001: 110). Alltagsnähe bezieht sich damit auch auf den besonderen Rahmen für Beratungsprozesse, den die Einrichtungen der offenen Kinder- und Jugendarbeit bieten können. Im Unterschied zu anderen, spezialisierten und institutionalisierten Beratungsangeboten, wie Erziehungs-, Schuldner- und Berufsberatung, können im Jugendzentrum die Jugendlichen fließender nach ihren Bedürfnissen Zeitpunkt, Ort (z.B. halböffentlich, zurückgezogen) und die BeraterIn selbst bestimmen (Bettmer 2001: 113). Beispielsweise kann sich ein Beratungsgespräch zwanglos aus einem Thekengeplänkel oder am Kicker entwickeln und auch jederzeit wieder beendet werden.

Damit das Beratungsangebot von den Kindern und Jugendlichen in dieser Weise genutzt werden kann, ist es entscheidend, dass das Jugendzentrum genügend Gelegenheiten unterschiedlicher Art bietet, die von den Kindern und Jugendlichen auch nach ihren Vorstellungen gestaltet werden können. Cloos et al. (2007) charakterisieren dies als Vorhalteleistungen (z.B. Billiardtisch, Küche, Pinnwand, Chillecke), mit denen sich die Erwartungen, Praktiken, Geschichten und Normen der Jugendlichen verbinden und die damit die Möglichkeit bieten, selbstbestimmt den Übergang in eine Beratungssituation zu gestalten. Die Beratungsgespräche ergeben sich in der Regel aus einem bereits bestehenden Vertrauensverhältnis zu den Fachkräften in der Einrichtung, das mitunter von den Jugendlichen an weniger schwerwiegenden Problemen „geprüft“ wird, bevor sie ihr eigentlich drängendes Problem thematisieren (Ostbomk-Fischer 1991). Für die Fachkräfte bedeutet dies, dass sie in der Lage sein müssen zu erkennen, wann Kinder und Jugendliche den Übergang in eine Beratungssituation vollziehen und mit ihnen gemeinsam aushandeln, was in dieser Beratungssituation geschieht und wer dabei welche Rolle und Aufgabe hat (Cloos et al. 2007: 192).

Zur Beratung gehört auch dazu, dass sich die Fachkräfte nicht nur auf die Beratungsbedürfnisse der Kinder und Jugendlichen einstellen, sondern auch entsprechend ihres sozialpädagogischen Auftrags selbst Probleme und Beratungsbedarf erkennen und das Gespräch mit den Kindern und Jugendlichen suchen.

Ein weiterer Vorteil des Settings Jugendzentrum ist, dass die Bedingungen günstig sind, Peerberatung zu fördern. Kinder und Jugendliche haben manchmal Schwierigkeiten, sich Erwachsenen gegenüber zu öffnen und würden ihre Fragen lieber mit Gleichaltrigen besprechen, die vielleicht auch bereits ähnliche Erfahrungen gemacht haben. Die Fachkräfte in den Einrichtungen der offenen Kinder- und Jugendarbeit können viel dafür tun (z.B. Gelegenheiten zum Austausch über bestimmte Themen schaffen; Jugendliche untereinander vernetzen helfen), dass Kinder und Jugendliche gegenseitig von diesem Wissen profitieren und sich beraten.

Grenzen für die Beratung im Jugendzentrum ergeben sich dann, wenn die Ressourcen für die Vielfalt an zu leistenden Aufgaben nicht ausreichen und individuellen Beratungsanliegen nicht nachgekommen werden kann. Die MitarbeiterInnen stehen vor der Herausforderung, Prioritäten bei ihrer Arbeitsgestaltung zu setzen. Sie müssen in Bezug auf ihre Arbeitsorganisation nicht nur zwischen ihrer Verantwortung für das ganze Haus und einem einzelnen Jugendlichen und seiner individuellen Problemkonstellation abwägen, sondern sie stehen auch vor der Anforderung zu entscheiden, welche Themen in generalisierter Form in der Gruppe bearbeitet werden können (Bettmer/Sturzenhecker 2013: 421). Eine Grenze für individuelle Beratungen entsteht überdies bei solchen Problemkonstellationen der Kinder und Jugendlichen, die die MitarbeiterInnen mit ihren Kompetenzen nicht ausreichend unterstützen können und die eine Weitervermittlung an andere Stellen erfordern.

Der Vorteil alltagsnaher Beratung ist für die empirische Erfassung gleichzeitig mit der Schwierigkeit verbunden, eindeutig zu definieren, wo Beratung im Jugendhaus anfängt und wo sie endet, wann beispielsweise aus einer Unterhaltung zwischen Jugendlichem und Fachkraft ein Beratungsgespräch wird. Auch die Grenze zwischen einer Informationsveranstaltung etwa zum Thema Drogen/Sucht und einer Beratung in der Gruppe ist fließend. Ähnlich schwierig ist die Grenze zwischen der Beratung einer Gruppe Jugendlicher in Bezug auf ihre anstehenden Bewerbungen auf einen Ausbildungsplatz und einem Bewerbungstraining.

Wie verbreitet Beratung in Jugendzentren ist, in welchen Formen sie dort stattfindet, was Themen der Beratung sind und wie mit den Beratungsbedarfen von Kindern und Jugendlichen umgegangen wird, ist Inhalt dieses Abschnitts.

13.1 Verbreitung von Beratung in Jugendzentren

In fast neun von zehn Jugendzentren können sich Jugendliche in der Einrichtung beraten lassen (87 %). In Einrichtungen, die hauptamtliches Personal haben, ist der Anteil der Einrichtungen, in denen sich Kinder und Jugendliche beraten lassen können, höher und beträgt 92 %. Von den Einrichtungen ohne hauptamtliches Personal gibt dagegen nur ein Anteil von 42 % an, dass die Einrichtung Beratung leistet. Es wäre zu erwarten, dass alle Einrichtungen mit hauptamtlichem Personal angeben, dass sie Beratung leisten. Dass das nicht so ist, hat möglicherweise mit der Unschärfe zu tun, ab wann ein Gespräch zwischen einer MitarbeiterIn und einer BesucherIn als Beratungsgespräch betrachtet wird und ab wann ein Angebot als Beratungsangebot zu bewerten ist.

Legt man die Kriterien an, die Beratung von Alltagssituation unterscheidet (z. B. Nestmann et al. 2007) dann ist ein Wert von unter 100 % plausibel, da die Beratungssituationen im Jugendzentrum weniger den klassischen Beratungssettings entsprechen. Dass der Anteil der Einrichtungen ohne hauptamtliches Personal sehr viel seltener angibt (42 %), Beratung zu leisten, erstaunt nicht, da anzunehmen ist, dass hauptamtlich Tätige Beratung zu ihrem Aufgabenspektrum zählen. Zudem existieren im Alltagsverständnis von Ehrenamtlichen möglicherweise noch engere Vorstellungen von Beratung. Das heißt, von einer hauptamtlichen MitarbeiterIn kann aufgrund ihrer Ausbildung erwartet werden, dass sich im Laufe ihrer Tätigkeit in der Einrichtung, ein Gefühl dafür entwickelt, welche Situationen und Gespräche als alltagsnahe Beratung einzuschätzen sind, auch wenn sie nicht den klassischen Kriterien von institutioneller Beratung entsprechen. Ehrenamtlich Tätige werden ihre Tätigkeit in der Regel nicht unter sozialpädagogischen Reflexionskategorien bewerten und bei Beratung an jene Situationen denken, die im Alltag damit verbunden werden. Insofern werden sie manche Beratungssituationen nicht als solche wahrnehmen. Zudem werden peer-to-peer-Beratungen möglicherweise nur dann als solche definiert, wenn sie in einem eindeutigen Beratungssetting oder zu ganz bestimmten Themen, wie z.B. Schule, stattfinden.

Die Alltagsnähe der Beratung lässt sich an dem Beratungssetting verdeutlichen. Auf die Frage, wann Kinder und Jugendliche sich beraten lassen können, antworten die Einrichtungen ganz überwiegend, dass dies nach Bedarf der jungen Menschen geschehe. Nur sehr wenige, und zwar 4% der Jugendzentren, bieten Beratung ausschließlich zu festen Sprechzeiten an. 12% der Jugendzentren, die Beratung anbieten, tun dies nach Bedarf und darüber hinaus zu festen Sprechzeiten. Es bestand außerdem die Möglichkeit, gegebenenfalls weitere Varianten anzugeben. Das haben 6% der Jugendzentren genutzt. Beispielsweise vereinbaren sie mit Jugendlichen, die auf sie zukommen, einen Termin, um in Ruhe ein Beratungsgespräch führen zu können; sie führen Beratungsgespräche auch außerhalb der Öffnungszeiten des Jugendzentrums, verweisen an ihren Träger oder laden externe BeraterInnen wie die Berufsberatung ein.

Beinahe alle Jugendzentren, die Beratung anbieten, machen Einzelberatung (86%), zwei Drittel beraten außerdem in Gruppenkonstellationen (67%) und 45% haben ein spezielles Beratungsangebot wie beispielsweise Berufsberatung. Knapp zwei Fünftel der Einrichtungen bieten alle diese Formen an. Beratung ausschließlich als spezielles Angebot hat nur 1% der Einrichtungen. Der offene Treff, wo Jugendliche die Möglichkeit haben, sich zuerst einmal ganz unverbindlich an die MitarbeiterIn zu wenden oder wo sich aus Gesprächen Beratungsbedarfe herauskristallisieren, hat als Ausgangspunkt für Beratungsgespräche eine hohe Bedeutung: Von den Einrichtungen mit einem offenen Treff bieten 91% Beratung an, während es von den Einrichtungen ohne einen offenen Bereich lediglich 66% sind. Dies erklärt sich damit, dass in Einrichtungen ohne offenen Treff weniger Gelegenheiten sind, Beratungsprozesse entstehen zu lassen, und Einrichtungen ohne offenen Treff möglicherweise stärker in Angeboten denken (vgl. Kap. 9): Nur dann, wenn diese Einrichtungen ein explizites Beratungsangebot vorhalten, dann geben sie auch Beratungsleistungen an. Die Ergebnisse zu den Rahmenbedingungen verdeutlichen die Alltagsnähe und Flexibilität der Jugendzentren, Beratung zu leisten und die besondere Bedeutung des offenen Treffs dafür.

71 % der Jugendzentren verfolgen das Ziel, dass sich die Jugendlichen untereinander beraten und unterstützen (davon 24 % uneingeschränkt, 47 % stimmen dem eher zu). Dies spricht dafür, dass die Einrichtungen ihre Beratungstätigkeit so einsetzen, dass damit die Selbstorganisationspotenziale der Jugendlichen gefördert werden, sie sich wechselseitig unterstützen und damit sowohl ihre Ressourcen als auch ihre Kompetenzen besser erleben können. Einrichtungen ohne hauptamtliches Personal verfolgen dieses Ziel signifikant häufiger, was wenig überraschend ist, da in solchen Jugendzentren die Förderung der Peerberatung ja tatsächlich der einzig „sinnvolle" Weg zu sein scheint. Zudem vermitteln sie weitaus seltener an Dritte oder laden externe BeraterInnen ein.

In der Wahrnehmung vieler Jugendzentren hat der Beratungsbedarf ihrer BesucherInnen in den letzten Jahren zugenommen (37 %). Weniger als jedes zehnte Jugendzentrum nimmt eine Abnahme des Bedarfs wahr und etwas über die Hälfte kann keine Veränderung in den letzten Jahren erkennen (54 %). Jugendzentren in Ost und West kommen dabei zu einer ganz ähnlichen Einschätzung, aber Einrichtungen in kreisfreien Städten nehmen signifikant häufiger eine Zunahme des Bedarfs wahr (46 %), als Einrichtungen in Landkreisen (31 %). Ein Zusammenhang, der auch bestehen bleibt, wenn man nur Jugendzentren mit Personal betrachtet.

Tab. 13.1: Anteil der Einrichtungen, die in den letzten Jahren eine Zu-/Abnahme oder keine Veränderung des Beratungsbedarfs sehen

	Beratungsbedarf ...		
	... hat abgenommen	... hat zugenommen	... ist gleichgeblieben
In kreisfreien Städten*	6 %	46 %	48 %
In Landkreisen*	10 %	31 %	59 %
Bieten keine Beratung an*	14 %	13 %	74 %
Bieten Beratung an*	8 %	40 %	53 %
Insgesamt	8 %	37 %	54 %

* Unterschiede sind signifikant ($p < 0.001$)
Quelle: DJI-Jugendzentrumserhebung 2011, n = 1 022

13.2 Zu welchen Themen Jugendliche Beratung suchen

Die Palette der Themen, zu denen junge Menschen im Jugendzentrum Beratung suchen, ist sehr breit (vgl. Tab. 13.2). Es erstaunt nicht, dass der Themenbereich Konflikte, Beziehungen/Freundschaft, Familie, Sexualität und Mobbing insgesamt zu den am häufigsten genannten Beratungsanlässen gehört. Kennzeichen der Jugendphase ist die Ablösung vom Elternhaus und das Knüpfen neuer, von der Familie unabhängiger Beziehungen und Kontakte, das Eingehen von Partnerschaften und das Entwickeln einer eigenen Sexualität. Dass Jugendliche zu diesen oft sensiblen Themen in einem Alltagssetting wie dem Jugendzentrum Beratung suchen, ist nicht erstaunlich. Der Vorteil besteht für die Jugendlichen auch darin, dass eine Beratung im Jugendzentrum idealerweise unmittelbar zugänglich ist, da der Anlass für eine Beratung zu diesen Themen möglicherweise in der nächsten Woche schon nicht mehr gegeben ist oder die Hürde für eine Beratungsstelle zu hoch ist.

Tab. 13.2: Anteil der Jugendzentren, in denen zum jeweiligen Thema Beratung gesucht wird

Konflikte*	87 %
Beziehungen/Freundschaft	85 %
Übergang Schule/Beruf*	83 %
Jugendliche und Schule*	82 %
Familie*	72 %
Gewalt*	62 %
Mobbing*	59 %
Straftaten*	57 %
Sexualität*	57 %
Drogen/Sucht	55 %
Schulden	36 %
Gesundheit	34 %
Schwangerschaft	27 %
Sexuelle Übergriffe*	24 %
Zu anderen Themen*	8 %
Zu keinem Thema	3 %

* Ost-West-Unterschied signifikant ($p < 0.05$)
Quelle: DJI-Jugendzentrumserhebung 2011, n = 1 047

Der zweitwichtigste Themenbereich, zu dem Beratung nachgefragt wird, ist der Übergang Schule/Beruf und die Schule. Beides sind Themen, die nahezu alle Jugendlichen betreffen und auf vielfältige Art ein Beratungsanlass sein können, sei es weil es Schwierigkeiten in der Schule oder beim Übergang in den Beruf gibt oder weil die Jugendlichen Orientierung suchen, welchen schulischen oder beruflichen Weg sie einschlagen sollen.

Ein weiterer Themenbereich sind Drogen und Sucht. Dieser reicht für die offene Kinder- und Jugendarbeit von der Information und Beratung zu Fragen, die für Jugendliche auf dem Weg zum Erwachsensein mit verschiedenen Drogen und den Auswirkungen des Konsums von Drogen verbunden sind, über Präventionsaufgaben bis zu individueller Beratung und Begleitung bei Suchtproblematiken. Die offene Kinder- und Jugendarbeit ist dabei kein Teil der Suchthilfe, hat jedoch den Anspruch, auf den einzelnen Jugendlichen in der Einrichtung entsprechend zu reagieren, je nachdem wie dieser in die Einrichtung kommt. Insofern ist die offene Kinder- und Jugendarbeit immer wieder mit Drogen und auch gefährdendem Konsum von Drogen konfrontiert (Wieland 2013). Dass lediglich 55 % der Einrichtungen Drogen/Sucht als Beratungsanlass nennen, ist vor dem Hintergrund, dass die Auseinandersetzung mit Drogen auch eine Sozialisationsaufgabe und in Einrichtungen der offenen Jugendarbeit Anlass für Auseinandersetzungen zwischen BesucherInnen und Fachkräften ist, erstaunlich. Möglicherweise hat dies damit zu tun, dass die Fachkräfte die verschiedenen Anlässe der Auseinandersetzung nicht als Beratungsprozesse definieren.

Die Themen Gesundheit und Schwangerschaft sind in deutlich weniger Einrichtungen ein Anlass für Beratung. Dies hat möglicherweise auch etwas mit der Geschlechterverteilung in den Einrichtungen zu tun, die einen höheren Anteil bei den männlichen BesucherInnen ausweist. Diese Themen sind auch klassische Präventionsthemen, denen sich die offene Kinder- und Jugendarbeit schon immer auch zuwendet. Wie viel sie damit im Alltag zu tun hat, kommt sicher auch auf die Altersverteilung in der Einrichtung an.

Zu den Themen Gewalt und Straftaten wird in der Hälfte der Einrichtungen Beratung gesucht. Gewalterfahrungen und Straftaten sind Phänomene, mit denen Jugendliche insbesondere in Peerkontexten nicht selten als Opfer oder auch Täter konfrontiert werden. Sie werden im Fachdiskurs als jugendtypisch und – in der Regel – vorübergehend betrachtet (vgl. www.dji.de/jugendkriminalitaet). Insofern kann es nicht überraschen, dass zu diesen Themen in relativ vielen Jugendzentren Beratung gesucht wird. Zu sexuellen Übergriffen wird in einem knappen Viertel der Einrichtungen Beratung gesucht. Jugendzentren sind in der Außenwahrnehmung nicht diejenigen Orte, die mit der Beratung solcher schwerwiegender Problemstellungen verbunden werden. Die deutschen Ergebnisse der europäischen Studie zu

Gewalt gegen Frauen haben offenbart, dass sexuelle Übergriffe relativ weit verbreitet sind (Agentur der Europäischen Union für Grundrechte 2014).

Die deutsche Studie zur sexuellen Gewalt gegen Mädchen und jungen Frauen in Institutionen (Helming et al. 2011) zeigt, dass auch Übergriffe von Gleichaltrigen in der Schule keine Seltenheit darstellen. Es kann somit als sehr positiv gesehen werden, dass Jugendliche ihre Erfahrungen anderen Personen im Jugendzentrum anvertrauen. Die Forschung hierzu hat gezeigt, dass Jugendliche sich damit generell schwer tun und ihre Erlebnisse eher für sich behalten. Und es zeigt sich auch, dass es sich als eine der wirksamsten Präventionsstrategien bezüglich sexueller Übergriffe erweist, Andere dazu ins Vertrauen ziehen zu können (Amyna 2011). Die Befunde zur Beratung legen nahe, dass Jugendzentren einer der Orte sind, zu denen Kinder und Jugendliche bei einem solchen belastenden Thema Vertrauen entwickeln und eine wichtige Rolle bei der Vermittlung von weiterer Beratung und Hilfe in dem für junge Menschen nicht einfach zu überschauenden Angebot übernehmen (vgl. auch Tab. 13.5).

In mehr als einem Drittel der Jugendzentren suchen Kinder und Jugendliche Beratung zum Thema Schulden. Immer wieder wird thematisiert, dass junge Menschen zunehmend von Verschuldung, insbesondere aufgrund steigender Handykosten, betroffen sind. Es lässt sich diesbezüglich jedoch kein eindeutiges Bild zeichnen und es scheinen sich keine gravierenden Negativentwicklungen abzuzeichnen. Z.B. bleibt laut Schufa der Anteil der 18- bis 24-Jährigen etwa ähnlich, der nicht in der Lage ist, Ratenkredite zurückzuzahlen (Schufa 2014: 18). Nichtsdestotrotz sind Schulden für einen Teil der Jugendlichen ein ernsthaftes Problem und die Jugendzentren bilden eine Ressource zur Bewältigung dieser Situation.

Außer den genannten Themen haben die Jugendzentren eine Reihe weiterer Themen bei einer offenen Antwortmöglichkeit angegeben (andere Themen). Die drei häufigsten (jeweils etwa 1 %) sind Glaubensfragen, Internet/Medien sowie Fragen, die mit der Lebenssituation von Jugendlichen mit Migrationshintergrund zu tun haben. Ein kleiner Anteil von Einrichtungen (3 %) gibt an, dass zu keinem Thema Beratung gesucht wird.

Jugendzentren, die Angebote zur Sicherstellung der Nachmittagsbetreuung von Schulkindern haben, bieten noch häufiger (96 %) als andere Einrichtungen der offenen Kinder- und Jugendarbeit (84 %) die Möglichkeit der Beratung. Unter Kontrolle des Merkmals Personal sind sie häufiger mit Beratungsbedarf zu den Themen Schule, Mobbing, sexuelle Übergriffe und Gewalt konfrontiert. Möglicherweise nehmen die Kinder und Jugendlichen das Jugendzentrum, wenn sie dort (auch) die Nachmittagsbetreuung besuchen, anders wahr und kommen eher mit Problemen, die die Schule betreffen oder dort besonders konflikthaft sind, auf die Fachkräfte in den Jugendzentren zu. Außerdem gibt es kein Thema in diesen Einrichtungen, zu dem die Jugendlichen weniger häufig Beratung suchen. Die Befunde geben also keinen Hinweis darauf, dass bestimmte Beratungsthemen weniger an die Jugendzentren herangetragen werden, wenn sie eine Nachmittagsbetreuung durchführen.

Welche Bedeutung die Beratung im Jugendzentrum für die jungen Menschen hat, lässt sich im Rahmen einer Erhebung bei Einrichtungen nicht herausfinden. Man kann aber etwas über die Einschätzung der MitarbeiterInnen im Jugendzentrum erfahren. Mehr als drei Viertel der befragten Jugendzentren stimmen der Aussage „Wir scheinen oft die einzigen Erwachsenen zu sein, an die sich die Jugendlichen bei Problemen wenden" zu, davon 23% uneingeschränkt, 53% stimmen der Aussage „eher zu". Die meisten Einrichtungen nehmen demnach auch wahr, dass sie für einen Teil der Jugendlichen eine wichtige Funktion über eine attraktive Freizeitgestaltung hinaus besitzen. In diversen Jahres- bzw. Tätigkeitsberichten von Jugendzentren sind Formulierungen wie „Wir sind für einen Teil unserer Besucher zu einer zweiten Heimat geworden", „wir übernehmen Aufgaben der Familie" oder „Wir sind eine Art Ersatzfamilie" zu finden. Sie spiegeln wider, dass Jugendzentren auch auf ein Bedürfnis junger Menschen nach verlässlichen erwachsenen AnsprechpartnerInnen reagieren und ein bedeutsamer Ort zur Beratung von Kindern und Jugendlichen sind.

13.3 Wie die Einrichtungen auf Beratungsbedarfe reagieren

Alltagsnähe zeichnet sich auch dadurch aus, dass die Beratung dann und dort stattfindet, wann und wo die Jugendlichen gern Beratung hätten. Die Beratung von Jugendlichen gehört zwar auch aus der Sicht der MitarbeiterInnen zu den Aufgaben der offenen Kinder- und Jugendarbeit (z.B. Beher/Gragert 2004: 314f.), aber sie verfügen meist nicht über eine einschlägige Berufsausbildung. Inwiefern die grundständige Ausbildung als SozialpädagogIn oder ErzieherIn ausreicht, um den vielen Themen und zum Teil komplexen Beratungsbedarfen, zum Beispiel bei Gewalt in Beziehungen, Sucht oder gesundheitlichen Problemen, gerecht zu werden, kann man zumindest kritisch hinterfragen. Damit ist die wichtige Aufgabe für die MitarbeiterInnen verbunden zu entscheiden, welchen Beratungsbedarf sie selbst decken können und welchen nicht. Sie stehen im Alltag immer wieder vor der Frage abzuwägen, ob sie sich schwierige Beratungen noch selbst zutrauen oder nicht und wann sie Jugendlichen das Aufsuchen einer Beratungsstelle oder ähnliches raten oder eine externe Beratung ins Haus holen.

Durch Fort- und Weiterbildungen erworbene Kenntnisse und Beratungskompetenzen sind deshalb für die MitarbeiterInnen in Jugendzentren von hoher Bedeutung, um zu wissen, wann es gut wäre, sich externe Beratung zu holen. Konzeptionell müssen Jugendzentren abwägen, welcher Stellenwert der Beratung im Jugendzentrum zugemessen werden soll. Denn die Alltagsnähe des Beratungssettings in Jugendzentren ist zwar ein Vorteil offener Einrichtungen und manchen Beratungsbedarfen kann man quasi nebenbei gerecht werden; dies stößt jedoch auch an zeitliche, räumliche und fachliche Grenzen. Es ist also zu entscheiden, ob man zusätzliche Ressourcen in die Beratung steckt, bzw. Ressourcen anders verteilt.

Besonderes Fachwissen der MitarbeiterInnen. Die Jugendzentren wurden auch danach gefragt, ob KollegInnen im Team über besonderes Fachwissen, das sie beispielsweise durch Fortbildungen erworben haben, zu den oben genannten Beratungsthemen verfügen. In der Tabelle 13.3 wird dargestellt, wie groß der Anteil der Einrichtungen ist, die mit einem Beratungsbedarf zu einem Thema konfrontiert sind und dazu spezifisches Fachwissen haben. Ein vergleichsweise großer Teil der Einrichtungen (13 %) hat diese Frage nicht beantwortet. Es liegt nahe, dass zumindest ein Teil von ihnen damit ausdrücken wollte, dass es kein spezifisches Wissen zu irgendeinem der genannten Themen gibt. Andererseits ist auch anzunehmen, dass das Verständnis darüber, was als besonderes Fachwissen anzusehen ist, auseinandergeht und manche Einrichtungen eher ein engeres Verständnis von „Fachwissen" haben.

Betrachtet man jeweils die Jugendzentren, die einen Bedarf zu einem Thema feststellen, zeigt sich, dass über alle Themen hinweg viele Jugendzentren von sich sagen, dass sie dazu kein besonderes Fachwissen haben, von etwa einem Drittel der Einrichtungen beim Thema Konflikte bis zu 71 % beim Thema Schulden (vgl. Tab. 13.3). Ein beträchtlicher Teil der Jugendzentren berät also ohne spezifisches Fachwissen. Wie oft die MitarbeiterInnen in solchen Fällen an ihre fachlichen Grenzen stoßen, lässt sich auf der Grundlage unserer Erhebung nicht feststellen. Die Erwartung, dass jede Einrichtung zu der gesamten Themenpalette besonderes Fachwissen vorhält, ist jedoch unrealistisch. Dies richtet sich auch danach, wie viel Personal es mit welcher Qualifikation überhaupt in der Einrichtung gibt und welche Ressourcen der Einrichtung zur Verfügung stehen, zusätzliches Fachwissen zu erwerben. Zudem stehen nicht zu allen Themen gleichermaßen Angebote auf dem Fort- und Weiterbildungsmarkt zur Verfügung. Nichtsdestotrotz stellt sich für Träger von Einrichtungen die Aufgabe, Qualifizierungsangebote zu machen, die es den Fachkräften ermöglichen, Beratungskompetenzen zu erwerben, die sie in die Lage versetzen, problemzentrierte Gespräche zu führen.

Tab. 13.3: Anteil der Einrichtungen, in denen Jugendliche zu den verschiedenen Themen Beratung suchen, und davon der Anteil der Einrichtungen, in denen besonderes Fachwissen zu den verschiedenen Themen vorhanden ist

	Anteil der Jugendzentren, in denen Jugendliche Beratung suchen	Davon: Einrichtungen, in denen besonderes Fachwissen vorhanden ist
Konflikte	87%	65%
Beziehungen/Freundschaft	85%	38%
Übergang Schule/Beruf	83%	59%
Schule	83%	44%
Familie	72%	41%
Gewalt	62%	58%
Mobbing	60%	47%
Straftaten	58%	34%
Sexualität	57%	42%
Drogen/Sucht	56%	59%
Schulden	37%	29%
Gesundheit	34%	44%
Schwangerschaft	27%	32%
Sexuelle Übergriffe	25%	44%

Quelle: DJI-Jugendzentrumserhebung 2011, n = 960 Jugendzentren, in denen Jugendliche zu den verschiedenen Themen Beratung suchen

Wird zu den jeweiligen Themen Beratung nachgefragt, dann sind es die nachfolgenden Beratungsthemen, zu denen die MitarbeiterInnen in Jugendzentren am häufigsten (mehr als die Hälfte der Jugendzentren) spezifische Kenntnisse erworben haben: Konflikte (65%), Drogen/Sucht (59%), Übergang Schule/Beruf (59%) und Gewalt (58%).

Jugendzentren haben dann signifikant häufiger spezifisches Fachwissen in einem Themenbereich, wenn Jugendliche dazu Beratung gesucht haben. Dies gilt für alle Beratungsthemen. Auf der Grundlage unserer Erhebung lässt sich jedoch letztlich nicht entscheiden, ob Einrichtungen mit speziellem Fachwissen zu einem Thema sich dieses Wissen angeeignet haben, um auf einen Bedarf ihrer BesucherInnen zu reagieren, oder ob es anders herum spezifische Kenntnisse der MitarbeiterInnen sind, die dazu führen, dass sich Jugendliche mit solchen Problemen an sie wenden.

Hinzuziehen externer BeraterInnen. Es ist anzunehmen, dass die MitarbeiterInnen in der offenen Kinder- und Jugendarbeit nicht jeden Beratungsbedarf selbst decken können. Deshalb wurde gefragt, zu welchen Beratungsthemen die Einrichtungen in den letzten fünf Jahren externe BeraterInnen, beispielsweise den/die BerufsberaterIn, oder den/die Mitarbeiter der Drogenberatungsstelle, eingeladen haben und ob, wie oft und an welche Beratungsinstitutionen sie im letzten Jahr weitervermittelt haben.

Tab. 13.4: Anteil der Jugendzentren, die in den letzten fünf Jahren externe BeraterInnen zu folgenden Themen eingeladen haben

Drogen/Sucht	45 %
Sexualität	30 %
Übergang Schule/Beruf	29 %
Gewalt	24 %
Straftaten	23 %
Konflikte	17 %
Gesundheit	15 %
Mobbing	14 %
Schule	12 %
Schulden	11 %
Sexuelle Übergriffe	10 %
Schwangerschaft	10 %
Familie	10 %
Beziehungen/Freundschaft	7 %
Andere Themen	12 %
Kein Thema	22 %

Quelle: DJI-Jugendzentrumserhebung 2011, n = 941

Die meisten Einrichtungen, etwa zwei Drittel, haben in den letzten fünf Jahren vor der Erhebung externe BeraterInnen ins Haus eingeladen, am häufigsten in den Themenfeldern Drogen/Sucht, Sexualität und Übergang Schule/Beruf. Zu beiden Bereichen pflegt die offene Kinder- und Jugendarbeit seit langem Kooperationsbeziehungen und es bestehen klar identifizierbare Ansprechpartner (Dogen/Suchtberatungstellen, Berufsinformationszentren/ Arbeitsagenturen). Zu einigen Themen holen die Jugendzentren relativ selten Externe ins Haus, obwohl Beratungsbedarf besteht (z.B. Beziehungen/ Freundschaft, Konflikte, Schule und Familie). Eine These ist, dass diese Themen aus Sicht der Jugendzentren im Zwiegespräch zwischen MitarbeiterIn und Besucher ausreichend bearbeitet werden können. Beim Thema

Schule dürften aufseiten von LehrerInnen relativ hohe Hürden bestehen, ins Jugendzentrum zu kommen, z.B. weil sie dies nicht im Rahmen ihrer Arbeitszeit machen können. Andere AnsprechpartnerInnen zum Thema Schule wären SchulpsychologInnen oder sonderpädagogische Dienste. Möglicherweise haben die Einrichtungen diese nicht vordergründig für das Thema Schule im Blick.

Man könnte vermuten, dass vor allem die Jugendzentren, die selbst keine spezifischen Kenntnisse in einem Feld haben, externe BeraterInnen dazu ins Haus holen, um so auf Beratungsbedarfe angemessener reagieren zu können. Aber das Gegenteil ist der Fall: Bei der Mehrzahl der Themen ziehen Jugendzentren signifikant häufiger Externe hinzu, wenn sie selbst spezifische Beratungskompetenzen haben. Dies spricht dafür, dass spezifische Kenntnisse der MitarbeiterInnen im Jugendzentrum und das Heranziehen externer Kompetenzen zwei Facetten einer qualitativ guten alltagsnahen Beratung sind. Keinen solchen Zusammenhang gibt es bei den Themen Drogen/Sucht, Sexualität, Schwangerschaft sowie beim Thema Schulden, möglicherweise weil es sich um Themen handelt, für die es spezialisierte Beratungsstellen gibt, wie Drogen-, Schulden- oder Schwangerschaftsberatungsstellen, zu deren Angebotsspektrum in der Regel auch der Besuch von Einrichtungen und Schulen gehört.

Weitervermittlung an Beratungsinstitutionen. Zu einer qualitativ guten Beratung gehört auch das Wissen um weitere Institutionen, an die man das Kind bzw. den Jugendlichen weitervermitteln kann. Knapp zwei Drittel der Jugendzentren (66 %) vermitteln an andere (Beratungs-)Institutionen weiter, wobei Jugendzentren in kreisfreien Städten sowie Gemeinden mit einem eigenen Jugendamt (77 %) dies signifikant häufiger tun als solche in Landkreisen (59 %). Dies dürfte daran liegen, dass Beratungsinstitutionen für die Kinder und Jugendlichen in kreisfreien Städten häufiger vorhanden (vgl. Gadow et al. 2013: 140) und besser erreichbar sind als in Landkreisen, wo man weitere Wege zurücklegen müsste und die Hürde dadurch höher wird. Der Unterschied zwischen Einrichtungen der offenen Jugendarbeit mit und ohne bezahltem Personal wird gerade bei der Weitervermittlung deutlich, denn nur ein Zehntel der Einrichtungen ohne Personal (11 %) hat im Jahr vor der Erhebung weitervermittelt, während 73 % der Einrichtungen mit Personal dies taten. Möglicherweise fehlt es den Einrichtungen ohne Personal an Wissen um und Kontakten zu Beratungsinstitutionen. Im Durchschnitt haben die Jugendzentren im Jahr vor der Erhebung elfmal (10,9) weitervermittelt, im Median fünfmal. Einige Jugendzentren haben eine sehr große Anzahl von Vermittlungen angegeben (bis zu 500). Damit sind häufig regelmäßige Weitervermittlungen einmal bis mehrmals pro Woche gemeint.

Tab. 13.5: Anteil der Jugendzentren, die an die genannten Beratungsinstitutionen im Jahr vor der Befragung weitervermittelt haben, in Ost und West

	Ost	West	Insgesamt
Jugendamt/ASD*	74%	85%	82%
Berufsberatung	56%	60%	59%
Drogen-/Suchtberatung	37%	34%	35%
Polizei*	26%	36%	33%
Erziehungsberatungsstelle	28%	33%	32%
Familienberatungsstellen	29%	28%	29%
Psychologisch-therapeutische Praxen	24%	27%	26%
Schuldnerberatung*	34%	20%	24%
Schwangerschaftskonfliktberatung	17%	15%	15%
Beratung für (sexuell) missbrauchte Kinder/Jugendliche	10%	13%	13%
Beratung für ausländische Kinder/Jugendliche*	6%	13%	11%
Gesundheitsamt*	11%	5%	7%
Andere Stelle	9%	6%	7%

* Ost-West-Unterschied signifikant ($p < 0.05$)
Quelle: DJI-Jugendzentrumserhebung 2011, n = 1 096

Die Tabelle 13.5 stellt dar, an wen die Jugendzentren im Jahr vor der Befragung weitervermittelt haben. Im Schnitt waren das 3,7 Stellen, im Median drei Stellen. Am häufigsten wurde an das Jugendamt bzw. den ASD vermittelt (82%). Häufig werden auch die Berufsberatung (59%), die Erziehungs- und/oder Familienberatung (44%), die Drogen-/Suchtberatung (35%) sowie die Polizei (33%) genannt. An wen die Jugendzentren weitervermitteln unterscheidet sich kaum zwischen den Bundesländern, Städten und Landkreisen sowie Ost- und Westdeutschland. Dass Jugendzentren in Ostdeutschland häufiger an die Schuldnerberatung vermitteln, ist vor dem Hintergrund höherer Arbeitslosenquoten und niedrigerer Einkommen in Ostdeutschland nicht überraschend. Auch dass Jugendzentren in Westdeutschland häufiger an Beratungsstellen für ausländische Kinder und Jugendliche vermitteln, ist zu erwarten. Auffällig ist aber, dass Jugendzentren in Westdeutschland häufiger an die Polizei weitervermitteln als Einrichtungen in Ostdeutschland. Dies ist überraschend, denn gerade in Ostdeutschland ist die Kultur der Kooperation zwischen Jugendhilfe und der Polizei, z. B. mit Jugendkontaktbeamten, intensiver gefördert worden und sowohl in Ostdeutschland als auch in Westdeutschland wird die Kooperation mit der Polizei aus Sicht der Kinder- und Jugendhilfe als sehr gut bewertet (Pluto et al. 2007). Eine plausible Erklärung für den Unterschied zwischen west- und ostdeutschen Einrichtungen drängt sich demnach nicht auf.

Gibt es im Jugendzentrum spezifisches Fachwissen zu einem Beratungsthema, dann vermitteln die MitarbeiterInnen signifikant häufiger auch an entsprechende Beratungsstellen, etwa die Berufsberatung, die Drogenberatung, die Schwangerschaftskonfliktberatung, die Polizei oder die Schuldnerberatung weiter. Auch dieser Befund deutet darauf hin, dass Jugendzentren, die Beratung ernst nehmen und sich spezifische Fachkenntnisse angeeignet haben, häufiger auch auf externe Beratungskompetenz zurückgreifen.

Die Jugendzentren reagieren dabei je nachdem, um welches Thema es sich handelt, unterschiedlich auf Beratungsbedarfe der Kinder und Jugendlichen. Betrachtet man nur solche Jugendzentren, in denen Jugendliche Beratung zu einem Thema suchen, dann zeigt sich: Bei den Themen Übergang Schule/Beruf (38 %) und Drogen/Sucht (37 %) haben die Jugendzentren am häufigsten selbst spezifische Kenntnisse und binden Dritte mit ein. Bei den Themen Straftaten und Schulden haben immerhin zwei von fünf Jugendzentren weder selbst spezifisches Fachwissen noch wenden sie sich an Dritte oder vermitteln weiter. Der Anteil der Jugendzentren, die nicht selbst spezifische Kenntnisse haben, sondern Externe einladen oder weitervermitteln, ist beim Thema Schwangerschaft am höchsten (42 %).

13.4 Fazit

Ein großer Teil der Einrichtungen der offenen Kinder- und Jugendarbeit bietet für junge Menschen alltagsnahe Beratung an und erfüllt damit eine sehr wichtige unterstützende Funktion. Die Beratung im Jugendzentrum lebt von der Offenheit und den Gestaltungsmöglichkeiten durch die Jugendlichen, die selbst das Thema, den Zeitpunkt, die Dauer, die Intensität und die Beratungsperson bestimmen. Die besondere Beratungsqualität entsteht durch die Vorhalteangebote, die Einrichtungen der offenen Kinder- und Jugendarbeit bieten. Für die MitarbeiterInnen ergibt sich daraus die Herausforderung, immer wieder neu die Balance zwischen individueller Beratung von Kindern und Jugendlichen und Verantwortung für die ganze Einrichtung herzustellen.

Eine qualitativ gute Beratung zeichnet sich dadurch aus, dass die MitarbeiterInnen die Beratung nach den Bedürfnissen der Kinder und Jugendlichen ausrichten, erkennen, wann weiterer Beratungsbedarf besteht, und ein breites Wissen über Stellen und Hilfemöglichkeiten im Umfeld haben, um Kinder und Jugendliche bei Bedarf gezielt weitervermitteln zu können oder sich externe Beratungskompetenz ins Haus zu holen. Empirisch zeigt sich in diesem Zusammenhang, dass Jugendzentren, die viel Beratung leisten, auch häufiger externe Beratungskompetenz einbeziehen, sowohl durch Hinzuziehen externer BeraterInnen als auch durch Weitervermittlung an andere Beratungsinstitutionen. Dies weist darauf hin, dass mit Beratungskompetenzen auch spezifisches Wissen über andere Stellen und deren Fachkompetenz und Leistungen vorhanden ist. Aufgabe des Trägers ist es, MitarbeiterInnen in ihren Beratungskompetenzen zu unterstützen und die Vernetzung mit anderen Einrichtungen und Stellen zu fördern, damit auch bei geringen Beratungskompetenzen ein Einbezug externer Stellen rechtzeitig erfolgt.

Die Bedeutung hauptamtlicher Ressourcen für die Beratungsleistungen ist erheblich. Diese wirkt sich positiv auf die Breite der Beratungsthemen, die Beratungshäufigkeit, das spezifische Wissen zu Beratungsinhalten sowie auf das Hinzuziehen von (zusätzlicher) externer Beratungskompetenz aus. Zur Unterstützung der Beratungsleistungen in den Jugendzentren ist zu überlegen, ob, vergleichbar mit der Fachberatung im Bereich der Kindertagesbetreuung, eine Struktur aufgebaut werden kann, die Supervisions- und weitere Unterstützungsleistungen für Jugendzentren mit und ohne hauptamtlichem Personal bieten kann.

Nach außen wird in der (Fach-)Öffentlichkeit bislang viel zu wenig dargestellt, dass Einrichtungen der offenen Kinder- und Jugendarbeit in größerem Umfang Beratungsleistungen erbringen und für viele Kinder und Jugendliche eine wichtige Ressource bei der Bewältigung der Herausforderungen des Aufwachsens und der alterstypischen Entwicklungsaufgaben darstellen. Die Aufgabe für Einrichtungen besteht darin, dies noch besser als bisher in angemessener Art und Weise zu beschreiben und das Besondere der Beratung im Vergleich zu anderen Beratungsstellen darzulegen.

Kapitel 14
Junge Menschen mit Migrationshintergrund in Jugendzentren

Geht es um junge Menschen mit Migrationshintergrund in der Kinder- und Jugendarbeit, werden häufig die verbandliche und die offene Kinder- und Jugendarbeit gegenübergestellt. Die verbandliche Jugendarbeit erscheint als ein Angebot, in dem junge Menschen mit Migrationshintergrund unterrepräsentiert sind, trotz der Bemühungen vieler Verbände, sich interkulturell zu öffnen. Die offene Jugendarbeit wird demgegenüber als Angebot wahrgenommen, in dem junge Menschen mit Migrationshintergrund überproportional vertreten sind, was mit der Hoffnung verbunden ist, gerade die offene Jugendarbeit könne zur „Integration" und zum Abbau von Benachteiligungen von Jugendlichen mit Migrationshintergrund beitragen. Das folgende Kapitel geht der Frage nach, wie sich Jugendzentren mit dem Migrationshintergrund ihrer BesucherInnen pädagogisch-konzeptionell auseinandersetzen, und stellt Befunde zum Anteil der BesucherInnen mit Migrationshintergrund in den Einrichtungen dar. Dabei wird deutlich, dass sich die Situation in den Jugendzentren so differenziert darstellt, dass man die oben angesprochene Wahrnehmung relativieren muss.

In einer Fragebogenerhebung die Bedeutung des „Migrationshintergrundes" zum Thema zu machen, birgt die Gefahr, dem Migrationshintergrund eine Bedeutung zuzuschreiben, die er in der Wirklichkeit gar nicht hat, weil man eine spezielle Kategorie herausgreift und andere, die mindestens ebenso relevant sein könnten (z. B. Bildungshintergrund, Geschlecht, etc.), nicht. Indem ein Begriff wie „Migrationshintergrund" verwendet wird, setzt man voraus, dass die Wirklichkeit in Jugendzentren tatsächlich in diesen Kategorien beschrieben werden kann. Das ist problematisch, denn er fasst Menschen mit ganz unterschiedlichen Erfahrungen, in unterschiedlichen Lebenssituationen und unterschiedlicher regionaler und religiöser Herkunft unter einem Begriff zusammen. Zudem hat der Migrationshintergrund gegenüber sozialstrukturellen Merkmalen zunehmend an Bedeutung für die Erklärung von sozialen Unterschieden in Deutschland verloren (z. B. Bundesjugendkuratorium 2008: 7). Der Begriff Migrationshintergrund ist keine rein wissenschaftliche Kategorie, sondern wird im Alltag, in Fachdebatten und in der Politik – mit unterschiedlichen Konnotationen und Inhalten – verwendet. Es besteht also die Gefahr, Ausgrenzungen außerhalb wissenschaftlicher Debatten durch solche Kategorisierungen fortzuführen und zu legitimieren (vgl. Bundesjugendkuratorium 2008). Eine wirklich befriedigende Lösung, mit diesen Schwierigkeiten in Fragebogenerhebungen umzugehen, ist bislang nicht vorhanden.

14.1 Pädagogisch-konzeptioneller Umgang mit Migration

Für die offene Kinder- und Jugendarbeit ist ein Migrationshintergrund der BesucherInnen in den entsprechenden Einrichtungen erst einmal nicht entscheidend. Zum einen, weil sie sich an alle jungen Menschen richtet, zum anderen, weil ihr Ziel, „dazu beizutragen, dass Jugendlichen soziale [...] Teilnahmechancen und Möglichkeiten selbstbestimmter Lebensführung eröffnet werden, sowie dass Risiken des Scheiterns an den Anforderungen moderner Lebensführung verringert werden" (vgl. Scherr 2002: 114), für alle jungen Menschen bedeutsam ist. Warum lohnt es sich trotzdem, dass die Fachkräfte in Jugendzentren über Fragen von Migration und Herkunft nachdenken und dass der Art und Weise, wie sie das tun, in Untersuchungen nachgegangen wird?

Die (Selbst- oder Fremd-)Zuschreibung und Bedeutung eines Migrationshintergrunds oder einer ethnischen Herkunft sind kein objektives Faktum. Sie sind das Ergebnis von Verhandlungen sowohl unter den Jugendlichen als auch zwischen Fachkräften und Jugendlichen (vgl. Dannenbeck/Eßer/Lösch 1999: 235) und sind je nach Situation relevant oder nicht relevant. Diese Verhandlungen finden unter bestimmten Bedingungen statt. Dazu gehören das gesellschaftliche Klima, die Diskurse über Migration, Integration und Diskriminierung sowie die Erfahrung von Zugehörigkeit, Ausgrenzung und Diskriminierung, die Jugendliche in ihrem Alltag machen.

Politische Prioritäten der Kommune (welcher Stellenwert interkultureller Öffnung beispielsweise beigemessen wird), Schwerpunktsetzungen in der Jugendhilfeplanung und nicht zuletzt Entwicklungen der migrationsbezogenen sozialpädagogischen Ansätze – von der Ausländersozialarbeit zur interkulturellen sozialen Arbeit und schließlich zu Ansätzen, die einen stärker kritisch-reflexiven Umgang mit der Kategorie Kultur fordern (vgl. z.B. Eppenstein/Kiesel 2008: 38ff., Hamburger 2005: 91ff.), – sind weitere Rahmenbedingungen dafür, wie die Fachkräfte in der offenen Jugendarbeit in solchen Aushandlungsprozessen agieren. Der Sensibilität und interkulturellen Kompetenz der Fachkräfte in der offenen Jugendarbeit kommt eine wichtige Rolle zu, denn erstens müssen sie erkennen, ob gerade Fragen der Herkunft, Migration oder Diskriminierungserfahrungen verhandelt werden, und zweitens solche Themen in der pädagogischen Arbeit aufgreifen, ohne sie zu verdinglichen, z.B. indem Konflikte zwischen BesucherInnen nicht automatisch als kulturell begründet wahrgenommen werden.

Im folgenden Abschnitt steht nicht die Handlungsebene im Mittelpunkt, sondern es wird davon ausgegangen, dass eine konzeptionelle Auseinandersetzung mit solchen Fragen zu migrationssensiblem Handeln beiträgt. Deshalb ist es nach wie vor bedeutsam, ob sich Einrichtungen der offenen Kinder- und Jugendarbeit konzeptionell mit solchen Fragen beschäftigen. Es lässt sich zwar nicht aus der Vogelperspektive beurteilen, wie eine Einrichtung der offenen Jugendarbeit auf den Umstand, dass sie von Jugendlichen mit Migrationshintergrund besucht wird, konzeptionell reagieren sollte. Aber Jugendzentren sollten die gesellschaftlichen und lokal unterschiedlichen Rahmenbedingungen für Aushandlungsprozesse um Fragen der Herkunft reflektieren und ein Bewusstsein für die situative Relevanz bzw. Irrelevanz von Migrationshintergründen haben. Aus dem Anspruch, die Lebenssituationen, Wünsche und Bedürfnisse der jungen Menschen – egal ob mit oder ohne Migrationshintergrund – aufzugreifen, kann dann folgen, z. B. Migrations- und Diskriminierungserfahrungen pädagogisch aufzugreifen, sofern es für die Jugendlichen selbst relevant und Teil ihrer alltäglichen Praxis ist und unabhängig davon, ob nun z. B. die Mehrheit der BesucherInnen einen Migrationshintergrund hat oder nur einzelne Jugendliche mit Migrationshintergrund das Jugendzentrum besuchen.

„Kinder- und Jugendarbeit mit Migrantenjugendlichen steht also folglich vor der Anforderung, auf der Grundlage einer informierten und differenzierten Auseinandersetzung mit der sozioökonomischen Situation und den Formen alltäglicher Praxis junger MigrantInnen Angebote bereit zu stellen, die dazu beitragen, dass soziale Benachteiligungen und soziale Ausgrenzungen überwunden sowie Chancen gesellschaftlicher Teilhabe und einer selbstbestimmten Lebensführung eröffnet werden" (Scherr 2002: 110).

Pädagogisch-konzeptionelle Auseinandersetzung mit dem Migrationshintergrund von BesucherInnen. Insgesamt befasst sich nur ein kleinerer Teil der Jugendzentren, die Migrantenjugendliche zu ihren BesucherInnen zählen, pädagogisch-konzeptionell mit deren Migrationshintergründen (38 %). Sie tun dies umso häufiger, je höher der Anteil der BesucherInnen mit einem Migrationshintergrund ist (vgl. Tab. 14.1).

Unter den Jugendzentren mit einem MigrantInnenanteil von bis zu einem Viertel tut dies ein Fünftel (20 %), unter denen mit einem entsprechenden Anteil von über drei Vierteln sind es 52 %. Auch unter den Einrichtungen, die angeben, dass es eine (eher) große Rolle für ihre pädagogische Arbeit spiele, dass Jugendliche einen Migrationshintergrund haben, befasst sich nur gut die Hälfte (57 %) pädagogisch-konzeptionell mit dem Migrationshintergrund ihrer BesucherInnen.[1] Eine pädagogisch-konzeptionelle Auseinandersetzung kommt in Städten signifikant häufiger vor als in Landkreisen (45 % zu 32 %), in Kreisen mit höherer Bevölkerungsdichte häufiger als in Kreisen mit geringerer Bevölkerungsdichte, sowie in Westdeutschland häufiger als in Ostdeutschland (42 % zu 26 %). Einrichtungen in Kreisen mit einem höheren Ausländeranteil unter den 10- bis unter 25-Jährigen befassen sich zu einem signifikant höheren Anteil damit, als solche in Kreisen mit einem geringeren Ausländeranteil.

Tab. 14.1: Pädagogisch-konzeptionelle Auseinandersetzung mit dem Migrationshintergrund von Jugendlichen nach dem Anteil der BesucherInnen mit Migrationshintergrund

Anteil der BesucherInnen mit Migrationshintergrund*	Auseinandersetzung		Einrichtungen insgesamt
	Nein	Ja	
Bis zu einem Viertel	80 %	20 %	280
Bis zur Hälfte	70 %	30 %	171
Bis drei Viertel	48 %	52 %	151
Bis 100 %	39 %	61 %	203
Insgesamt	62 %	38 %	805

* Zusammenhang ist signifikant ($p < 0.01$)
Quelle: DJI-Jugendzentrumserhebung 2011, n = 805 Einrichtungen mit BesucherInnen mit einem Migrationshintergrund

Warum sich viele Einrichtungen nicht pädagogisch-konzeptionell mit dem Migrationshintergrund ihrer NutzerInnen auseinandersetzen, lässt sich auf der Grundlage der vorliegenden Befragung nicht abschließend beantworten. Es ist gut möglich, dass sich ein Teil der Jugendzentren durchaus mit den Interessen und der Lebenssituation der BesucherInnen mit Migrationshintergrund befasst, dem Migrationshintergrund jedoch dabei keine Bedeutung zugeschrieben wird.

Eine wichtige Erklärung dürfte sein, dass Konzeptionen in einem Teil der Einrichtungen der offenen Jugendarbeit in der alltäglichen Arbeit eine geringere Rolle spielen, nicht nur im Hinblick auf das Thema Migration. Denn wenn Jugendzentren konzeptionelle Vorstellungen darüber entwickelt haben, welche Jugendlichen sie erreichen wollen, dann setzen sie sich

1 Die Einrichtungen sollten sich zu der Aussage „Ob Jugendliche einen Migrationshintergrund haben, spielt für die pädagogische Arbeit im Jugendzentrum eine …“ auf einer siebenstufigen Skala mit den Enden „sehr große Rolle“ (1) und „gar keine Rolle“ (7) verorten. Eine (eher) große Rolle entspricht den Angaben 1 bis 3.

auch stärker mit dem Migrationshintergrund ihrer BesucherInnen pädagogisch-konzeptionell auseinander, als wenn es keine Konzepte hinsichtlich der eigenen Klientel gibt (44 % zu 27 %). Das verdeutlicht, dass es auch vom grundsätzlichen Stellenwert konzeptioneller Arbeit abhängen dürfte, ob sich Jugendzentren mit den Migrationshintergründen ihrer BesucherInnen beschäftigen. Führt man eine multivariate Analyse durch, um den eigenständigen Erklärungswert dieser und weiterer Faktoren zu prüfen, zeigt sich, dass regionale Faktoren sowie die Personalausstattung der Einrichtungen nicht erklären können, dass sich Jugendzentren pädagogisch-konzeptionell mit dem Migrationshintergrund von BesucherInnen auseinandersetzen. Sich pädagogisch-konzeptionell damit zu befassen, hängt mit einem höheren Anteil von BesucherInnen mit Migrationshintergrund sowie mit einem breiten Angebotsspektrum zusammen. Konzeptionelle Vorstellungen darüber zu haben, wen man erreichen will, ist der Faktor mit der größten Erklärungskraft (vgl. Tab. 14.2).

Tab. 14.2: Logistische Regression zur Aufklärung von Einflussfaktoren auf die pädagogisch-konzeptionelle Beschäftigung der Jugendzentren mit dem Migrationshintergrund von BesucherInnen

Variable	Odds-Ratio	Signifikanz
Anteil der Besucher/innen mit Migrationshintergrund	1,115	**
Anzahl der Stellen hauptamtlicher Fachkräfte	1,066	
Konzeptionelle Vorstellungen darüber, wen man erreichen will	1,924	**
Breite des Angebotsspektrums	1,144	**
Stadt (Landkreis)	1,116	
Westdeutschland (Ostdeutschland)	0,826	

Referenzkategorie in Klammern; ** $p < 0.01$, Nagelkerkes R-Quadrat: 0.251
Quelle: DJI-Jugendzentrumserhebung 2011, n = 710

Für eine Teilgruppe der Jugendzentren lässt sich ein Zusammenhang mit dem Stand der interkulturellen Öffnung der örtlichen Jugendämter herstellen, denn die Angaben dieser Jugendzentren lassen sich mit den Angaben aus der DJI-Jugendamtsbefragung in Beziehung setzen (vgl. zum Umgang mit Migration aus Sicht von Jugendämtern und stationären Einrichtungen der Hilfen zur Erziehung Gadow et al. 2013: 225 ff.). In den Jugendamtsbezirken, in denen das Jugendamt interkulturelle Öffnung bei freien Trägern fördert, aktiv nach Personal mit Migrationshintergrund sucht und die Nennung interkultureller Kompetenzen in Stellenausschreibungen für wichtig hält, liegt der Anteil der Jugendzentren, die sich pädagogisch-konzeptionell mit dem Migrationshintergrund ihrer BesucherInnen befassen, signifikant höher als bei anderen Jugendzentren. Ob dies daran liegt, dass interkulturelle Öffnung in der Kommune insgesamt eine hohe Bedeutung hat, mit Auswirkungen sowohl auf die Jugendämter als auch auf die offene Jugendarbeit, oder ob die Jugendämter durch konkrete Maßnahmen die Migrationssensibilität in der offenen Jugendarbeit fördern, muss an dieser Stelle offen bleiben (vgl. Tab. 14.3).

Tab. 14.3: Pädagogisch-konzeptionelle Auseinandersetzung mit dem Migrationshintergrund nach der Migrationssensibilität des Jugendamts

Jugendamt ist migrationssensibel	Nein	Ja	Einrichtungen insgesamt
Nein	69 %	31 %	248
Ja	57 %	43 %	143
Insgesamt	63 %	37 %	391

* Zusammenhang ist signifikant ($p < 0.01$)
Quelle: DJI-Jugendzentrumserhebung 2011, n = 391 Einrichtungen mit BesucherInnen mit Migrationshintergrund und Angaben des Jugendamts

Auch migrantenspezifische Aussagen zur Jugendarbeit im Rahmen der Jugendhilfeplanung haben einen Einfluss. Denn Jugendzentren in Regionen, in denen migrantenspezifische Aussagen in der Jugendhilfeplanung formuliert sind, geben signifikant häufiger an, dass es für ihre pädagogische Arbeit eine Rolle spielt, ob Jugendliche einen Migrationshintergrund haben. Das ist ein Hinweis darauf, dass Jugendzentren den Referenzrahmen, wie er in migrantenspezifischen Aussagen der Jugendhilfeplanung zum Ausdruck kommt, aufgreifen, und es der Jugendhilfeplanung offenbar gelingt, Aufmerksamkeit auf das Thema zu lenken.

Inhalte der pädagogisch-konzeptionellen Auseinandersetzung. Die Erhebung gibt einige Hinweise auf die Art und Weise, wie sich Jugendzentren mit dem Migrationshintergrund ihrer BesucherInnen pädagogisch-konzeptionell auseinandersetzen. Auf die Frage, wie wichtig für sie das pädagogische Ziel sei, die Begegnung von Jugendlichen unterschiedlicher ethnischer Herkunft zu fördern, antworten 30 %, es sei ihnen wichtig, und für 42 % ist dies sogar sehr wichtig. Auch unter den Jugendzentren ohne BesucherInnen mit Migrationshintergrund halten 43 % dieses Ziel für wichtig oder sehr wichtig. Es zeigt sich, dass ein hoher Zusammenhang zwischen den beiden Zielen, einerseits die Begegnung von Jugendlichen mit unterschiedlichen Bildungshintergründen bzw. andererseits mit unterschiedlicher ethnischer Herkunft zu fördern, besteht.

Die Jugendzentren hatten außerdem die Möglichkeit, in einer offenen Frage zu beschreiben, auf welche Art und Weise sie pädagogisch-konzeptionell mit dem Migrationshintergrund ihrer BesucherInnen umgehen. Einige beschreiben allgemein, dass der Migrationshintergrund bei der Angebotsgestaltung berücksichtigt wird, nennen Ansätze wie „Diversity Management“ oder konkrete Angebote. Das am häufigsten genannte Stichwort ist „Kultur“. „Nationalität“, „Sprache“, „Religion“, „Anderssein/Diversität“ und „Migrationsgeschichte“ werden demgegenüber deutlich seltener erwähnt. Offensichtlich ist „Kultur“ nach wie vor die dominante Kategorie, die in den Einrichtungen der offenen Jugendarbeit die konzeptionelle Auseinandersetzung mit dem Migrationshintergrund von BesucherInnen prägt. Als Ziel nennen die Einrichtungen häufig, das Zusammenkommen von jungen Menschen unterschiedlicher Herkunft zu fördern. Die Auseinandersetzung mit Vorurteilen, die Reflexion von Unterschieden und dem „Anderssein“, Antirassismus etc. ist ein weiterer Fokus, den relativ viele Einrichtungen haben. Zudem nehmen die Einrichtungen auf sprachliche und vor allem religiöse Gegebenheiten – häufig festgemacht an Essgewohnheiten – Rücksicht. Sprachförderung sowie die Förderung von (schulischer) Bildung und die Unterstützung beim Berufseinstieg werden ebenfalls als Ziele erwähnt, allerdings seltener als die zuerst genannten.

Die Befunde verdeutlichen, dass für die große Mehrzahl der Einrichtungen die Begegnung von Jugendlichen unterschiedlicher ethnischer Herkunft ein wichtiges Ziel ist. Auf einer programmatischen Ebene scheinen also viele Jugendzentren durchaus noch den Anspruch zu haben, „dass offene Jugendarbeit ein Ort der Begegnung und des sozialen Lernens zwischen Jugendlichen aus unterschiedlichen Klassen, Schichten und Milieus sein soll“ (Scherr 2002: 117), obwohl man in der wissenschaftlichen Diskussion davon ausgeht, dass dieser Anspruch „inzwischen auch in ihren Theorien und Konzeption(en) weitgehend preisgegeben bzw. als Illusion deklariert“ worden ist (Scherr 2002: 117). Trotz dieses Anspruchs befassen sich jedoch viele Jugendzentren nicht pädagogisch-konzeptionell mit den Migrationshintergründen ihrer BesucherInnen. Wenn sie es tun, dann geschieht dies am häufigsten im Referenzrahmen „Kultur“. Seit den 1990er-Jahren scheint sich daran wenig verändert zu haben.

Spezielle Angebote für BesucherInnen mit Migrationshintergrund. In etwa der Hälfte der Jugendamtsbezirke gibt es in offenen Einrichtungen der Jugendarbeit Angebote, die entweder speziell auf die Situation von Kindern und Jugendlichen mit Migrationshintergrund zugeschnitten sind oder solche, die sich ausschließlich an junge Menschen mit Migrationshintergrund richten, d. h., es gibt im Jugendamtsbezirk mindestens ein solches Angebot. Das war ein Ergebnis der Befragung von Jugendämtern im Jahr 2009. Die offene Jugendarbeit erscheint damit verglichen mit der Schulsozialarbeit, aufsuchender Jugendarbeit und berufsbildenden Angeboten als der Arbeitsbereich, in dem es am häufigsten solche Angebote gibt (vgl. Gadow et al. 2013: 240ff.). Fragt man die Einrichtungen der offenen Jugendarbeit danach, ob sie Angebote speziell für Kinder und Jugendliche mit einem spezifischen Migrationshintergrund haben, wie etwa Treffs für muslimische Mädchen etc., zeigt sich, dass nur sehr wenige Einrichtungen von denen, die auch junge Menschen mit Migrationshintergrund zu ihren BesucherInnen zählen, solche speziellen Angebote vorhalten. Nicht einmal jede zehnte dieser Einrichtungen gibt dies an. Wenn es Angebote für spezielle Gruppen von jungen Menschen mit Migrationshintergrund gibt, dann am häufigsten Mädchen- bzw. Frauengruppen und -treffs, teils mit einem Fokus auf muslimische Mädchen und Frauen, sowie Angebote für junge Menschen mit bestimmter Nationalität oder Herkunft.

Tab. 14.4: Anteil der Einrichtungen mit Angeboten für Kinder und Jugendliche mit spezifischen Migrationshintergründen

	Anteil der Einrichtungen	Anzahl der Einrichtungen
Nein	93 %	751
Ja	7 %	59
Insgesamt	100 %	810

Quelle: DJI-Jugendzentrumserhebung 2011, n = 810 Einrichtungen mit BesucherInnen mit Migrationshintergrund

Geht man davon aus, dass konzeptionelle Differenzierungen in der offenen Jugendarbeit bedeutsamer geworden sind, also die „konsequente Entwicklung einzelner Arbeitsbereiche und Ansätze zu lebensweltorientierten Funktionen, die aus der Sicht der Kinder und Jugendlichen einen hohen Gebrauchswert besitzen“ (Deinet 2005: 22), dann sprechen die Befunde dafür, dass junge Menschen mit einem Migrationshintergrund keinen Wert auf spezielle Angebote legen. Man kann aber auch die Frage aufwerfen, ob das Fehlen von Angeboten für spezielle Zielgruppen in jedem Fall den Bedürfnissen und Lebenssituationen von Jugendlichen mit Migrationshintergrund entspricht.

14.2 Heterogenität der BesucherInnen mit einem Migrationshintergrund

Der folgende Abschnitt gibt Hinweise darauf, wie heterogen die Migrationshintergründe der BesucherInnen von Einrichtungen der offenen Kinder- und Jugendarbeit sind. Auf der Grundlage der vorliegenden Erhebung lässt sich allerdings nichts darüber aussagen, wie heterogen die Besucherschaft im Hinblick auf ihre soziale Lage oder ihren Bildungshintergrund ist. In der Fachdiskussion wird davon ausgegangen, dass in Jugendzentren eine Konzentration sozial benachteiligter junger Menschen zu beobachten ist, insbesondere in Städten (vgl. Scherr 2002: 116 oder Thimmel 2012: 369).

Mehrere Entwicklungen machen es wahrscheinlicher, dass es Jugendzentren heute stärker als früher mit einer bezogen auf ihren Migrationshintergrund heterogenen Besucherschaft zu tun haben. Denn die soziale Lage junger Menschen mit Migrationshintergrund, ihre Lebenswelten und Orientierungen haben sich in den letzten Jahrzehnten noch weiter ausdifferenziert (vgl. z. B. Hamburger 2008). Unterschiede bestehen schon allein hinsichtlich ihrer Aufenthaltsdauer (in der dritten Generation in Deutschland oder vor kurzem eingewandert), ihres kulturellen und Bildungshintergrunds, ihres rechtlichen Status (eingebürgerte Deutsche, Aussiedlerjugendliche, junge Menschen ohne eine sichere Aufenthaltsperspektive, Jugendliche ohne legalen Aufenthaltsstatus, etc.) und ihrer Religionszugehörigkeit bzw. der Bedeutung, die Religion für sie besitzt.

Außerdem sind ethnisch heterogene Freundschaften von Kindern und Jugendlichen häufiger geworden (vgl. z. B. Reinders/Greb/Grimm 2006: 41), sodass anzunehmen ist, dass mehr ethnisch heterogene Cliquen Jugendzentren besuchen. Empirisch zeigt sich, dass in den 1980er-Jahren Einrichtungen der offenen Jugendarbeit vielfach durch „Ethnizismus" geprägt waren. Es entstanden damals Zentren für einzelne ethnische Gruppen, z. B. für Jugendliche mit türkischem, spanischem, jugoslawischem oder Aussiedler-Hintergrund, und nur großen Einrichtungen gelang es, „mehrere ethnische Gruppen gleichzeitig intensiv zu betreuen" (Kilb 1999: 26). Für die Zeit um das Jahr 2000 wird dagegen beschrieben, dass sich „keine klare und eindeutige Abgrenzung der BesucherInnen bzw. Einrichtungen nach nationalen oder ethnischen Kriterien" (Scherr 2002: 119) abzeichnet.

In der vorliegenden Erhebung hatten die Jugendzentren die Möglichkeit, offen auf die Frage zu antworten, mit welchen ethnischen Gruppen sie vorrangig zu tun haben, wofür drei Zeilen zur Verfügung standen. Es wurde also nahegelegt, höchstens drei Gruppen zu nennen. Zu berücksichtigen ist, dass in die Antworten unausweichlich die Deutungen und konzeptionellen Überlegungen der Fachkräfte einfließen, es sich also nicht um objektive Fakten handelt (vgl. Dannenbeck/Lösch/Esser 2001: 245).

Vier Fünftel der Einrichtungen mit BesucherInnen mit Migrationshintergrund haben die Frage beantwortet, nur vereinzelt haben Einrichtungen sich nicht auf die Frage einlassen wollen und vermerkt, dass es keine Häufung bestimmter Gruppen gebe, dass es sich um Jugendliche aus „sozial schwachen Familien“ handle, dass sie es nicht mit Gruppen zu tun hätten oder dass der Migrationshintergrund bei ihnen keine Bedeutung habe. Etwa die Hälfte der Einrichtungen, die die Frage beantwortet haben, geben drei oder mehr Gruppen an, und zwar signifikant häufiger in Städten und in Westdeutschland. Jeweils etwa ein Viertel nennt dagegen nur eine bzw. zwei Gruppen. Dies deutet darauf hin, dass Jugendzentren, die nur von Jugendlichen einer ethnischen Gruppe besucht werden, eher die Ausnahme darstellen und dass das Konzept des „Ethnizismus“, wie es von Kilb beschrieben wurde (vgl. Kilb 1999), offenbar keine große Bedeutung in den Einrichtungen der offenen Jugendarbeit (mehr) hat.

Insgesamt haben die Jugendzentren eine große Zahl unterschiedlicher Angaben gemacht (115 unterschiedliche Angaben). Dabei wird teils die Religion (Muslime, Christen, Juden, Katholiken, Yesiden etc.), teils die Region (Afrika, Vorderer Orient, Russland, Kosovo etc.) genannt. Die Antworten unterscheiden sich zudem in ihrer Differenziertheit. So wird sehr allgemein „türkisch-arabischer Raum“, „Muslime“, „Afrika“ angegeben, aber auch ganz differenziert von „türkischen Roma“ und „yesidischen Kurden“ oder „Ashkali“ gesprochen. Es ist aus diesem Grund nicht möglich, die Angaben beispielsweise nach Herkunftsländern oder differenziert nach ethnischen Gruppen darzustellen. In Tabelle 14.5 sind deshalb die 15 häufigsten Angaben der Jugendzentren weitgehend wörtlich übernommen. Am häufigsten werden in Ost- wie in Westdeutschland Türken, „Russland“ sowie Aussiedler aus den GUS-Staaten genannt, wobei in westdeutschen Jugendzentren Türken die am häufigsten genannte Gruppe sind, in Ostdeutschland hingegen „Russland“ und Aussiedler aus den GUS-Staaten.

Aus den Befunden lässt sich schließen, dass sich in den Jugendzentren die große Heterogenität der jungen Menschen mit einem Migrationshintergrund hinsichtlich ihrer Herkunft widerspiegelt. Anfang der 1990er-Jahre wurde in den Einrichtungen der offenen Jugendarbeit noch eine Polarisierung der Besucherstruktur festgestellt „in der Weise, dass jeweils eine Gruppe (deutsche Jugendliche oft nur Anhänger einer bestimmten jugendkulturellen Richtung, Migrantenjugendliche einer Nationalität oder junge Aussiedler)“ (Ester/Hamburger 1991 nach Hamburger 2005: 101 f.) dominiert. Im Rahmen der DJI-Jugendamtsbefragung aus dem Jahr 2000 wurden Jugendämter gefragt, ob es Jugendclubs oder -zentren gebe, die von bestimmten Jugendszenen dominiert werden. Zwei Fünftel der Jugendämter hatten diese Frage bejaht. Von ihnen nannten wiederum gut zwei Fünftel Migrantengruppen. Heute scheint das Bild des Jugendzentrums, das von einer ethnisch homogenen Clique besetzt ist, nur für eine kleine Minderheit der Einrichtungen zuzutreffen.

Tab. 14.5: TOP 15 der „ethnischen Gruppen", die Einrichtungen der offenen Jugendarbeit besuchen, nach Ost-West

Westdeutschland			Ostdeutschland		
	Anzahl der Nennungen	Anteil an allen Nennungen		Anzahl der Nennungen	Anteil an allen Nennungen
Türken	349	28,5	Aussiedler (GUS)	39	19,8
Russland	87	7,1	Russland	26	13,2
Aussiedler (GUS)	81	6,6	Türken	23	11,7
Italien	62	5,1	Vietnam	14	7,1
Muslime	60	4,9	Polen	10	5,1
Kurden	58	4,7	Osteuropa	8	4,1
albanisch	55	4,5	Muslime	7	3,6
Polen	39	3,2	afrikanisch	6	3,0
ehemaliges Jugoslawien	38	3,1	Kasachen	5	2,5
afrikanisch	33	2,7	Serbien	4	2,0
Griechen	31	2,5	Portugal	4	2,0
marokkanisch	31	2,5	kroatisch	4	2,0
Osteuropa	21	1,7	GUS-Staaten	4	2,0
GUS-Staaten	18	1,5	Kurden	4	2,0
Libanon	18	1,5	Roma	3	1,5
Anzahl weiterer Nennungen	244	19,9	Anzahl weiterer Nennungen	36	18,3
Anzahl Nennungen insgesamt	1 225	100,0	Anzahl Nennungen insgesamt	197	100,0

Quelle: DJI-Jugendzentrumsbefragung 2011, n = 698 Einrichtungen mit gültigen Angaben

14.3 Anteil der BesucherInnen mit Migrationshintergrund

Es fehlten bislang bundesweite Zahlen zum Anteil der BesucherInnen mit einem Migrationshintergrund. Schätzungen aus dem Jahr 2001 kommen auf 40 % (vgl. Hamburger 2005: 101), die Strukturdatenerhebung in Nordrhein-Westfalen aus dem Jahr 2011 (Landschaftsverband Rheinland, Landesjugendamt und Landschaftsverband Westfalen-Lippe, Landesjugendamt 2012) ermittelte 52% unter den StammbesucherInnen, und ein aktueller Überblick über das Forschungsfeld geht von mindestens 50% der BesucherInnen aus (Schmidt 2011: 54). Diese Daten aus Befragungen von Jugendzentren weisen darauf hin, dass Einrichtungen der offenen Jugendarbeit überproportional von jungen Menschen mit Migrationshintergrund besucht werden. Sie stützen den Eindruck, dass die BesucherInnen mit einem Migrationshintergrund in den Einrichtungen der offenen Kinder- und Jugendarbeit deutlich überrepräsentiert sind. Aber stimmt dieser Eindruck tatsächlich?

Im Rahmen der vorliegenden Erhebung wurde gefragt, wie hoch der Anteil von Kindern und Jugendlichen mit einem Migrationshintergrund in der Einrichtung ist. Dabei wurde definiert, dass ein Migrationshintergrund dann vorliegt, wenn die Jugendlichen selbst, Mutter und/oder Vater oder die Großeltern nach Deutschland eingewandert sind. Dies stellt eine eher weite Definition dar, die sich an dem Migrationskonzept im Mikrozensus orientiert. 12% der Einrichtungen haben keine Angaben dazu gemacht, meist, weil ihnen der Migrationshintergrund der BesucherInnen nach eigenen Angaben unbekannt ist. Im Mittel haben nach den Angaben der Einrichtungen 39% der BesucherInnen der befragten Jugendzentren einen Migrationshintergrund. Dieser Anteil liegt unter dem anderer Einrichtungsbefragungen, wofür ein unterschiedlicher regionaler Zuschnitt der Untersuchungen (insbesondere der Einbezug von Jugendzentren in Ostdeutschland) verantwortlich sein dürfte. Der höhere Anteil in der vorliegenden Erhebung im Vergleich zu den Ergebnissen einer Befragung von jungen Menschen in AID:A deutet darauf hin, dass Jugendliche mit Migrationshintergrund in Jugendzentren häufiger zu den StammbesucherInnen zählen als Jugendliche ohne Migrationshintergrund.

Dass Jugendliche mit Migrationshintergrund die Angebote der Offenen Jugendarbeit nutzen, ist vielerorts Alltag. Nur in 16% der Einrichtungen gibt es keine BesucherInnen mit Migrationshintergrund. In mehr als einem Drittel der Einrichtungen bundesweit stellen junge Menschen mit Migrationshintergrund die Mehrheit der BesucherInnen. Hinter diesen Zahlen verbergen sich deutliche Unterschiede zwischen Ost- und Westdeutschland sowie zwischen Städten und Landkreisen, wie Tabelle 14.6 deutlich macht. Nur in 12% der Jugendzentren in Ostdeutschland (mit Berlin) stellen Jugendliche mit Migrationshintergrund über ein Viertel der BesucherInnen, ansonsten sind Jugendliche mit Migrationshintergrund in ostdeutschen Jugendzentren eine kleine Gruppe.

Tab. 14.6: Einrichtungen der Offenen Jugendarbeit nach dem Anteil der BesucherInnen mit einem Migrationshintergrund nach Ost-West und Stadt-Land

	Ost*	West*	Stadt*	Land*	Insgesamt
Niemand	40 %	6 %	4 %	25 %	16 %
Bis zu einem Viertel	47 %	21 %	29 %	29 %	29 %
Bis zur Hälfte	9 %	21 %	19 %	17 %	18 %
Bis drei Viertel	2 %	21 %	19 %	13 %	16 %
Mehr als drei Viertel	1 %	30 %	30 %	15 %	21 %

12 % aller befragten Einrichtungen machen zu der Frage keine Angabe
* Unterschied ist signifikant ($p < 0.01$)
Quelle: DJI-Jugendzentrumserhebung 2011, n = 977

In Westdeutschland ist die Bandbreite größer. Es gibt sowohl Jugendzentren, in denen Jugendliche mit einem Migrationshintergrund nur eine Minderheit der BesucherInnen darstellen, solche, in denen sie die Mehrheit der BesucherInnen ausmachen, als auch alle Abstufungen dazwischen. Besonders Einrichtungen der offenen Jugendarbeit in bevölkerungsarmen ländlichen Kreisen weisen einen niedrigen Anteil von BesucherInnen mit Migrationshintergrund auf.

Im Bundeslandvergleich sind die Unterschiede beträchtlich. In Westdeutschland werden beispielsweise in Schleswig-Holstein 30 % der Einrichtungen mehrheitlich von jungen Menschen mit Migrationshintergrund besucht, in Hessen sind es 69 % der Einrichtungen. Die Tabelle 14.7 gibt den durchschnittlichen Anteil der BesucherInnen pro Bundesland an.

Der wichtigste Faktor zur Erklärung des Anteils der BesucherInnen mit Migrationshintergrund (vgl. Tab. 14.8), ist der Standort des Jugendzentrums in Ost- oder Westdeutschland, der zweitwichtigste Faktor der Ausländeranteil bei den 15- bis 25-Jährigen im Kreis.[2] Auch die Größe der Einrichtungen hat einen eigenständigen Einfluss: Kleine Einrichtungen werden signifikant weniger von jungen Menschen mit einem Migrationshintergrund besucht. Bemisst man die Einrichtungsgröße an den Finanzmitteln, die für die konkrete pädagogische Arbeit zur Verfügung stehen, zeigt sich, dass Einrichtungen, denen Mittel im Umfang von bis zu 5 000 Euro zur Verfügung stehen, signifikant weniger von jungen Menschen mit Migrationshin-

2 Auf Kreisebene liegen lediglich Daten zum Ausländeranteil vor. Dieser liegt niedriger als der Anteil der Menschen mit Migrationshintergrund. Je höher der Ausländeranteil der 10- bis unter 25-Jährigen im Kreis, desto höher liegt der Anteil der BesucherInnen mit einem Migrationshintergrund.

tergrund besucht werden als Einrichtungen mit einem größeren Budget. Ebenso haben Einrichtungen ohne hauptamtliches Personal weniger BesucherInnen mit Migrationshintergrund. Die Analyse legt außerdem nahe, dass Jugendzentren, die Nachmittagsbetreuung anbieten, durch dieses Angebot nicht mehr Jugendliche mit Migrationshintergrund erreichen, sondern umgekehrt, dass es Einrichtungen mit einem höheren Anteil von BesucherInnen mit Migrationshintergrund sind, die häufiger eine Nachmittagsbetreuung anbieten. Der unterschiedlich hohe Anteil von BesucherInnen mit Migrationshintergrund in Jugendzentren in Städten und Landkreisen lässt sich durch weitere Faktoren wie einen unterschiedlich hohen Ausländeranteil und die Lage in Ost- und Westdeutschland erklären (vgl. Tab. 14.8).

Tab. 14.7: Anteil der BesucherInnen mit Migrationshintergrund in Jugendzentren nach Bundesländern (Mittelwert)

Hamburg	67 %
Bremen	65 %
Hessen	63 %
Baden-Württemberg	54 %
Bayern	52 %
Saarland	52 %
Nordrhein-Westfalen	51 %
Niedersachsen	43 %
Rheinland-Pfalz	43 %
Schleswig-Holstein	32 %
Berlin	30 %
Sachsen	11 %
Sachsen-Anhalt	8 %
Mecklenburg-Vorpommern	7 %
Brandenburg	6 %
Thüringen	6 %
Insgesamt	39 %

Quelle: DJI-Jugendzentrumserhebung 2011, n = 976

Tab. 14.8: Multiple lineare Regression zur Erklärung des Anteils der BesucherInnen mit Migrationshintergrund

	Standardisierter Koeffizient	Signifikanz
Stadt-Land (Stadt)	−0,06	
Ost-West (Ost)	0,39	*
Ausländeranteil unter den 10- bis 25-Jährigen im Kreis	0,24	*
Einrichtungen mit/ohne Personal (ohne Personal)	0,14	*
Budget von bis zu 5 000 Euro oder darüber (Budget bis zu 5 000 Euro)	0,10	*
Nachmittagsbetreuung (keine Nachmittagsbetreuung)	0,00	

Korrigiertes Bestimmtheitsmaß: 0.432
* Zusammenhang ist signifikant (p < 0.01)
Quelle: DJI-Jugendzentrumserhebung 2011, n = 861

Anteil der BesucherInnen mit Migrationshintergrund im Vergleich zum Jugendamtsbezirk und Einzugsgebiet. Immer wieder gibt es Debatten darüber, dass Jugendzentren von jungen Menschen mit einem Migrationshintergrund dominiert würden. Die Befunde verdeutlichen: Die Einrichtungen der offenen Jugendarbeit haben insgesamt betrachtet in ganz unterschiedlichem Maße mit jungen Menschen mit Migrationshintergrund zu tun. Aber gibt es innerhalb von Jugendamtsbezirken oder innerhalb des Einzugsgebiets von Jugendzentren Einrichtungen, die überwiegend von jungen Menschen mit Migrationshintergrund genutzt werden, und andere, die kaum BesucherInnen mit einem Migrationshintergrund verzeichnen?

Um dies zu prüfen, haben wir zunächst untersucht, wie viele Einrichtungen in Kreisen liegen, in denen der Anteil der BesucherInnen mit Migrationshintergrund in allen befragten Jugendzentren des Jugendamtsbezirks ähnlich hoch ist (plus/minus 10 Prozentpunkte). Das trifft für gut ein Viertel der westdeutschen Einrichtungen zu (27%) sowie für 71% in Ostdeutschland. In etwa drei Viertel der Einrichtungen in Westdeutschland entspricht er nicht dem durchschnittlichen Anteil im Jugendamtsbezirk. Das heißt, in Westdeutschland werden Jugendzentren innerhalb eines Jugendamtsbezirks häufig in unterschiedlichem Umfang von Jugendlichen mit einem Migrationshintergrund besucht. Das dürfte mit unterschiedlichen Schwerpunktsetzungen beim Angebot, aber auch mit unterschiedlichen Bevölkerungsstrukturen im Einzugsgebiet, also im näheren Umfeld der Jugendzentren zu tun haben. Für Letzteres spricht auch, dass weniger als ein Viertel der Jugendzentren angibt, in der Einrichtung seien junge Menschen mit einem Migrationshintergrund stärker vertreten als im Einzugsgebiet. In 30% der Einrichtungen sind sie gleich stark vertreten (vgl.

Tab. 14.9). Relativ viele Einrichtungen (23 %) trauen sich nicht zu beurteilen, wie stark Jugendliche mit Migrationshintergrund in der Einrichtung im Vergleich zum Einzugsgebiet vertreten sind. Weitere 13 % machen gar keine Angabe.

Tab. 14.9: Präsenz von BesucherInnen mit Migrationshintergrund im Vergleich zum Einzugsgebiet des Jugendzentrums

BesucherInnen mit Migrationshintergrund sind ...	Anzahl der Einrichtungen	Anteil der Einrichtungen
... in der Einrichtung stärker vertreten als im Einzugsgebiet	254	23 %
... in der Einrichtung etwa gleich stark vertreten	337	30 %
... in der Einrichtung weniger stark vertreten	123	11 %
Kann ich nicht beurteilen	254	23 %
Keine Angabe	147	13 %

Quelle: DJI-Jugendzentrumserhebung 2011

Dass sich Jugendzentren nicht zu der Frage äußern, hat etwas mit ihren konzeptionellen Vorstellungen darüber zu tun, wie der Zugang in die Einrichtung gestaltet werden sollte. Denn sie setzen sich signifikant seltener (verglichen mit denen, die die Frage beantwortet haben) konzeptionell damit auseinander, welche Jugendlichen sie erreichen wollen. Einrichtungen haben die Frage umso eher beantwortet, je höher der Anteil der BesucherInnen mit Migrationshintergrund in der Einrichtung ist. Dies weist auf eine Tendenz in der offenen Kinder- und Jugendarbeit hin, sich konzeptionell mit dem auseinanderzusetzen, womit die Einrichtung durch ihre BesucherInnen unmittelbar konfrontiert ist.

Anteil von Jungen und Mädchen mit Migrationshintergrund. Wie aus anderen Untersuchungen bekannt ist, werden Jugendzentren häufiger von Jungen als von Mädchen besucht, wobei das Verhältnis von Mädchen und Jungen im Kindesalter noch relativ ausgeglichen ist und sich erst später zugunsten der Jungen verschiebt. Mädchen besuchen Jugendzentren weniger regelmäßig und weniger häufig als Jungen (vgl. Schmidt 2011: 51, Bruhns 2012: 4 und Kap. 10 in diesem Band).

In der vorliegenden Erhebung bei Jugendzentren wurde gefragt, wie hoch der Anteil der Mädchen mit Migrationshintergrund unter allen weiblichen Jugendlichen bzw. der Anteil der Jungen mit Migrationshintergrund unter allen männlichen Jugendlichen ist. Insgesamt liegt der Anteil der Mädchen mit Migrationshintergrund unter allen Besucherinnen bei 36 %, während der entsprechende Anteil bei den Jungen bei 46 % liegt. In westdeutschen Einrichtungen, die von Jugendlichen mit Migrationshintergrund aufgesucht werden, haben 41 % der Besucherinnen und gut die Hälfte der Besucher einen Migrationshintergrund. In etwa einem Viertel der Einrichtungen bundesweit sind Mädchen mit Migrationshintergrund unter allen Besucherinnen in der Mehrzahl.

Tab. 14.10: Durchschnittlicher Anteil der BesucherInnen mit Migrationshintergrund in Jugendzentren in Ost-West und Stadt-Land

	Ost*	West*	Stadt*	Land*	Insgesamt
Mädchen mit Migrationshintergrund	13 %	41 %	42 %	29 %	36 %
Jungen mit Migrationshintergrund	18 %	52 %	50 %	41 %	46 %

* Unterschiede sind signifikant ($p < 0.01$)
Lesebeispiel: In Westdeutschland sind im Schnitt 41 % der weiblichen Besucher Mädchen mit Migrationshintergrund. 52 % der männlichen Besucher von Jugendzentren in Westdeutschland sind Jungen mit Migrationshintergrund.
Quelle: DJI-Jugendzentrumserhebung 2011, n = 819 Einrichtungen mit BesucherInnen mit Migrationshintergrund

Das Bild vom Jugendzentrum, das mehrheitlich von männlichen Jugendlichen mit einem Migrationshintergrund besucht wird, ist also zu relativieren. Nichtsdestotrotz hat unter den männlichen Jugendlichen ein etwas höherer Anteil einen Migrationshintergrund als unter den weiblichen. Dies ist sowohl in Ost und West als auch in Städten und Landkreisen so. Es muss also spezifische Gründe geben, warum gerade Mädchen mit Migrationshintergrund Angebote der offenen Jugendarbeit seltener nutzen als Jungen mit Migrationshintergrund. So werden in einer Befragung von Mädchen und Jungen im Rahmen von AID:A Unterschiede der Inanspruchnahme offener Jugendarbeit nach dem nationalen Hintergrund deutlich (vgl. Kap. 10).

Veränderung des Anteils der BesucherInnen mit Migrationshintergrund im Jahr vor der Erhebung. Es ist anzunehmen, dass der Anteil der BesucherInnen mit einem Migrationshintergrund in Jugendzentren in den vergangenen Jahrzehnten zugenommen hat und aufgrund demografischer Entwicklungen weiter zunehmen wird. Es überrascht deshalb nicht, dass die NRW-Strukturdatenerhebung zu dem Ergebnis kommt, dass der Anteil der StammbesucherInnen mit Migrationshintergrund von 42 % im Jahr 2008 auf 52 % im Jahr 2011 gestiegen ist (vgl. Landschaftsverband Rheinland, Landesjugendamt und Landschaftsverband Westfalen-Lippe, Landesjugendamt 2012: 13). Im Rahmen der vorliegenden Erhebung bei Jugendzentren wurde danach gefragt, ob sich innerhalb des letzten Jahres vor der Erhebung der Anteil der BesucherInnen mit Migrationshintergrund verändert hat.

Bei 16 % der Einrichtungen hat sich der Anteil der BesucherInnen mit Migrationshintergrund erhöht, bei 11 % hat er sich verringert und in fast drei Vierteln der Einrichtungen hat er sich nicht verändert. Hierbei zeigen sich keine Unterschiede zwischen Ost- und Westdeutschland, jedoch zwischen Jugendzentren in Städten und Landkreisen. In Städten hat sich gegenüber Landkreisen in deutlich mehr Einrichtungen der Anteil der BesucherInnen mit Migrationshintergrund erhöht.

Tab. 14.11: Anteil der Jugendzentren nach Veränderung des Anteils der BesucherInnen mit Migrationshintergrund im letzten Jahr vor der Erhebung nach Stadt-Land*

	Stadt	Landkreis	Insgesamt
Erhöht	22 %	11 %	16 %
Verringert	6 %	15 %	11 %
Nicht verändert	73 %	74 %	74 %

* Unterschied ist signifikant ($p < 0.001$)
Quelle: DJI-Jugendzentrumserhebung 2011, n = 1 005

14.4 Fazit

Einrichtungen der offenen Kinder- und Jugendarbeit sind ein wichtiger Ort des Aufwachsens für alle Kinder und Jugendlichen, weil sie einen Raum bieten, wo Jugendliche sich ausprobieren und treffen können, wo Bildungsmöglichkeiten bestehen und Jugendliche Unterstützung finden. Prinzipiell ist die offene Jugendarbeit dabei nicht auf bestimmte Zielgruppen bezogen, sondern offen für alle Jugendlichen.

Dass Jugendliche mit einem Migrationshintergrund die Angebote der offenen Jugendarbeit in Anspruch nehmen, ist Alltag. Nur eine kleine Minderheit der Jugendzentren wird nicht von jungen Menschen mit einem Migrationshintergrund besucht. Aber es bestehen, was den Anteil der BesucherInnen mit einem Migrationshintergrund angeht, große, insbesondere regionale Unterschiede zwischen den Einrichtungen, die vor allem die Bevölkerungsstruktur der jeweiligen Region widerspiegeln. Die Befunde zeichnen insgesamt ein Bild von Einrichtungen, deren Besucherschaft hinsichtlich ihres Migrationshintergrundes heterogen ist.

Relativ wenige Jugendzentren befassen sich pädagogisch-konzeptionell mit dem Migrationshintergrund ihrer BesucherInnen. Ob das den Bedürfnissen und Interessen der jungen Menschen angemessen ist oder z. B. BesucherInnen von sich aus ihren Migrationshintergrund nicht zum Thema machen (wollen), lässt sich aus der Vogelperspektive nicht beurteilen. Sicher ist aber: Jugendzentren beschäftigen sich eher dann mit dem Thema, wenn sie von vielen jungen Menschen mit Migrationshintergrund besucht werden. Solange der Anteil der BesucherInnen mit Migrationshintergrund klein ist, bleibt das Thema offenbar eher unter der Aufmerksamkeitsschwelle der Einrichtungen (vgl. dazu auch Leiprecht 2011: 28). Möglicherweise nutzen so gerade Jugendzentren mit einem geringeren Anteil von MigrantInnen nicht die Chance, im Rahmen der offene Jugendarbeit den Raum zu bieten, in dem junge Menschen bestimmte Erfahrungen (von Diskriminierung, Migrationsgeschichten etc.) artikulieren können.

Ein wichtiger Faktor, sich mit dem Migrationshintergrund der BesucherInnen zu befassen, ist der Stellenwert, den Konzeptionen und konzeptionelle Arbeit in den Einrichtungen der offenen Jugendarbeit insgesamt genießen. Einrichtungen, die sich mit den Migrationshintergründen nicht konzeptionell auseinandersetzen, denken überhaupt weniger konzeptionell über ihre Zielgruppe(n) nach. Vielleicht ist dies ein Hinweis darauf, dass der Migrationshintergrund keine „Sonderstellung" hat. Es wäre eine lohnende Diskussion, ob sich die offene Jugendarbeit konzeptionell besser aufstellen sollte und welche positiven und negativen Nebenfolgen eine solche Entwicklung mit sich brächte. Geht man davon aus, dass ein migrationssensibles Handeln der Fachkräfte durch konzeptionelle Überlegungen der Einrichtung unterstützt wird, spricht dies jedenfalls für eine Stärkung der konzeptionellen Arbeit – allerdings unter der Voraussetzung, dass dem Migrationshintergrund oder kulturellen Differenzen keine „Sonderstellung" zugewiesen werden (vgl. Thimmel 2012: 376).

Kapitel 15
Offen für Kinder und Jugendliche mit Behinderung – aber nicht inklusiv

In den letzten Jahren ist die Diskussion darüber, welchen Zugang Kinder und Jugendliche mit Behinderungen zu Angeboten und Leistungen der Kinder- und Jugendhilfe haben, wieder intensiviert worden. Nachdem die Debatte über die Gesamtzuständigkeit der Kinder- und Jugendhilfe mit der Einführung des SGB VIII praktisch mehr oder weniger beendet war, hat die auch international geführte Diskussion über die Rechte von Menschen mit Behinderungen bzw. Beeinträchtigungen und die Vereinbarung internationaler Abkommen (z.B. UN-Konvention) zu einer Wiederbelebung der gesellschaftlichen Auseinandersetzung um Inklusion von Menschen mit Behinderungen bzw. Beeinträchtigungen beigetragen. In dieser Diskussion ist auch das Bewusstsein für die Ungenauigkeit, mit der bisher Begriffe wie Behinderung, Beeinträchtigung, Integration, Inklusion verwendet werden, sichtbar geworden.

Ohne hier auf genaue Begriffsdefinitionen eingehen zu können, muss zumindest der Unterschied zwischen Beeinträchtigung und Behinderung kurz verdeutlicht werden. Mit Beeinträchtigung wird die Erschwernis, die auf individueller Ebene entstanden ist, beschrieben; Behinderung hingegen meint das Ergebnis einer unzureichenden gesellschaftlichen Rücksichtnahme auf die Beeinträchtigung, so dass daraus tatsächlich eine Teilhabebarriere wird. Zu den Schwierigkeiten, was denn nun genau mit Inklusion gemeint sein könnte, denn dies reicht von einem einfachen Auswechseln bisheriger Begrifflichkeiten bis hin zu einer radikalen Sozialutopie, finden sich bei Lüders (2014) einige hilfreiche Sortierungen.

Sowohl in Deutschland als auch international ist die Diskussion zu den Bedürfnissen und Angeboten von Jugendlichen mit Behinderung seltsam beschränkt. Bereits 1999 stellte eine in England eingesetzte Arbeitsgruppe fest, dass Jugendliche mit Behinderung trotz ihres spezifischen Unterstützungsbedarfs, der eng verknüpft ist mit alterstypischen Entwicklungsaufgaben, selten als Zielgruppe entsprechender Programme oder Angebote definiert werden. Dieser Befund gelte weltweit (Inter-Divisional Working Group on Young People Programme Division 1999: 6). Insbesondere der Ausschluss von Aktivitäten im Freizeit- und Kulturbereich erschwert es den Jugendlichen, eine altersgemäße Entwicklung zu nehmen. Die Fokussierung der Inklusionsdebatte auf schulische Aspekte blendet die Bedeutung von außerschulischen Bereichen für die Identitätsentwicklung und den Übergang in das Erwachsenenleben aus und trägt somit zu einer Vergrößerung der Behinderung bei, wirkt quasi antiinklusiv.

Auch für Deutschland wird ein Mangel an integrativen[3] und inklusiven Angeboten für die Freizeitgestaltung von Kindern und Jugendlichen konstatiert (BAGLJÄ 2012: 3). Politisch werden seit geraumer Zeit immer wieder Signale gesetzt, die Inklusion von Kindern und Jugendlichen mit Behinderung in Angeboten der Jugendarbeit voranzubringen. Ein Beispiel dafür stammt aus dem Jahr 2000, denn im Kinder- und Jugendplan des Jahres 2000 wird ausdrücklich darauf hingewiesen, dass die Belange von Kindern und Jugendlichen mit Behinderungen in der Jugendarbeit berücksichtigt werden sollen (vgl. Loeken/Windisch 2005: 40). Seit der Unterzeichnung der UN-BRK sind die öffentlichen Aktionen zur Inklusion in der Kinder- und Jugendarbeit zahlreicher geworden, auch wenn das Thema Inklusion in der Kinder- und Jugendarbeit noch immer zu den eher weniger beachteten Themen gehört. Auf den Internetseiten der Landesjugendringe finden sich erste Hinweise (z.B. www.ljr-brandenburg.de/, www.bjr.de), vom DBJR (z.B. www.strukturierter-dialog.de/) und von Jugendverbänden (z.B. Amt für Jugendarbeit der Evangelischen Kirche im Rheinland o.J.) wird das Thema aufgegriffen. Modelle auf lokaler Ebene werden überregional beworben (www.bjr.de/themen/integration-und-inklusion/inklusion-von-menschen-mit-einer-behinderung/massnahmen-und-projekte-in-der-jugendarbeit.html).

Die Umsetzung der in Artikel 9 (Zugänglichkeit) beschriebenen Verpflichtung der öffentlichen Seite und dem in Artikel 30 (Teilhabe am kulturellen Leben sowie an Erholung, Freizeit und Sport) der UN-BRK garantierten Recht erfordert ein Umdenken hinsichtlich der baulichen und sonstigen Anforderungen an Einrichtungen der offenen Kinder- und Jugendarbeit. Die Teilhabe am gesellschaftlichen Leben, die Möglichkeiten zu Peergruppen zugehörig zu sein, die Verselbstständigung vom Elternhaus kann durch eine gezielte Öffnung der Jugendzentren für Jugendliche mit Beeinträchtigung gefördert werden. Allerdings gibt es kaum eine fachliche Auseinandersetzung darüber, auf welche Art und Weise es in der offenen Jugendarbeit gelingen kann, die Inklusionsaufgabe zu bewältigen. Im Unterschied beispielsweise zum Handlungsfeld der Kindertagesbetreuung, in dem es bereits seit mehreren Jahrzehnten eine Diskussion über die Integration von Kindern mit Behinderung gibt und ein Index für Inklusion erarbeitet wurde (Booth, Ainscow, Kingston 2012 (7. Auflage), deutsche Übersetzung durch

3 Hier stellt sich natürlich sofort die Frage danach, ob mit integrativ etwas anders als mit inklusiv gemeint ist. Konzeptionell ist diese Frage zu bejahen, denn inklusiv geht in seinem Anspruch weiter und betont die Verantwortung der Gesellschaft dafür, dass aus Beeinträchtigungen keine Behinderungen werden. Integration hingegen meint den Einbezug in etwas Bestehendes ohne dieses zu verändern (vgl. Hocke, Dupuis 2013: 5).

die GEW), gibt es in der offenen Jugendarbeit keinen oder einen sich zumindest nur sehr zaghaft entwickelnden Fachdiskurs zu diesem Thema.

Ein umfassendes Verständnis von Inklusion, wie es beispielsweise im „Index für Inklusion – Lernen und Teilhabe in Schulen der Vielfalt entwickeln" formuliert ist, nämlich alle Barrieren für alle SchülerInnen zu reduzieren (Boban/Hinz 2003: 11), muss in der Jugendarbeit erst noch entwickelt werden. Trotzdem ist das Thema, Kinder und Jugendliche mit Behinderung als Adressaten anzusprechen, der offenen Jugendarbeit nicht völlig fremd. So hat zum Beispiel der Bayerische Jugendring im Jahr 2004 zu diesem Thema eine Broschüre herausgegeben (Freund 2004) und in einem Teil der Jugendzentren gibt es Schwerpunktsetzungen zur Integration von jungen Menschen mit Behinderung, insbesondere durch spezialisierte Angebote. Diese Form der Förderung ist zwar ein wichtiges Angebot für die Kinder bzw. Jugendlichen mit Beeinträchtigung, aber sie trägt nicht oder nur wenig zur Inklusion bei, da sie das Nebeneinander von besonderen Angeboten und denen für „alle" nicht aufhebt. Aber – und das ist die erste überraschende Erkenntnis dieser Erhebung – vieles an Inklusion scheint quasi nebenbei stattzufinden (vgl. Kap. 15.6). Und eigentlich ist diese Selbstverständlichkeit die beste Form der Inklusion, sofern damit keine unreflektierten Barrieren verbunden sind. Aus den Erfahrungen mit der interkulturellen Öffnung der Jugendarbeit weiß man jedoch, dass solche Prozesse selten naturwüchsig gut funktionieren (Richter et al. 2007). In diesem Abschnitt wird dargestellt, ob und in welchem Ausmaß Jugendzentren von Kindern und Jugendlichen mit Beeinträchtigungen genutzt werden.

15.1 Kinder und Jugendliche mit einer oder mehreren Behinderungen als NutzerInnen

58 % der Jugendzentren werden auch von Kindern und Jugendlichen mit einer oder mehreren Beeinträchtigungen besucht, 4 % der Jugendzentren können keine Auskunft darüber geben. Bei der Berechnung dieses Anteils werden alle Formen von Beeinträchtigungen (vgl. Tab. 15.1) betrachtet. Hinsichtlich der Höhe des Anteils an Einrichtungen, die auch von Kindern und Jugendlichen mit Beeinträchtigungen besucht werden, gibt es große regionale Unterschiede. Besonders hoch ist der Anteil der Jugendzentren mit BesucherInnen mit Beeinträchtigungen in den Agglomerationsräumen und besonders niedrig in den verstädterten Räumen mittlerer Dichte ohne große Oberzentren[4], dies spiegelt sich auch in dem signifikanten Unterschied des

4 Vgl. zur Definition der siedlungsstrukturellen Regionstypen Glossar.

Anteils an Jugendzentren mit BesucherInnen mit Behinderungen in kreisfreien Städten und in Landkreisen (68 % zu 50 %) wider. Neben den auffälligen räumlichen Unterschieden hinsichtlich der Anteile der Jugendzentren, die von Kindern und Jugendlichen mit Beeinträchtigung genutzt werden, gibt es einen ausgeprägten Zusammenhang mit dem Vorhandensein von Personal im Jugendzentrum. Denn gibt es Personal, so ist der Anteil der Jugendzentren höher, der von BesucherInnen mit Behinderung genutzt wird (61 % zu 21 %). Dieser Unterschied findet sich sowohl für Jugendzentren in Städten als auch in Landkreisen.

Tab. 15.1: Anteil der Jugendzentren mit BesucherInnen, die mit der jeweiligen Behinderung leben – getrennt für Einrichtungen mit und ohne Personal

	kein Personal	Mind. eine Personalstelle	Insgesamt
Lernbehinderung	10 %	51 %	47 %
Geistige Behinderungen	6 %	27 %	25 %
Körperbehinderungen	12 %	26 %	25 %
Sinnesbehinderungen	2 %	21 %	20 %
Seelische Behinderungen	4 %	21 %	19 %
Mehrfachbehinderungen	1 %	11 %	10 %
Sonstige Behinderungen	1 %	2 %	2 %

Quelle: DJI-Jugendzentrumserhebung 2011, n = 1 115

Richten sich Jugendzentren ausschließlich an über 14-jährige Jugendliche, so sinkt der Anteil der Jugendhäuser, die auch von Jugendlichen mit Beeinträchtigungen genutzt werden, auf 2 %. Dies ist ein erster Hinweis darauf, dass sich Angebote für Kinder und Jugendliche mit Beeinträchtigungen eher an jüngere Besucher richten.

Im Median wird eine Einrichtung der offenen Jugendarbeit, die BesucherInnen mit einer Behinderung haben, von sieben und im Durchschnitt von 12,7 Kindern mit einer Behinderung besucht (n = 432). Bei 78 % hat sich der Anteil an BesucherInnen mit einer Behinderung im letzten Jahr nicht verändert. Einrichtungen, die sich nur an unter 14-Jährige wenden, haben signifikant häufiger eine Vergrößerung des Anteils im letzten Jahr beobachtet. Möglicherweise steigt der Handlungsdruck auf Einrichtungen, die sich auf Kinder spezialisiert haben, in besonderer Weise an, da andere Institutionen wie Horte und Schulen sich zunehmend gegenüber Kindern mit Behinderungen öffnen müssen.

In der Befragung wurde zwischen verschiedenen Formen der Beeinträchtigung unterschieden. Dies geschah sowohl, um einen Eindruck über die Vielfalt innerhalb der Gruppe der Kinder und Jugendlichen mit Beeinträchtigungen zu erhalten, als auch um mit anderen Studien zum Thema Inklusion Vergleichbarkeit herstellen zu können. Es wurde zwischen sieben verschiedenen Kategorien von Behinderungen unterschieden. Am häufigsten sind Kinder und Jugendliche mit einer Lernbehinderung anzutreffen. 47 % der Einrichtungen geben an, von Kindern bzw. Jugendlichen mit einer Lernbehinderung besucht zu werden. Berechnet man den Anteil der Jugendzentren, die von Besuchern mit Behinderung, aber ohne Lernbehinderung genutzt werden, so reduziert sich der Anteil der Jugendzentren von 58 % auf 48 %. Der Anteil der Jugendzentren mit BesucherInnen mit einer Behinderung ist also auch dann noch hoch, wenn man die Lernbehinderung nicht berücksichtigt.

Die Tabelle 15.1 zeigt, dass der Anteil an Jugendzentren mit Besuchern mit mindestens einer Behinderung bei allen Behinderungsarten höher ist, wenn es hauptamtliches Personal in der Einrichtung gibt. Besonders groß ist der Unterschied bei Lernbehinderungen, was wahrscheinlich darauf zurückzuführen ist, dass ehrenamtliches Personal für dieses Thema weniger sensibilisiert ist, weniger über pädagogische Strategien verfügt, Lernbehinderungen zu bearbeiten, und damit auf entsprechende Zuschreibungen auch eher verzichtet. Angestelltes Personal trägt offensichtlich insgesamt dazu bei, die Schwellen für die Nutzung des Angebots offener Jugendarbeit für Kinder und Jugendliche mit einer Behinderung zu senken. Möglicherweise haben Eltern behinderter Kinder bzw. Jugendlicher mehr Vertrauen in professionell geleitete Angebote, möglicherweise gibt es aber auch nur in solchen Jugendzentren Angebote wie einen „Behinderten-Nichtbehinderten-Treff" oder besonders auf die Zielgruppe von Kindern und Jugendlichen mit Behinderung ausgerichtete Angebote. Ein weiterer Grund für die erheblichen Unterschiede kann auch sein, dass ungeschulte MitarbeiterInnen Kinder und Jugendliche mit Beeinträchtigung weniger gut erkennen und deshalb ihre Anzahl unterschätzen.

In der Tabelle 15.2 ist der durchschnittliche Prozentanteil an BesucherInnen mit der jeweiligen Behinderung an allen BesucherInnen mit einer Behinderung dargestellt. So bekommt man einen Eindruck hinsichtlich der Vielfalt und hat die Möglichkeit, die Besucherstruktur der Einrichtungen der offenen Kinder- und Jugendarbeit mit der von Schulen zu vergleichen. Die mit Abstand zahlenmäßig größte Gruppe an Kindern und Jugendlichen mit einer Beeinträchtigung (im Durchschnitt 51 % der BesucherInnen mit einer Behinderung) im Jugendzentrum sind die Kinder und Jugendlichen, die eine Lernbeeinträchtigung haben. Da sich eine Lernbeeinträchtigung bei den Angeboten der offenen Jugendarbeit kaum als Behinderung auswirken dürfte und deshalb keine besonderen Inklusionsanstrengungen erforderlich sind, erstaunt dieser sehr große Anteil nicht. In bayerischen Jugendzentren ist der Anteil lernbehinderter Kinder bzw. Jugendlicher niedriger. Eine Erklärung hierfür ist, dass in Bayern der Anteil an FörderschülerInnen mit dem Schwerpunkt Lernen an allen SchülerInnen im Vergleich der Bundesländer am zweitniedrigsten[5] ist (KMK 2012, eigene Berechnungen), hier also im Vergleich zu den meisten anderen Bundesländern das Label „Lernbehinderung“ seltener vergeben wird und deshalb auch von den Jugendzentren weniger benutzt wird.

Tab. 15.2: Durchschnittlicher Anteil der BesucherInnen mit der jeweiligen Beeinträchtigung an allen BesucherInnen mit einer Beeinträchtigung

	Kreisfreie Stadt	Landkreis	Insgesamt
Besucher mit einer Lernbehinderung*	55 %	47 %	51 %
Besucher mit einer geistigen Behinderung	13 %	16 %	14 %
Besucher mit einer Körperbehinderung*	8 %	17 %	13 %
Besucher mit einer Sinnesbehinderung	9 %	8 %	9 %
Besucher mit einer seelischen Behinderung	8 %	7 %	8 %
Besucher mit einer Mehrfachbehinderung*	5 %	2 %	3 %
Besucher mit einer anderen Behinderung	2 %	2 %	2 %

* Der Unterschied ist signifikant ($p < 0.05$)
Quelle: DJI-Jugendzentrumserhebung 2011, n = 433

Die Gruppe mit dem zweithöchsten Anteil (14 %) an den BesucherInnen mit einer Beeinträchtigung ist die Gruppe der Kinder und Jugendlichen, die eine geistige Behinderung haben. Die durchschnittlich drittgrößte Gruppe ist die Gruppe der körperbehinderten Kinder und Jugendlichen. Sie haben in Jugendzentren in Landkreisen einen signifikant höheren Anteil als in Jugendzentren in Städten. Dieses Ergebnis könnte ein Hinweis darauf sein, dass in ländlichen Regionen aufgrund des insgesamt geringeren Angebots Einrichtungen der Jugendarbeit ein breites Spektrum an Zielgruppen erreichen. Kinder und Jugendliche mit Sinnesbehinderungen haben an der Gruppe derjenigen, die eine Beeinträchtigung haben, einen Anteil von 9 % und die mit seelischer Behinderung von 8 %. Kinder und Jugendliche mit einer Mehrfachbehinderung sind in Jugendzentren eher selten anzutreffen. Dies wurde bereits an der Tabelle 15.1 (Anteil der Jugendzentren mit Besu-

5 Noch niedriger ist er lediglich in Bremen.

cherInnen mit der jeweiligen Behinderung) deutlich, und dieser Eindruck verstärkt sich noch, wenn man den durchschnittlichen Anteil dieser Kinder und Jugendlichen an allen Kindern und Jugendlichen mit Behinderung betrachtet, die das jeweilige Jugendzentrum besuchen.

Vergleicht man die durchschnittlichen Anteile der BesucherInnen mit einer speziellen Beeinträchtigung an allen BesucherInnen mit einer Beeinträchtigung mit den Zahlen, die Kultusministerkonferenz zur sonderpädagogischen Förderung an Schulen vorgelegt hat (vgl. Bundesministerium für Arbeit und Soziales 2009: 35; Autorengruppe Bildungsberichterstattung 2014), so zeigt sich, dass der Anteil an BesucherInnen mit einer Lernbehinderung in Jugendzentren etwas überproportional ist (51 % im Vergleich zu 46 % bei den Schulen) und die Anteile von BesucherInnen mit einer geistigen Entwicklungsstörung (14 % zu 16 %) und die mit einer seelischen Behinderung (8 % zu 10 %) unterproportional sind. Allerdings sind die Differenzen jeweils so gering und die Unsicherheit bei der Zuordnung der Beeinträchtigung zu den einzelnen Kategorisierungen so groß, dass man hier noch nicht von einer systematischen Benachteiligung einzelner Gruppen sprechen kann. Vielmehr sprechen diese Zahlen dafür, dass es bezogen auf die Jugendzentren insgesamt keine systematische Bevorzugung bzw. Benachteiligung einzelner Behinderungsformen gibt.

15.2 Form der Beeinträchtigung und damit verbundene Inklusionserwartungen

Die bereits angesprochene unterschiedliche Verbreitung von Beeinträchtigungsformen ist ein Teil der Erklärung, warum die Anzahl an Kindern, die ein Jugendzentrum nutzen, sich je nach Beeinträchtigungsform so stark unterscheidet. Eine andere Ursache könnte darin zu finden sein, dass die Verantwortlichen für das Jugendzentrum eher zuversichtlich oder eher skeptisch hinsichtlich der Möglichkeiten zur Inklusion in Abhängigkeit der spezifischen Beeinträchtigung sind. Dies kann sowohl mit der Sichtbarkeit einer Beeinträchtigung, den gesellschaftlichen Vorbehalten gegenüber den unterschiedlichen Beeinträchtigungen als auch den tatsächlichen Fertigkeiten und Fähigkeiten, über die die Kinder und Jugendlichen verfügen, zusammenhängen. Ein dritter Grund kann in den Einschätzungen der Eltern begründet sein, die in Abhängigkeit ihrer persönlichen Erfahrungen anderen Personen den Umgang mit ihren Kindern zutrauen. Hierzu wurden im Rahmen dieser Studie keine Daten erhoben, weshalb auf diesen Aspekt nicht näher eingegangen werden kann.

Die Sichtbarkeit und das Ausmaß der Behinderung unterscheidet sich unter anderem auch darin, mit welchen Beeinträchtigungen ein Mensch zurechtkommen muss. Beeinträchtigung der Lernfähigkeit sind im außerschulischen Alltag relativ unauffällig, können aber in schulischen Kontexten zu einem erheblichen Leidensdruck und Stigmatisierungen führen. Die Unauffälligkeit im außerschulischen Bereich lässt erwarten, dass es hinsichtlich dieser Gruppe wahrscheinlich kaum Vorbehalte gibt. Körperbehinderungen, wie zum Beispiel eine eingeschränkte Mobilität, rufen inzwischen kaum mehr besondere Reaktionen hervor, auch wenn sich die Sensibilität für die Anforderungen an Barrierefreiheit noch weiterentwickeln muss. Insofern ist auch für diese Gruppe von Kindern und Jugendlichen nicht damit zu rechnen, dass Jugendzentren sich skeptisch hinsichtlich der Inklusionsmöglichkeiten äußern.

Eine besonders geringe „Inklusionsfähigkeit" wird insbesondere bei Kindern und Jugendlichen mit mehrfachen und/oder sehr schweren Beeinträchtigungen vermutet (vgl. Leglemann et al. 2012: 342). Für den Bereich der Kindertagesbetreuung kommen Studien zu ähnlichen Einschätzungen hinsichtlich der Inklusionsfähigkeit von Kindern mit Mehrfachbehinderungen (Sarimski 2012: 20ff.). Aber genau diese Perspektive, nämlich dass der Mensch mit einer oder mehreren Beeinträchtigungen inklusionsfähig sein muss, verweist auf eines der Missverständnisse in der Diskussion, denn nicht der Mensch mit einer Beeinträchtigung, sondern die Gesellschaft insgesamt, also auch die Einrichtungen der Jugendarbeit, muss inklusionsfähig sein. Die Jugendzentren haben eine Einschätzung abgegeben, für wie schwierig sie die Inklusion der BesucherInnen mit den jeweiligen Behinderungen einschätzen (vgl. Tab. 15.3). Es haben jeweils nur diejenigen geantwortet, die auch von Jugendlichen mit entsprechenden Beeinträchtigungen besucht werden. Sie verfügen also über konkrete Erfahrungen und können deshalb kaum mehr eine völlig ablehnende Haltung hinsichtlich der Inklusionsmöglichkeiten einnehmen.

Die in Tabelle 15.3 dargestellten Ergebnisse spiegeln deshalb nicht ganz die Vorbehalte in der offenen Jugendarbeit wider, denn möglicherweise ist die Tatsache, dass es aktuell kein Kind bzw. keinen Jugendlichen mit einer entsprechenden Beeinträchtigung bei den Besuchern gibt, auch eine Folge der Vorbehalte auf Seiten der für das jeweilige Jugendzentrum Verantwortlichen. Insgesamt zeigt sich, dass nur sehr wenige Einrichtungen die Einschätzung vertreten, bei ihnen sei eine Inklusion nicht möglich. Dies lässt sich – positiv gewendet – dahingehend interpretieren, dass der Inklusionsanspruch sowohl bezogen auf die dafür notwendigen Veränderungen im Jugendzentrum als auch in Bezug auf die Kompetenzen, die das Kind bzw. der Jugendliche mitbringt, nicht zurückgewiesen wird. Die Einschätzung, dass es schwierig ist bzw. werden könnte, kann nicht grundsätzlich als ablehnende Haltung gegenüber Inklusionsanforderungen interpretiert werden, denn es kann genauso gut eine ehrliche Antwort auf bisher nicht gelöste Anforderungen darstellen.

Tab. 15.3: Als wie schwierig wird die Inklusion/Integration von BesucherInnen mit der jeweiligen Behinderung erachtet – getrennt danach ob pädagogisch ausgebildetes Personal vorhanden ist

		Ohne pädagogisch ausgebildetem Personal	Mit pädagogisch ausgebildetem Personal	Insgesamt
Lernbehinderung	*einfach*	63 %	60 %	60 %
	schwierig, aber machbar	38 %	40 %	40 %
	nicht möglich	0 %	0 %	0 %
Körper-behinderungen	*einfach*	62 %	53 %	54 %
	schwierig, aber machbar	38 %	44 %	44 %
	nicht möglich	0 %	3 %	2 %
Sinnes-behinderungen	*einfach*	69 %	51 %	52 %
	schwierig, aber machbar	31 %	48 %	47 %
	nicht möglich	0 %	1 %	0 %
Geistige Behinderungen	*einfach*	33 %	36 %	36 %
	schwierig, aber machbar	67 %	60 %	60 %
	nicht möglich	0 %	4 %	4 %
Mehrfach-behinderungen	*einfach*	45 %	28 %	30 %
	schwierig, aber machbar	55 %	67 %	65 %
	nicht möglich	0 %	6 %	5 %
Seelische Behinderungen	*einfach*	50 %	20 %	21 %
	schwierig, aber machbar	50 %	77 %	76 %
	nicht möglich	0 %	3 %	3 %
Sonstige Behinderungen	*einfach*	100 %	38 %	43 %
	schwierig, aber machbar	0 %	62 %	57 %

Quelle: DJI-Jugendzentrumserhebung 2011, n = jeweils die Jugendzentren, die auch entsprechende BesucherInnen haben (14 bei Sonstige bis 488 bei Lernbehinderung)

Bei Lernbehinderung, Körperbehinderung und Sinnesbehinderung sieht es mehr als die Hälfte der Einrichtungen, die hierzu Erfahrungen gemacht haben, für einfach an, diese BesucherInnen zu integrieren. Es zeigt sich, dass die 46 % der Einrichtungen, die bei der Inklusion von Kindern und Jugendlichen mit Körperbehinderung zumindest Schwierigkeiten sehen, signifikant häufiger keine Barrierefreiheit in ihrer Einrichtung haben. Bei Sinnesbehinderung findet sich ein solcher Zusammenhang nicht. Bei seelischer Behinderung wird im Vergleich zu den anderen Behinderungsarten eine Inklusion sehr viel häufiger als schwierig angesehen. 76% der Jugendzentren sehen darin eine besondere Herausforderung. Dieser besonders große Anteil an skeptischen Einschätzungen entspricht den Vorbehalten, die Menschen mit psychischen Beeinträchtigungen entgegengebracht werden (Schomerus et al. 2012). Allerdings ist die Gruppe von Jugendzentren, die keine Möglichkeit für eine Inklusion von Kindern bzw. Jugendlichen mit einer geistiger Beeinträchtigung oder Mehrfachbeeinträchtigungen sieht, größer als bei seelischen Behinderungen. Dies kann daran liegen, dass es bei seelischen Behinderungen aus der Perspektive der Jugendzentren eine größere Spannweite von leicht bis schwer gibt als bei den anderen beiden Beeinträchtigungsformen. Es könnte auch sein, dass aufgrund der geringen Fallzahl und den relativ wenigen Kindern bzw. Jugendlichen, mit denen die Einrichtungen Erfahrungen gesammelt haben, die Unterschiede eher zufälliger als systematischer Natur sind. Es bedarf zur Klärung dieser Frage vertiefende Untersuchungen.

Interessanterweise ist bei den Einrichtungen mit pädagogisch ausgebildetem Personal der Anteil, der es als einfach empfindet, BesucherInnen mit einer Beeinträchtigung in die Angebote zu inkludieren, immer niedriger, als bei Jugendzentren ohne Fachkräfte. Die einzige Ausnahme gibt es bei Kindern bzw. Jugendlichen mit einer geistigen Behinderung. Auch wenn diese Unterschiede in den Einschätzungen nie signifikant sind, so ist doch die einheitliche Richtung bemerkenswert. Möglicherweise wird der etwas größere Inklusionsoptimismus der Jugendzentren ohne Fachkräfte durch folgende Faktoren gefördert: a) weniger problem- und dafür stärker alltagsorientiert, b) an Angebotsformen die stärker an den Interessen und Bedürfnissen der BesucherInnen und weniger an pädagogische Zielvorstellungen ausgerichtet sind, c) an einer größeren Unbefangenheit der Nicht-Profis bzw. einer gewissen Scheu der Fachkräfte, die sie durch ihre berufliche Sozialisation außerhalb der Behindertenarbeit entwickelt haben, die dazu führt, sich die Inklusionsförderung nicht zuzutrauen.

15.3 Baulich-architektonische Barrierefreiheit und Erreichbarkeit des Jugendzentrums

Eine andere Art von Barriere als die Einstellung der Verantwortlichen des Jugendzentrums zu Inklusionsmöglichkeiten von Kindern und Jugendlichen mit Beeinträchtigung stellen die baulichen Gegebenheiten des Gebäudes dar. Zwar ist inzwischen bei Neubauten die barrierefreie Zugänglichkeit öffentlicher Gebäude vorgeschrieben, aber viele Jugendzentren befinden sich in älteren Gebäuden. Deren Anpassung an die Anforderungen einer Barrierefreiheit würde erhebliche Kosten verursachen.

29 % der Jugendzentren sind vollständig barrierefrei und 40 % geben dies für einen Teil ihrer Räume an. In Landkreisen ist der Anteil an Jugendzentren signifikant höher, die von sich selbst sagen, dass sie nicht barrierefrei sind. Die Jugendzentren, die vollständig oder teilweise barrierefrei gebaut sind, haben einen signifikant höheren Anteil an Besucherinnen und Besuchern mit einer Beeinträchtigung. Der höhere Anteil an BesucherInnen mit Beeinträchtigungen beschränkt sich nicht nur auf solche, die durch Barrierefreiheit unmittelbar profitieren, wie mobilitätseingeschränkte Kinder und Jugendliche, sondern lässt sich für jede in Tabelle 15.1 dargestellte Teilgruppe zeigen. Bauliche Barrierefreiheit erhöht also über verschiedene Behinderungsformen hinweg tatsächlich die Wahrscheinlichkeit für eine verstärkte Nutzung der Einrichtung durch BesucherInnen mit einer Beeinträchtigung. Barrierefreiheit kommt somit nicht nur den BesucherInnen mit einer Körperbehinderung zugute, sie scheint vielmehr eine gewisse Signalfunktion zu haben, die sich ungefähr so beschreiben lässt: Hier sind Menschen mit Behinderung willkommen. Zur empirischen Überprüfung der Signalfunktion wäre zumindest eine weitere Erhebung in einigen Jahren erforderlich. Auch eine Befragung zu den Gründen, die zu einer Verbesserung der Barrierefreiheit geführt haben, wäre hierfür aufschlussreich.

Bauliche Veränderungen in Richtung Barrierefreiheit sind bei jedem neunten Jugendzentrum geplant. Am signifikant seltensten finden sich solche Planungen bei den Jugendzentren, die bisher noch gar keine Barrierefreiheit aufweisen können. Es scheint also so zu sein, dass bauliche Veränderungen weniger durch den konkreten Bedarf bezogen auf Anforderungen an Barrierefreiheit öffentlicher Gebäude als vielmehr von einer dem Inklusionsthema zugewandten Haltung befördert werden.

Auch die Erreichbarkeit des Jugendzentrums mit öffentlichen Verkehrsmitteln stellt einen Beitrag zur Barrierefreiheit dar, von der alle Kinder und Jugendlichen profitieren. Aber insbesondere für solche mit einer Beeinträchtigung erhöht dies deren Möglichkeiten, ohne Eltern aktiv zu sein. Schließlich gehört zur Inklusion junger Menschen mit Beeinträchtigung auch, dass sie sich selbstständig in der Gruppe Gleichaltriger bewegen können und sich ohne Aufsicht von Eltern mit anderen treffen können. Dies gelingt umso selbstbestimmter, je besser auch die Wege zum Treffpunkt von ihnen allein oder mit Hilfe Gleichaltriger bewältigbar sind. Knapp über die Hälfte der Jugendzentren beschreibt ihr Haus als mit öffentlichen Verkehrsmitteln auch für Kinder und Jugendliche mit Beeinträchtigung gut erreichbar (54 %). Es gibt einen ausgeprägten statistischen Zusammenhang zwischen baulicher Barrierefreiheit und guter Erreichbarkeit mit öffentlichen Verkehrsmitteln: Ist Letzteres gegeben, so sind 79 % der Jugendzentren barrierefrei, ansonsten sind es nur 58 % der Jugendzentren. Wenig erstaunlich ist, dass die Erreichbarkeit mit öffentlichen Verkehrsmitteln in Agglomerationsräumen besonders häufig gegeben ist.

15.4 Besonders qualifiziertes Personal

Inklusion in die offene Jugendarbeit bedeutet mehr als die Anwesenheit von Kindern bzw. Jugendlichen mit Beeinträchtigungen in den Räumen des Jugendzentrums. Vielmehr geht es um die Förderung ihrer Teilhabe an allen Aktivitäten, die sie interessieren, und um den Zugang zu Peergroups, die nicht nach dem Kriterium Beeinträchtigung sortiert sind. Dieses gelingt nicht selbstverständlich und meist auch nicht nebenbei. Studien aus der Kindertagesbetreuung zeigen zum Beispiel, dass die Kinder in einer Einrichtung nur dann von Inklusion bzw. Integration von Kindern mit Beeinträchtigungen profitieren, wenn gezielt, also durch Fachkräfte, Anlässe für gemeinsame Aktivitäten geschaffen werden und Kinder mit einer Beeinträchtigung entsprechend unterstützt werden (Sarimski 2012). Damit Mitarbeiterinnen diese Aufgabe möglichst gut erfüllen können, erscheinen Weiterqualifikationen bzw. entsprechende Zusatzqualifikationen hilfreich.

Fachkräfte sollten Wissen über die besonderen „Entwicklungsprobleme und spezifische(n) Möglichkeiten der Anpassung an den Hilfebedarf" (Sarimski 2012: 127) haben, sie sollten also antizipieren und verstehen können, warum für Kinder mit Beeinträchtigungen Hemmschwellen im Kontakt mit Gleichaltrigen bestehen und welche Auswirkungen ihrer Beeinträchtigungen eher exklusionsfördernd als inklusionsfördernd sind. Hierdurch müsste es den Fachkräften möglich sein, Angebote pädagogisch so zu gestalten, dass Inklusion wahrscheinlicher wird. Die Jugendzentren wurden gefragt, ob bei ihnen MitarbeiterInnen arbeiten, die eine Zusatzqualifikation für die Arbeit mit Menschen mit Behinderung erworben haben. Bei 12 % der Jugendzentren ist dies der Fall, bei weiteren 3 % absolvieren MitarbeiterInnen zum Zeitpunkt der Befragung eine solche Qualifikation. Einrichtungen mit solchem besonders qualifizierten Personal werden auch zu einem höheren Anteil von Kindern bzw. Jugendlichen mit einer Behinderung besucht (79 %), als Einrichtung ohne solches Personal (54 %).

15.5 Werbung für Inklusion

Eine systematische Öffentlichkeitsarbeit, die darauf hinweist, dass Kinder und Jugendliche mit einer Behinderung im Jugendzentrum willkommen sind, wäre eine Strategie, um die Nutzung der offenen Jugendarbeit durch Kinder und Jugendliche mit einer Beeinträchtigung weiter zu erhöhen. Auch wenn eine solche explizite Zielgruppenansprache vielleicht exklusionsfördernd wirkt, da sie den besonderen Status von Kindern und Jugendlichen mit Behinderungen betont, erscheint eine solche Form von Öffentlichkeitsarbeit erforderlich, da inklusive Angebote in der Jugendarbeit noch immer keine Selbstverständlichkeit sind und das Jugendzentrum von Kindern und Jugendlichen mit Behinderung noch immer nicht als ein selbstverständliches Angebot wahrgenommen wird.

16% der Jugendzentren weisen in ihrer Öffentlichkeitsarbeit ausdrücklich darauf hin, dass ihre Angebote auch Kindern und Jugendlichen mit Beeinträchtigungen offenstehen. Es gibt in dieser Frage kaum regionale Unterschiede, lediglich Jugendzentren in Stadtstaaten weichen signifikant von diesem Durchschnittswert ab. In Bremen und Berlin (zu Hamburg liegen keine Daten vor) ist der Anteil an Jugendzentren doppelt so hoch wie im Durchschnitt der anderen Bundesländer, die gezielt Kinder und Jugendliche mit Beeinträchtigung in ihrer Öffentlichkeitsarbeit ansprechen.

Wenig erstaunlich ist, dass sich unter den Jugendzentren, die aktiv darauf hinweisen, dass in ihrer Einrichtung Kinder und Jugendliche mit Beeinträchtigungen willkommen sind, signifikant mehr befinden, die auch ansonsten durch gezielte Maßnahmen versuchen, BesucherInnen zu gewinnen.

Einen statistisch signifikanten Zusammenhang gibt es, wenn speziell für die Begleitung von Kindern und Jugendlichen mit einer Beeinträchtigung qualifizierte MitarbeiterInnen in dem Jugendzentrum vorhanden sind, denn dann wird von einem doppelt so hohen Anteil im Rahmen der Öffentlichkeitsarbeit darauf hingewiesen (33%), dass Kinder und Jugendliche mit Beeinträchtigungen willkommen sind.

Es wurde in der Befragung auch erhoben, auf welchem Wege die Jugendzentren auf ihren inklusiven Ansatz aufmerksam machen. Die häufigste Form ist eine Zusammenarbeit mit Einrichtungen für behinderte Menschen, dazu gehören auch Servicestellen und Behindertenbeauftragte (vgl. Tab. 15.4). Am zweithäufigsten wird im Internet auf den inklusiven bzw. integrativen Ansatz hingewiesen. Jugendzentren in Städten nutzen dieses Medium signifikant häufiger als Jugendzentren in Landkreisen. Auch bei den Werbestrategien zeigt sich Folgendes: Ist zusätzlich qualifiziertes Personal für die Arbeit mit Kindern bzw. Jugendlichen mit Behinderung vorhanden, wird mehr in Richtung Inklusion unternommen.

Tab. 15.4: Formen der Öffentlichkeitsarbeit der Jugendzentren, durch die Kinder und Jugendliche mit Behinderung angesprochen werden sollen – in Abhängigkeit davon, ob es eine spezialisierte Fachkraft gibt

	Keine spezialisierte Fachkraft	Spezialisierte Fachkraft vorhanden	Insgesamt
Kooperation mit Einrichtungen für behinderte Menschen	5%	24%	8%
Internetauftritt des Jugendzentrums	5%	20%	7%
Kooperation mit Servicestellen für behinderte Menschen	5%	21%	7%
Lokale Medien	4%	15%	6%
Sonstiges	3%	7%	3%
Kooperation mit Selbsthilfenetzwerken für behinderte Menschen	1%	15%	3%

Alle Unterschiede sind signifikant ($p < 0.05$)
Quelle: DJI-Jugendzentrumserhebung 2011, n = 1 041

Erhält ein Jugendzentrum für seine Aktivitäten mit Kindern und Jugendlichen mit Beeinträchtigungen extra Geld, so werden auch mehrere der in Tabelle 15.4 angegebenen Werbestrategien angewandt. Allerdings kommen nur sehr wenige Jugendzentren in den Genuss zusätzlicher Mittel (2% von allen Jugendzentren). Diese stammen dann von Stiftungen, von Sonderetats auf Landesebene bzw. des Trägers oder von der jeweiligen Kommune. Ein Jugendzentrum erhält Fördermittel von der EU, ein anderes erweitert seine finanziellen Spielräume in diesem Zusammenhang über Spenden.

15.6 Konzeptionell fundierte Arbeit mit Kindern und Jugendlichen mit Beeinträchtigungen

Inklusion von Kindern und Jugendlichen mit Beeinträchtigungen stellt für die offene Jugendarbeit eine Aufgabe dar, deren erfolgreiche Erfüllung eine Sensibilisierung für die damit verbundenen Herausforderungen und den Möglichkeiten, diese zu bewältigen, notwendig macht. Der beachtlich hohe Anteil an Einrichtungen, in denen die Inklusion von Kindern und Jugendlichen mit Beeinträchtigungen als schwierig angesehen wird (vgl. Tab. 15.3), verstärkt diese Annahme. Um einen Nutzen für alle Kinder und Jugendlichen, die ein Jugendzentrum besuchen, zu erzielen, scheint ein eigens dafür entwickeltes Konzept bzw. konzeptionelle Überlegungen hilfreich, die als Orientierung für die alltägliche Arbeit dienen. Die besondere Herausforderung bei solchen konzeptionellen Überlegungen besteht darin, diese Zielgruppe und ihre Bedürfnisse in besonderer Weise wahrzunehmen, ohne sie deshalb zu einer besonderen, von den anderen BesucherInnen abzugrenzenden Zielgruppe zu machen und damit das Ziel der Inklusion zu unterlaufen.

Trotzdem gibt nur ein sehr geringer Anteil von Jugendzentren (3%) an, ein Konzept für die Arbeit mit BesucherInnen mit einer Behinderung entwickelt zu haben. Selbst bei den Jugendzentren, die von mindestens einem Kind/Jugendlichen mit einer Beeinträchtigung besucht werden, haben nur 4% einen konzeptionellen Rahmen für ihre Inklusionstätigkeit. Diese niedrigen Werte signalisieren sehr deutlich, dass es noch keinen entwickelten – oder zumindest allgemein verbreiteten – Fachdiskurs zum Thema offene Jugendarbeit und Inklusion gibt. Setzt man das Ergebnis zu der konzeptionellen Thematisierung von Inklusion im Falle einer Behinderung zu den Ergebnissen einer konzeptionellen Thematisierung von Inklusion bezogen auf Kinder und Jugendliche mit Migrationshintergrund (vgl. Kap. 14) in Beziehung, so wird erkennbar, dass die Häufigkeit, mit der eine fachliche Herausforderung im Alltag der Einrichtung auftritt, wichtig für die Thematisierung in der Einrichtungskonzeption ist. Schließlich steigt der Anteil der Jugendzentren mit konzeptionellen Aussagen zu Besuchern mit Migrationshintergrund erst ab einem Anteil von über 25% der BesucherInnen auf einen nennenswerten Anteil an (vgl. Tab. 14.1).

Die Jugendzentren, die solche konzeptionellen Überlegungen angestellt haben, unterscheiden sich hinsichtlich einer ganzen Reihe von Bedingungen von den anderen Jugendzentren. So erhalten mehr von diesen Jugendzentren zusätzliches Geld für ihre Angebote für Kinder bzw. Jugendliche mit Beeinträchtigungen, es haben mehr von ihnen extra qualifiziertes Personal, sie machen mehr Werbung und werden im Durchschnitt von doppelt so vielen Kindern bzw. Jugendlichen mit Beeinträchtigungen besucht. Anhand der Daten lässt sich nicht klären, in welche Richtung diese Zusammenhänge wirken, also ob konzeptionelle Überlegungen zuerst da waren oder aber als Reaktion auf eine tatsächliche Nutzung durch Kinder bzw. Jugendliche mit einer Beeinträchtigung angestellt werden. Es ist anzunehmen, dass es wechselseitige Verstärkungsprozesse gibt, die es im Sinne der Inklusion als lohnend erscheinen lassen, wenn sich Jugendzentren auch konzeptionell mit dieser Fragestellung auseinandersetzen.

Der Kontakt mit Eltern scheint Bestandteil solcher konzeptioneller Überlegungen zu sein, denn signifikant mehr Jugendzentren mit solchen Überlegungen haben Kontakt zu Eltern von Kindern bzw. Jugendlichen mit Behinderungen, als wenn es keine konzeptionellen Überlegungen gibt.

Entgegen der Erwartung zeigen sich keine statistischen Zusammenhänge zwischen baulicher Barrierefreiheit einer Einrichtung und ihren konzeptionellen Überlegungen zur Inklusion von Kindern und Jugendlichen mit Beeinträchtigungen. Möglicherweise liegt dies auch an der geringen Anzahl von Einrichtungen mit entsprechenden konzeptionellen Aussagen.

15.7 Angebote, die von Kindern und Jugendlichen mit Behinderung besonders häufig genutzt werden

Die Anwesenheit von Kindern und Jugendlichen mit einer Beeinträchtigung ist nur ein erster Schritt zur Inklusion. Denn es gibt eine ganze Reihe von Beispielen, die verdeutlichen, dass die Kinder und Jugendlichen mit Beeinträchtigung im Jugendzentrum mehr oder weniger unter sich bleiben. Es gibt einmal im Monat eine extra Disco, einen extra Nachmittag, spezifische Förderangebote oder besondere Ferienfahrten. Dies alles erhöht gegenüber Sondereinrichtungen zwar etwas die Lebensweltnähe, da die Wege kürzer sind und zufällige Begegnungen mit Kindern und Jugendlichen ohne Beeinträchtigungen wahrscheinlicher werden. Aber dies reicht nicht aus, um von Inklusion reden zu können. Es kann sich bei den einzelnen Aktivitäten auch um ein Herantasten an die Anforderungen an ein inklusives Angebot handeln, denn sowohl die MitarbeiterInnen im Jugendzentrum als auch die Kinder bzw. Jugendlichen mit Beeinträchtigung und ihre Eltern haben bestehende Hemmschwellen abzubauen.

Die Jugendzentren wurden gebeten, die Angebote, die Kinder und Jugendliche mit Beeinträchtigung am häufigsten nutzen, zu nennen, um einen etwas genaueren Eindruck davon zu erhalten, ob die Anwesenheit von Kindern und Jugendlichen mit Beeinträchtigung eher auf Inklusion hindeutet oder aber „nur" die Vielfalt des Angebotsspektrums der Einrichtung widerspiegelt. Die zwei am häufigsten genannten Angebotsformen, die Kinder und Jugendliche mit Behinderung in den Jugendzentren nutzen, sind der offene Betrieb/Cafe und Fahrten/Freizeiten/Ausflüge. Dies spricht für eine Tendenz hin zu Integration und möglicherweise auch Inklusion – zumindest in Bezug auf die Antwort offener Betrieb/Cafe. Angesichts der fehlenden Fachdiskussion zur Inklusion von Kindern und Jugendlichen mit Behinderung in die offene Kinder- und Jugendarbeit ein erstaunliches Ergebnis. Eine weitere Analyse der Daten führt zu einem in gewisser Weise paradoxen Ergebnis: Ist für die Arbeit mit Kindern und Jugendlichen mit Behinderungen in besonderer Weise qualifiziertes Fachpersonal (z.B. HeilpädagogInnen; SonderpädagogInnen, SozialpädagogInnen mit einem Schwerpunkt in der Arbeit mit Menschen mit Behinderung) vorhanden, so sinkt die Häufigkeit, mit der Kinder und Jugendliche den offenen Betrieb als Angebot nutzen, dafür steigt der Anteil an Angeboten, die speziell auf sie zugeschnitten sind. Bei Beratung für diese Zielgruppe ist der Unterschied signifikant. Man gewinnt also den Eindruck, dass die spezifische berufliche Kompetenz sich auch in entsprechenden spezifischen Angeboten ausdrückt und somit Inklusion erschwert.

Tab. 15.5: Art der Angebote, die am häufigsten von Kindern und Jugendlichen mit Beeinträchtigungen im Jugendzentrum genutzt werden (offene Frage) – in Abhängigkeit davon, ob es eine spezialisierte Fachkraft gibt

	Keine spezialisierte Fachkraft	Spezialisierte Fachkraft vorhanden	Insgesamt
Offener Betrieb wird von BesucherInnen mit Beeinträchtigung genutzt*	39 %	26 %	37 %
Ferienangebote/Fahrten/Ausflüge	25 %	26 %	25 %
Kreativangebote	19 %	26 %	20 %
Sportangebote	17 %	20 %	18 %
Parties/Discos	10 %	10 %	10 %
Computer, PC	8 %	9 %	8 %
Hausaufgabenbetreuung	5 %	6 %	5 %
Beratung*	2 %	8 %	3 %
Mittagstisch, Ganztagsbetreuung	2 %	4 %	2 %
Spezielles Angebot	1 %	2 %	1 %
Kochen	1 %	1 %	1 %

* Unterschied signifikant ($p < 0.05$)
Quelle: DJI-Jugendzentrumserhebung 2011, n = 549

15.8 Angebote, die von Kindern und Jugendlichen mit Behinderung nicht genutzt werden können

Um einen besseren Eindruck über das Ausmaß an Inklusion zu erhalten, wurden die Jugendzentren auch danach gefragt, ob es Angebote des Jugendzentrums gibt, die von Kindern und Jugendlichen mit Behinderung nicht genutzt werden können. In einem Drittel der Jugendzentren gibt es solche Angebote. Diese Einschätzung wird von ungefähr gleich großen Anteilen der Jugendzentren vorgenommen, unabhängig davon, ob sie BesucherInnen mit einer Behinderung haben (35 %) oder nicht (33 %). Gibt es solche Angebote, die von Kindern und Jugendlichen mit Behinderung nicht genutzt werden können, dann sollten diese im Rahmen einer offenen Angabe benannt werden Wie fast immer bei offenen Fragen wurden auch hier Antworten auf verschiedenen inhaltlichen Ebenen gemacht. Zum einen wurden einzelne Angebotsformen benannt, zum anderen grundsätzliche Hindernisse, die erklären sollen, warum es keine Kinder und Jugendlichen mit Behinderung in der Einrichtung gibt. Bei den Angebotsformen werden am häufigsten Sportangebote, Ausflüge und Fahrten genannt. Bei den grundsätzlichen Hindernissen wird insbesondere auf mangelnde Barrierefreiheit des Gebäudes oder Teile des Gebäudes verwiesen. Meist wird auf Beschränkungen aufgrund von Körperbehinderungen hingewiesen. Ein Teil der Angaben lädt zu der Vermutung ein, dass die fehlenden Teilnahmemöglichkeiten einfach zu beseitigen wären, wenn nach vergleichbaren, aber auch für Kinder bzw. Jugendliche mit Behinderung zugänglichen Angeboten gesucht werden würde (z.B. durch eine Veränderung des Ausflugszieles, Auswahl eines Kinos mit induktiver Höranlage).

Jugendzentren in Städten geben signifikant häufiger an, dass es bei ihnen Angebote gibt, die von BesucherInnen mit Behinderung nicht genutzt werden können. Möglicherweise verlassen sie sich darauf, dass es für diese Zielgruppe andere Angebote gibt, zumal die Angebotspalette bei Jugendzentren in Städten größer ist (vgl. Kap. 9). Eine solche Haltung, die quasi damit zufrieden ist, dass es überhaupt ein Angebot gibt, das von möglicherweise auch nur einem Teil der Kinder und Jugendlichen mit Behinderung genutzt werden kann, widerspricht jedoch dem Inklusionsgedanken.

15.9 Relevanz von Inklusion für die tägliche Arbeit im Jugendzentrum

17% der Jugendzentren beschreiben die Inklusion von Kindern und Jugendlichen mit einer Behinderung als ein relevantes Thema ihrer alltäglichen Arbeit. Dies ist angesichts dessen, dass über die Hälfte der Jugendzentren von Kindern bzw. Jugendlichen mit einer Behinderung besucht wird, ein erstaunlich niedriger Wert. Auch innerhalb der Gruppe von Jugendzentren, die tatsächlich aktuell BesucherInnen mit einer Behinderung haben, sehen nur 29% eine Relevanz des Themas für die alltägliche Arbeit. Gibt es speziell für die Arbeit mit Kindern und Jugendlichen mit Beeinträchtigungen qualifizierte MitarbeiterInnen, dann steigt dieser Wert auf 32% an. Diese Zahlen können als ein Ergebnis der fehlenden Fachdebatte gewertet werden, die eben dazu führt, dass in dem professionellen Bewusstsein Inklusion bisher keinen allzu großen Stellenwert einnimmt. Jugendzentren in Deutschland befinden sich hierbei in „guter" internationaler Gesellschaft, wie zum Beispiel der Report für England zeigt (Beresford/Clarke/Borthwick 2010: 19), denn auch in anderen Ländern scheint bisher das Thema Inklusion sehr stark auf schulbezogene Fragen beschränkt zu bleiben. Inklusive Freizeitaktivitäten können jedoch einen wesentlichen Beitrag zur Lebensqualität von Menschen mit Behinderung leisten und sich positiv auf ihre Entwicklung und ihre Kompetenzen auswirken (z.B. Markowetz/Cloerkes

2000, Niehoff 2006), weshalb man sich mit dem geringen Stellenwert, den das Freizeitthema in der Inklusionsdebatte hat, nicht zufriedengeben kann.

Jugendzentren, die die Inklusion von Kindern und Jugendlichen mit Behinderung als ein relevantes Thema ihrer alltäglichen Arbeit ansehen, begründen dies zu 98 % damit, dass sie sich selbst als ein Angebot für alle Kinder und Jugendlichen im Einzugsgebiet verstehen. Ein genauso hoher Anteil sieht in dieser Aufgabe eine gesellschaftliche Aufgabe, die von den Jugendzentren zu erfüllen ist. Zwei Drittel gibt diesem Thema eine gewisse Bedeutung, weil sie sich de facto aufgrund der Anwesenheit von Kindern bzw. Jugendlichen mit einer Behinderung mit dem Thema Inklusion auseinandersetzen müssen. Eine geringe Rolle spielt hingegen, dass diese Aufgabe an die Einrichtung herangetragen wird (18 %), und fast gar keine, dass besondere finanzielle Anreize bestehen würden, sich verstärkt der Inklusion zu widmen (4 %).

94 % der Jugendzentren, die in der Inklusion kein relevantes Thema in ihrer alltäglichen Arbeit sehen, begründen dies damit, dass ihr Haus prinzipiell allen offen steht und deshalb keine besonderen Anstrengungen unternommen werden müssten, Kinder und Jugendliche mit Behinderung in das Jugendzentrum zu bekommen. So sympathisch eine solche Einstellung ist, denn sie beschreibt quasi das Ziel, das durch Inklusionsförderung erreicht werden soll, so sehr kann sie auch eine etwas naive Perspektive auf die Anforderungen widerspiegeln, die mit Inklusionsförderung verbunden sind. Es reicht eben nicht aus, dass man nichts gegen eine bestimmte Nutzergruppe hat, sondern ein aktiver Abbau von Nutzungsbarrieren ist ebenfalls erforderlich. Ungefähr drei Viertel begründen die geringe Relevanz einer aktiven Öffnung ihrer Angebote für Kinder und Jugendliche mit einer Behinderung damit, dass es keine bzw. fast keine BesucherInnen mit einer Behinderung in ihrem Jugendzentrum gibt. Mit dieser Argumentation begeben sich die Einrichtungen in ein sich selbst verstärkendes System, denn wer sich nicht für BesucherInnen mit einer Behinderung öffnet, wird von solchen weniger genutzt, was wiederum als Grund für die fehlende Notwendigkeit einer Öffnung für diese Zielgruppe herangezogen wird. Über die Hälfte der Jugendzentren findet, dass es ihnen an Fachpersonal fehlt, um inklusive Angebote machen zu können. Mit anderen Worten, sie fühlen sich mit ihrer Personalausstattung den mit Inklusion verbundenen Aufgaben nicht gewachsen. So ernst das Personalargument zu nehmen ist, so wenig kann es darüber hinwegtäuschen, dass es zum Teil eher aufgrund falscher Vorstellungen über die mit Inklusion verbundene Arbeit zustande kommt.

Etwas weniger als die Hälfte dieser Einrichtungen begründet die nicht vorhandene Relevanz mit der fehlenden Barrierefreiheit der Einrichtung.

15.10 Fazit

Die Ergebnisse der bundesweiten Erhebung bei Jugendzentren zeigen, dass obwohl es keinen entwickelten Fachdiskurs zu der Frage gibt, wie gut es gelingt, Kinder und Jugendliche mit Behinderung in die offene Jugendarbeit zu integrieren, erstaunlich viele Einrichtungen der offenen Jugendarbeit von Kindern und Jugendlichen mit Behinderung genutzt werden. Dies gilt auch dann, wenn man die Kinder und Jugendlichen mit einer Lernbehinderung nicht zu denen mit einer Behinderung hinzurechnet.

Es zeigen sich in dem fachlichen Selbstverständnis der einzelnen Einrichtungen erhebliche Unterschiede: Ein Teil der Einrichtungen setzt auf spezifische, sonderpädagogisch unterstützte Freizeitangebote, die zwar in jedem Fall einen Beitrag zu einer verbesserten Integration in die örtlichen Strukturen darstellen, aber nicht unbedingt den Erwartungen an eine Verbesserung der Teilhabechancen gerecht werden. Ein anderer Teil der Jugendzentren hat sich auf eine stärkere Öffnung ihres Hauses insgesamt, also nicht beschränkt auf behindertenspezifische Angebote, fokussiert. Ein dritter Teil der Einrichtungen der offenen Jugendarbeit setzt eher auf „zufällige“, nicht bewusst herbeigeführte Nutzung durch Kinder und Jugendliche mit einer Behinderung. Ein solcher Ansatz ist einerseits sympathisch, weil er aus einer Behinderung keinen Ausschlussgrund konstruiert, andererseits aber möglicherweise etwas naiv, da ein Abbau von Zugangsbarrieren nicht allein dadurch erreicht wird, dass man die Zugangsbarrieren nicht thematisiert.

Es zeigt sich auch – und das ist ein Befund, der über das Thema Inklusion von Kindern und Jugendlichen mit Behinderung hinausweist –, wenn konzeptionelle Überlegungen vorliegen, so werden die Einrichtungen der offenen Jugendarbeit nicht nur von mehr Kindern und Jugendlichen mit einer Beeinträchtigung genutzt, sondern es gibt auch insgesamt mehr Hinweise auf eine verbesserte Öffnung für diese Zielgruppe. Eine speziell qualifizierte Fachkraft für die Arbeit mit Kindern und Jugendlichen mit einer Beeinträchtigung erhöht ebenfalls die Anzahl entsprechender BesucherInnen, führt aber auch zu mehr spezifischen, auf diese Zielgruppe ausgerichteten Angeboten, was wiederum für eine Inklusion eher hinderlich sein kann.

Kooperationen mit Behinderteneinrichtungen führen zu einer intensiveren Nutzung der Einrichtung der offenen Jugendarbeit durch Kinder und Jugendliche mit einer Behinderung. Dies kann als eine Bestätigung dafür angesehen werden, dass offene Kinder- und Jugendarbeit auch den Bedürfnissen von Kindern und Jugendlichen mit einer Behinderung entgegenkommt.

Kapitel 16
Partizipation im Jugendzentrum – Selbstverständlich und doch häufig nur eine Spielwiese

Die Angebote der (offenen) Jugendarbeit stehen im Vergleich zu anderen Sozialisationsorten (wie z. B. der Schule) in dem Ruf, Kindern und Jugendlichen gute Partizipationsmöglichkeiten zu bieten. Auch die gesetzliche Vorgabe bestimmt, dass Angebote der Jugendarbeit an den Interessen der Kinder und Jugendlichen anknüpfen und von ihnen mitbestimmt werden sollen (§ 11 SGB VIII). Doch bei aller programmatischen Nähe zwischen Jugendarbeit und Partizipation ist das empirische Wissen dazu, wie es um die Mitwirkungsmöglichkeiten bestellt ist, in den Einrichtungen der offenen Kinder- und Jugendarbeit begrenzt. Mitunter wird bereits die Freiwilligkeit des Angebotes damit gleichgesetzt, dass Beteiligungsmöglichkeiten vorhanden sind, und nicht genauer hinterfragt, an welchen Entscheidungen und Themen Kinder und Jugendliche mitwirken können und an welchen nicht.

Eine manchmal anzutreffende Argumentation, die dabei etwas zu kurz greift, ist: Wenn wir die Angebote nicht an den Interessen und Bedürfnissen der Jugendlichen ausrichten, dann kommen sie auch nicht zu uns, denn die Jugendlichen stimmen mit den Füßen ab. Dies erfordert es ganz automatisch, dass sich die Einrichtungen sehr unmittelbar mit den Wünschen und Vorstellungen ihrer BesucherInnen auseinandersetzen müssen. In dieser Argumentation steckt eine ganz wesentliche Rahmenbedingung für die offene Kinder- und Jugendarbeit und auch eine zentrale Triebfeder, sich immer wieder mit den Lebenswelten von Kindern und Jugendlichen zu befassen und die Angebote danach zu stricken. Das heißt, um ein Mindestmaß an Partizipation kommt die Jugendarbeit nicht umhin.

Und doch gibt es auch unter diesen Voraussetzungen gewisse Spielräume, wie weit oder eng Partizipation definiert wird. Dies hängt sicher auch davon ab, welche Position Kindern und Jugendlichen im jeweiligen Jugendzentrum zugeschrieben wird. Aufgrund des im Vergleich zur Schule oder anderen pädagogischen Institutionen unterschiedlichen pädagogischen Verständnisses wird die Partizipation gleichsam vorausgesetzt. Ob dies jedoch der Realität in den Einrichtungen gerecht wird, ist eine empirische Frage. Wird Partizipation als Prinzip demokratischen Zusammenlebens verstanden, dann umfasst dies den gesamten Alltag im Jugendzentrum, angefangen von den Beziehungen zwischen MitarbeiterInnen und BesucherInnen im Jugendzentrum bis hin zu den Entscheidungen über Inhalte, Ressourcen, Raumgestaltung u.a. Jugendzentren sind in diesem Verständnis Erfahrungsorte, an denen gemeinschaftlich entwickelt, entschieden und auch gestaltet wird. Sie sind damit Orte der Demokratiebildung (vgl. Sturzenhecker 2011).

Zu kurz gegriffen wäre es auch, wenn sich die Beteiligung in den Einrichtungen der offenen Kinder- und Jugendarbeit auf ehrenamtliches Engagement beschränken würde (vgl. Kap. 6). Wie alle Formen der Jugendarbeit bieten die Angebote der offenen Kinder- und Jugendarbeit wichtige Gelegenheiten für ehrenamtliches Engagement, da sie durch Kinder und Jugendliche selbst mitgestaltet bzw. mitorganisiert werden. Allerdings wird an den Ergebnissen der Erhebung auch deutlich, dass die Ehrenamtlichen im Vergleich zur Besucherschaft älter sind und ein beträchtlicher Teil der Einrichtungen angibt (23%), keine ehrenamtlich tätigen Jugendlichen zu haben. Letzteres verweist zum einen auf das Problem der Abgrenzung von ehrenamtlichem Engagement zu anderen Tätigkeiten und auf die Frage, welche Aktivitäten und Tätigkeiten der NutzerInnen im Jugendzentrum als freiwilliges Engagement zu definieren sind (vgl. Kap. 6), da selbst ein Teil der selbstverwalteten Jugendzentren angibt, dass keine Freiwilligen dort tätig seien. Zum anderen wird daran deutlich, dass ein Blick auf die Aktivitäten in Jugendzentren, wenn sie mit Vorstellungen von „klassischem" Ehrenamt (im Sinne der Ausübung eines Amtes) gleichgesetzt würden, eine eingeschränkte Beschreibung jugendlichen zivilgesellschaftlichen Engagements in der offenen Jugendarbeit bieten würden. Die Analyse ehrenamtlichen Engagements zeigt somit nur einen spezifischen Ausschnitt der Beteiligung von Kindern und Jugendlichen in den Einrichtungen der offenen Kinder- und Jugendarbeit.

Mitbestimmung und Mitwirkung haben in der Jugendarbeit weit zurückreichende Wurzeln (vgl. z.B. Hafeneger 2013, Stichwort Jugendbewegung und Förderung demokratischer Strukturen nach 1945). Von Beginn an ging es immer auch darum, erwachsenenfreie und selbstgestaltete Räume und Zeiten zu organisieren. Zugleich wurde die Unterstützung und Förderung dieser Aktivitäten und Angebote immer an gesellschaftliche Erwartungen geknüpft. Diese Erwartungen konzentrierten sich zu Beginn vor allem auf den Schutz von Jugendlichen (z.B. vor Obdachlosigkeit) und später immer mehr darauf, Werte und Grundsätze der Gesellschaft an die nachfolgende Generation weiterzugeben und die Integration der Jugend in die Gesellschaft zu unterstützen. Auch heute ist dieser Auftrag der Anregung zu gesellschaftlicher Integration im Gesetz verankert: Die Angebote der Jugendarbeit sollen „zur Selbstbestimmung befähigen und zu gesellschaftlicher Mitverantwortung und zu sozialem Engagement anregen und hinführen" (§ 11 SGB VIII). In der Vergangenheit gab es somit sowohl Zeiten, in denen die Einrichtungen der offenen Kinder- und Jugendarbeit Vorreiter in Sachen Partizipation und Demokratieförderung waren (z.B. in der Zeit nach dem Zweiten Weltkrieg oder in den 1970er-Jahren mit der Gründung selbstverwalteter Jugendzentren), als auch Zeiten, in denen dieses politische Ziel eher in den Hintergrund gerückt ist und von Erwachsenen gestaltete Angebote für Kinder und Jugendliche und die Anleitung von Kindern und Jugendlichen im Vordergrund standen (vgl. als Übersicht Hafeneger 2005).

In den letzten Jahren setzt sich die Fachdebatte zwar einerseits wieder mit dem Partizipationsanspruch auseinander, andererseits gerät die offene Jugendarbeit immer stärker in Bedrängnis, ihren Anspruch – Gelegenheitsstrukturen für die Interessen und die Selbstorganisation von Jugendlichen zu schaffen – zu erhalten. Immer konkreter werden die Erwartungen, dass auch die offene Jugendarbeit formale Bildungsziele verwirklicht und sich aktiv mit ihrem Angebot an der Sicherstellung der ganztägigen Betreuung von Kindern und Jugendlichen beteiligt. Jugendzentren sehen sich somit mit dem Problem konfrontiert, wie sie Jugendliche noch gut darin unterstützen können, selbstorganisiert und selbstbestimmt im Kontext der Jugendarbeit zu agieren, wenn gleichzeitig von ihnen erwartet wird, Angebote im Rahmen der Hilfen zur Erziehung zu unterbreiten (z.B. soziale Gruppenarbeit) und schulisch verwertbare Bildungsangebote zu machen.

In dem folgenden Kapitel steht die Frage im Mittelpunkt, welche Mitgestaltungs- und Mitwirkungsmöglichkeiten Kinder und Jugendliche in den Einrichtungen der offenen Kinder- und Jugendarbeit haben. Die Einrichtungen sind sowohl hinsichtlich ihrer Entstehung als auch hinsichtlich ihrer inhaltlichen Ausgestaltung und ihrer Rahmenbedingungen (z.B. unterschiedliche Zielgruppen) sehr verschieden, was die Vermutung nahelegt, dass sich auch die Partizipationsmöglichkeiten unterscheiden. Konkret wird den in der Einrichtung für Jugendliche vorhandenen Wegen, Kritik und Veränderungen anzubringen, den institutionalisierten Formen der Beteiligung, den Themen, bei denen Mitbestimmung möglich ist, und den Haltungen und Einstellungen gegenüber Partizipation vonseiten des Personals, nachgegangen.

16.1 Möglichkeiten, Kritik und Veränderungswünsche zu äußern

Wird der Partizipationsanspruch ernst genommen, braucht es transparente Wege, die Kinder und Jugendliche nutzen können, um Einfluss auf die Gestaltung des Jugendzentrums zu nehmen. Aus der Perspektive der Einrichtungen stehen Kindern und Jugendlichen bundesweit, wie die Erhebung bei den Jugendzentren zeigt, unterschiedliche Formen der Mitsprache zur Verfügung. Tabelle 16.1 gibt dazu einen Überblick.

Tab. 16.1: Anteil der Einrichtungen mit den jeweiligen Möglichkeiten, Kritik und Veränderungswünsche zu äußern

	Ost	West	Kein Personal vorhanden	Personal vorhanden	Insgesamt
Gespräche mit Hauptamtlichen**	96 %	97 %	84 %	98 %	96 %
Ideenwände/Gästebuch/Homepage**	39 %	44 %	21 %	44 %	42 %
Fragebogen/Umfrage**	40 %	38 %	13 %	41 %	39 %
Vollversammlungen*	24 %	41 %	33 %	36 %	35 %
Mecker- oder Kummerkasten*/**	29 %	22 %	8 %	26 %	24 %
Gewählte Vertretung**	26 %	22 %	43 %	21 %	23 %
Zukunftswerkstatt o. ä.**	11 %	13 %	3 %	13 %	12 %
Gesprächsrunden	5 %	4 %	6 %	4 %	4 %
Sonstige Form**	2 %	3 %	6 %	2 %	3 %

* Ost-West-Unterschiede signifikant ($p < 0.05$)
** Unterschied nach „Personal vorhanden" und „kein Personal vorhanden" signifikant ($p < 0.05$)
Quelle: DJI-Jugendzentrumserhebung 2011, n = 1 086

Es erstaunt nicht, dass das Gespräch mit den Hauptamtlichen nahezu bei allen eine Möglichkeit darstellt, Kritik und Veränderungswünsche zu äußern. Dies entspricht der fachlichen Erwartung, dass sich Hauptamtliche aktiv darum bemühen, das Angebot an den Interessen und Wünschen von Jugendlichen auszurichten und mit diesen im Gespräch sind. Davon, wie offensiv die MitarbeiterInnen sich in dieser Rolle anbieten oder nicht, hängt ab, ob Kinder und Jugendliche diese Form der Einflussnahme auch nutzen. Klöver und Straus konnten in ihrer Studie nämlich herausarbeiten, dass das Wissen über solche Beteiligungsmöglichkeiten erst über den regelmäßigen Besuch der Einrichtung und das Kennenlernen verschiedener Angebote entsteht (Klöver/Straus 2005: 47). Daran wird offensichtlich, dass es verschiedene Formen und Wege der Einflussnahme auf die Einrichtungen braucht, denn für Kinder und Jugendliche erschließen sich die Einflussmöglichkeiten nicht „auf den ersten Blick". Zudem ist häufig Ermunterung und Motivation nötig, damit Jugendliche die sich ihnen bietenden Gelegenheitsstrukturen aufgreifen. Aus der Forschung zu institutioneller Beteiligung ist zudem bekannt, dass jede Form von institutioneller Mitbestimmung Vor- und Nachteile hat (z.B. Anzahl der Jugendlichen, die man erreicht und die man ausschließt, fördert Erwerb von Wissen) und ein breites Spektrum eher sicherstellt, dass Kinder und Jugendliche auch tatsächlich von ihren Einflussmöglichkeiten Gebrauch machen. Somit sollten in allen Einrichtungen vielfältige Formen der Mitwirkung bestehen.

Die bundesweite Erhebung bei den Jugendzentren zeigt, dass es in den meisten Einrichtungen unterschiedliche Möglichkeiten gibt (durchschnittlich drei). Lediglich in 17 % der Jugendzentren stellen Gespräche mit den Hauptamtlichen für die Jugendlichen die einzige Form dar, Veränderungen anzuregen und Kritik zu üben. Auch in jenen Einrichtungen, die selbst nicht über hauptamtliches Personal verfügen, wenden sich zu einem hohen Anteil die Jugendlichen an Hauptamtliche. Dieses auf den ersten Blick widersprüchliche Ergebnis, verweist darauf, dass Ansprechpartner außerhalb der Einrichtungen als Verantwortliche zur Verfügung stehen, wie z. B. die Jugendpfleger der Gemeinde, die für die Jugendlichen relevante Gesprächspartner darstellen.

Als zweithäufigste Form der Beteiligung (zwei von fünf Einrichtungen) nutzen die Einrichtungen Ideenwände, Gästebücher, die Homepage sowie Facebook und fast genauso viele nutzen Umfragen, um den Jugendlichen die Möglichkeit zu eröffnen, Wünsche und Kritik einzubringen. Beide Formen werden signifikant häufiger von jenen Einrichtungen angeführt, deren Öffnungszeiten verhältnismäßig lang sind (mindestens 27 Stunden in der Woche) und die ein breiteres Angebotsspektrum als andere Einrichtungen haben.

Hat eine Einrichtung hauptamtliches Personal, dann werden alle abgefragten Formen der Einflussnahme häufiger genannt. Dies spricht dafür, dass sich die Hauptamtlichen aktiv darum bemühen, Mitwirkungsmöglichkeiten zu schaffen. Die einzige Ausnahme gibt es bei der gewählten Vertretung. Einrichtungen ohne hauptamtliches/-berufliches Personal, Jugendzentren, die sich als selbstverwaltet beschreiben, und Einrichtungen, die ausschließlich Jugendliche über 14 Jahre in der Einrichtung haben, haben häufiger eine gewählte Vertretung als Einrichtungen, die nicht diesen Kriterien entsprechen.

Partizipationsgelegenheiten sind für Kinder und Jugendliche häufig von den Möglichkeiten abhängig, die Erwachsene ihnen einräumen. Informelle Formen haben den Vorteil, flexibel auf die Situation in den Einrichtungen angepasst werden zu können, sind aber in der Regel nicht so verbindlich und in ihrer Verlässlichkeit und Reichweite für Kinder und Jugendliche nicht gut zu kalkulieren. Institutionell verankerte Formen haben dagegen den Vorteil, durch festgelegte Rechte und Regelungen einen abgesteckten Partizipationsrahmen zu schaffen. Mit diesen Formen geht jedoch häufig die Hürde einher, dass der Einstieg für neue Kinder und Jugendliche nicht so leicht ist und oft bereits bestimmte Kompetenzen erwartet werden.

Konkret danach gefragt, ob es ein Mitbestimmungsgremium in der Einrichtung gibt, bejahen dies 53 % der Einrichtungen. Regionale Unterschiede zeigen sich zwischen den Bundesländern. Jugendzentren in Hamburg, Bayern, Bremen, dem Saarland und Brandenburg haben am häufigsten Mitbestimmungsgremien. Befunde aus anderen vereinzelt dazu vorliegenden Studien bestätigen die Ergebnisse der bundesweiten Erhebung und die deutlichen Bundeslandunterschiede. Ein Beispiel ist der Vergleich mit der Studie von Klöver/Straus (2005). 72 % der Einrichtungen in Bayern in der bundesweiten Erhebung geben ein Gremium an und Klöver/Straus (2005) kommen für München ebenfalls zu dem Wert von 72 %. Koss/Fehrlen kamen in ihrer Studie vor zehn Jahren für Baden-Württemberg zu dem Ergebnis, dass es in jeder dritten Einrichtung eine organisierte Form der Mitbestimmung gibt (Koss/Fehrlen 2003). In der DJI-Jugendzentrumserhebung sind es im Jahr 2011 für Baden-Württemberg 54 %.

Über die Einschätzung der Jugendlichen zu ihren Einflussmöglichkeiten selbst ist empirisch wenig bekannt. Die Hinweise vor allem aus regionalen Erhebungen, die es gibt, vermitteln ein relativ ähnliches Bild. Die Befragung von BesucherInnen Münchner Freizeitstätten zeigt, dass der Anteil derer, die der Ansicht sind, dass sie Einfluss auf das Jugendzentrum nehmen können, vergleichsweise hoch ist: Drei Viertel der BesucherInnen sind der Ansicht, sich einbringen zu können (Klöver/Straus 2005: 46). Jedoch wird in dieser Studie auch offensichtlich, dass der Anteil derer, die dies von sich aus tun, sehr viel geringer ist als der Anteil derer, die von den Fachkräften den Anstoß dazu brauchen (vgl. ebenda: 46; ähnlich auch Bröckling/Flösser/Schmidt 2011). Dies unterstreicht, dass Fachkräfte sich aktiv um die Herstellung von Beteiligungsgelegenheiten bemühen müssen, was sie, wie die Unterschiede in Tabelle 16.1 zeigen, offensichtlich auch tun.

Eine trägereigene Studie aus Bielefeld zu den Partizipationsmöglichkeiten in den eigenen Einrichtungen kommt zu dem Ergebnis, dass etwa ein Viertel der BesucherInnen, institutionalisierte Formen der Beteiligung in Anspruch nimmt (vgl. Bröckling/Flösser/Schmidt 2011, ähnlich auch Rauschenbach et al. 2000, 37 %). Beide Studien gelangen außerdem zu dem Befund, dass der Anteil der BesucherInnen, die Einflussmöglichkeiten über institutionalisierte Formen beschreiben, geringer ist als bei anderen Formen der Beteiligung. Auch in dieser Studie wird der Zusammenhang zum Vorwissen erkennbar: Je älter die Jugendlichen sind und je länger sie die Einrichtung besuchen, desto eher nutzen sie die formalen Mitbestimmungsmöglichkeiten.

Für welche Formen an Mitwirkungsmöglichkeiten sich die Einrichtungen entscheiden, ist somit sehr unterschiedlich. Dabei scheinen die pädagogische Ausrichtung der Einrichtung und die Formen der Mitwirkung in Zusammenhang zu stehen. In den Daten finden sich Hinweise darauf, dass in jenen Einrichtungen institutionalisierte Formen der Beteiligung gegründet werden, in denen die Übertragung der Verfahren und Strukturen einer repräsentativen Demokratie auf das Jugendzentrum als bedeutsam eingeschätzt wird. So sind insbesondere in jenen Einrichtungen, in denen das pädagogische Ziel Demokratieförderung als besonders wichtig eingeschätzt wird, Mitwirkungsgremien vorhanden. Ein solcher signifikanter Zusammenhang zeigt sich dagegen nicht in Bezug auf das pädagogische Ziel Partizipation. Es spricht einiges dafür, dass jene MitarbeiterInnen, die mit Partizipation demokratische, politische und emanzipatorische Ziele verbinden, eher strukturell verankerte Beteiligungsmöglichkeiten, z.B. über Gremien, fördern. Dieses Verständnis wird jedoch nicht ausschließlich mit dem Begriff „Partizipation" gleichgesetzt (vgl. Sturzenhecker 2011). Offenbar geht das, was unter Partizipation verstanden wird, über die Mitwirkung an politischen und demokratischen Verfahren hinaus und beschreibt z.B. auch die Mitgestaltung des institutionellen Alltags.

16.2 Häufigkeit der Mitbestimmung bei bestimmten Themen

In der Erhebung wurde zu einigen, für die Einrichtungen der offenen Kinder- und Jugendarbeit zentralen Themen erfragt, wie häufig Kinder und Jugendliche bei diesen Themen mitbestimmen können. Zwar ist ein Jugendzentrum darauf angewiesen, dass Angebote entsprechend den Bedürfnissen und Interessen der Kinder und Jugendlichen gestaltet werden, da sie sonst fernbleiben. Dennoch ist aus pädagogischen Kontexten bekannt, dass Kinder und Jugendliche nicht bei allen anstehenden Themen, die eine Einrichtung betreffen, in die Entscheidungen einbezogen werden. Dafür werden unterschiedliche Gründe angeführt, wie z.B. Sachzwänge und finanzielle Beschränkungen, eine zu geringe Beteiligungsbereitschaft der Kinder und Jugendlichen und sich widersprechende gesellschaftliche Erwartungen, was die Einrichtungen leisten sollen.

Die Übersicht über die verschiedenen Themen in Tabelle 16.2 offenbart, dass es um die Mitwirkungsmöglichkeiten bei den einzelnen Themen sehr unterschiedlich bestellt ist. Während es in knapp der Hälfte der Einrichtungen immer möglich ist, das Programm des Jugendzentrums mitzubestimmen, ist dies bei der Einstellung neuer MitarbeiterInnen nur in 2% der Einrichtungen immer möglich. Zieht man jene hinzu, in denen eine Mitbestimmung manchmal stattfindet, ermöglichen nahezu alle Jugendzentren eine Mitwirkung am Programm, an der Raumgestaltung und an Anschaffungen, bei der Einstellung neuer MitarbeiterInnen jedoch nur 15%. Zudem hält ein Drittel der Einrichtungen dieses Thema grundsätzlich für nicht zutreffend. Von dieser Kategorie machen all jene Einrichtungen Gebrauch, die kein Personal haben, so wie es bei dem Thema „Getränkepreise" naheliegt, dass dies all jene Einrichtungen angeben, in denen keine Getränke verkauft werden. Die Analyse zeigt jedoch zumindest für das Personal, dass diese Erklärung nicht ausreicht, denn die Antwortmöglichkeit wird nicht nur von den Einrichtungen gewählt, die kein hauptamtliches/-berufliches Personal haben. Es gibt somit noch weitere Gründe, die die Einrichtungen dazu bewegen, „trifft nicht zu" anzugeben. Einrichtungen sind beispielsweise auch dann der Ansicht, dass die Frage nach der Häufigkeit der Partizipationsmöglichkeit bei einem bestimmten Thema auf sie nicht zutrifft, wenn Beteiligung für sie zum Beispiel bei der Einstellung neuer MitarbeiterInnen ausgeschlossen ist.

Tab. 16.2: Häufigkeit der Mitbestimmung über ausgewählte Themen im Jugendzentrum

	Immer	Manchmal	Nie	*Trifft nicht zu*	n
Programm	46%	52%	1%	*2%*	1087
Raumgestaltung	35%	62%	1%	*2%*	1091
Anschaffungen	13%	83%	2%	*2%*	1086
Öffnungszeiten	8%	69%	14%	*9%*	1073
Getränkepreise	6%	41%	27%	*25%*	1048
Hausverbote	5%	38%	38%	*19%*	1048
Einstellung neuer MitarbeiterInnen	2%	13%	53%	*31%*	1043

Quelle: DJI-Jugendzentrumserhebung 2011

Über alle Themen hinweg sagen nur 2% der Einrichtungen, dass Mitwirkung immer möglich ist. Es wird sehr deutlich, dass die Möglichkeiten der Einflussnahme von der Thematik abhängen. Dies ist auch insofern nachvollziehbar, da bestimmte Rahmenbedingungen von der Einrichtung nur begrenzt beeinflusst werden können. Wenn die Einrichtung nur ein sehr kleines finanzielles Budget für neue Anschaffungen, wie Spielmaterialien oder technische Ausstattung hat, dann sind auch die Mitgestaltungsmöglichkeiten eingeschränkt. Ähnlich gilt dies aus der Sicht der Fachkräfte sicher für die Raumgestaltung, der durch die baulichen Voraussetzungen oder die geringen finanziellen Spielräume Grenzen gesetzt sein können. Eine Beteiligung der Kinder und Jugendlichen erscheint somit aus der Perspektive der Fachkräfte auch nicht fair, denn wenn die Jugendlichen dann feststellen, dass sie kaum Entscheidungsmöglichkeiten haben, dann sollten ihnen diese Möglichkeiten erst gar nicht offeriert werden. Bei genauerer Betrachtung zeigt sich jedoch immer wieder, dass hinter so manchem Sachzwang Spielräume existieren und Kinder und Jugendliche dennoch mitgestalten können. Mitunter wird von Fachkräften auch argumentiert, dass Kinder und Jugendliche an Mitbestimmung und Mitgestaltung gar nicht interessiert seien (vgl. Klöver/Straus 2005: 43) oder dies noch nicht können. Dies trifft zu, ist aber häufig ein Effekt der Erfahrung von „Nicht-Beteiligung" (vgl. z.B. Burdewick 2003).

Vor dem Hintergrund, dass in der offenen Kinder- und Jugendarbeit eine deutliche Beteiligungsorientierung zu erwarten wäre, erstaunt der hohe Anteil der Einrichtungen, bei denen eine Beteiligung von Kindern und Jugendlichen nie möglich ist. Am häufigsten ist das bei dem Thema Einstellung neuer MitarbeiterInnen (53%) der Fall. Obwohl die Fachkräfte in entscheidendem Maß dazu beitragen, welche Einrichtungen die Kinder und Jugendlichen vorfinden, sind Personalentscheidungen – übrigens nicht nur in der Jugendarbeit – ein Aspekt, der von vornherein als außerhalb der Einflussmöglichkeiten von Kindern und Jugendlichen stehend betrachtet wird (31% „trifft nicht zu"). Jeder Träger bzw. jede Einrichtung hat bei Einstellungen Verfahrensregeln zu beachten und die Persönlichkeitsrechte von BewerberInnen zu wahren. Deshalb muss für den Einbezug der Kinder und Jugendlichen ein angemessener Weg gefunden werden. Ein häufig gebrauchtes Argument, nämlich die fehlenden Kompetenz von Kindern und Jugendlichen für die Beurteilung, ob sie sich einen Bewerber oder eine Bewerberin als MitarbeiterIn in der Einrichtung vorstellen können, ist bei genauerer Betrachtung nicht ausreichend. Denn die Kinder und Jugendlichen haben sehr wohl Vorstellungen darüber, wie MitarbeiterInnen idealerweise sein sollten, die in der Einrichtung arbeiten. Diese Vorstellungen genauso ernst zu nehmen wie die der zukünftigen KollegInnen und des Trägers, ist eine Herausforderung bei der Verbesserung der Beteiligungsmöglichkeiten in Einrichtungen.

Die Öffnungszeiten sind in den Einrichtungen der offenen Kinder- und Jugendarbeit sowohl für die Fachkräfte als auch für die Kinder und Jugendlichen ein wichtiges Thema. Durch Länge und Tageszeit der Öffnung wird der Rahmen abgesteckt, in welchem Umfang das Jugendzentrum Angebote unterbreiten kann und wie flexibel Kinder und Jugendliche die Einrichtung nutzen können. Außerdem bestimmen die Öffnungszeiten indirekt auch darüber, welche Altersgruppen der Kinder und Jugendlichen das Jugendzentrum aufsuchen, denn je nach Alter sind andere Besuchszeiten attraktiv. Zudem können sich die Bedürfnisse der Fachkräfte (z.B. hinsichtlich der Vereinbarkeit von Familie und Beruf) von denen der Kinder und Jugendlichen in Bezug auf die Öffnungszeiten unterscheiden. Diese Aspekte machen offensichtlich, dass eine Beteiligung von Kindern und Jugendlichen an der

Festlegung der Öffnungszeiten eine wichtige Voraussetzung dafür ist, die Angebote entsprechend der Bedürfnisse und Interessen der BesucherInnen zu gestalten. Immerhin 14% der Einrichtungen sehen hierfür jedoch nie eine Möglichkeit und zwei Drittel sehen manchmal diese Möglichkeit. Eine Selbstverständlichkeit ist die Mitbestimmung bei diesem Thema nur bei wenigen Einrichtungen.

Auch die Getränkepreise sind ein bedeutsames Thema für Kinder und Jugendliche, da sich daran entscheiden kann, ob eine Einrichtung insbesondere gegenüber kommerziellen Angeboten Attraktivität besitzt. Ein Viertel der Einrichtungen gibt an, dass dieses Thema auf sie nicht zutrifft, was dadurch erklärt werden kann, dass nicht alle Einrichtungen einen Thekenbetrieb unterhalten. Weitere 27% kommen zu der Einschätzung, dass Kinder und Jugendliche nie in die Festlegung der Getränkepreise einbezogen werden.

38% der Einrichtungen beteiligen die BesucherInnen manchmal am Aussprechen von Hausverboten, nur 5% tun dies immer. Dieser Befund passt zu dem sich im Datenmaterial abzeichnenden Partizipationsverständnis der Einrichtungen: Die meisten Einrichtungen differenzieren die Beteiligungsmöglichkeiten zwischen den einzelnen Themen. Wäre das Verhandeln von Hausverboten eines des wenigen Themen, an dem die BesucherInnen immer mitentscheiden dürften (ist empirisch nicht der Fall), dann käme der Verdacht auf, dass sich die MitarbeiterInnen an dieser Stelle ihrer Verantwortung entziehen. Partizipation würde dann in einem instrumentellen Verständnis ausgelegt. Für Einrichtungen dagegen mit einem umfassenden Beteiligungsverständnis gehören auch die Hausverbote selbstverständlich mit zu den Themen, die gemeinsam ausgehandelt und entschieden werden.

Die deutlich werdenden Unterschiede bei den Mitwirkungsmöglichkeiten von Kindern und Jugendlichen machen darauf aufmerksam, dass Beteiligung auch bedeutet, seit langem bestehende Routinen und Abläufe zu hinterfragen und hinsichtlich ihres Beteiligungspotenzials zu prüfen. Mit Beteiligung ist nicht – wie mitunter angenommen wird – gemeint, dass Kinder und Jugendliche nun allein über Programm, Neueinstellungen und Öffnungszeiten entscheiden. Vielmehr geht es darum, auch Kindern und Jugendlichen Mitwirkungsgelegenheiten zu eröffnen und diese so zu gestalten, dass die BesucherInnen diese auch wahrnehmen können.

16.3 Formen der Einflussnahme im Beteiligungsprozess

Für die Frage, ob Partizipationsmöglichkeiten bestehen, sind nicht nur die zur Wahl stehenden Themen von Bedeutung, sondern auch in welcher Phase eines Entscheidungsprozesses Kinder und Jugendliche Einfluss nehmen können. Partizipationsprozesse gelingen dann, wenn Entscheidung und Ergebnis in einem für Kinder und Jugendliche nachvollziehbaren Zusammenhang stehen. Partizipation bedeutet in pädagogischen Kontexten darüber hinaus nicht nur die Auswahl zwischen vorgegebenen Alternativen, sondern die Mitwirkung an einem gesamten Prozess, der aus Mitdenken und Mitreden, der Planung und Entscheidungsfindung, der Umsetzung dieser Entscheidung und der Verantwortung des Ergebnisses besteht (vgl. Pluto 2007). Beispiele aus Einrichtungen zeigen immer wieder, dass die Fachkräfte verwundert sind, wenn bestimmte Angebote nicht angenommen werden, obwohl die Jugendlichen sich zuvor doch genau für jenes Angebot entschieden haben. Wenn sich jedoch die Einflussmöglichkeit der Jugendlichen auf die Wahl zwischen den beiden Alternativen beschränkt, treffen die Jugendlichen zwar eine Entscheidung, aber möglicherweise geht das Angebot doch an ihren Interessen vorbei. Und umgekehrt gibt es viele Beispiele dafür, dass Kinder und Jugendliche, z.B. bei einer Ferienfahrt oder der Renovierung eines Teils des Hauses, von der Entscheidung über die Planung bis hin zur Umsetzung beteiligt waren und infolgedessen ganz selbstverständlich auch die Verantwortung für das Gelingen übernehmen. Eine Beteiligung an allen Phasen eines Entscheidungs- und Umsetzungsprozesses bietet den Kindern und Jugendlichen Lernmöglichkeiten und hilft dabei, Entscheidungen verstehen und Veränderungen im eigenen Lebensumfeld nachvollziehen zu können. Wie bereits eine Studie aus den 1980er-Jahren zeigt, erhöht die tatsächlich praktizierte Mitbestimmung und Mitwirkung in Einrichtungen der offenen Kinder- und Jugendarbeit bei Kindern und Jugendlichen die Identifikation mit den Einrichtungen und Angeboten (vgl. Landeshauptstadt München 1985).

Tabelle 16.3 gibt für vier ausgewählte Themen in Jugendzentren einen Überblick, in welchem Teil eines Entscheidungsprozesses, Kinder und Jugendliche nach Ansicht der Einrichtungen Einflussmöglichkeiten haben. Erfragt wurde jeweils für die Raumgestaltung, das Programm, Anschaffungen und Hausverbote, ob die BesucherInnen zu unterschiedlichen Phasen beteiligt werden: Wünsche und Kritik äußern dürfen, an der Planung beteiligt sein und an der Durchführung mitwirken können.

Es wird erkennbar, dass Wünsche und Kritik zu äußern aus Sicht der Einrichtungen am häufigsten möglich ist, eine Mitwirkung an der Durchführung ist dagegen seltener. Allerdings sind die Unterschiede nicht gravierend, insbesondere bei der Raumgestaltung und dem Programm. Bei den

Anschaffungen stellt sich die Situation anders dar. Fast 9 von 10 Einrichtungen ermöglichen Mitwirkung, indem sie Wünsche und Kritik von Kindern und Jugendlichen aufnehmen, an der Planung der Anschaffungen sieht nur die Hälfte der Einrichtungen eine Beteiligung der Kinder und Jugendlichen. Auch hier zeigt sich, wie bei der Häufigkeit, dass dann, wenn es um die institutionellen Rahmenbedingungen geht, Beteiligungsmöglichkeiten seltener werden und Mitwirkungsmöglichkeiten nur in einem Teil eines Entscheidungsprozesses eingeräumt werden. Damit unterscheidet sich die offene Kinder- und Jugendarbeit nicht entscheidend von anderen Arbeitsfeldern.

Tab. 16.3: Formen der Einflussnahme im Beteiligungsprozess bei ausgewählten Themen

	Wünsche und Kritik äußern	Planung	Durchführung
Raumgestaltung	90 %	83 %	85 %
Programm	96 %	84 %	82 %
Anschaffungen	89 %	46 %	30 %
Hausverbote	42 %	8 %	8 %

Lesebeispiel: In 90 % der Jugendzentren werden Kinder und Jugendliche an der Raumgestaltung durch Wünsche und Kritik äußern beteiligt.
Quelle: DJI-Jugendzentrumserhebung 2011, n = 1 097

16.4 Einschätzungen der Einrichtungen zu Beteiligung

An den bisherigen Ergebnissen wurde bereits deutlich, dass MitarbeiterInnen wichtig für die Förderung und Unterstützung der Beteiligungsmöglichkeiten sind. Es ist davon auszugehen, dass sich die Haltungen der MitarbeiterInnen in den Einrichtungen und ihr Handeln wechselseitig beeinflussen: Eine positive Haltung gegenüber der Mitwirkung von Kindern und Jugendlichen und das Zutrauen in die Fähigkeiten Jugendlicher wird sich auch positiv auf die zur Verfügung gestellten Beteiligungsmöglichkeiten auswirken. Und auch umgekehrt ist dieser Zusammenhang anzunehmen.

So wurden die Einrichtungen auch gebeten, ihre Einschätzungen zu Partizipation und einigen pädagogischen Prinzipien abzugeben (vgl. Tab. 16.4). 80 % der Einrichtungen sind der Ansicht, dass Beteiligung die Jugendlichen stolz macht und ein genauso hoher Anteil lehnt die Aussage ab, dass ohne Beteiligung alles einfacher wäre. Und 91 % der Einrichtungen widersprechen der Aussage, Beteiligung führe dazu, dass die Kinder und Jugendlichen die MitarbeiterInnen nach ihrer Pfeife tanzen lassen können. Diese Befunde sind eine Bestätigung dafür, dass Beteiligung in den Einrichtungen einen hohen Stellenwert hat.

Tab. 16.4: Einschätzungen der Einrichtungen zu Beteiligung

	Trifft voll und ganz zu	Unentschieden	Trifft gar nicht zu	n
Beteiligung macht die Jugendlichen stolz.	80 %	18 %	2 %	1 070
Das pädagogische Personal muss den Kindern und Jugendlichen Grenzen setzen.	79 %	20 %	2 %	1 064
Ein partnerschaftliches Verhältnis zwischen den Hauptamtlichen und den Kindern und Jugendlichen ist uns wichtig.	75 %	24 %	1 %	1 062
Unsere Besucher/innen sind bereit, Verantwortung für das Haus zu übernehmen.	31 %	60 %	9 %	1 080
Die Jugendlichen fordern Beteiligung ein.	25 %	61 %	14 %	1 068
Die Jugendlichen wollen fertige Angebote präsentiert bekommen.	11 %	66 %	23 %	1 062
Kinder und Jugendliche schätzen gar nicht, was wir alles für sie tun.	7 %	47 %	47 %	1 065
Ohne Beteiligung wäre alles einfacher.	2 %	18 %	80 %	1 048
Beteiligung führt dazu, dass die Kinder und Jugendlichen die Mitarbeiter/innen nach ihrer Pfeife tanzen lassen können.	1 %	9 %	91 %	1 062

Quelle: DJI-Jugendzentrumserhebung 2011

Unsicherer sind sich die Einrichtungen bei der Aussage „Unsere BesucherInnen sind bereit, Verantwortung für das Haus zu übernehmen“ und „Die Jugendlichen fordern Beteiligung ein“. Fast zwei Drittel entscheiden sich jeweils für die mittlere Antwortkategorie. Halten die Einrichtungen es für zutreffend, dass Kinder und Jugendliche Beteiligung einfordern und bereit sind, Verantwortung zu übernehmen, gibt es signifikant häufiger auch ein Beteiligungsgremium in der Einrichtung. Beides scheint sich positiv im Sinne von mehr verankerten Beteiligungsmöglichkeiten auszuwirken. In den Einrichtungen ohne Personal, mit überwiegend älteren Jugendlichen und in selbstverwalteten Einrichtungen ist die Haltung ausgeprägter, dass Jugendliche Beteiligung einfordern und Verantwortung übernehmen. Dies überrascht auch nicht, denn dies sind Kennzeichen für Selbstorganisation. Eher unentschieden (66 % in der mittleren Kategorie) sind die Einrichtungen auch hinsichtlich der Aussage „Die Jugendlichen wollen fertige Angebote präsentiert bekommen“.

Das Antwortverhalten auf die drei letztgenannten Statements könnte Ausdruck der Erfahrung der Einrichtungen sein, dass umfassende Beteiligungsprozesse oft erst mühsam entstehen und kein Selbstläufer sind. In dem Bericht von Klöver und Straus (2005) findet sich z. B. die Erklärung, dass MitarbeiterInnen in der fehlenden Erfahrung Jugendlicher, ihre Wünsche und Bedürfnisse zu äußern, sehr häufig ein Hemmnis für Beteiligung sehen. Die Jugendlichen stellen sich erst einmal auf das ein, was sie vorfinden, auch wenn dies nicht auf die Schaffung von Gelegenheitsstrukturen ausgerichtet ist. Die Verantwortung für die Anregung von Beteiligungsprozessen liegt damit eindeutig aufseiten der Fachkräfte.

Fast die Hälfte der Einrichtungen ist auch hinsichtlich der Aussage „Die Jugendlichen schätzen gar nicht, was wir alles für sie tun" unentschieden. Möglicherweise haben die Einrichtungen einen Teil der Jugendlichen vor Augen, aus deren Verhalten sie schließen, dass sie die Arbeit der MitarbeiterInnen nicht schätzen. Vielleicht ist das Antwortverhalten aber auch Ausdruck der mitunter schwierigen Arbeitsbedingungen, die die MitarbeiterInnen versuchen durch persönlichen Einsatz aufzufangen. Wissen die Jugendlichen dies nicht zu würdigen, dann ist die Enttäuschung bei den MitarbeiterInnen umso größer.

16.5 Fazit

Beteiligung und Mitwirkung gehören zum Selbstverständnis und zum Alltag in der Kinder- und Jugendarbeit. Einrichtungen der offenen Kinder- und Jugendarbeit bieten Kindern und Jugendlichen vielfältige Möglichkeiten der Einflussnahme. Je weniger formal diese Formen gestaltet sind, desto häufiger sind sie in den Einrichtungen verbreitet. Da jede Beteiligungsform andere Vorzüge hat, bietet erst ein breites Spektrum an Mitwirkungsmöglichkeiten die Chance, dass alle Kinder und Jugendlichen an möglichst allen Entscheidungen der Einrichtung beteiligt werden können.

Die Häufigkeit der Mitbestimmung hängt in der offenen Kinder- und Jugendarbeit – wie in anderen Bereichen der Kinder- und Jugendhilfe auch – von der Thematik ab. Sobald es um institutionelle Rahmenbedingungen, wie die Einstellung von Personal geht, stößt die Mitbestimmung schnell an Grenzen, obwohl dies eine gute Chance wäre, Kindern und Jugendlichen unter Realbedingungen Einflussmöglichkeiten zu eröffnen. Mitunter wird, gerade weil Kindern und Jugendlichen in ihrem Schulalltag viel abverlangt wird, darauf verwiesen, dass Kinder und Jugendliche anschließend in ihrer Freizeit im Jugendzentrum keine Lust hätten, wieder selbst aktiv zu sein und sich zu beteiligen. Dies wird als zusätzliche Anforderung und auch Überforderung interpretiert. An solchen Überlegungen ist sicher dann viel

Wahres dran, wenn sich die Beteiligungsmöglichkeiten in engen vorgegebenen Bahnen, orientiert an den Vorstellungen der Erwachsenen, bewegen. Kinder und Jugendliche können dann eingeschränkter die Erfahrung machen, selbst etwas zu gestalten (und sei es nur, dafür zu sorgen, dass sie nichts tun wollen) und tatsächlich Freiräume zu erleben.

Um Partizipationsprozesse in Einrichtungen der offenen Kinder- und Jugendarbeit an allen die Kinder und Jugendlichen betreffenden Themen anzustoßen, braucht es, so wird an den Ergebnissen an verschiedenen Stellen deutlich, die aktive Unterstützung und Motivation durch die Fachkräfte. Die Fachkräfte haben dabei eine besondere Balance zu halten. Einerseits sind sie aufgefordert, den Jugendlichen entsprechende Gelegenheiten und Freiräume zu schaffen, die es den jungen Menschen ermöglichen, aktiv zu werden und zu gestalten. Andererseits müssen die Fachkräfte immer wieder selbst Ideengeber sein und ausreichend Anregungen bieten, ohne jedoch Ergebnisse bereits vorwegzunehmen. Wie man aus anderen Kontexten weiß, fällt es Fachkräften mitunter schwer, pädagogisch darauf zu reagieren, dass das Ergebnis von Prozessen noch nicht vorhersehbar ist (vgl. Pluto 2007). Den Kern professionellen Handelns vor allem darin zu begreifen, Gelegenheitsstrukturen zu eröffnen und Jugendliche in ihrer Selbsttätigkeit zu unterstützen, ist noch als fachlicher Standard zu etablieren.

Kapitel 17
Offene Kinder- und Jugendarbeit und ihre Bezüge zur Nachmittagsbetreuung von Schulkindern

Die Kinder- und Jugendhilfe und die Schule haben sich in der Bundesrepublik Deutschland historisch als zwei eigenständige Systeme entwickelt, die traditionell eher auf Abgrenzung denn auf die Hervorhebung von Gemeinsamkeiten ausgerichtet waren und es zum Teil noch heute sind. Dies gilt in besonderer Weise für das Verhältnis zwischen Schule und Jugendarbeit, da vielfach ein deutlicher Unterschied zwischen den Handlungsprinzipien der Jugendarbeit und deren Aufgaben und dem pädagogischen Verständnis von Schule bestanden und auch heute noch bestehen (z. B. Oelerich 1996: 229). Wesentliche Differenzen wurden bzw. werden im jeweiligen Bildungsverständnis und Bildungsauftrag gesehen (z. B. Schefold 1972, Thole 2013). Dennoch gibt es auch eine seit vielen Jahrzehnten entwickelte Praxis der schulbezogenen Jugendarbeit (vgl. z. B. Böhnisch 1980, Brenner/Nörber 1992, Rauschenbach et al. 2000) und regionale Traditionen der Zusammenarbeit zwischen Schule und Jugendarbeit. Selbst Angebote im Rahmen der Ganztagesbetreuung und die Diskussion über ihre positiven wie negativen Folgen für die Jugendarbeit (vgl. z. B. Kentler 1972, Kath/Beinert 1976) sind keine Erfindung der letzten Jahre.

Über die Jahre hat sich eine Vielfalt an Modellen der Zusammenarbeit entwickelt, die sich nach ihren Inhalten, der Häufigkeit, der Regelmäßigkeit, der Entstehungsgeschichte, der adressierten Altersgruppe und den damit verbundenen Zielen unterscheiden. Manche Formen der Zusammenarbeit bestehen aus einmal im Jahr stattfindenden Veranstaltungen, die von der Schule und dem Jugendzentrum organisiert werden, wie z. B. eine Party oder ein Vortrag, und andere finden regelmäßig jeden Tag statt, wie die Nachmittagsbetreuung für SchülerInnen. Dazwischen gibt es sehr viele verschiedene regionale Varianten und Kombinationsmöglichkeiten der Kooperationsbeziehungen.

Es wurden vier unterschiedliche schulbezogene Aktivitäten abgefragt, nämlich Mittagstisch, Hausaufgabenhilfe, Nachmittagsangebot in enger Zusammenarbeit mit Schule und die Vorbereitung auf einen Schulabschluss. Wie selbstverständlich diese zu dem Spektrum der Aktivitäten der Jugendzentren gehören, wird an den im Folgenden dargestellten Durchschnittswerten sichtbar: Im Durchschnitt werden 1,7 und im Median 2 dieser vier Angebote angegeben. In westdeutschen Jugendzentren gibt es mit durchschnittlich 1,8 schulbezogenen Aktivitäten signifikant mehr als in ostdeutschen mit durchschnittlich 1,6. Auch Jugendzentren in ländlichen und städtischen Regionen unterscheiden sich in dieser Hinsicht signifikant. In Agglomerationsräumen ist die durchschnittliche Anzahl deutlich höher als in ländlichen Regionen (1,8 zu 1,6). Bei der Interpretation dieser Ergebnisse ist jedoch insofern Zurückhaltung angebracht, da die Anzahl der schulbezogenen Aktivitäten noch nichts über den zeitlichen Umfang und die dafür erforderlichen bzw. eingesetzten Personalkapazitäten aussagt.[6]

17.1 Verbreitung der Zusammenarbeit mit Schule im Rahmen der Nachmittagsbetreuung

In diesem Abschnitt wird auf der Basis der bundesweiten Befragung von Jugendzentren beschrieben, wie verbreitet schulbezogene Angebote der offenen Kinder- und Jugendarbeit im Jahr 2011 vor allem im Kontext einer verlässlichen Nachmittagsbetreuung für SchülerInnen sind und wie sich die Zusammenarbeit mit der Schule diesbezüglich gestaltet. Desweiteren wird herausgearbeitet, mit welchen inhaltlichen und strategischen Erwartungen die weitere Entwicklung schulbezogener Angebote von den Jugendzentren gesehen wird.

Vor dem Hintergrund der seit einem Jahrzehnt laufenden intensiven Bemühungen, das Ganztagsschulangebot erheblich auszuweiten, die gestützt werden durch entsprechende Förderprogramme auf Bundes- und Landesebene, stellt sich die Frage, wie intensiv die Einrichtungen der offenen Kinder- und Jugendarbeit in die offene Ganztagsschule involviert sind. Der Ausbau des Angebots an Ganztagsschulen ist erfolgreich, denn die Zahl der Schulen, die zumindest für einen Teil ihrer SchülerInnen ein ganztägiges Angebot machen, steigt schnell an (Sekretariat der Ständigen Konferenz der Kultusminister der Länder 2007, 2013).

Bundesweit kooperieren inzwischen 33 % der Jugendzentren im Rahmen der Nachmittagsbetreuung mit Schulen. Die Unterschiede zwischen den Bundesländern sind dabei beachtlich. In Schleswig-Holstein (47 %) und in Berlin (46 %) arbeitet fast jedes zweite Jugendzentrum bei der Nachmittagsbetreuung mit der Schule zusammen, im Saarland ist es jedes fünfte und in Sachsen-Anhalt jedes sechste. In diesen Zahlen spiegeln sich die differieren-

6 Ausführlichere Darstellungen zu den einzelnen Formen der schulbezogenen Angebote und Aktivitäten finden sich auch im Kapitel 9.

den Landespolitiken wider: In Berlin ist die Zusammenarbeit landesrechtlich geregelt; Schleswig-Holstein befindet sich bei den Bundesländern mit einem geringen Ausbau der Ganztagsschule; das Saarland hingegen setzt auf die Ganztagsschule (vgl. Autorengruppe Bildungsberichterstattung 2012: 79).[7]

Die Abbildung 17.1 verdeutlicht, dass der Ausbau der Zusammenarbeit mit Schulen zur Nachmittagsbetreuung mit dem 2003 gestarteten Investitionsprogramm „Zukunft Bildung und Betreuung“ (IZBB) der Bundesregierung zeitlich zusammenfällt. Es wird an dieser Abbildung aber auch erkennbar, dass es vereinzelt schon sehr lange Traditionen der Zusammenarbeit gibt.

Abb. 17.1: Beginn des Angebots zur Nachmittagsbetreuung von SchülerInnen (Anzahl Jugendzentren)

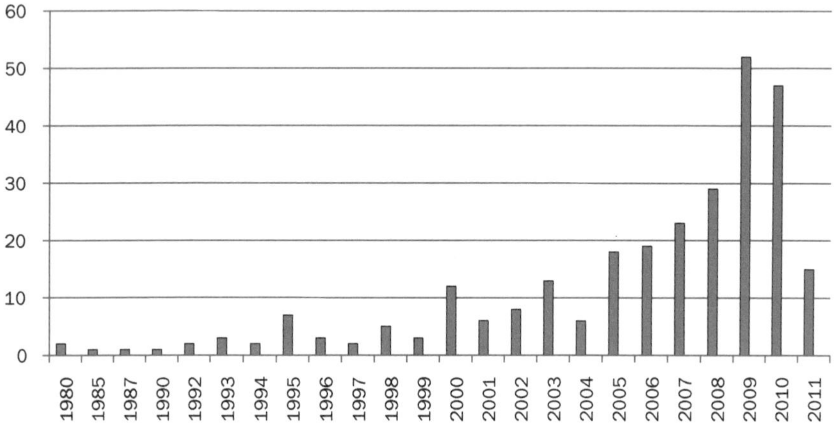

Quelle: DJI-Jugendzentrumserhebung 2011, n = 280

In kreisfreien Städten gibt es mit 38 % einen signifikant höheren Anteil an Jugendzentren, die im Rahmen der Ganztagsschule Angebote machen, als in Landkreisen mit 29 %. Betrachtet man darüber hinaus, ob die Unterschiede nicht nur mit dem anderen kommunalen Verwaltungsaufbau und den Zuständigkeitsunterschieden in Landkreisen und kreisfreien Städten zu tun haben, sondern auch mit eher städtischen oder ländlichen Strukturen, dann zeigt sich, dass in den Agglomerationsräumen, also den verdichteten Siedlungsgebieten, der Anteil überdurchschnittlich hoch ist. In verstädterten Regionen (z. B. kleinere kreisfreie Städte) und in ländlichen Regionen ist der Anteil an Einrichtungen der offene Kinder- und Jugendarbeit, die im

7 Für Sachsen-Anhalt weist der Bildungsbericht keine Zahlen aus.

Rahmen der Nachmittagsbetreuung mit Schulen zusammenarbeiten, unterdurchschnittlich. Damit spiegeln sich in den Daten der Jugendzentren die Stadt-Land-Unterschiede beim Ausbau der Ganztagesangebote an Schulen wider, wie sie zum Beispiel für NRW beschrieben sind (Börner, Eberitzsch, Grothues, Wilk 2011).

Tab. 17.1: Anteile der Jugendzentren in öffentlicher bzw. freier Trägerschaft, die im Rahmen der Ganztagsschule aktiv sind – nach Bundesländern

	Jugendzentren in freier Trägerschaft	Jugendzentren in öffentlicher Trägerschaft (inkl. Körperschaft öffentlichen Rechts)	Insgesamt
Schleswig-Holstein	50 %	43 %	47 %
Berlin	48 %	33 %	46 %
Nordrhein-Westfalen	44 %	38 %	42 %
Mecklenburg-Vorpommern	43 %	33 %	38 %
Bayern	23 %	45 %	37 %
Hamburg	42 %	0 %	36 %
Niedersachsen	34 %	34 %	34 %
Baden-Württemberg	39 %	30 %	34 %
Hessen	20 %	38 %	30 %
Bremen	38 %	0 %	27 %
Brandenburg	20 %	37 %	27 %
Sachsen	25 %	32 %	26 %
Thüringen	16 %	33 %	24 %
Rheinland-Pfalz	22 %	25 %	24 %
Saarland	60 %	0 %	20 %
Sachsen-Anhalt	15 %	23 %	17 %
Insgesamt	31 %	34 %	33 %

Quelle: DJI-Jugendzentrumserhebung 2011, n = 1 081

Hinsichtlich der Trägerschaft gibt es zwei bemerkenswerte Ergebnisse: Zum einen ist der Anteil bei Jugendzentren in Trägerschaft eines bayerischen Kreisjugendrings, der mit Schule im Rahmen der Nachmittagsbetreuung kooperiert, mit 57 % deutlich höher als bei allen anderen Trägerformen und zum anderen ist der Anteil bei Jugendzentren in Trägerschaft von Kirchengemeinden mit 26 % niedriger als bei allen anderen Trägern. Diese deutlichen Differenzen lassen sich als ein Hinweis darauf deuten, dass die Trägerschaft einer Einrichtung der offenen Kinder- und Jugendarbeit durchaus Folgen für die Ausgestaltung der Angebote hat. Sei es, weil die Träger selbst mit unterschiedlichen Ansprüchen an und Vorstellungen von offener Kinder- und Jugendarbeit jeweils spezifische Konzepte verfolgen oder aber auch, weil sie in unterschiedlicher Art und Weise von der öffentlichen Seite zur Übernahme bestimmter Angebote motiviert werden können. Gegen eine solche Erklärung spricht, dass es auf Bundesebene keinen signifikanten Zusammenhang zwischen Angeboten im Rahmen der Ganztagsschule und öffentlicher Trägerschaft gibt. Das heißt, die Annahme, dass insbesondere Einrichtungen in öffentlicher Trägerschaft von den Verantwortlichen auf kommunaler Ebene zur Zusammenarbeit im Rahmen der Nachmittagsbetreuung „angehalten" werden, lässt sich empirisch auf Bundesebene nicht bestätigen. Die Unterschiede zwischen den einzelnen Bundesländern hinsichtlich des Anteils an Einrichtungen in öffentlicher Trägerschaft sowie hinsichtlich der Häufigkeit, mit der diese mit Ganztagsschulen kooperieren, sind erheblich.

Es besteht – trotz der Tatsache, dass ein Teil der Jugendzentren schulbezogene Angebote unabhängig von Schule durchführt – bei allen schulbezogenen Aktivitäten ein signifikanter Zusammenhang mit einer Kooperation im Kontext von Ganztagsschule: Jene Einrichtungen, die schulbezogene Angebote machen, arbeiten auch häufiger mit der Schule im Kontext der Nachmittagsbetreuung zusammen. Bei den Jugendzentren, die eine Vorbereitung zu einem Schulabschluss und Bewerbungstrainings anbieten, ist der von der jeweiligen Einrichtung selbst geschätzte Anteil an BesucherInnen mit Migrationshintergrund signifikant höher. Wie verschiedene Studien zeigen, gestaltet sich insbesondere für Jugendliche mit Migrationshintergrund der Übergang in Ausbildung und Beruf schwieriger (vgl. zu einer Übersicht Beicht 2011). So unterscheiden sich zwar die Aktivitäten zur Suche eines Ausbildungsplatzes und die Anstrengungen bei Bewerbungsprozessen zwischen Jugendlichen mit und ohne Migrationshintergrund nicht, aber Jugendliche mit Migrationshintergrund können z.B. seltener auf die Unterstützung von ihren Eltern zurückgreifen. Dies könnte eine Erklärung dafür sein, dass Einrichtungen, in denen es einen höheren Anteil von Jugendlichen mit Migrationshintergrund gibt, diese Unterstützung in den Jugendzentren anbieten.

Die Zusammenarbeit der offenen Kinder- und Jugendarbeit mit der Schule im Rahmen der Nachmittagsbetreuung ist – so kann als Zwischenfazit festgehalten werden – sehr verbreitet, und es ist davon auszugehen, dass sich seit dem Zeitpunkt der Erhebung der Anteil der Einrichtungen weiter erhöht hat.

17.2 Rahmenbedingungen für die Zusammenarbeit mit Schule

Es gibt auf kommunaler Ebene verschiedene Modelle, wie gemeinsam mit Jugendzentren eine ganztägige Betreuung von Schulkindern organisiert wird. In den Diskussionen über Bedingungen erfolgreicher Zusammenarbeit wird häufig die Herstellung einer von wechselseitiger Anerkennung geprägten Partnerschaft als eine besonders wichtige Gelingensbedingung herausgestellt. Es ist dann immer die Rede von einer Kooperation auf Augenhöhe. Unabhängig von damit oft verbundenen Statusfragen spricht viel dafür, Zuständigkeiten und die jeweiligen Einflussmöglichkeiten auf die Ausgestaltung gemeinsam zu definieren. Vor dem Hintergrund der Schultradition, alles unter die Leitung der Schule zu stellen, was mit Schule zu tun hat, sind explizite, möglicherweise auch in Vertragsform gefasste Vereinbarungen hilfreich.

Die Jugendzentren wurden gefragt, ob sie für ihre Zusammenarbeit mit mindestens einer Schule, mit der sie kooperieren, einen vertraglichen Rahmen haben. Für 46% der Jugendzentren trifft dies nicht zu. 19% bejahen dies uneingeschränkt und bei einem Drittel gibt es zumindest mit einem Teil der Schulen eine Kooperationsvereinbarung. Findet die Nachmittagsbetreuung ausschließlich in den Räumen des Jugendzentrums statt, so steigt der Anteil der Einrichtungen, die keine Kooperationsvereinbarung abgeschlossen haben, auf 56%. Es dürften dort die kommunalen Bestrebungen, eine Nachmittagsbetreuung für Schulkinder zu organisieren, um so eine bessere Vereinbarkeit von Familie und Beruf zu erreichen, im Vordergrund stehen, wohingegen eine umfassende pädagogische Perspektive, wie sie mit den optimistischen Beschreibungen der Chancen von Ganztagsbeschulung verbunden sind (Bundesministerium für Bildung und Forschung o. J.), eher in den Hintergrund treten dürften. Bei der Ausgestaltung der Angebote der Nachmittagsbetreuung wird darauf noch einmal eingegangen werden. Ein weiterer Hintergrund kann zudem sein, dass die Kooperation erst im Aufbau befindlich ist und auf den dringenden Bedarf nach einer Nachmittagsbetreuung vom Jugendzentrum zeitnah reagiert wurde. Die Absicherung und Verstetigung der Kooperation ist dann erst der zweite, noch ausstehende Schritt.

17.3 Angebote im Rahmen der Nachmittagsbetreuung

Jugendarbeit wird in etlichen Regionen aufgrund ihrer vielfach als zur Schule komplementär angesehenen Kompetenzen als wichtiger Partner für die offene Ganztagsschule betrachtet. Jugendarbeit fördert die Entwicklung sozialer Kompetenzen und verfügt über eine jahrzehntelange Erfahrung im freizeitpädagogischen Bereich, der für die Schule bisher keine besondere Bedeutung hatte. Ein genauerer Blick auf die Angebote der Jugendzentren im Kontext der Nachmittagsbetreuung kann einen Eindruck davon vermitteln, ob diese spezifischen Kompetenzen im Vordergrund stehen.

Tab. 17.2: Angebote im Rahmen der Nachmittagsbetreuung

	Stadt	Landkreis	Insgesamt
Spiele/Sport	68%	72%	70%
Hausaufgabenbetreuung*	60%	45%	53%
Mittagessen*	46%	23%	34%
Sonstiges	24%	25%	24%
Nachhilfe*	22%	13%	18%
Künstlerische, kreative Angebote (inkl. Medien)**	14%	15%	15%
Förderung von Sprachkenntnissen für MigrantInnen*	14%	6%	10%
Offene Angebote/Freizeitangebote**	7%	4%	5%
Abholdienste	3%	5%	4%
Genderspezifische Angebote**	4%	3%	4%
Förderung sozialer Kompetenz*/**	5%	1%	3%

* Stadt-Land-Unterschiede signifikant ($p < 0.05$)
** Nachträglich aus den offenen Antworten gebildet
Quelle: DJI-Jugendzentrumserhebung 2011, n = 348

Bereits der erste Blick auf Tabelle 17.2 lässt die ausgeprägte Freizeitorientierung der Angebote bei Jugendzentren, die Angebote im Rahmen der Nachmittagsbetreuung machen, erkennen. Fasst man „Spiele/Sport“ sowie „künstlerische, kreative Angebote“ und „Offener Betrieb/Freizeitangebote“ in eine Kategorie zusammen, so steigt der Anteil an Jugendzentren, die freizeitbezogene Angebote im Rahmen der Nachmittagsbetreuung anbieten, auf 78% an. Auch die Förderung der schulischen Kompetenz spielt für über die Hälfte der Jugendzentren bei der Nachmittagsbetreuung in der Zusammenarbeit mit Schulen eine große Rolle. 56% haben mindestens eine der drei folgenden Angebotsformen: Hausaufgabenbetreuung, Nachhilfe und Sprachförderung für Jugendliche mit Migrationshintergrund. Diese häufigere Nennung freizeitbezogener Angebote ist aus der Perspektive, dass Jugendarbeit auch in der Zusammenarbeit mit Schule versuchen sollte, ihr eigenständiges Profil zu bewahren, durchaus positiv zu werten. Aus der Perspektive von Eltern, für die die grundsätzlichen Fachfragen, wie der Erhalt der Eigenständigkeit von Jugendarbeit, bei der Entscheidung für eine Ganztagesklasse sicherlich nicht im Vordergrund stehen, sondern eher Überlegungen zur besseren Vereinbarkeit von Familie und Beruf, dürfte dieses Ergebnis eher enttäuschend sein. Denn offensichtlich ist ein Platz in einer Ganztagsklasse (offene Ganztagsschule) noch keine Garantie dafür, in den Abendstunden mit dem Kind/Jugendlichen keine Hausaufgaben machen zu müssen. Jugendzentren in Städten übernehmen signifikant häufiger die unmittelbare Unterstützung schulischer Bildung als solche in Landkreisen. In diesem Befund spiegelt sich wider, dass es in Städten eine längere Tradition der Zusammenarbeit mit Schule gibt. Einrichtungen haben seit langem Angebote in diesem Rahmen entwickelt und auch entsprechend Personalressourcen aufgebaut, um dem Bedarf nach schulischer Unterstützung nachzukommen. Ein Hintergrund für diese Entwicklung ist sicher auch der höhere Anteil der BesucherInnen mit Migrationshintergrund in Städten, auf deren Bedarf nach schulischer Unterstützung im Jugendzentrum reagiert wird.

Etablieren sich die Einrichtungen der offenen Kinder- und Jugendarbeit flächendeckend als Partner bei der Organisation einer verlässlichen Nachmittagsbetreuung, dann ist zu vermuten, dass der Anteil schulbezogener Angebote weiter ansteigen wird.

17.4 Ort des Angebots: Schule oder Jugendzentrum

Inwiefern die Angebote der Jugendarbeit am Nachmittag von den Nutzerinnen und Nutzern in einen schulischen Kontext gestellt werden, hängt wahrscheinlich auch von dem Ort ab, an dem sie durchgeführt werden. Zumindest berichten MitarbeiterInnen aus der offenen Jugendarbeit, die sowohl in der Nachmittagsbetreuung an Schulen als auch bei den schulunabhängigen Angeboten im Jugendzentrum aktiv sind, dass sie von SchülerInnen überwiegend als Teil von Schule wahrgenommen werden. Entsprechend schwieriger wird es unter solchen Bedingungen, das Eigenständige, das Andere der Jugendarbeit gegenüber der Schule als Erfahrungsraum für die jungen Menschen zu öffnen. Es stellt sich aber auch die Frage, ob ein Angebot, das auch räumlich im Rahmen der offenen Ganztagsschule eine strikte Trennung zwischen Unterricht am Vormittag und Anderem am Nachmittag vornimmt, noch eine Ganztagsschule darstellt. Möglicherweise ist das Jugendzentrum dann ein etwas anders organisierter Hort.

Die Angebote zur Nachmittagsbetreuung von Schulkindern, an der die offene Jugendarbeit beteiligt ist, finden zu 58 % ausschließlich im Jugendzentrum statt. Aus Sicht der Schulaufwandsträger, also der Kommunen, mag dies von Vorteil sein, da nicht in den Aus- und Umbau der Schulgebäude investiert werden muss, sondern vorhandene Räumlichkeiten (besser) genutzt werden. 27 % der Jugendzentren machen die Angebote der Nachmittagsbetreuung sowohl in der Schule als auch im Jugendzentrum. Bei 16 % der Jugendzentren finden die Angebote ausschließlich in der Schule statt. Von den Jugendzentren in kreisfreien Städten bzw. kreisangehörigen Gemeinden mit eigenem Jugendamt nutzen signifikant mehr ihre eigenen Räume für die Nachmittagsbetreuung von Schulkindern. Möglicherweise gibt es dort eine größere räumliche Nähe zwischen Schulen und Einrichtungen der offenen Jugendarbeit. In Bayern unterscheidet sich die Situation von den anderen Bundesländern insofern, als dort signifikant mehr Jugendzentren sowohl an der Schule als auch im eigenen Haus die Angebote zur Nachmittagsbetreuung durchführen. Wie zu Beginn des Kapitels ausgeführt, gibt es sowohl bei den Jugendzentren selbst als auch bei der Interpretation der Daten eine gewisse Unsicherheit darüber, ob die Angebote im Zusammenhang mit der Nachmittagsbetreuung von Schulkindern solche Angebote sind, die in einem unmittelbaren Zusammenhang mit dem Ausbau ganztägiger Betreuung an Schulen stehen, oder aber ob es sich dabei um Angebote handelt, die einfach allgemein an Schulkinder gerichtet sind. Selbst die Hervorhebung des unmittelbaren Schulbezugs in der Fragestellung führt nicht zu eindeutigen Angaben. Möglicherweise ergibt sich aus der Kombination der Angaben zu dem Ort, an dem die Nachmittagsbetreuung durchgeführt wird, und den Angaben zur Anwesenheitspflicht der BesucherInnen die Chance, eine etwas größere Eindeutigkeit herzustellen.

Die in der Tabelle 17.3 zusammengefassten Ergebnisse verdeutlichen jedoch, dass es unabhängig vom Ort immer weniger als 50 % der Einrichtungen sind, die eine Anwesenheitspflicht angeben. Trotzdem sind die Unterschiede signifikant. Finden also die Angebote im Schulgebäude statt, dann sind sie auch bei mehr Einrichtungen mit einer Anwesenheitspflicht verbunden; finden sie im Jugendzentrum statt, dann gibt es einen erstaunlich hohen Anteil an Einrichtungen, für die es unklar ist, ob eine Anwesenheitspflicht besteht. Einen deutlicheren Zusammenhang gibt es zwischen dem Abschluss einer Kooperationsvereinbarung und der Anwesenheitspflicht, denn wurde eine solche abgeschlossen, steigt der Anteil an Jugendzentren, bei denen eine Teilnahme an den Angeboten der Nachmittagsbetreuung mit einer Anwesenheitspflicht verbunden ist, auf 53 % an. Dieser Anteil liegt somit 8-Prozentpunkte über dem bundesweiten Durchschnitt der Anwesenheitspflicht (45 %).

Es scheint sich eine Veränderung der Praxis in Richtung zu einer weiteren Formalisierung der Zusammenarbeit mit Schulen im Rahmen der Nachmittagsbetreuung zu ergeben, denn wenn die Nachmittagsbetreuung an einer Schule stattfindet, dann ist das Jugendzentrum signifikant seit kürzerer Zeit (im Durchschnitt seit 2006) in der Nachmittagsbetreuung aktiv, als wenn es im Jugendzentrum stattfindet (im Durchschnitt seit 2004). Die

Jugendzentren mit Angeboten ausschließlich im eigenen Haus haben in der Regel nicht nur früher mit diesem Angebot angefangen, sondern auch signifikant seltener einen Kooperationsvertrag mit Schulen geschlossen. Verträge wiederum sind häufiger bei den Jugendzentren zu finden, die dieses Angebot weniger lange bereit halten. Dies weist darauf hin, dass die Angebote in diesen Einrichtungen eine andere Entstehungsgeschichte haben. Wurden die Angebote erst in den letzten Jahren geschaffen, stehen diese in einem Zusammenhang, der durch konkrete Umsetzungsvorschläge und Vereinheitlichungsbestrebungen (auch Standardisierungen) der Kommunen und Landkreise begleitet wird. Historisch betrachtet, verändert sich somit die Art und Weise, wie die Kooperation mit Schulen gerahmt und organisiert wird.

Tab. 17.3: Anwesenheitspflicht der Kinder/Jugendlichen beim Nachmittagsangebot in Abhängigkeit vom Ort des Angebots

Anwesenheitspflicht	Im Jugendzentrum	Im Jugendzentrum und in der Schule	In der Schule	Insgesamt
Ja	44 %	47 %	49 %	45 %
Keine	32 %	13 %	32 %	27 %
Teils/teils	19 %	38 %	19 %	24 %
Ungeklärt	4 %	2 %	0 %	3 %

Quelle: DJI-Jugendzentrumserhebung 2011, n = 344

17.5 Konzeptionelle Überlegungen zu dem schulbezogenen Nachmittagsangebot

Es gibt viele Gründe, die für oder gegen ein Engagement der offenen Jugendarbeit im Bereich der offenen Ganztagsschule sprechen. Aus der Perspektive der Jugendarbeit sprechen sowohl strategische Überlegungen, wie etwa eine verbesserte gesellschaftliche Anerkennung, als auch fachlich-inhaltliche Aspekte für ein Engagement an Schule, wie eine notwendige Ergänzung zu den schulischen Lernformen, die sich häufig eben nicht als lebensweltnah und interessennah beschreiben lassen. Die Jugendzentren sollten deshalb Auskunft zu den konzeptionellen Überlegungen, die sie diesem Angebot zugrunde legen, geben. Am häufigsten wird von einer vorgegebenen Liste die „Entwicklung eines neuen Arbeitsfeldes" angegeben. Dies trifft auf westdeutsche Jugendzentren signifikant häufiger zu (58 % zu 33 %). Fast ebenso häufig werden die Angebote der Nachmittagsbetreuung als Strategie, die Nutzerzahl zu erhöhen, genannt. Hierbei gibt es keine signifikanten

Ost-West-Unterschiede. Als dritte Begründung wird darauf verwiesen, dass dieses Angebot schon lange zu dem Angebotsspektrum des Jugendzentrums gehört. Dies trifft signifikant häufiger auf ostdeutsche als auf westdeutsche Jugendzentren zu. Möglicherweise steht dieser Befund mit der Tradition in der ehemaligen DDR in Zusammenhang, in der es keine Trennung zwischen dem Schul- und dem Jugendarbeitsbereich gab. Zudem hat sich auch nach 1990 mit dem Aufbau der Jugendarbeit in den ostdeutschen Bundesländern hinsichtlich ihrer inhaltlichen Ausgestaltung und der Rahmenbedingungen eine andere Jugendarbeit als in den westdeutschen Bundesländern entwickelt, z. B. hinsichtlich der Trägerlandschaft.

Tab. 17.4: Konzeptionelle Ideen für die Nachmittagsbetreuung von SchülerInnen – Unterschiede zwischen Ost und West

	Ost	West	Insgesamt
Entwicklung eines neuen Arbeitsfeldes*	33 %	58 %	52 %
Angebot, um Nutzerzahl zu erhöhen	53 %	47 %	49 %
Traditionelles Angebot des Jugendzentrums*	48 %	32 %	36 %
Kernaufgabe des Jugendzentrums	33 %	30 %	31 %
Aus strategischen Gründen übernommene Aufgabe*	15 %	28 %	25 %
Sonstiges	12 %	17 %	16 %
Angebot, das in absehbarer Zeit wieder beendet wird	7 %	6 %	6 %

* Unterschied signifikant ($p < 0.05$)
Quelle: DJI-Jugendzentrumserhebung 2011, n = 351

Ein knappes Drittel sieht in den Angeboten der Nachmittagsbetreuung eine Kernaufgabe des Jugendzentrums. Strategische Gründe werden signifikant häufiger von westdeutschen Jugendzentren angegeben. Immerhin 6 % der Einrichtungen gehen davon aus, dass sie ihre Angebote im Zusammenhang mit der Nachmittagsbetreuung von SchülerInnen in absehbarer Zeit wieder beenden werden.

17.6 Auswirkungen des schulbezogenen Nachmittagsangebots auf die Einrichtung

Es wird unter den Fachkräften der offenen Jugendarbeit viel darüber diskutiert, ob ein Engagement im Rahmen der Nachmittagsbetreuung die offene Jugendarbeit grundsätzlich verändern wird oder ob sie eher eine additive Erweiterung des Angebots darstellt. Auch wenn die Entscheidung darüber, ob diese Aufgabe übernommen wird, meist von anderen Aspekten abhängt, kann ein Bewusstsein für die möglichen unerwünschten Effekte einer solchen Angebotserweiterung vor unangenehmen Überraschungen schützen. In Tabelle 17.5 sind bisher eingetretene positive, neutrale und negative Auswirkungen des Engagements im Rahmen der Nachmittagsbetreuung sortiert nach der Häufigkeit aufgelistet. Es zeigt sich dabei, dass eine Mehrzahl der Jugendzentren positive Auswirkungen beschreibt. Fasst man die positiven Antwortmöglichkeiten (wie z. B. höhere Personalausstattung, finanzielle Vorteile, Ausbau vorhandener Angebote) zusammen, dann haben 70 % der Einrichtungen mindestens eine davon angegeben. Bei den negativen Antwortmöglichkeiten (wie z. B. zeitliche/personelle Engpässe, Infragestellung des Prinzips der Freiwilligkeit, finanzielle Nachteile), die zudem noch etwas ausdifferenzierter sind als die positiven, beträgt dieser Anteil 45 %. Etwas mehr als ein Viertel beobachtet positive wie negative Veränderungen und nur 12 % können überhaupt keine Auswirkungen erkennen.

Tab. 17.5: Auswirkungen der Nachmittagsbetreuung auf das Jugendzentrum – Unterschiede zwischen Ost und West

	Ost	West	Insgesamt
Zusätzliche Angebote	50 %	53 %	52 %
Ausbau vorhandener Angebote*	51 %	33 %	38 %
Zeitliche/personelle Engpässe	28 %	33 %	32 %
Niedrigerer Altersdurchschnitt bei Besuchern	26 %	31 %	30 %
Höhere Personalausstattung*	5 %	31 %	24 %
Infragestellen des Prinzips der Freiwilligkeit*	4 %	21 %	16 %
Keine Auswirkungen*	18 %	10 %	12 %
Finanzielle Vorteile	7 %	13 %	11 %
Andere Auswirkungen	4 %	10 %	9 %
Zusatzqualifizierung des Personals*	3 %	10 %	8 %
Finanzielle Nachteile	2 %	8 %	6 %
Verringerung von anderen Angeboten	2 %	7 %	5 %
Geringere Personalausstattung	1 %	3 %	2 %

* Unterschied signifikant ($p < 0.05$)
Quelle: DJI-Jugendzentrumserhebung 2011, n = 346

Rein statistisch gesehen lohnt es sich also für die Mehrheit der Jugendzentren, sich bei der Nachmittagsbetreuung zu engagieren und möglicherweise bietet das jetzt vorhandene Erfahrungswissen über negative Folgen auch die Möglichkeit, diese zukünftig unwahrscheinlicher werden zu lassen. Zu welchen Effekten eine solche Angebotserweiterung unter dem Blickwinkel der örtlichen Jugendhilfeplanung führt bzw. führen müsste, lässt sich jedoch aus dem Blickwinkel einer einzelnen Einrichtung nur schwer bewerten. Unabhängig von der eigenen Einschätzung der Jugendzentren zeigt sich, dass ein Engagement an Schulen auch Folgen für die inhaltliche Arbeit im Jugendzentrum hat. Ist das Jugendzentrum im Rahmen der Nachmittagsbetreuung aktiv, ist das Jugendzentrum mit anderen Themen, zu denen die Einrichtung Beratung leistet, konfrontiert. Die Beratungsthemen Schule, Übergang Schule – Beruf, Mobbing, Straftaten und Schulden sind häufiger Gegenstand von Beratungsgesprächen, wenn die Einrichtungen Angebote im Rahmen der Nachmittagsbetreuung unterbreiten und der Anteil der Einrichtungen, die gar keine Beratung leisten, ist geringer (vgl. Kap. 13).

Wie sehr die Beurteilung von positiven und negativen Effekten auch von der Grundausrichtung bzw. den konzeptionellen Ideen bezüglich der Nachmittagsbetreuung der Einrichtung (vgl. Tab. 17.4) abhängt, verdeutlichen die zwei folgenden signifikanten Zusammenhänge: Gehören Angebote der Nachmittagsbetreuung nach Einschätzung der Jugendzentren zu den Kernaufgaben der Einrichtung, dann gibt es einen Zusammenhang mit mindestens einem positiven Effekt durch die Nachmittagsbetreuung. Wurde die Aufgabe der Nachmittagsbetreuung hingegen aus strategischen Gründen übernommen, so gibt es einen Zusammenhang mit negativen Auswirkungen.

Bei zwei Dritteln führt das Engagement zu zusätzlichem und/oder zu einem Ausbau vorhandener Angebote. Auch wenn nicht ganz klar ist, ob die Jugendzentren damit das Angebot der Nachmittagsbetreuung selbst oder darüberhinausgehende Angebote meinen, so kommen sie doch zu der Bewertung, dass es ein zusätzliches Angebot ist. Dieser Gruppe stehen 5 % der Jugendzentren gegenüber, die durch ihre Mitarbeit bei der Betreuung von Schulkindern ihre Angebote verringern mussten. In Bezug auf das Angebotsspektrum wirkt es sich also für die meisten Einrichtungen der offenen Jugendarbeit positiv aus, wenn sie in der Nachmittagsbetreuung aktiv sind. In Ostdeutschland ist der Anteil an Jugendzentren, die hinsichtlich eines Ausbaus vorhandener Angebote profitieren, höher.

Setzt man dem Angebotszuwachs jedoch die Personalausstattung gegenüber, so wird schnell deutlich, dass für viele Jugendzentren mehr Arbeit durch die Ausweitung des Angebots nicht mit einer Mehrung der Personalressourcen einhergeht. Denn in Ostdeutschland erhält nur jedes 20. Jugendzentrum zusätzliche Personalressourcen. In Westdeutschland sind die Jugendzentren erfolgreicher bei der Aufstockung ihrer Personalressourcen, denn jede dritte Einrichtung verzeichnet einen Personalzuwachs. Aber auch hier gibt es nicht den eigentlich zu erhoffenden statistischen Zusammenhang zwischen einem Ausbau vorhandener Angebote aufgrund des Engagements im Rahmen der Nachmittagsbetreuung und einem Zuwachs an Personalressourcen. Dass für einen Teil der Einrichtungen, die mit Nachmittagsbetreuung begonnen haben, damit kein Personalzuwachs verbunden ist, kann ein Hinweis darauf sein, dass die Schulangebote sich auf die Kernangebote des Jugendzentrums auswirken, da sie möglicherweise mehr Personalressourcen der Einrichtung binden als dafür vorgesehen war. Immerhin die Hälfte der Einrichtungen verspricht sich von dem Engagement in der Nachmittagsbetreuung eine Erhöhung der Nutzerzahl.

Verblüffend stark ausgeprägt ist der Unterschied zwischen ost- (4 %) und westdeutschen (21 %) Jugendzentren in der Einschätzung, ob das Prinzip der Freiwilligkeit der offenen Jugendarbeit durch das Engagement bei der Nachmittagsbetreuung von Schulkindern gefährdet ist. Ein Grund für die große Differenz ist, dass es in Westdeutschland (52 %) häufiger für die teilnehmenden Kinder eine Anwesenheitspflicht gibt als in Ostdeutschland (17 %). Sowohl für West wie Ost gilt: Diejenigen Jugendzentren, bei denen für die Nutzung der Angebote für SchülerInnen eine Anwesenheitspflicht besteht, sehen darin signifikant häufiger eine grundsätzliche Gefährdung des Prinzips der Freiwilligkeit der offenen Jugendarbeit. Auch in Städten findet sich diese Einschätzung signifikant häufiger.

Die Anwesenheitspflicht scheint den Einrichtungen den Wert der Freiwilligkeit zu verdeutlichen. Je älter die BesucherInnen sind, an die die Einrichtungen dabei denken bzw. für die das Angebot vorgehalten wird, desto stärker fällt für sie möglicherweise die Einschränkung der Freiwilligkeit ins Gewicht. Auch aus der Perspektive der SchülerInnen ist das Spannungsverhältnis von Freiwilligkeit und Pflicht ein Thema. So zeigt die LUGS-Studie, die Schülerinterviews mit Dritt-, Sechst- und Neuntklässlern zur Beurteilung des Ganztags durchgeführt hat, dass selbst gewählte AGs im Rahmen des Pflichtprogramms der Ganztagsschule nicht als Freizeit empfunden werden, während die freiwilligen AGs im Anschluss an das Pflichtprogramm hingegen schon als freiwillig und damit als Teil der Freizeit wahrgenommen werden (Kolbe et al. 2009: 29). Ähnlich kann dies auch für die Nachmittagsbetreuung durch die Jugendzentren angenommen werden: Je nachdem, wie das Nachmittagsangebot der Jugendzentren angelegt ist und gestaltet wird, fällt die Bewertung der SchülerInnen anders aus und dieses spiegelt sich – so ist anzunehmen – auch in der Bewertung des Angebots durch die Einrichtung selbst.

30 % der Einrichtungen sehen als eine Auswirkung des Angebots der Nachmittagsbetreuung einen niedrigeren Altersdurchschnitt der BesucherInnen. Inwiefern dies eine grundsätzliche Veränderung für eine Einrichtung

bedeutet, wird auch davon abhängen, inwiefern die Angebotsbereiche für Kinder und Jugendliche getrennt sind und ob es gelingt, Orte zur Verfügung zu stellen, die ausschließlich Jugendlichen vorbehalten sind.

Jede zehnte westdeutsche Einrichtung beschreibt als eine Auswirkung des Aufbaus schulbezogener Nachmittagsangebote die erforderliche oder auch tatsächlich erfolgte Zusatzqualifizierung des Personals. Damit ist der Anteil dreimal so hoch wie in Ostdeutschland. Ein Grund für diesen Unterschied kann sein, dass nur ein kleiner Teil der ostdeutschen Einrichtungen zusätzliches Personal für diese Aufgabe bekommen hat und somit auch eine Zusatzqualifizierung nur bei wenigen notwendig ist oder aber aufgrund der Arbeitsverdichtung weniger Zeit für Zusatzqualifizierung bleibt (vgl. Tab. 17.5).

Finanzielle Nachteile oder die Verringerung von Angeboten beobachten 6% bzw. 5% der Einrichtungen bei sich. 6% der Jugendzentren würden sich nicht wieder für ein Mitwirken an der Nachmittagsbetreuung entscheiden. Diese geben signifikant seltener an, dass es zu zusätzlichen Angeboten in der eigenen Einrichtung kam. Auch lehnen sie signifikant häufiger die Aussage ab, es hätte einen Ausbau vorhandener Angebote zur Folge gehabt. Sie stellen zudem signifikant öfter zeitliche/personelle Engpässe fest, sehen das Prinzip der Freiwilligkeit gefährdet und sie haben häufiger einen Abbau von Angeboten hinzunehmen. Es handelt sich also um Einrichtungen, die Ressourcen aus ihrer bisherigen Arbeit für die Nachmittagsbetreuung zur Verfügung stellen mussten. Sie haben im Durchschnitt auch eine drei Jahre geringere Erfahrung in dieser Kooperation und kommen offensichtlich in der Gesamtbewertung zu einer eher negativen Bilanz.

17.7 Fazit

Für ein Drittel der Einrichtungen der offenen Kinder- und Jugendarbeit gehört zum Befragungszeitpunkt 2011 die Zusammenarbeit mit Schulen im Rahmen der Nachmittagsbetreuung zum Angebotsspektrum. Es zeigt sich eine große Offenheit des Arbeitsfeldes, sich dieser Aufgabe anzunehmen und die Einschätzungen der Einrichtungen über das in den meisten Fällen erst in den letzten Jahren entwickelte Angebot sind in der Summe positiv. Einzelne Kritikpunkte werden aber nicht ausgeblendet (z.B. Einschränkung der Freiwilligkeit, niedriger Altersdurchschnitt der BesucherInnen, finanzielle und personelle Engpässe). So scheint die Trennung zwischen Angeboten der Nachmittagsbetreuung für Schulkinder und Nachmittagsöffnungszeiten nicht immer einfach zu sein. Dieses wird aber wohl eher ein Übergangsphänomen sein, denn es werden sich Kriterien entwickeln, die genauer definieren, welche Angebote – allein schon aus förderpolitischen Gründen –

im Sinne der offenen Ganztagsschule und der verbindlichen Nachmittagsbetreuung zu betrachten sind. Interessant für die weiteren Debatten über die Rolle der offenen Jugendarbeit dürften jene 6% sein, die sich – könnten sie sich neu entscheiden – nicht wieder dafür entscheiden würden.

Inwiefern diese Entwicklungen – die jeweils unterschiedliche Beteiligung der offenen Jugendarbeit an der Ganztagsbetreuung von SchülerInnen – Auswirkungen auf die gesamte Angebotsstruktur offener Jugendarbeit einer Region haben, lässt sich aus der Perspektive einer einzelnen Einrichtung nicht bewerten. Dieses wäre Aufgabe für die Jugendhilfeplanung, die zum einen den Bedarf an Plätzen der Nachmittagsbetreuung bestimmen muss und zum anderen den Bedarf nach einem bedürfnisorientierten Angebot offener Kinder- und Jugendarbeit im Blick haben muss. So geben die Fragen, wie sich die Besucherschaft verändert und welche Jugendlichen z.B. nicht mehr in die Einrichtung kommen, Aufschluss über solche Veränderungen. Die kritischen Einschätzungen der Einrichtungen sind Ansatzpunkte, die Angebotsstruktur vor Ort unter der Perspektive, wie sich das Angebot offener Jugendarbeit verändert und ob dabei die Grundprinzipien der offenen Kinder- und Jugendarbeit erhalten bleiben, neu zu analysieren.

Teil D

Methodische Anlage und Literatur

Kapitel 18
Methodisches Vorgehen

Die Befragung von Einrichtungen der offenen Kinder- und Jugendarbeit ist Teil des Projekts „Jugendhilfe und sozialer Wandel – Leistungen und Strukturen“ am Deutschen Jugendinstitut, das vom Bundesministerium für Familien, Senioren, Frauen und Jugend gefördert wird. Das Projekt beschreibt seit Anfang der 1990er-Jahre die Leistungen und Strukturen der Kinder- und Jugendhilfe und interpretiert sie vor dem Hintergrund fachlicher, rechtlicher und gesellschaftlicher Entwicklungen und Ansprüche. Es stellt aktuelle Entwicklungen dar und formuliert fachliche Herausforderungen für die Kinder- und Jugendhilfe insgesamt sowie für einzelne Arbeitsfelder. Dazu werden empirische Erhebungen bei öffentlichen und nicht-öffentlichen Trägern der Kinder- und Jugendhilfe über alle Arbeitsfelder hinweg und auf kommunaler Ebene durchgeführt (Jugendämter, Jugendverbände, Jugendringe, stationäre Einrichtungen der Hilfen zur Erziehung, Geschäftsstellen freier Träger etc.) (vgl. www.dji/jhsw).

Die Auswahl der Themen resultiert zum einen aus den aktuellen fachpolitischen Debatten (z. B. die zur Inklusion), zum anderen aus Fragen, die die Kinder- und Jugendhilfe kontinuierlich begleiten, wie etwa die Personalstruktur oder die Kooperation mit Akteuren innerhalb und außerhalb der Kinder- und Jugendhilfe.

Die Befragung mehrerer Akteure ermöglicht es, Entwicklungen in der Kinder- und Jugendhilfe aus der Perspektive unterschiedlicher Arbeitsfelder und Akteursgruppen zu analysieren und sie miteinander zu vergleichen (Multiperspektivität). Eine Befragung von Institutionen fängt eine spezifische Perspektive ein, die sich von der Perspektive der MitarbeiterInnen in Institutionen unterscheidet: Institutionenbefragungen sind dazu geeignet, valide Beschreibungen der Struktur(qualität) und der Konzepte von Institutionen zu liefern (Institutionenperspektive). Im Rahmen der Jugendzentrumserhebung lässt sich durch diesen Ansatz beispielsweise analysieren, ob das Vorhandensein interkultureller Konzepte in Jugendzentren mit Strategien des Jugendamts, interkulturelle Öffnung im Jugendamtsbezirk zu fördern, zusammenhängt. Solche Verknüpfungen werden zum Teil im vorliegenden Buch, zum Teil an anderer Stelle hergestellt.

Die offene Kinder- und Jugendarbeit ist ein seit langem etabliertes Arbeitsfeld der Kinder- und Jugendhilfe, das eine große Vielfalt institutioneller Formen entwickelt hat: Große städtische Jugendzentren gehören ebenso dazu wie kleine Jugend- und Stadtteiltreffs und Bauwagen, spezialisierte

Angebote wie Mädchentreffs, Angebote für Kinder sowie Jugendkulturzentren oder Spielmobile und Abenteuerspielplätze. Hinzu kommen mobile und aufsuchende Angebote, wobei die Grenzen zwischen den institutionellen Formen häufig verwischt sind. Zudem bestehen große regionale Unterschiede, was die institutionellen Formen der offenen Kinder- und Jugendarbeit angeht (vgl. Deinet/Janowicz 2011: 143).

Eine Erhebung, die die Grundlage für eine Untersuchung zur offenen Jugendarbeit bilden will, steht zunächst einmal vor der Aufgabe festzulegen, welche Formen der offenen Jugendarbeit sie in den Blick nehmen will. Die vorliegende Untersuchung hat die Einrichtungen der offenen Kinder- und Jugendarbeit in Deutschland zum Gegenstand. Im Rahmen der Erhebung war das entscheidende Kriterium bei der Recherche der Adressen von Einrichtungen der offenen Kinder- und Jugendarbeit deshalb, dass die Angebote der offenen Kinder- und Jugendarbeit an festen Orten stattfinden. Mobile, aufsuchende Angebote wurden nur insofern einbezogen, als „stationäre“ Einrichtungen der offenen Kinder- und Jugendarbeit manchmal auch solche Angebotsformen integriert haben und sie als ein Angebot unter mehreren im Fragebogen angeben konnten. Spielmobile und Abenteuerspielplätze wurden bei der Adressrecherche nicht berücksichtigt. Die Bandbreite an schließlich befragten Einrichtungen ist groß, etwa in Hinblick auf ihre Finanzausstattung, ihre Personalressourcen, ihre Trägerschaft und ihre Angebotspalette, wie die Kapitel 3, 4, 5 und 9 deutlich machen.

18.1 Adressrecherche und Auswahl der Einrichtungen der offenen Kinder- und Jugendarbeit

Eine Erhebung bei Einrichtungen der offenen Kinder- und Jugendarbeit steht vor dem Problem, dass die bundesweite Zahl der Einrichtungen sowie verschiedener Einrichtungsformen nicht bekannt ist. Es ist deshalb nicht möglich, aus einer Gesamtliste per Zufallsauswahl eine Stichprobe zu ziehen. Um trotzdem ein repräsentatives Abbild aller Einrichtungen der offenen Kinder- und Jugendarbeit zu erhalten, wurde ein zweistufiges Auswahlverfahren gewählt: Die erste Stufe bildet die Auswahl von Jugendamtsbezirken, also von Landkreisen, kreisfreien Städten und kreisangehörigen Gemeinden, die ein eigenes Jugendamt haben (Letztere gibt es vor allem in Nordrhein-Westfallen). Dabei wird auf die nach Bundesländern und Städten bzw. Landkreisen sowie Einwohnerzahlen quotierte Stichprobe des Projekts „Jugendhilfe und sozialer Wandel“ zurückgegriffen. Sie hat sich in verschiedenen Erhebungen des Projekts als ein gutes Abbild der bundesweiten Wirklichkeit erwiesen (vgl. zur methodischen Anlage des Projekts Gadow et al. 2013: 333ff.). Die Konzentration auf diese Jugendamtsbezirke eröffnet die

Möglichkeit, Einschätzungen oder Strategien von Jugendämtern oder anderen Einrichtungen mit den Informationen aus der Jugendzentrumserhebung in Beziehung zu setzen. Innerhalb dieser Jugendamtsbezirke wurden in einem zweiten Schritt alle Einrichtungen der offenen Kinder- und Jugendarbeit recherchiert.

Nur in wenigen Bundesländern konnte bei der Recherche auf Adressbestände auf Länderebene zurückgegriffen werden (Baden-Württemberg, Bayern, Rheinland-Pfalz, Sachsen, Schleswig-Holstein, Brandenburg). Zum größten Teil wurden die Adressen deshalb gezielt in den ausgewählten Jugendamtsbezirken und im Internet recherchiert. Gesucht wurde über die Internetseiten der kreisfreien Städte und Kreise, über spezielle Jugend-Server, die Kreis- und Stadtjugendringe sowie über eine Stichwortsuche mithilfe einer Internet-Suchmaschine. In einigen wenigen Fällen wurden JugendpflegerInnen angeschrieben und um Adressen gebeten.

Für Bayern wurde in Kooperation mit dem Bayerischen Jugendring eine Vollerhebung durchgeführt. Die Adressen aller Einrichtungen der offenen Kinder- und Jugendarbeit mit mindestens einer viertel Stelle für eine pädagogische Fachkraft aus allen bayerischen Jugendamtsbezirken wurden vom Bayerischen Jugendring zur Verfügung gestellt. Eine Auswertung für Bayern liegt in Pluto/Seckinger (2012) vor. Damit bayerische Jugendzentren nicht überrepräsentiert sind in der Auswertung der bundesweiten Erhebung, wurden nur Einrichtungen in den in Bayern ausgewählten Jugendamtsbezirken herangezogen.

Für die bundesweite Stichprobenerhebung wurde eine Zahl von ca. 3 000 Fragebögen anvisiert. Diese hohe Zahl war notwendig, um bei einem erwarteten Rücklauf von 40 bis 50 % noch differenzierte Aussagen auch für kleinere Gruppen von Einrichtungen treffen zu können. Da mehr Einrichtungen in den ausgewählten Jugendamtsbezirken recherchiert worden waren, war es notwendig, auf der Jugendamtsbezirksebene Einrichtungen auszuwählen, die befragt werden sollten. Bei der Auswahl dieser Jugendzentren wurden folgende Kriterien angelegt: Es sollten aus allen Jugendamtsbezirken der Stichprobe Einrichtungen befragt werden und es sollte eine Unter- bzw. Überrepräsentanz von Einrichtungen aus Jugendamtsbezirken mit vielen Jugendzentren und Bezirken mit wenigen Jugendzentren vermieden werden. Deshalb wurde eine Obergrenze von 46 Jugendzentren je Jugendamtsbezirk festgelegt. In den 14 Jugendamtsbezirken mit mehr Einrichtungen wurden per Zufallsauswahl die 46 einzubeziehenden Jugendzentren bestimmt.

18.2 Rücklauf

Insgesamt wurden im Rahmen der bundesweiten Stichprobenerhebung 3089 Einrichtungen angeschrieben mit der Bitte, den beiliegenden Fragebogen auszufüllen. Im Laufe der Feldphase zeigte sich, dass 13 % dieser Adressen aus verschiedenen Gründen fälschlicherweise in der Auswahl waren. Die Gründe waren: Manche Einrichtungen waren mittlerweile geschlossen worden, es handelte sich nicht um Einrichtungen der offenen Jugendarbeit; einzelne Einrichtungen waren doppelt enthalten oder es war kein Jugendzentrum (mehr) unter der Adresse zu finden. Vermutlich wurde auch ein Teil der Fragebögen nicht zugestellt, weil kein Briefkasten vorhanden war. Nach dem Rücklauf der Fragebögen wurden weitere 18 Einrichtungen, die nach den Informationen im Fragebogen nicht zu Einrichtungen der offenen Kinder- und Jugendarbeit zählen, von der weiteren Analyse ausgeschlossen. Darunter waren beispielsweise Schullandheime, Sportvereine sowie Einrichtungen, die ausschließlich Angebote in den Ferien unterbreiteten. Mehrgenerationenhäuser wurden im Datensatz belassen, wenn sie einen offenen Treff für junge Menschen zu ihren Angeboten zählen. Zieht man die fehlgeleiteten Adressen von der Bruttostichprobe ab, ergeben sich netto 2710 Einrichtungen in der Stichprobe. Die Tabelle 18.1 stellt die Zahl der verschickten Fragebögen und den Rücklauf nach Bundesländern dar. Die Rücklaufquote, die sich aus der Nettostichprobe und dem Rücklauf berechnet, beträgt bundesweit 41 % und variiert nach Bundesländern zwischen 28 % im Saarland und 54% in Bayern. Die Rücklaufquoten in den Bundesländern unterscheiden sich nicht so stark voneinander, als dass von grundlegenden Verzerrungen durch einen unterschiedlich hohen Rücklauf aus den Bundesländern auszugehen wäre.

Um eine solche Rücklaufquote zu erreichen, waren einige Anstrengungen erforderlich. So erhielten die Einrichtungen zwei Erinnerungsschreiben im Juni und August 2011 und bei Bedarf wurde erneut ein Fragebogen zugesandt. Um die Teilnahmebereitschaft zu erhöhen, wurde jedem Fragebogen ein frankiertes Rückkuvert beigelegt. Die Erinnerungsschreiben erhöhten den Rücklauf von 29% vor der ersten Erinnerung bis auf zuletzt 41 %. Sie führten auch dazu, weitere Adressen als fehlerhaft zu erkennen. Die Feldphase dauerte aufgrund dieses aufwendigen Verfahrens von April bis Oktober 2011.

Tab. 18.1: Fragebogenrücklauf der bundesweiten Erhebung bei Jugendzentren nach Bundesländern

Bundesland	Verschickt brutto	Verschickt netto	Rücklauf	Rücklaufquote
Baden-Württemberg	380	342	158	46 %
Bayern	335	282	153	54 %
Berlin	78	73	26	36 %
Brandenburg	212	167	64	38 %
Bremen	34	29	11	38 %
Hamburg	43	40	14	35 %
Hessen	202	185	72	39 %
Mecklenburg-Vorpommern	139	112	40	36 %
Niedersachsen	267	246	93	38 %
Nordrhein-Westfalen	358	328	129	39 %
Rheinland-Pfalz	142	125	63	50 %
Saarland	65	54	15	28 %
Sachsen	278	245	112	46 %
Sachsen-Anhalt	221	190	68	36 %
Schleswig-Holstein	150	136	46	34 %
Thüringen	185	156	50	32 %
Anonym			1	
Summe	3089	2710	1115	41 %

Quelle: DJI-Jugendzentrumserhebung 2011

18.3 Abschätzung der Repräsentativität

Die Auswahl von Einrichtungen zielte darauf, ein möglichst repräsentatives Abbild der Einrichtungen offener Kinder- und Jugendarbeit in Deutschland zu erhalten. Üblicherweise versucht man, anhand von Merkmalen, die für die Grundgesamtheit bekannt sind, die Repräsentativität einer Stichprobenauswahl zu überprüfen. Die Schwierigkeit besteht darin, relevante Merkmale zu finden, deren Verteilung in der Grundgesamtheit bekannt ist. Für pädagogische Konzepte, Rahmenbedingungen oder die Besucherschaft von Jugendzentren, um nur einige relevante Merkmale herauszugreifen, ist dies nicht bekannt. Über einen Vergleich mit Informationen aus weiteren Statistiken erhält man aber einige Anhaltspunkte, ob Verzerrungen in der Stichprobe vorliegen.

So kommt die DJI-Erhebung bei Jugendzentren zu einer ähnlichen Personalausstattung wie die DJI-Jugendamtserhebung 2009 bezogen auf Jugendzentren in öffentlicher Trägerschaft: in kreisfreien Städten 3,1 Stellen in der Jugendzentrumserhebung und 2,7 Stellen in der Jugendamtserhebung sowie in Landkreisen 1,5 Stellen in der Jugendzentrumserhebung und 1,3 Stellen in der Jugendamtserhebung (vgl. Kap. 5 und Gadow et al. 2013: 121).[1] Zudem entspricht die Personalausstattung der befragten Jugendzentren unabhängig von der Trägerschaft in etwa der Personalausstattung, die die amtlichen Kinder- und Jugendhilfestatistik ausweist (vgl. Statistisches Bundesamt 2012). Beides spricht gegen eine Verzerrung der Stichprobe mit Blick auf die Anzahl des Personals in den Einrichtungen.

Vergleicht man die durchschnittlichen Anteile der BesucherInnen mit einer speziellen Beeinträchtigung an allen BesucherInnen mit einer Beeinträchtigung mit den Zahlen, die die Kultusministerkonferenz zur sonderpädagogischen Förderung an Schulen vorgelegt hat (vgl. Bundesministerium für Arbeit und Soziales 2009: 35), so zeigt sich, dass die Differenzen bei den einzelnen Behinderungsarten jeweils gering sind. Dies ist ein Hinweis darauf, dass die Stichprobe von befragten Jugendzentren auch mit Blick auf BesucherInnen mit einer Behinderung nicht verzerrt ist.

Vergleicht man die Stichprobe mit der amtlichen Kinder- und Jugendhilfestatistik, erhält man weitere Anhaltspunkte, ob Verzerrungen in der Stichprobe vorliegen. Die amtliche Statistik und die vorliegende Erhebung können sich dabei wechselseitig validieren. Kommen beide zu ähnlichen Ergebnissen, kann das als Hinweis auf die Güte der Auswahl verstanden werden. Zu den Erhebungsproblemen der amtlichen Statistik im Bereich der offenen Kinder- und Jugendarbeit siehe Pothmann 2011 sowie Liebig 2005. Die deutliche Diskrepanz zwischen den Zahlen des Bayerischen Jugendrings zu den Einrichtungen der offenen Kinder- und Jugendarbeit mit hauptamtlichem Personal (935) – der immerhin als Aufsichtsbehörde alle Einrichtungen kennen müsste – und der Zahl der Jugendzentren/-freizeitheime/Häuser der offenen Tür in der amtlichen Statistik (649) zeigt ebenfalls Erhebungsprobleme. Dass nach den Angaben der befragten Jugendzentren in der vorliegenden DJI-Erhebung 42 % der Einrichtungen Personal haben, das noch für andere Angebote offener Kinder- und Jugendarbeit zuständig ist, ist ein weiterer Hinweis auf mögliche Unschärfen der amtlichen Statistik. So bleibt unklar, ob und in welchem Umfang dieses Personal (vgl. Kap. 5) auch bei anderen Einrichtungen gezählt wird und somit eine Doppelerfassung von Personal vorliegt. Genauso unklar bleibt, inwiefern Jugendzentren und -räume

1 Hierbei ist zu bedenken, dass beide Erhebungen nicht zum selben Zeitpunkt stattgefunden haben.

ohne hauptamtliches Personal nicht doch zum Teil von hauptamtlichem Personal (mit)betreut werden und dadurch Einrichtungen der offenen Jugendarbeit mit hauptamtlichen Personal untererfasst werden bzw. die Anzahl der Einrichtungen ohne hauptamtliches Personal überschätzt wird.

Tab. 18.2: Bundeslandverteilung der Einrichtungen offener Kinder- und Jugendarbeit in der DJI-Jugendzentrumserhebung 2011 in der amtlichen Kinder- und Jugendhilfestatistik am 31.12.2010

	DJI-Jugendzentrumserhebung 2011		Statistisches Bundesamt am 31.12.2010*	
Bundesland	Anzahl	in %	Anzahl	in %
Baden-Württemberg	158	14%	1203	9%
Bayern	153	14%	2171	17%
Berlin	26	2%	386	3%
Brandenburg	64	6%	552	4%
Bremen	11	1%	69	1%
Hamburg	14	1%	191	1%
Hessen	72	6%	865	7%
Mecklenburg-Vorpommern	40	4%	258	2%
Niedersachsen	93	8%	935	7%
Nordrhein-Westfalen	129	12%	3255	25%
Rheinland-Pfalz	63	6%	515	4%
Saarland	15	1%	84	1%
Sachsen	112	10%	1166	9%
Sachsen-Anhalt	68	6%	373	3%
Schleswig-Holstein	46	4%	273	2%
Thüringen	50	4%	676	5%
Anonym	1	0%		
Summe	1115	100%	12972	100%

* Jugendzentren, -freizeitheime, Häuser der offenen Tür, Jugendräume/Jugendheime ohne hauptamtliches Personal
Quelle: DJI-Jugendzentrumserhebung 2011 und Statistisches Bundesamt (2012): Statistiken der Kinder- und Jugendhilfe, Einrichtungen und tätige Personen (ohne Tageseinrichtungen für Kinder) 2010

Tab. 18.2 stellt auf der Ebene der Bundesländer die Zahl der für die bundesweiten Auswertungen verwendeten Fragebögen den Einrichtungszahlen aus der amtlichen Kinder- und Jugendhilfestatistik vom 31.12.2010 gegenüber. So lässt sich beurteilen, wie nahe die Bundeslandverteilung im Datensatz der Bundeslandverteilung in der amtlichen Statistik ist. Für den Vergleich wurde die Zahl der Jugendzentren, Jugendfreizeitheime und Häuser der offenen Tür sowie die Zahl der Jugendräume ohne hauptamtliches Personal aus der amtlichen Kinder- und Jugendhilfestatistik herangezogen. Die Verteilung über die Bundesländer in der Stichprobe entspricht im Großen und Ganzen der Verteilung in der amtlichen Statistik. Für Bayern ist zu beachten, dass nur Adressen von Einrichtungen mit mindestens einer viertel Stelle für eine pädagogische Fachkraft vorlagen. Einrichtungen in Nordrhein-Westfalen sind in der Stichprobe weniger vertreten als in der amtlichen Statistik. Ein Grund dafür dürfte sein, dass die Zahl der ausgewählten Jugendamtsbezirke in Nordrhein-Westfalen im Bundeslandvergleich vergleichsweise gering ist.[2]

Ein Vergleich mit der amtlichen Statistik legt nahe, dass Einrichtungen der offenen Kinder- und Jugendarbeit ohne hauptamtliches Personal mit der Befragung weniger gut erreicht wurden. Denn laut amtlicher Statistik gibt es etwa gleich viele Jugendräume ohne hauptamtliches Personal wie Jugendzentren (mit hauptamtlichem Personal). In der DJI-Erhebung machen sie dagegen lediglich 10 % der befragten Einrichtungen aus. Allerdings ist dabei zu bedenken, dass in vielen Jugendzentren (42 %) Personal arbeitet, das noch für andere Angebote der offenen Kinder- und Jugendarbeit zuständig ist, und es unklar ist, wie diese von den Ausfüllern der Einrichtungserhebung der amtlichen Statistik klassifiziert werden. Insgesamt kann erwartet werden, dass Einrichtungen mit hauptamtlichem Personal etwas überrepräsentiert sind, weil sie mehr Ressourcen haben, an solchen Erhebungen teilzunehmen. Dies gilt es bei der Interpretation der Ergebnisse zu berücksichtigen und aus diesem Grund stellt dieses Kriterium bei nahezu allen Analysen ein wichtiges Differenzierungsmerkmal dar.

18.4 Fragebogen

Der Fragebogen der DJI-Jugendzentrumserhebung 2011 wurde in einem mehrstufigen Verfahren entwickelt. Zunächst wurde ein erster Fragebogenentwurf erarbeitet. Dabei haben sich die Fragen zum Teil an bewährten Fragen in anderen Erhebungen des Projekts, beispielsweise zur Personalausstattung, zu den ehrenamtlich Aktiven oder zur Trägerschaft, orientiert. Der Fragebogenentwurf und die ihm zugrundeliegenden Forschungsfragen

2 Am 31.12.2010 lebten 22 % der Bevölkerung in Deutschland in Nordrhein-Westfalen. In der Jugendamtsstichprobe macht die Bevölkerung in Jugendamtsbezirken in Nordrhein-Westfalen 15 % der Bevölkerung in Deutschland aus.

wurden Ende 2010 in einem Workshop mit Fachkräften aus Einrichtungen der offenen Kinder- und Jugendarbeit sowie aus einem Stadtjugendamt diskutiert. Thema waren z. B. die Inklusion von Kindern mit Behinderung in Jugendzentren, BesucherInnen mit einem Migrationshintergrund, Beratung, die Zusammenarbeit mit Schulen und die Beteiligung von Kindern und Jugendlichen. Der Fragebogen wurde daraufhin in der Projektgruppe weiter diskutiert und angepasst. Ab Februar 2011 wurden Pretests von Fragebogenentwürfen durchgeführt und der Fragebogen auf dieser Grundlage optimiert. Der Fragebogen beinhaltet folgende Themen: Organisationsstruktur, Zielgruppen, Ausstattung und Angebote, Umgang mit Beratungsbedarfen, Beteiligung von Kindern und Jugendlichen, Fort- und Weiterbildung, Finanzierung, die Zusammenarbeit mit Schule im Rahmen der Nachmittagsbetreuung für SchülerInnen, BesucherInnen mit Migrationshintergrund, Kooperationsbeziehungen, BesucherInnen mit Behinderungen, Personalausstattung und ehrenamtlich Aktive sowie Angaben zum Träger.

18.5 Auswertung

Für die Analysen wurde ein SPSS-Datensatz erstellt, der um zusätzliche Daten auf Kreis- oder Jugendamtsbezirksebene (z. B. aus der Bevölkerungsstatistik oder der amtlichen Kinder- und Jugendhilfestatistik) sowie um Daten aus der Jugendamtserhebung des Projekts ergänzt wurde. Der Datensatz wurde einer ausführlichen Datenkontrolle und Datenbereinigung unterzogen. Offene Fragen wurden kodiert und kategorisiert. Ergebnisse und Interpretationen aus der Jugendzentrumserhebung 2011 wurden im wissenschaftlichen Beirat des Projekts diskutiert. Diese Diskussionen sind ebenfalls in die vorliegende Publikation eingegangen. Kapitel 10 des Buchs liegen Auswertungen des DJI-Surveys AID:A (vgl. zur Anlage Alt et al. 2011; Quellenberg 2012) zugrunde.

Literatur

[AGOT-NRW] Arbeitsgemeinschaft „Haus der offenen Tür“ NRW (2007): Offene Kinder- und Jugendarbeit: Programm und Positionen der Arbeitsgemeinschaft „Haus der offenen Tür“ Nordrhein-Westfalen. Düsseldorf

[AGOT-NRW] Arbeitsgemeinschaft „Haus der offenen Tür“ NRW (2011): Einladend – Wegweisend – Stark – Verlässlich – Entschlossen – Offen: Programm und Positionen der AGOT-NRW. Düsseldorf

[BJR] Bayerischer Jugendring (Hrsg.) (2012): Offene Kinder- und Jugendarbeit in Bayern. Teil 2: Grundlagen zur Entwicklung der Offenen Kinder- und Jugendarbeit in Arbeitsfeldern mit hauptberuflichem Fachpersonal. München. Verfügbar unter http://www.bjr.de/fileadmin/user_upload/publikationen/arbeitshilfen/OKJA_2013_Teil_2/index.html [letzter Zugriff]

[LAGO] Landesarbeitsgemeinschaft Offene Jugendbildung Baden-Württemberg (2013): Was ist offene Kinder- und Jugendarbeit. Verfügbar unter http://www.lago-bw.de/index.php/was-ist-offene-kinder-und-jugendarbeit-ausfuehrlich.html [letzter Zugriff 27.11.2014]

Agentur der Europäischen Union für Grundrechte (2014): Gewalt gegen Frauen: eine EU-weite Erhebung. Ergebnisse auf einen Blick. Wien. Verfügbar unter http://fra.europa.eu/de/publication/2014/gewalt-frauen-erhebung-ergebnisse-auf-einen-blick [letzter Zugriff 27.11.2014]

Aday, Lu Ann/Andersen, Ronald (1974): A Framework for the Study of Access to Medical Care. In: Health Services Research 93(3), S. 208–220

Alt, Christian/Bien, Walter/Gille, Martina/Prein, Gerald (2011): Alltagswelten erforschen: AID:A. Forschungsziele, Methodik und Umsetzung der DJI-Surveyforschung. In: Impulse Nr. 92/93, Heft 1, S. 31–35

AMYNA e.V. (Hrsg.) (2011): Wirksamkeit von Maßnahmen zur Prävention und Intervention im Fall sexueller Gewalt gegen Kinder. München. Verfügbar unter http://www.dji.de/fileadmin/user_upload/sgmj/Expertise_Amyna_mit_Datum.pdf [letzter Zugriff 27.11.2014]

Amt für Jugendarbeit der Evangelischen Kirche im Rheinland (o.J.): Kinder- und Jugendarbeit für alle! Menschen mit Behinderung mitgedacht! Verfügbar unter http://jugend.ekir.de/service/9ACE5361D9B04F3A9AE4CD30DBAD7364.php [letzter Zugriff 27.11.2014]

Andersen, Ronald M. (1995): Revisiting the behavioral model and access to medical care: does it matter? In: Journal of Health and Social Behavior 36(1), S. 1–10

Arnett, Jeffrey Jensen (2000): Emerging adulthood: A theory of development from the late teens through the twenties. American Psychologist, Vol 55(5), S. 469–480

Arnoldt, Bettina/Furthmüller, Peter/Steiner, Christine (2013): Ganztagsangebote für Jugendliche. Eine Expertise zum Stellenwert von Ganztagsangeboten für Schüler/innen ab der 9. Klasse. München. Verfügbar unter http://www.allianz-fuer-jugend.de/downloads/StEG_Expertise.pdf [letzter Zugriff 27.11.2014]

Autorengruppen Bildungsberichterstattung (Hrsg.) (2012): Bildung in Deutschland 2012. Ein indikatorengestützter Bericht mit einer Analyse zur kulturellen Bildung im Lebenslauf. Bielefeld

Autorengruppe Bildungsberichterstattung (Hrsg.) (2014): Bildung in Deutschland 2014. Ein indikatorengestützter Bericht mit einer Analyse zur Bildung von Menschen mit Behinderungen. Bielefeld

Backhaus, Klaus/Erichson, Bernd/Plinke, Wulff/Weiber, Rolf (2006): Multivariate Analysemethoden. Eine anwendungsorientierte Einführung. 11., überarbeitete Auflage. Springer Berlin Heidelberg New York

BAGLJÄ (2012): Inklusion in der Kinder- und Jugendarbeit. Orientierungen zur Umsetzung der UN-Behindertenrechtskonvention. Beschlossen auch der 113. Arbeitstagung der Bundesarbeitsgemeinschaft Landesjugendämter vom 7. bis 9. November 2012 in Köln. Verfügbar unter http://www.bagljae.de/downloads/113_inklusion-in-der-kinder--und-jugendarbeit _.pdf [letzter Zugriff 27. 11. 2014]

Barde, Hanns-Ulrich (2013): Sport in der Offenen Kinder- und Jugendarbeit. In: Deinet, Ulrich/Sturzenhecker, Benedikt (Hrsg.) (2013): Handbuch Offene Kinder- und Jugendarbeit. Wiesbaden, 4., überarbeitete und aktualisierte Auflage, S. 181–183

Batarilo-Henschen, Katarina/Mildenberger, Georg/Tominski, Stefan (2011): Qualifizierung und Anreizsysteme für bürgerschaftliches Engagement. CSI Heidelberg. Verfügbar unter https://www.csi.uni-heidelberg.de/downloads/CSI_Projektbericht_110317.pdf [letzter Zugriff 27. 11. 2014]

Beck, Christian/Wulf, Christian (1984): Ehrenamtliche Mitarbeiter in der Jugendarbeit. Ergebnisse aus einem Forschungsprojekt. In: deutsche jugend, 32. Jg., Heft 1, S. 33–38

Beher, Karin/Gragert, Nicola (2004): Aufgabenprofile und Qualifikationsanforderungen in den Arbeitsfeldern der Kinder- und Jugendhilfe. Dortmund und München

Beicht, Ursula (2011): Junge Menschen mit Migrationshintergrund: Trotz intensiver Ausbildungsstellensuche geringere Erfolgsaussichten. BIBB-Analyse der Einmündungschancen von Bewerberinnen und Bewerbern differenziert nach Herkunftsregionen. BIBB-Report, 5. Jg., Heft 16

Beresford, Bryony/Clarke, Sue/Borthwick, Rahel (2010): Improving the wellbeing of disabled children and young people through improving access to positive and inclusive activities. Published by the Centre for Excellence and Outcomes in Children and Young People's Services (C4EO). www.c4eo.org.uk

Bettmer, Franz (2001): Jugendberatung in der offenen Jugendarbeit? Die Perspektive von Jugendlichen. In: deutsche jugend, 49. Jg., Heft. 3, S. 108–116

Bettmer, Franz/Sturzenhecker, Benedikt (2013): Einzelarbeit und Beratung. In: Deinet, Ulrich/Sturzenhecker, Benedikt (Hrsg.): Handbuch Offene Kinder- und Jugendarbeit. 4., überarbeitete und aktualisierte Auflage. Wiesbaden, S. 421–426

Birkner, Katja (2008): Familie beraten, bilden und fördern: Familienorientierung in der Offenen Kinder- und Jugendarbeit. Dokumentation und Handbuch. Köln

Boban, Ines/Hinz, Andreas (2003): Index für Inklusion. Lernen und Teilhabe in der Schule der Vielfalt entwickeln. Universität Halle. Verfügbar unter www.eenet.org.uk/resources/docs/Index%20German.pdf [letzter Zugriff 27. 11. 2014]

Böhnisch, Lothar (1980): Sich ihrer selbst nicht mehr gewiß. Jugendarbeit zwischen Bildung und Versorgung. In: Lothar Böhnisch/Richard Münchmeier/Ekkehard Sander (Hrsg.): Abhauen oder Bleiben? Berichte und Analysen aus der Jugendarbeit. München, S. 84–101

Böhnisch, Lothar/Münchmeier, Richard (1990): Pädagogik des Jugendraums. Zur Begründung und Praxis einer sozialräumlichen Jugendpädagogik. Weinheim und München

Booth, Tony/Ainscow, Mel/Kingston, Denise (Hrsg.): Index für Inklusion. Deutschsprachige Ausgabe (7. Auflage), Frankfurt a. M

Börner, Nicole/Eberitzsch, Stefan/Grothues, Ramona/Wilk, Agathe (2011): Bildungsbericht Ganztagsschule NRW 2011. Verfügbar unter www.bildungsbericht-ganztag.de [letzter Zugriff 27.11.2014]

Brenner, Gerd/Nörber, Martin (Hrsg.) (1992): Jugendarbeit und Schule. Kooperation statt Rivalität um die Freizeit. Weinheim, München

Bröckling, Ulrich (2007): Das unternehmerische Selbst. Soziologie einer Subjektivierungsform. Frankfurt a. M.

Bröckling, Björn/Flösser, Gaby/Schmidt, Holger (2011): Besucherinnen- und Besucherstruktur der Offenen Kinder- und Jugendarbeit des Trägervereins der Evangelischen Offenen und Mobilen Arbeit mit Kindern und Jugendlichen e. V. in Bielefeld. Dortmund

Bruhns, Kirsten (2012): Jugendliche mit Migrationshintergrund in der Jugendarbeit. In: Rauschenbach, Thomas/Borrmann, Stefan (Hrsg.): Enzyklopädie Erziehungswissenschaft online. Fachgebiet Jugend und Jugendarbeit; http://www.erzwissonline.de/?juj

Budde, Hermann (2007): Die Entwicklung regionaler Schulstrukturen in peripheren ländlichen Räumen unter dem Paradigma demografischer Schrumpfung. In: Zeitschrift für Pädagogik 53. Jg., Heft 3, S. 314–325

Bundesjugendkuratorium (2008): Pluralität ist Normalität für Kinder und Jugendliche. Vernachlässigte Aspekte und problematische Verkürzungen im Integrationsdiskurs. Stellungnahme. München. Verfügbar unter www.bundesjugendkuratorium.de [letzter Zugriff 27.11.2014]

Bundesministerium für Bildung und Forschung (o. J.): Investitionsprogramm „Zukunft Bildung und Betreuung". Ganztagsschulen. Zeit für mehr. Bonn

Bundesministerium für Arbeit und Soziales (Hrsg.) (2009): Behindertenbericht 2009. Bericht der Bundesregierung über die Lage von Menschen mit Behinderungen für die 16. Legislaturperiode. BMAS Berlin

Burdewick, Ingrid (2003): Jugend – Politik – Anerkennung. Eine qualitative empirische Studie zur politischen Partizipation 11- bis 18-Jähriger. Bonn: Bundeszentrale für politische Bildung

Burmeister, Joachim (2012): Wozu (noch) Jugendarbeit? – Jugendpolitische Rahmenbedingungen und Programme in Mecklenburg-Vorpommern seit 1990. In: Lindner, W. (Hrsg.): Political (Re-)Turn? Impulse zu einem neuen Verhältnis von Jugendarbeit und Jugendpolitik. Wiesbaden, S. 105–120

Cloos, Peter/Köngeter, Stefan/Müller, Burkhard/Thole, Werner (2007): Die Pädagogik der Kinder- und Jugendarbeit. Wiesbaden

Damm, Diethelm (1985): Historische Entwicklung des Verhältnisses zwischen verbandlicher und offener Jugendarbeit. In: neue praxis, 15. Jg., Heft 6, S. 531–535

Dannenbeck, Clemens/Eßer, Felicitas/Lösch, Hans (1999): Herkunft erzählt. Befunde über Zugehörigkeiten Jugendlicher. Münster

Dannenbeck, Clemens/Lösch, Hans/Eßer, Felicitas (2001): An-, Zu- und Ungehörigkeiten Jugendlicher: Herkunft als Auskunft? Opladen. Verfügbar unter http://www.pedocs.de/volltexte/2010/2612/ [letzter Zugriff 27.11.2014]

Deinet, Ulrich (1987): Im Schatten der Älteren. Offene Arbeit mit Kindern und jüngeren Jugendlichen. Weinheim und München

Deinet, Ulrich (2005): Das sozialräumliche Muster in der Offenen Kinder- und Jugendarbeit. In: Deinet, Ulrich/Sturzenhecker, Benedikt (2005): Handbuch offene Kinder- und Jugendarbeit. Wiesbaden, 3., völlig überarbeitete und erweiterte Auflage, S. 217–230

Deinet, Ulrich (2005a): Grundlagen und Schritte sozialräumlicher Konzeptentwicklung. In: Deinet, Ulrich (2005): Sozialräumliche Jugendarbeit. Grundlagen, Methoden und Praxiskonzepte, Wiesbaden, 2., völlig überarbeitete Auflage, S. 13–25

Deinet, Ulrich (2005b): Zukunftsmodell Offene Kinder- und Jugendarbeit. In: deutsche jugend, 53. Jg., Heft 1, S. 19–25
Deinet, Ulrich/Icking, Maria (2013): Offene Jugendarbeit und Ganztagsschule. In: Deinet, Ulrich/Sturzenhecker, Benedikt (Hrsg.): Handbuch Offene Kinder- und Jugendarbeit. Wiesbaden, 4., überarbeitete und aktualisierte Auflage, S. 389–400
Deinet, Ulrich/Janowicz, Michael (2011): Veränderte Rahmenbedingungen und neue Herausforderungen: Die Notwendigkeit konzeptioneller Innovationen in der Offenen Kinder- und Jugendarbeit. In: Jugendhilfe, 49. Jg., Heft 3, S. 143–149
Deinet, Ulrich/Krisch, Richard (2013): Das sozialräumliche Muster in der Offenen Kinder- und Jugendarbeit. In: Deinet, Ulrich/Sturzenhecker, Benedikt (Hrsg.): Handbuch Offene Kinder- und Jugendarbeit. Wiesbaden, 4., überarbeitete und aktualisierte Auflage, S. 311–324
Deinet, Ulrich/Sturzenhecker, Benedikt (2013) (Hrsg.): Handbuch Offene Kinder- und Jugendarbeit. 4. überarbeitete und aktualisierte Auflage, Wiesbaden
Delmas, Nanine/Scherr, Albert (2005): Bildungspotentiale der Jugendarbeit. Ergebnisse einer explorativen empirischen Studie. In: deutsche jugend, 53. Jg., Heft 3, S. 105–109
Deutscher Bundestag (2002): Bericht der Enquete-Kommission „Zukunft des Bürgerschaftlichen Engagements“. Bürgerschaftliches Engagement: auf dem Weg in eine zukunftsfähige Bürgergesellschaft. Drucksache 14/8900. Berlin
Deutscher Bundestag (2012a): Eigenständige Jugendpolitik – Mehr Chancen für junge Menschen in Deutschland. Antrag CDU/CSU und FDP. Drucksache 17/9397. Berlin
Deutscher Bundestag (2012b): Eigenständige Jugendpolitik – Selbstbestimmt durch Freiheit, Gerechtigkeit, Demokratie und Emanzipation. Antrag Bündnis90/Die Grünen. Drucksache 17/11376. Berlin
Deutscher Bundestag (2012c): Erster Engagementbericht – Für eine Kultur der Mitverantwortung. Bericht der Sachverständigenkommission und Stellungnahme der Bundesregierung. Drucksache 17/10580. Berlin
Deutscher Bundestag (2013a): Bericht über die Lebenssituation junger Menschen und die Leistungen der Kinder- und Jugendhilfe in Deutschland – 14. Kinder und Jugendbericht – und Stellungnahme der Bundesregierung. Drucksache 17/12200. Berlin
Deutscher Bundestag (2013b): Mit einer eigenständigen Jugendpolitik Freiräume schaffen, Chancen eröffnen, Rückhalt geben. Drucksache 17/12063. Antrag SPD. Berlin
Eppenstein, Thomas/Kiesel, Doron (2008): Soziale Arbeit interkulturell. Theorien – Spannungsfelder – reflexive Praxis. Stuttgart
Exner, Christine/Schmidt-Apel, Simone (2005): Kultur- und Medienarbeit. In: Deinet, Ulrich/Sturzenhecker, Benedikt (Hrsg.): Handbuch Offene Kinder- und Jugendarbeit. Wiesbaden, 3., völlig überarbeitete und erweiterte Auflage, S. 197–205
Fauser, Karin/Fischer, Arthur/Münchmeier, Richard (2006): Jugendliche als Akteure im Verband. Ergebnisse einer empirischen Untersuchung der Evangelischen Jugend. Jugend im Verband, Band 1. Opladen
Fehrlen, Burkhard/Koss, Thea (2012): Wer braucht die offene Jugendarbeit? In: Offene Jugendarbeit, Heft 2, S. 22–33
Ferchhoff, Wilfried/Sander, Uwe/Vollbrecht, Ralf (1988): „Jugendarbeit ohne Jugendliche? Zum Verhältnis von Medien, Kommerz, Individualisierung und Formen der offenen Jugendarbeit“. In: deutsche jugend, 36. Jg., Heft 7, S. 313–322
Freund, Thomas (2004): Voll normal!? Partizipation von Kindern und Jugendlichen mit Behinderung in der Jugendarbeit. Bayerischer Jugendring. München

Fromme, Johannes (2005): Jungen und Mädchen bis 12 Jahre. In: Deinet, Ulrich/Sturzenhecker, Benedikt (Hrsg.): Handbuch offene Kinder- und Jugendarbeit. Wiesbaden, 3., völlig überarbeitete und erweiterte Auflage, S. 77–89

Fromme, Johannes (2013): Medien- und Kulturarbeit in der Offenen Kinder- und Jugendarbeit. In: Deinet, Ulrich/Sturzenhecker, Benedikt (Hrsg.): Handbuch Offene Kinder- und Jugendarbeit. Wiesbaden, 4., überarbeitete und aktualisierte Auflage, S. 283–296

Gadow, Tina/Peucker, Christian/Pluto, Liane/Santen, Eric van/Seckinger, Mike (2013): Wie geht's der Kinder- und Jugendhilfe? Empirische Befunde und Analysen. Weinheim und Basel

Gaiser, Wolfgang/de Rijke, Johann (2008): Partizipation im Wandel? Veränderungen seit Beginn der 1990er Jahre. In: Gille, Martina (Hrsg.): Jugend in Ost und West seit der Wiedervereinigung: Ergebnisse aus dem replikativen Längsschnitt des DJI-Jugendsurveys. Wiesbaden, S. 237–268

Gaiser, Wolfgang/Rathgeber, Richard (1978): Bestand und Struktur Öffentlicher und öffentlich geförderter Freizeitangebote. München

Gängler, Hans (2005): Die Anfänge der Offenen Kinder- und Jugendarbeit. In: Deinet, Ulrich/Sturzenhecker, Benedikt (2005): Handbuch offene Kinder- und Jugendarbeit. Wiesbaden, 3., völlig überarbeitete und erweiterte Auflage, S. 503–510

Giesecke, Hermann (1980): Die Jugendarbeit. München, 5. völlig neu bearb. Auflage

Giesecke, Johannes/Groß, Martin (2006): Befristete Beschäftigung. In: WSI-Mitteilungen, 59. Jg., Heft 5, S. 247–254

Gille, Martina/de Rijke, Johann/Gaiser, Wolfgang (2011): Zivilgesellschaftliche Beteiligung in der Altersspanne von 13 und 32 Jahren – Entwicklung, Bedingungsfaktoren, Kontexte. Empirische Analysen auf der Basis des DJI-Surveys AID:A. In: Zeitschrift für Erziehungswissenschaft, 14. Jg., Heft 4, S. 551–579

Gragert, Nicola/Pluto, Liane/van Santen, Eric/Seckinger, Mike (2006): Jugendringe im Visier. Befragung zu Strukturen, Funktionen und Handlungsmöglichkeiten. München

Grauer, Gustaf (1973): Jugendfreizeitheime in der Krise. Zur Situation eines sozialpädagogischen Feldes. Teil 1 der Untersuchung von Jugendfreizeitheimen. Weinheim und Basel

Hafeneger, Benno (2005): Geschichte der Offenen Kinder- und Jugendarbeit seit 1945. In: Deinet, Ulrich/Sturzenhecker, Benedikt (Hrsg.): Handbuch offene Kinder- und Jugendarbeit. Wiesbaden, 3., völlig überarbeitete und erweiterte Auflage, S. 510–518

Hafeneger, Benno (2013): Geschichte der Offenen Kinder- und Jugendarbeit seit 1945. In: Deinet, Ulrich/Sturzenhecker, Benedikt (Hrsg.): Handbuch offene Kinder- und Jugendarbeit. Wiesbaden, 4., überarbeitete und aktualisierte Auflage, S. 37–47

Hamburger, Franz (2005): Veränderungen der Jugendhilfe durch Migration. In: Archiv für Wissenschaft und Praxis der sozialen Arbeit, 36. Jg., Heft 2, S. 88–109

Hamburger, Franz (2008): Differenzierung der Migration. In: Migration und Soziale Arbeit, 30. Jg., Heft 2, S. 92–100

Hellmann, Wilfried (2001): Das Offene Kinder- und Jugendzentrum in der Lebenswelt seiner NutzerInnen. Eine Evaluationsstudie aus der Perspektive der BesucherInnen. Dissertation Universität Osnabrück. Osnabrück

Helming, Elisabeth/Kindler, Heinz/Langmeyer, Alexandra/Mayer, Marina/Entleitner, Christina/Mosser, Peter/Wolff, Mechthild (unter Mitarbeit von Sabina Schutter) (2011): Sexuelle Gewalt gegen Mädchen und Jungen in Institutionen. Rohdatenbericht: München. Verfügbar unter http://www.dji.de/fileadmin/user_upload/sgmj/Rohdatenberichttext_Endversion_Juni_2011.pdf [letzter Zugriff 27.11.2014]

Herrmann, Sabine (2012): Jüngere und ältere Jugendliche im Blick der Jugendarbeit? In: Offene Jugendarbeit, Heft 2, S. 14–21

Hocke, Norbert/Dupuis, André (2013): Vorwort der Herausgeber. In: Booth, Tony/Ainscow, Mel/Kingston, Denise (Hrsg.): Index für Inklusion. Deutschsprachige Ausgabe (7. Auflage), Frankfurt a. M., S. 5–6

Hohendanner, Christian (2010): Befristete Arbeitsverträge zwischen Auf- und Abschwung. Unsichere Zeiten, unsichere Verträge? In: IAB Kurzbericht, Heft 14

Hölling, Heike/Erhart, Michael/Ravens-Sieberer, Ulrike/Schlack, Robert (2007): Verhaltensauffälligkeiten bei Kindern und Jugendlichen: Erste Ergebnisse aus dem Kinder- und Jugendgesundheitssurvey (KiGGS). In: Bundesgesundheitsblatt, 50. Jg., Heft. 5/6, S. 784–793

Hornstein, Walter (1985): Jugend 1985 – Strukturwandel, neues Selbstverständnis und neue Problemlagen. In: Mitteilungen aus der Arbeitsmarkt- und Berufsforschung, 18. Jg., Heft 2, S. 157–166

Inter-Divisional Working Group on Young People Programme Division (1999): An Overview of Young People Living with Disabilities: Their needs and their rights. Herausgegeben von UNICEF, Verfügbar unter http://www.childinfo.org/files/childdisability_young_people_w_disabilies1999.pdf [letzter Zugriff 27. 11. 2014]

Jugendwerk der Deutschen Shell (Hrsg.) (2000): Jugend 2000, Band 1, Opladen

Kath, Brigitte/Beinert, Heinz (1976): Jugendarbeit in der Schule? Entwicklungstendenzen am Beispiel der Berliner Mittelstufenzentren. In: deutsche jugend, 21. Jg., S. 404–411

Kentler; Helmut (1972): Droht die Verschulung der Jugendarbeit? deutsche jugend, 17. Jg., Heft 7, S. 303–310

Kessl, Fabian/Reutlinger, Christian (2007): Sozialraum. Eine Einführung. Wiesbaden

Kilb, Rainer (1999): Multikulturelles Muster. In: IDA e. V.: Gemeinwesenarbeit als Chance? Interkulturelle Jugendarbeit im Stadtteil. Ein Reader für MultiplikatorInnen in der Schule und Jugendarbeit.

Klose, Andreas (2009): Streetwork/Mobile Jugendarbeit: Handeln zwischen Kriminalisierung und Prävention. deutsche jugend, 57. Jg., Heft 6, S. 259–266

Klose, Andreas/Steffan, Werner (2005): Mobile Jugendarbeit und Straßensozialarbeit. In: Deinet, Ulrich/Sturzenhecker, Benedikt (Hrsg.): Handbuch Offene Kinder- und Jugendarbeit. Wiesbaden, 3., völlig überarbeitete und erweiterte Auflage, S. 306–313

Klöver, Barbara/Straus, Florian (2005): Wie attraktiv und partizipativ sind Münchens Freizeitstätten? Zusammenfassende Ergebnisse einer (etwas anderen) Evaluationsstudie. Forschungsbericht des IPP. München

KMK (Hrsg.) (2012): Schüler, Klassen, Lehrer und Absolventen der Schulen 2002 bis 2011. Statistische Veröffentlichungen der Kultusministerkonferenz, Dokumentation Nr. 198. Verfügbar unter http://www.kmk.org/statistik/schule/statistische-veroeffentlichungen/schueler-klassen-lehrer-und-absolventen-der-schulen.html [letzter Zugriff 27. 11. 2014]

Kolbe, Fritz-Ulrich/Reh, Sabine/Fritzsche, Bettina/Idel, Till-Sebastian/Rabenstein, Kerstin (Hrsg.) (2009): Ganztagsschule als symbolische Konstruktion. Fallanalysen zu Legitimationsdiskursen in schultheoretischer Perspektive. Wiesbaden (LUGS-Studie)

Koss, Thea/Fehrlen, Burkhard (2003): Topografie der offenen Jugendarbeit in Baden-Württemberg. Arbeitsgemeinschaft Jugendfreizeitstätten Baden-Württemberg (Hrsg.), Leinfelden-Echterdingen

Kutscher, Nadja (2013): Internet und Soziale Netzwerke. In: Deinet, Ulrich/Sturzenhecker Benedikt (Hrsg.): Handbuch Offene Kinder- und Jugendarbeit. Wiesbaden, 4., überarbeitete und aktualisierte Auflage, S. 193–196

Landesarbeitsgemeinschaft Katholische Offene Kinder- und Jugendarbeit NRW (Hrsg.) (2010): Katholische Offene Jugendarbeit in Nordrhein-Westfalen 2008/2009. Ergebnisse – Vergleiche – Entwicklungen. Köln

Landeshauptstadt München (1985): Jugendfreizeitstätten in München. Sozialstruktur, Einzugsbereich und Einstellungen von Besuchern, Nicht-Besuchern und Pädagogen. München

Landschaftsverband Rheinland, Landesjugendamt Rheinland und Landschaftsverband Westfalen-Lippe, Landesjugendamt Westfalen (2012): Entwicklungslinien der Offenen Kinder- und Jugendarbeit. Befunde der 5. Strukturdatenerhebung zum Berichtsjahr 2011 für Nordrhein-Westfalen. Münster, Köln

Lange, Mirja/Wehmeyer, Katrin (2014): Jugendarbeit im Takt einer beschleunigten Gesellschaft. Veränderte Bedingungen des Heranwachsens als Herausforderung. Weinheim und München

Leiprecht, Rudolf (2011): Auf dem langen Weg zu einer diversitätsbewussten Sozialpädagogik. In: Leiprecht, Rudolf (Hrsg.): Diversitätsbewusste Soziale Arbeit. Schwalbach/Ts, S. 15–44

Lelgemann, Reinhard/Lübbeke, Jelena/Singer, Philipp/Walter-Klose, Christian (2012): Qualitätsbedingungen schulischer Inklusion für Kinder und Jugendliche mit dem Förderschwerpunkt Körperliche und motorische Entwicklung. Herausgegeben vom LVR. Verfügbar unter www.lvr.de [letzter Zugriff 27. 11. 2014]

Liebig, Reinhard (2005): Redundantes Beiwerk oder neue Wissensquelle? Die NRW-Strukturdatenerhebung zur Offenen Kinder- und Jugendarbeit im Vergleich zur amtlichen Kinder- und Jugendhilfestatistik. In: Rauschenbach, Thomas/Schilling, Matthias (Hrsg.): Kinder- und Jugendhilfereport 2. Analysen, Befunde und Perspektiven. Weinheim und München, S. 203–220

Loeken, Hiltrud/Windisch, Matthias (2005): Junge Menschen mit Behinderung in der kommunalen Jugendbildung. Sozial Extra, 30. Jg., Heft 5, S. 40–45

Lüders, Christian (2007): Entgrenzt, individualisiert, verdichtet. Überlegungen zum Strukturwandel des Aufwachsens. In: SOS Dialog, S. 4–10

Lüders, Christian (2011): Von der scheinbaren Selbstverständlichkeit präventiven Denkens. In: DJI-Impulse Nr. 94, Heft 2, S. 4–6

Lüders, Christian (2014): „Irgendeinen Begriff braucht es ja …" Das Ringen um Inklusion in der Kinder- und Jugendhilfe. Soziale Passagen, 6. Jg., Heft 1, S. 21–53

Lutz, Klaus/Rösch, Eike/Seitz, Daniel (Hrsg.) (2012): Partizipation und Engagement im Netz: Neue Chancen für Demokratie und Medienpädagogik. München

LVR-Landesjugendamt Rheinland, LWL-Landesjugendamt Westfalen (Hrsg.) (2010): Entwicklungslinien der offenen Kinder- und Jugendarbeit. Befunde der 4. Strukturdatenerhebung zum Berichtsjahr 2008 für Nordrhein-Westfalen. Münster und Köln

Markowetz, Reinhard/Cloerkes, Günther (Hrsg.) (2000): Freizeit in Leben behinderter Menschen. Theoretische Grundlagen und sozialintegrative Praxis. Heidelberg, S. 363–374

Medienpädagogischer Forschungsverbund Südwest (Hrsg.) (2014): JIM 2014. Jugend, Information, (Multi-)Media. Basisstudie zum Medienumgang 12- bis 19-Jähriger in Deutschland. Stuttgart

Müller, Burkhard (2013): Offene Jugendarbeit gestern, heute und morgen: Historische Traditionslinien, aktuelle Potenziale und Herausforderungen. In: deutsche jugend, 61. Jg., Heft 5, S. 199–209

Müller, Burkhard/Schulz, Marc/Schmidt, Susanne (2005): „Offene" Jugendarbeit als Ort informeller Bildung: Lern-Ort für differenzierte Beziehungsformen. In: deutsche jugend, 53. Jg., Heft 4, S. 151–160

Nestmann, Frank/Engel, Frank/Sickendiek, Ursel (2007): Das Handbuch der Beratung 1 und 2: Disziplinen und Zugänge/Ansätze und Methoden. Tübingen

Niehoff, Ulrich (2006): Menschen mit geistiger Behinderung in der Freizeit – Versuch einer Standortbestimmung. In: Wüllenweber, Ernst/Theunissen, Georg/Heinz Mühl, Heinz (Hrsg.): Pädagogik bei geistigen Behinderungen. Ein Handbuch für Studium und Praxis. Stuttgart, S. 408–415

Neumann, Olaf (2010): Niederschwellige Beratung von Jugendlichen in der Offenen Jugendarbeit. In: deutsche jugend, 58. Jg., Heft 10, S. 422–429

Obermeier, Tim/Oschmiansky, Frank/Kühl, Jürgen (2014): Befristete Beschäftigungsverhältnisse. In: Bundeszentrale für politische Bildung. Dossier Arbeitsmarktpolitik. http://www.bpb.de/politik/innenpolitik/arbeitsmarktpolitik/178184/befristete-beschaeftigung?p=all [letzter Zugriff 19. 07. 2015]

Oelerich, Gertrud (1996): Jugendhilfe und Schule zur Systematisierung der Debatte. In: Flösser, Gaby/Otto, Hans-Uwe/Tillmann, Klaus-Jürgen (Hrsg.): Schule und Jugendhilfe. Neuorientierung im deutsch-deutschen Übergang. Opladen, S. 222–238

Olk, Thomas/Sattler, Christine/Speck, Karsten (2003): Abschlussbericht zur Evaluation der offenen Kinder- und Jugendarbeit in der Stadt Jena. Im Auftrag der Stadtverwaltung Jena, Dezernat Soziales und Kultur. Zeitraum August 2002 bis Januar 2003. Halle

Oorschot, Wim van (1991): Non-Take-Up of Social Security Benefits in Europe, Journal of European Social Policy 1(1), S. 15–30

Oorschot, Wim van (1998): „Failing Selectivity: On the Extent and Causes of Non-Take-Up of Social Security Benefits". In: Andreß, Hans-Jürgen (Ed.): Empirical Poverty Research in a Comparative Perspective, Aldershot: Ashgate, S. 101–132

Ostbomk-Fischer, Elke (1991): Chancen der Beratung in der Offenen Jugendarbeit. In: deutsche jugend, 39. Jg., Heft 12, S. 536–539

Paul, Holger (2013): Wer, wenn nicht wir? In: Jung in Sachsen-Anhalt. Jugendpolitisches Magazin des Kinder- und Jugendring Sachsen-Anhalt e. V., S. 1–3

Peucker, Christian/Gragert, Nicola/Pluto Liane/Seckinger, Mike (2010): Kindertagesbetreuung unter der Lupe. Befunde zu Ansprüchen an eine Förderung von Kindern. Reihe: DJI-Fachforum Bildung und Erziehung, Band 9, München

Picot, Sibylle (2011). Jugend in der Zivilgesellschaft. Freiwilliges Engagement Jugendlicher von 1999 bis 2009. Im Auftrag der Bertelsmann Stiftung (Hrsg.). Gütersloh

Pluto, Liane (2007): Partizipation in den Hilfen zur Erziehung. Eine empirische Studie. München

Pluto, Liane/Gragert, Nicola/van Santen, Eric/Seckinger, Mike (2007): Kinder- und Jugendhilfe im Wandel. Eine empirische Strukturanalyse. München

Pluto, Liane/Seckinger, Mike (2012): Offene Jugendarbeit in Bayern. Teil 1: Ergebnisse einer bayernweiten Vollerhebung bei Einrichtungen der offenen Jugendarbeit. München

Pluto, Liane/Santen, Eric van (2012): Trägergröße und ihre Folgen für Einrichtungen – Eine empirische Spurensuche im Feld der Erziehungshilfen. In: Forum Erziehungshilfen, 18. Jg., Heft 2, S. 74–77

Pothmann, Jens (2011): Möglichkeiten und Grenzen quantitativer Forschung. Vermessungen für die (Offene) Kinder- und Jugendarbeit am Beispiel der amtlichen Kinder- und Jugendhilfestatistik. In: Schmidt, Holger (Hrsg.): Empirie der Offenen Kinder- und Jugendarbeit. Wiesbaden, S. 269–286

Pothmann, Jens (2012): Jugendarbeit – gelandet nach freiem Fall? In: KOMDAT, 15. Jg., Heft 1, S. 14–15

Pothmann, Jens/Schmidt, Holger (2013): Datenlage zur offenen Kinder- und Jugendarbeit – Bilanzierung empirischer Erkenntnisse. In: Deinet Ulrich/Sturzenhecker Benedikt (Hrsg.): Handbuch Offene Kinder- und Jugendarbeit. Wiesbaden, 4., überarbeitete und aktualisierte Auflage, S. 535–547

Quellenberg, Holger (2012): „Von der Stichprobenziehung bis zur Variablenaufbereitung. Der AID:A-Datensatz“, in: Rauschenbach, Thomas/Bien, Walter (Hrsg.): Aufwachsen in Deutschland. AID:A – Der neue DJI-Survey. Weinheim und Basel, S. 234–246

Rauschenbach, Thomas/Düx, Wiebken/Hoffmann, Hilmar/Rietzke, Tim/Züchner, Ivo (2000): Dortmunder Jugendarbeitsstudie 2000: Evaluation der Kinder- und Jugendarbeit in Dortmund. Grundlagen und Befunde. Unveröffentlichter Abschlussbericht. Dortmund

Reinders, Heinz/Greb, Karina/Grimm, Corinna (2006): Entstehung, Gestalt und Auswirkungen interethnischer Freundschaften im Jugendalter. Eine Längsschnittstudie. In: Diskurs Kindheits- und Jugendforschung, 1. Jg., Heft 1, S. 39–57

Richter, Helmut/Jung, Michael/Riekmann, Wibke (2007): Jugendverbandsarbeit in der Großstadt: Perspektiven für Mitgliedschaft und Ehrenamt am Beispiel der Jugendfeuerwehr Hamburg. Abschlussbericht. Hamburg: Universität Hamburg, Fachbereich Erziehungswissenschaften

Röll, Franz-Josef (2011): Potenziale von Social Media für die Jugendarbeit. In: IJAB – Fachstelle für Internationale Jugendbildung (Hrsg.): Jugend online: Herausforderungen für eine digitale Jugendbildung. München, S. 46–48

Santen, Eric van (2005): Ehrenamt und Mitgliedschaften bei Kindern und Jugendlichen. Eine Übersicht repräsentativer empirischer Studien. In: Rauschenbach, Thomas/Schilling, Matthias (Hrsg.): Kinder- und Jugendhilfereport II. Analysen, Befunde und Perspektiven. Weinheim, S. 175–202

Santen, Eric van (2010): Weniger Jugendliche, weniger Jugendarbeit? Demografische Veränderung als Herausforderung für die Jugendarbeit. In: deutsche jugend, 58. Jg., Heft 4, S. 167–177

Santen, Eric van/Mamier, Jasmin/Pluto, Liane/Seckinger, Mike/Zink, Gabriele (2003): Kinder- und Jugendhilfe in Bewegung – Aktion oder Reaktion? Eine empirische Analyse. München

Santen, Eric van/Prein, Gerald (2013): Effekte der Angebotsdichte sozialstaatlicher Leistungen und Angebote auf die soziale Selektivität der Inanspruchnahme – Empirische Hinweise am Beispiel der Angebote Kinderbetreuung und Jugendzentren. In: Zeitschrift für Sozialreform, 59. Jg., Heft 1, S. 85–110

Santen, Eric van/Seckinger, Mike (2003): Kooperation: Mythos und Realität einer Praxis. Eine empirische Studie zur interinstitutionellen Zusammenarbeit am Beispiel der Kinder- und Jugendhilfe. München

Santen, Eric van/Seckinger, Mike (2008): Von der Schwierigkeit, Hilfe zu bekommen. In: Zeitschrift für Sozialreform, 54. Jg., Heft 4, S. 343–362

Sarimski, Klaus (2012): Behinderte Kinder in inklusiven Kindertagesstätten. Stuttgart

Schefold, Werner (1972): Jugendarbeit und reformiertes Schulsystem. In: deutsche jugend, 17. Jg., Heft 7, S. 311–318

Scheidle, Jürgen (2005): „Zur Abfrage Ihrer neuen Nachrichten drücken Sie jetzt die Eins“: Veränderungen von Beziehungen in der Jugendarbeit durch den Einsatz von Informationstechnologien. In: deutsche jugend, 53. Jg., Heft 5, S. 220–225

Scherr, Albert (2003): Konturen einer genuin soziologischen Jugendforschung. In: Mansel, J./ Griese, H. M./Scherr, A. (Hrsg.): Theoriedefizite der Jugendforschung. Standortbestimmung und Perspektiven. Weinheim, S. 49–66

Scherr, Albert (2002): Migration. Das Ende der Marginalisierung. In: Rauschenbach, Thomas/ Düx, Wiebken/Züchner, Ivo (Hrsg.): Jugendarbeit im Aufbruch. Selbstvergewisserungen, Impulse, Perspektiven. Münster, S. 109–132

Schmidt, Holger (2011): Zum Forschungsstand der Offenen Kinder- und Jugendarbeit – Eine Sekundäranalyse. In: Schmidt, Holger (Hrsg.): Empirie der Offenen Kinder- und Jugendarbeit. Wiesbaden, S. 13–127

Schmidt, Holger (Hrsg.) (2011): Empirie der Offenen Kinder- und Jugendarbeit. Wiesbaden

Schomerus, Georg/Schwahn, Christian/Holzinger, Anita/Corrigan, Patrick W./Grabe, Hans Jörgen/Carta, Mauro Giovanni/Angermeyer, Matthias. C. (2012): Evolution of public attitudes about mental illness: a systematic review and meta-analysis. Acta Psychiatrica Scandinavica, 125, S. 440–452

Schröer, Wolfgang (2006): Bildung und Lebensbewältigung. In: Lindner, Werner (Hrsg.): 1964–2004: Vierzig Jahre Kinder- und Jugendarbeit in Deutschland. Aufbruch, Aufstieg und neue Ungewissheit. Wiesbaden, S. 193–205

SCHUFA (2014): Kredit-Kompass 2014. Empirische Untersuchung der privaten Kreditaufnahme in Deutschland. Wiesbaden. Verfügbar unter www.SCHUFA-Kredit-Kompass.de [letzter Zugriff 27. 11. 2014]

Seckinger, Mike/Pluto, Liane/Peucker, Christian/Gadow, Tina (2009): DJI-Jugendverbandserhebung. Befunde zu Strukturmerkmalen und Herausforderungen. München

Seckinger, Mike/Pluto, Liane/Peucker, Christian/Gadow, Tina (2012): Jugendringe – Kristallisationskerne der örtlichen Jugendarbeit. München

Sekretariat der Ständigen Konferenz der Kultusminister der Länder in der Bundesrepublik Deutschland (2013): Allgemein bildende Schulen in Ganztagsform in den Ländern in der Bundesrepublik Deutschland – Statistik 2007 bis 2011. Verfügbar unter http://www.kmk.org/statistik/schule/statistische-veroeffentlichungen/allgemein-bildende-schulen-in-ganztagsform.html [letzter Zugriff 27. 11. 2014]

Sekretariat der Ständigen Konferenz der Kultusminister der Länder in der Bundesrepublik Deutschland (2007): Allgemein bildende Schulen in Ganztagsform in den Ländern in der Bundesrepublik Deutschland – Statistik 2002 bis 2005. Verfügbar unter http://www.kmk.org/statistik/schule/statistische-veroeffentlichungen/allgemein-bildende-schulen-in-ganztagsform.html [letzter Zugriff 27. 11. 2014]

Simon, Titus (2013): Offene Kinder- und Jugendarbeit in den neuen Bundesländern. In: Deinet, Ulrich/Sturzenhecker, Benedikt (Hrsg.): Handbuch offene Kinder- und Jugendarbeit. Wiesbaden, 4., überarbeitete und aktualisierte Auflage, S. 549–557

Statistisches Bundesamt (2008): Qualitätsbericht. Teil III.2: Einrichtungen und tätige Personen – ohne Tageseinrichtungen für Kinder, April 2008. Wiesbaden. Verfügbar unter https://www.destatis.de/DE/Publikationen/Qualitaetsberichte/Soziales/EinrichtungenTeil3_2.pdf?__blob=publicationFile [letzter Zugriff 27. 11. 2014]

Statistisches Bundesamt (2012): Statistiken der Kinder- und Jugendhilfe. Einrichtungen und tätige Personen. Wiesbaden, 2010. Verfügbar unter www.destatis.de [letzter Zugriff 27. 11. 2014]

Sturzenhecker, Benedikt (1999): Freiwillige fördern: Ansätze und Arbeitshilfen für einen neuen Umgang mit Freiwilligen in der Kinder- und Jugendarbeit. Weinheim und München

Sturzenhecker, Benedikt (2004): Strukturbedingungen von Jugendarbeit und ihre Funktionalität für Bildung. In: neue praxis, 34. Jg., Heft 5, S. 444–454

Sturzenhecker, Benedikt (2006): Wir machen ihnen ein Angebot, das sie ablehnen können – Strukturbedingungen der Kinder- und Jugendarbeit und ihre Funktionalität für Bildung. In: Lindner, Werner (Hrsg.): 1964–2004: Vierzig Jahre Kinder- und Jugendarbeit in Deutschland. Aufbruch, Aufstieg und neue Ungewissheit. Wiesbaden, S. 179–192

Sturzenhecker, Benedikt (2008): Die Stimme erheben und mitbestimmen: Politische Bildung in der Offenen Kinder- und Jugendarbeit. In: deutsche jugend, 56. Jg., Heft 7/8, S. 308–315

Sturzenhecker, Benedikt (2011): Demokratiebildung in der offenen Kinder- und Jugendarbeit. In: Schmidt, Holger (Hrsg.): Empirie der offenen Kinder- und Jugendarbeit. Wiesbaden

Thimmel, Andreas (2012): Migration und Jugendarbeit – Konzepte, Diskurse, Praxen. In: Matzner, Michael (Hrsg.): Handbuch Migration und Bildung. Weinheim und Basel, S. 365–381

Thole, Werner (2012): Wissen allein genügt nicht. DJI Impulse Nr. 100, Heft 4, S. 26–29

Thole, Werner (2013): Die Kinder- und Jugendarbeit ist ein Bildungsprojekt. Ein nochmaliges Plädoyer anlässlich der Etablierung ganztägiger Bildungslandschaften. In: deutsche jugend, 61. Jg., Heft 1, S. 11–16

Thole, Werner/Pothmann, Jens (2013): Die MitarbeiterInnen in der offenen Kinder- und Jugendarbeit. In: Deinet, Ulrich/Sturzenhecker, Benedikt (Hrsg.): Handbuch Offene Kinder- und Jugendarbeit. Wiesbaden, 4., überarbeitete und aktualisierte Auflage, S. 559–579

Tillmann, Angela (2013): Vermittlung von Medienkompetenz in der Praxis für Kinder und Jugendliche: Außerschulische Jugendarbeit. In: Bundesministerium für Familie, Senioren, Frauen und Jugend (Hrsg.): Medienkompetenzförderung für Kinder und Jugendliche: Eine Bestandsaufnahme. Berlin, S. 53–64. Verfügbar unter http://www.bmfsfj.de/BMFSFJ/Service/Publikationen/publikationsliste,did=199436.html [letzter Zugriff 27. 11. 2014]

TNS Infratest Sozialforschung (2010): Hauptbericht des Freiwilligensurveys 2009. Ergebnisse der repräsentativen Trenderhebung zu Ehrenamt, Freiwilligenarbeit und Bürgerschaftlichem Engagement. München

Tully, Claus (2013): Mobiles Telefon – Das Gadget der Ablösung und Kontaktpflege. In: Deinet Ulrich/Sturzenhecker Benedikt (Hrsg.): Handbuch Offene Kinder- und Jugendarbeit. Wiesbaden, 4., überarbeitete und aktualisierte Auflage, S. 197–200

Tully, Claus/Santen, Eric van (2012): Das verfügbare Geld im Jugendalltag von 13- bis 17-Jährigen Schülern und Schülerinnen: Empirische Ergebnisse. In: Diskurs Kindheits- und Jugendforschung, 7. Jg., Heft 2, S. 197–211

Voicu, Malina/Rusu, Ioana Alexandra (2012): Immigrants' membership in civic associations: Why are some immigrants more active than others? In: International Sociology, 27, S. 788–806

Voigts, Gunda (2013): Jugendverbände und die Offene Kinder- und Jugendarbeit. In: Deinet, Ulrich/Sturzenhecker, Benedikt (Hrsg.): Handbuch Offene Kinder- und Jugendarbeit. Wiesbaden, 4., überarbeitete und aktualisierte Auflage, S. 809–815

Völker, Werner (1997): Ehrenamtlichkeit in der offenen Jugendarbeit. In: deutsche jugend, 45. Jg., Heft 11, S. 480–484

Wabnitz, Reinhard (2005): Rechtsansprüche gegenüber Trägern der öffentlichen Kinder- und Jugendhilfe nach dem Achten Sozialgesetzbuch (SGB VIII). Berlin

Weinacht, Timo (2002): Selbstorganisation des Ehrenamts als soziale Bewegung. Interne Mobilisierungsbedingungen in selbstorganisierten Jugendzentrumsgruppen. In: deutsche jugend, 50. Jg., Heft 1, S. 24–32

Wieland, Norbert (2013): Drogenkonsum: Ein Bildungsanlass. In: Deinet, Ulrich/Sturzenhecker, Benedikt (Hrsg.): Handbuch Offene Kinder- und Jugendarbeit, Wiesbaden, 4., überarbeitete und aktualisierte Auflage, S. 167–172

Wissenschaftszentrum Berlin für Sozialforschung (WZB) (2009): Bericht zur Lage und zu den Perspektiven des bürgerschaftlichen Engagements in Deutschland. Berlin

Glossar

Bruttostichprobe: Die Gesamtzahl der Jugendzentren, die einen Fragebogen erhalten haben.

Bereinigte Bruttostichprobe: Bruttostichprobe, ohne diejenigen Jugendzentren, bei denen entweder der Fragebogen wegen fehlerhafter Adresse nicht zustellbar war oder die nicht (mehr) in der Jugendhilfe aktiv sind.

Design: Methodische Anlage der Erhebung.

Empirisch: auf Erfahrung beruhend, aus der Beobachtung gewonnen, dem Experiment entnommen, auf einer Erhebung basierend

Faktorenanalyse: statistisches Verfahren, das aus einer Menge von Variablen die Variablen bündelt (Faktoren), die in einem engen Zusammenhang miteinander stehen bzw. auf den gleichen Sachverhalt verweisen.

Feldphase: Phase einer empirischen Studie, in der die Daten oder Informationen gesammelt werden.

Grundgesamtheit: Die Menge aller Einheiten, dies können Personen, aber z.B. auch Haushalte oder Organisationen sein, über die man mittels einer Untersuchung eine Aussage machen will.

Korrelieren: Statistisches Verfahren, bei dem zwei oder mehrere Variablen miteinander in Beziehung gesetzt werden.

Logistische Regression: Ein statisches Verfahren zur Modellierung des Einflusses (mehrerer) unabhängiger Variablen auf die Wahrscheinlichkeit des Eintretens eines Ereignisses (hier konkret: Besuch eines Jugendzentrums)

Median: Statistische Maßzahl, die eine Häufigkeitsverteilung in ihre Hälften teilt.

Mehrfachnennungen: Kreuzt man bei einer Frage mehrere vorgegebene Antwortkategorien an und ist dies auch vorgesehen, spricht man von Mehrfachnennungen oder auch Mehrfachantworten.

Mittelwert: Statistische Maßzahl, berechnet sich aus der Summe aller Messwerte geteilt durch die Anzahl der eingehenden Messwerte (auch Mean oder arithmetisches Mittel).

Multivariate Analyse: Statistisches Verfahren, bei dem gleichzeitig der Einfluss von verschiedenen unabhängigen Variablen auf eine abhängige Variable kontrolliert wird.

Nagelkerkes R-Quadrat: Ein Maß zur Beurteilung der Güte des Gesamtmodells einer logistischen Regression. Es hat sich die Konvention durchgesetzt, bei Werten ab 0.20 von einer guten Modellanpassung zu sprechen (Backhaus et al. 2006: 449).

Nettostichprobe: Gesamtzahl der ausgefüllten Fragebögen.

Operationalisierung: Verfahren, um empirisch nicht beobachtbare Begriffe oder Sachverhalte mithilfe von empirisch beobachtbaren Indikatoren zu erfassen und damit einer Analyse zugänglich zu machen.

Odds Ratio: Chancenverhältnis zweier Ausprägungen einer Variable (hier konkret z. B. das Verhältnis der Quote des Besuchs eines Jugendzentrums bei den Frauen im Vergleich zu der Quote des Besuchs eines Jugendzentrums bei den Männern).

p: Wahrscheinlichkeit dafür, dass ein Zusammenhang nicht gegeben ist. Im Text wird mit $p < 0.01$ bzw. $p < 0.05$ angegeben, dass ein Signifikanzniveau von 1 % bzw. 5 % unterschritten wird.

Pretest: Bezieht sich hier auf eine Überprüfung des Erhebungsinstruments (Fragebogen). Von einigen Jugendzentren wurde in unserem Beisein der Fragebogen ausgefüllt und kommentiert, mit dem Ziel, eine inhaltliche und formale Optimierung zu erreichen.

Prozentpunkte: Die Differenz zwischen zwei Prozentzahlen. Beispiel: Der Wert A beträgt 20 %, B 50 %, dann beträgt die Differenz zwischen A und B 30 Prozentpunkte.

Perzentil: Statistische Maßzahl, die den Wert an einem bestimmten Punkt einer Häufigkeitsverteilung angibt. Der Wert des 10-er Perzentils z. B. gibt an, das 10 % der Fälle diesen bestimmten Wert unterschreiten und 90 % diesen Wert überschreiten. Das 50-er Perzentil wird als Median bezeichnet.

Postalische Befragung: Eine Befragung, bei der die Fragebögen per Post versandt werden. Beim Ausfüllen ist kein/e InterviewerIn anwesend.

Quartil: Statistische Maßzahl, die eine Häufigkeitsverteilung in vier gleich große Teile teilt. Das zweite Quartil ist mit dem Median identisch.

Quote: Anteil einer bestimmten Menge einer Grundgesamtheit bezogen auf die Grundgesamtheit.

Range: Differenz zwischen dem kleinsten und dem größten Wert einer Verteilung.

Reliabilität: Verlässlichkeit des verwendeten Erhebungsinstrumentes. Die Reliabilität gibt an, wie stark Messwerte durch Fehler oder Störeinflüsse belastet sind.

Rücklaufquote: Die Rücklaufquote gibt den Prozentanteil der Nettostichprobe an der bereinigten Bruttostichprobe an.

Scheinkorrelation: Korrelation zwischen Variablen, die kein Kausalzusammenhang zugrunde liegt.

Siedlungstrukturelle Regionstypen: Regionstyp 1: Agglomerationsräume – Regionen mit Oberzentren > 300 000 Einwohner oder einer Bevölkerungsdichte > 300 Einwohner je qkm, Regionstyp 2: Verstädterte Räume – Regionen mit Oberzentren > 100 000 Einwohner oder einer Bevölkerungsdichte > 150 Einwohner je qkm, bei einer Mindestdichte von 100 Einwohner je qkm, Regionstyp 3: Ländliche Räume – Regionen mit einer Bevölkerungsdichte < 150 Einwohner je qkm und ohne Oberzentren > 100 000 Einwohner oder einer Bevölkerungsdichte < Einwohner je qkm (vgl. die Zuordnung des BBSR unter http://www.bbsr.bund.de/BBSR/DE/Raumbeobachtung/Raumabgrenzungen/SiedlungsstrukturelleGebietstypen_alt/gebietstypen.html?nn=443270)

Signifikanz/signifikant: Das Ergebnis einer statistischen Auswertung ist dann signifikant, wenn eine bestimmte akzeptierte Irrtumswahrscheinlichkeit (Signifikanzniveau) nicht überschritten wird. Die Irrtumswahrscheinlichkeit wird mit $p < 0.01$ für kleiner als 1 % und $p < 0.05$ für kleiner als 5 % angegeben.

Signifikanzniveau: Irrtumswahrscheinlichkeit eines statistischen Tests; maximal akzeptierter Wert der Wahrscheinlichkeit dafür, dass bei einem statistischen Test eine wahre Hypothese irrtümlicherweise abgelehnt wird.

Standardisieren: Vorgehen, bei dem Zahlen zu einem Sachverhalt, aus unterschiedlichen Kontexten und mit unterschiedlichen Maßeinheiten, vergleichbar gemacht werden.

Standardabweichung: Statistisches Maß zur Beschreibung der Variabilität einer Verteilung. Eine hohe Standardabweichung deutet auf eine breite Streuung der Messwerte.

Stichprobe: Teilmenge der Grundgesamtheit, die in einer Untersuchung analysiert wird.

Validität: Gültigkeit des verwendeten Erhebungsinstrumentes. Die Validität gibt an, inwieweit das verwendete Erhebungsinstrument das misst, was mit ihm gemessen werden soll.

Variable: Bezeichnung für einen gemessenen Sachverhalt oder eine gemessene Größe.

Varianz: Die Varianz ist eine Maßzahl, die angibt, wie weit die einzelnen Werte um den Mittelwert streuen. Je kleiner die Varianz ist, desto homogener sind die Werte, desto besser spiegelt der Mittelwert die einzelnen Werte wider.

Vollerhebung: Alle Mitglieder einer Population werden befragt, z. B. alle Jugendzentren in Deutschland werden befragt.

Autorinnen und Autoren

Mike Seckinger, Dr., Dipl. Psych., ist Leiter der Fachgruppe „Strukturen der Kinder- und Jugendhilfe“ in der Abteilung Jugend und Jugendhilfe am Deutschen Jugendinstitut in München.

Liane Pluto, Dr., M. A., ist wissenschaftliche Referentin in der Abteilung Jugend und Jugendhilfe am Deutschen Jugendinstitut München und dort Mitarbeiterin im Projekt „Jugendhilfe und sozialer Wandel – Leistungen und Strukturen“ und in der Geschäftsführung des 15. Kinder- und Jugendberichtes.

Christian Peucker, Dipl.-Soz., ist wissenschaftlicher Referent in der Abteilung Jugend und Jugendhilfe am Deutschen Jugendinstitut München und dort Mitarbeiter im Projekt „Jugendhilfe und sozialer Wandel – Leistungen und Strukturen“.

Eric van Santen, Dr., Dipl.-Soz., ist wissenschaftlicher Referent in der Abteilung Jugend und Jugendhilfe am Deutschen Jugendinstitut München und dort Grundsatzreferent für den Bereich „Jugendhilfe“.